本书为国家社科基金一般项目"网络广告法律规制研究"
（项目批准号：17BFX081，结项证书号：20210250）

网络广告法律规制研究

阳东辉　著

知识产权出版社
全国百佳图书出版单位
——北京——

图书在版编目（CIP）数据

网络广告法律规制研究 / 阳东辉著 . —北京：知识产权出版社，2022.3
ISBN 978-7-5130-8078-1

Ⅰ . ①网… Ⅱ . ①阳… Ⅲ . ①网络广告—广告法—研究—中国 Ⅳ . ① D922.294.4

中国版本图书馆 CIP 数据核字（2022）第 033817 号

责任编辑：彭小华　　　　　　　　　　　　责任校对：潘凤越
封面设计：智兴设计室·任珊　　　　　　　责任印制：刘译文

网络广告法律规制研究

阳东辉　著

出版发行：**知识产权出版社** 有限责任公司	网　　址：http://www.ipph.cn
社　　址：北京市海淀区气象路 50 号院	邮　　编：100081
责编电话：010-82000860 转 8115	责编邮箱：huapxh@sina.com
发行电话：010-82000860 转 8101/8102	发行传真：010-82000893/82005070/82000270
印　　刷：天津嘉恒印务有限公司	经　　销：新华书店、各大网上书店及相关专业书店
开　　本：720mm×1000mm　1/16	印　　张：19
版　　次：2022 年 3 月第 1 版	印　　次：2022 年 3 月第 1 次印刷
字　　数：350 千字	定　　价：98.00 元

ISBN 978-7-5130-8078-1

前言

　　网络广告一直在以远远超过传统广告的速度发展成为广告行业无法忽视的重要广告形式，且随着技术的发展而不断推陈出新。但是，这种新兴的广告形式较少受到政府和法律的监管，因此，国内外许多有识之士对互联网广告的法律规制这一前沿课题展开了研究。

　　从国外研究看，美国和法国都属于互联网广告大国，这两个国家学者的研究成果走在国际前列。美国学者马蒂亚斯·W.斯切泰（Matthias W. Stecher）著的《网络广告：互联网上的不正当竞争和商标》（2004）对网络广告的管辖权、不正当竞争法、不请自来的电子邮件、比较广告、烟草广告、酒精类饮料广告等的监管和禁止性规定作了全面分析和探讨。美国学者格雷厄姆·H.瑞安（Graham H. Ryan）在其论文"新兴的互联网技术与路易斯安那州律师广告面临的十字路口"［《路易斯安那州法律评论》（2011）］中分析了路易斯安那州律师互联网广告面对的困境，并提出了相应的解决对策。美国学者瓦妮莎·S.布朗尼-巴伯（Vanessa S. Browne-Barbour）的论文"律师和律师事务所网页广告：建议指南"［《罗格斯大学计算机技术法律杂志》（2002）］对律师和律师事务所网页广告如何规范提出了相应的监管建议。美国学者蒂莫西·S.霍尔（Timothy S. Hall）的论文"互联网上直接向消费者推销处方药的希望与危险"［《德保罗保健法杂志》（2003）］对互联网医药广告的法律准则进行了研究。法国教授T.弗比斯特（T.Verbiest）著的《网络消费者的法律保护》（2002）对互联网广告的一般准则和特殊产品的网络广告准则作了全面分析和探讨。

　　从国内研究看，我国对互联网广告法律规制进行全面系统研究的成果不多，进行法学、管理学、经济学跨学科研究的成果更少，但还是有一些学者对这一领域进行了一定程度的开拓性研究。例如，陈培爱所著的《中外广告史》一书（中国物价出版社1997年版），站在当代视角对中外广告进行全面回顾，是我国第一部广告史专著。近年来比较有代表性的著作有张龙德编著的《中外广告法规研究》（上海交通大学出版社2008年版）。张大镇、吕蓉编著的《现代广告管理》（复旦大学出版社1999年版）借鉴了美、英、日、澳等国的广告管理经验。范志国所著的《中外广告监管比较研究》（中国社会科学出版社2008年版）对欧盟和英美等国家和地区的广告监管制度进行了较为全面的研究。周辉主编的《网络广告治理比较研究》（中国社会科学出版社2018年版）详细介绍了美国、德国、法国、英国、俄罗斯、韩国、我国香港等国家和地区的网络广告治理经验。论文方面，通过中国知网检索，研究网络广告法律规制的论文主要有：雷琼芳的"加强我国网络广告监管的立法思考——以美国网络广告法律规制为借鉴"（《湖北社会科学》2010年第10期），该文分析了我国网络广告适用现行广告法律法规存在的问题，并提出了完善我国网络广告法律制度的建议。陈煜、彭俊瑜的"探究网络广告之法律规制"（张平主编：《网络法律评论》2008年第1期，法律出版社2008年版），该文详细分析网络广告主体的违法行为，并提出了相应的监管对策。李剑的"植入式广告的法律规制研究"（《法学家》2011年第3期），详细探讨了植入式广告的法律规制原则和方法。叶明的"我国互联网弹出式广告的法律规制困境及其对策研究"（李昌麒主编：《经济法论坛（第13卷）》，群众出版社2014年版），对我国互联网弹出广告法律规制存在的主要问题和法律规制对策进行了研究。鞠晔的"B2C电子商务中垃圾邮件的法律问题研究——以消费者权益保护为视角"（《重庆邮电大学学报（社会科学版）》2012年第2期），对垃圾邮件的法律规制进行了专题研究。林承铎、杨彧革的"论关键词推广服务中搜索引擎服务商的责任"（《北京交通大学学报（社会科学版）》2013年第1期），对关键词推广的广告法律规制原理和对策进行了探讨。

上述研究成果，为本书的研究提供了一定的理论和实践基础，尤其是美国和法国有关互联网广告法律规制的实务经验和制度规则，为我国互联网广告的法律规制提供了重要的参考素材。但综观国内外现有的研究成果，还存在以下不足：（1）重量级的法学研究成果少，我国目前还没有专门研究互联网广告法律规制的专著，虽然有部分学者认识到互联网广告规制的重要性，并进行了一些开拓性研究，也取得了较为丰硕的成果，但在整体上，互联网广告法律规制这一课题仍受"冷落"，重量级的前沿成果较少，缺乏对互联网广告规制的一般性原则和具体准则的横向梳理和整体把握，停留在国外法律制度介绍层面的多，结合中国国情上升到立法变革和制度创新层面进行深入研究的少。

（2）新型的互联网广告形态尚缺乏专门研究，如社交网络广告、超文本链接广告、搜索引擎广告如何规范？传统的广告准则对这些新类型网络广告能否适用以及如何适用等问题尚无有影响力的法学研究成果。（3）特殊产品的网络广告准则在国内鲜见研究，如医疗广告、律师广告、搜索引擎广告在互联网上如何规制，有无特殊的广告准则和规制方法？国外在这方面的研究比较深入，而我国这方面的研究才刚刚开始，亟须开拓性成果。

本书遵循的是提出问题、分析问题和解决问题的基本研究思路。从理论和实践两个层面，探讨互联网广告法律规制的一般准则和特殊准则，分析我国互联网广告规制立法和司法实践中存在的问题和不足，并提出推动我国互联网广告业务发展，建立和完善我国互联网广告管制法律制度的构想。在具体研究方法上，运用了比较研究的方法、法社会学的方法、法律经济分析的方法、概念法学的方法展开理论分析；在网络广告的概念、类型、功能、基本原则等内容的研究中，主要运用逻辑推理、比较研究、价值分析和经济学的成本效益分析方法；在互联网广告的一般准则和特殊准则的分析中，主要运用价值分析、案例分析和数据统计的研究方法；在分析我国现行网络广告监管制度的缺陷和不足时，主要采用制度经济学的分析方法，并结合国外制度与经验，采用了比较研究和实证分析的方法。

本书共分为以下九章：

第一章　网络广告法律规制概述。本章首先概括了网络广告的概念和特征，接着，按照网络广告的表现形式不同，将网络广告分为搜索引擎广告、社交网络广告、门户网站广告、链接式广告、电子邮件广告和弹出广告六大类别。然后，分析了网络广告法律规制的基本模式。最后，详细分析了网络广告主体之间的法律关系，包括广告主与广告代理商之间、媒体与广告主之间以及媒体与广告代理商之间的关系。

第二章　网络广告法律规制的基本原则。本章将网络广告法的基本原则分为普适性原则和特殊性原则两大类。网络广告的普适性原则包括诚实信用原则、真实性原则、禁止虚假广告原则、合法性原则、公平竞争原则、符合社会主义精神文明和弘扬中华民族优秀传统文化原则。网络广告的特殊性原则包括不得影响用户正常使用网络原则、不得干扰他人正常发布互联网广告原则、可识别性原则和不得以违背客户意愿的方式诱使、劫持、强制用户点击广告内容原则。

第三章　网络广告的信息披露制度。网络广告信息披露制度是网络广告法律规制的一项重要制度，它具有强制性、单向性和规范性的特点。网络广告信息披露必须遵循真实性、准确性、完整性、及时性和规范性的基本要求。我国网络广告信息披露制度存在顶层设计缺位、体系建设不完整、具体准则缺失和责任追究体系不健全等问题，因此，可以借鉴美国网络广告信息披露制度的成功经验，完善我国网络广告信息披露制度，具体设想是：第一，明确规定网络广告信息披露的基本原则；第二，完整规定网络广告信息披露的基本内容；第三，制定网络广告信息披露的特殊准则；第四，建立健全网络广告信息披露法律责任追究制度；第五，使用点击协议进行信息披露以克服网络广告字符限制之局限。

第四章　网络广告监管体制。网络广告监管体制由行政监管和自律监管组成。我国网络广告行政监管存在执法体制多元，行政执法手段刚性有余、柔性不足等问题；网络广告自律监管存在自律组织独立性不强、自律手段缺乏权威性、自律组织内容管理畸形、行使规章制定权缺乏作为等问题，因此，可以借鉴西方发达国家经验，在行政监管方面，建立由工商行政管理部门统一负责的单一的行政执法体制；在执法手段方面，引入信息披露等柔性规制手段，提高网络广告行政规制的效果；在自律监管方面，制定行业协会法，明确政府与行业协会的职能划分，提高行业协会监管的权威性和公信力。加强行业协会内部的民主化制度建设，积极发挥行业协会制定网络广告准则的能动性。

第五章　国外网络广告法律规制的经验及启示。本章详细介绍了美国、法国、日本三个国家的网络广告法律制度，归纳出国外网络广告法律规制的成功经验：第一，广告法的一般原则适用于网络广告；第二，不同类型的网络广告具有自身独有的广告准则；第三，禁止虚假和误导性广告成为各国网络广告法律规制的核心；第四，一般具有较完备的网络广告法律监管体系；第五，各国均建立了严格的法律责任追究制度。

第六章　弹出广告的法律规制。弹出广告作为一种新的广告形式日益流行和普及，但广大网民不堪其扰。我国目前存在缺乏针对弹出广告的系统和专门立法、规制弹出广告的具体准则缺失、弹出广告责任主体确定难、执法机构不统一和法律责任不完善诸多问题。因此，我国可以借鉴美国规制弹出广告的经验，制定规制弹出广告的系统性法律规范，明确规定弹出广告合法性的判断标准，即要求广告主和广告发布者在弹出广告窗口设立用户"永久性退出"选项，限定弹出广告出现的时长和频率，规定弹出广告的页面大小、移动速度以及弹出广告与网站内容的区分度要求，明确弹出广告与商标权、著作权等在先权利冲突的解决规则。另外，还应健全弹出广告责任主体制度，建立由市场监管局牵头的多部门间的联动广告执法体制以及完善弹出广告法律责任制度。

第七章　电子邮件广告的法律规制。垃圾邮件是指不请自来的或者含有有害信息的电子邮件，不请自来的电子邮件依侵犯动产为由起诉较为有利，而对含有有害信息或病毒的垃圾邮件依网络妨碍为由起诉较为有据。垃圾邮件不仅浪费收件人的网络费用和时间，干扰用户对网络的使用，也威胁计算机网络和系统的安全。我国目前存在规制垃圾邮件的法律规范层级低、事先同意规则过于严厉、电子邮件标识符规则适用范围过窄且有遗漏、刑事和民事责任缺失且行政处罚过轻等问题，因此，可以借鉴美国、澳大利亚等国先进的立法经验，制定专门的反垃圾邮件法，将技术手段与法律规则相结合，采纳"默示拒绝"的电子邮件接收模式，制定电子邮件的警示和标识符规则，建立包含民事、刑事和行政责任的完整而严格的法律责任体系。

第八章　搜索引擎广告的法律规制。本章第一节探讨了搜索引擎涉及的版权保护问题，认为搜索结果若满足原创性、固定性和可复制性要求则可获得版权保护。若搜索引擎复制他人网站核心内容，造成实质性相似，则可认定为搜索引擎侵犯他人网站的版权。另外，尽管搜索引擎复制、索引和缓存链接增加了互联网的功能，有利于存档和网站信息推广等公私利益的实现，但是，由于缓存链接使黑客可以轻松绕过用户名、密码和网站注册要求，使网站和版权人失去版权作品的独家控制权和传输权，损失广告收入，也可能构成版权侵权行为。第二节探讨了搜索引擎关键词广告的商标侵权问题，认为互联网关键词广告的商标侵权认定的两个核心要素是商业性使用和混淆可能性。在判断将他人注册商标设置为搜索关键词是否属于商业性使用时，要分情况处理：（1）如果广告商与搜索引擎公司签订的合同是竞价排名服务合同，则广告商将他人注册商标设置为搜索关键词是典型的商业广告行为，属于典型的商业性使用；（2）即使商品生产者、经营者没有与搜索引擎公司签订竞价排名服务合同，但是，只要用户输入他人注册商标进行搜索，返回的搜索结果页显示的是该生产者和经营者的商品或网站链接，并由此造成消费者对商品来源产生混淆，那么也可认定为商业性使用；（3）虽然将他人商标设置为搜索关键词，但是如果返回的搜索结果页显示的是新闻报道、政策法规、教育评论、科学知识等与商品来源无关的公共信息，则应认定为非商业性使用。在分析关键词广告案件的混淆可能性时，不应该只关注类似的名称或外观，相反，还应该综合考虑商标的显著性、商标和商品的相似性、销售渠道、消费者的经验或者消费者的关心程度、不良动机、事实上的混淆、扩大商品使用范围、广告的标识和外观以及显示结果页屏幕背景等其他因素。在起诉搜索引擎服务商承担商标共同侵权责任时，原告必须提供故意引诱和继续支持商标侵权两方面的证据。第三节分析了搜索引擎关键词广告的竞争法规制问题。从反垄断法的角度来看，我国搜索引擎关键词广告反垄断面临的主要问题是对免费的搜索引擎服务是否构成相关市场、被封杀和降级的网站难以举证、没有赋予相关专业机构发布信息的证据效力，因此，为了完善搜索引擎关键词广告的反垄断立法，应该在《中华人民共和国反垄断法》（以下简称《反垄断法》）中明确搜索服务等双边市场的认定标准，对滥用市场支配地位实施有限的举证责任倒置，还应建立专家证人制度。从反不正当竞争的角度来看，我国搜索引擎竞价排名法律规制存在基本原则缺失、虚假宣传无法涵盖大部分点击欺诈行为、搜索服务过程中的新型不正当竞争行为亟须规制等问题，因此，必须明确搜索服务的基本原则，将点击欺诈、搜索偏见等新型网络不正当竞争行为纳入规制范畴，成立网络广告点击监测机构，加强网络广告业的行业自律。从广告法的角度来看，我国广告法在规制搜索引擎关键词广告方面存在竞价排名结果的标识方法缺乏统一标准，搜索引擎公司主体身份模糊、法律责任不明等问题，因此，必须明确规定搜索引擎关键词广告的具体准则：第一，竞价排名应该包含诸如"竞价排名"等识别语；第二，竞价排名与非竞价排名应当在空间与色彩方面进行区分；第三，搜索引擎必须给自己的内容贴上专属标签并分开显示；第四，明确规定能够审核、决定广告内容的搜索引擎运营商的性质属于广告发布者。

第九章　特殊产品与行业网络广告的法律规制。本章分析了律师和医疗两个行业的网络广告法律规制问题。我国律师网络广告法律规制存在法律规定零散不系统、禁止现场劝诱规则缺失、规范律师事务所网站与主页内容的广告准则缺失、传统广告的信息披露要求与律师点击付费广告不相适应等诸多问题。对此，可借鉴美国律师网络广告法律规制的成功经验，在我国建立层次分明、体系完整的律师网络广告法律规范体系，禁止律师对潜在客户以实时电子通信的方式进行现场劝诱，对律师和律师事务所网站应当遵守的实体广告准则予以明确规定。另外，我国医疗广告存在缺乏统一的互联网医疗广告法律制度、医疗广告信息披露不充分、医疗机构门户网站和主页广告准则缺失等问题，应当借鉴美国网络医疗广告法律规制的成功经验，将我国的医疗、药品和医疗器械广告集中立法，禁止在医疗保健网站上使用"框架"技术，规定应当披露的完整网络医疗广告信息内容，并建立统一规范的网络医疗广告准则。

总体而言，本书内容具有以下四个特点：

（1）力求前沿和创新。本书力求在网络广告法律规制的前沿领域和重点问题上有所突破和创新。（a）首次全面和系统地研究了弹出式广告、电子邮件广告、搜索引擎广告等新型网络广告的法律规制原理和广告准则。（b）首次对律师、医疗等特殊行业的广告准则进行专门的研究，并提出了相应的规制建议。（c）首次提出建立网络广告信息披露制度，并提出了如何构建这一制度的设想。（d）首次提出了互联网关键词广告的商标侵权认定规则。（e）关于搜索引擎广告的法律规制方面提出了诸多具有原创性的观点，比如，作者明确提出应将点击欺诈、搜索偏见等新型网络不正当竞争行为纳入规制范畴；必须明确规定搜索引擎关键词广告的具体准则：竞价排名与非竞价排名应当在空间与色彩方面进行区分，搜索引擎必须给自己的内容贴上专属标签并分开显示等。

（2）强调问题意识。本书除了概论、基本原则、历史沿革等少数介绍性知识点外，关于网络广告具体制度方面的研究均遵循提出问题、分析问题、解决问题的基本思路。本书聚焦网络广告的现实问题和疑难问题，立足中国国情，借鉴国外经验，力求最优解决方案，尽量让研究结论具有强大生命力和实践价值。

（3）体现专题研究特点。本书每一章均聚焦一个主题，从理论到实践、从国内到国外、从过去到未来，全方位展示，尽量细化、尽量全面、尽量深入，避免泛泛而谈。因此，本书每一章均可独立成篇，为后来研究者提供参考和助力。

（4）资料新颖。课题主持人在美国华盛顿大学访学期间收集了400多万字有关互联网广告法律规制的法律、法令、著作、论文、判例等资料，英、美、欧盟、澳大利亚甚至非洲等国家和地区的资料一应俱全，许多在国内都属一手资料。这也意味着本书具有较强的国际视野和一定的前瞻性。

作者深知，本书作为研究网络广告法律规制方面的专著之一，仅仅是浩如烟海的学术浪花中的一朵，还需要众多的同行和学者的纷纷加入，才能形成"千帆竞发、百舸争流"的学术繁荣局面。当然，本书的出版并非本人对此问题研究的终结，而是学术新征程的起点。"路漫漫其修远兮，吾将上下而求索。"

阳东辉
于湖南长沙阳光100国际新城
2021年9月

目 录 / CONTENTS

第四章

网络广告监管体制

第五章

国外网络广告法律规制的经验及启示

第六章

弹出广告的法律规制

第七章

电子邮件广告的法律规制

第八章

搜索引擎广告的法律规制

第九章

特殊产品与行业网络广告的法律规制

后记　/285

第一章

网络广告法律规制
概述

▶ 第一节　网络广告的定义与特征

一、网络广告的定义

广告，顾名思义就是"广而告之"的意思，即向社会公众告知某件事项或消息。广告有广义和狭义之分，广义的广告既包括公益性广告，也包括以营利为目的的商业性广告，前者如政府、政党、社团、宗教、文化团体等组织的公告、布告、声明等；后者是指由广告主承担费用，通过报纸、杂志、广播电台等媒体发布，向社会广大公众推销商品或服务的手段。北京市工商局2001年4月发布的《北京市网络广告管理暂行办法》第2条以列举外延的方式对互联网广告下了定义：网络广告是指互联网信息服务提供者通过互联网在网站或网页上以旗帜、按钮、文字链接、电子邮件等形式发布的广告。该网络广告的定义属于狭义的定义，仅仅将以旗帜、按钮、文字链接、电子邮件等形式发布的广告归属于网络广告。[1] 应该说，该互联网广告的概念由于缺乏概括性定义，欠缺周延性。可喜的是，2016年国家工商行政管理总局颁布的《互联网广告管理暂行办法》（以下简称《暂行办法》）所下的互联网广告定义，弥补了这一缺陷。《暂行办法》第3条规定："本办法所称互联网广告，是指通过网站、网页、互联网应用程序等互联网媒介，以文字、图片、音频、视频或者其他形式，直接或间接地推销商品或者服务的商业广告。"该定义将旗帜广告、弹出广告、电子邮件广告、搜索引擎广告等新型互联网广告形式统一概括为"互联网应用程序"，使得网络广告的概念更具包容性和开放性，可以认为它是一种广义的网络广告定义，也是本书所赞成的观点。

二、网络广告的特征

互联网作为独特的和全新的全球传播媒介，不像收音机或电视机那样具有侵略性，因为互联网通信不会侵入家庭或不请自来地出现在别人的计算机屏幕

---

1 杨立钒主编：《网络广告理论与实务》，中国电力出版社2017年版，第3页。

上。互联网呈现出以前难以想象的方式与多样性的特征，通过互联网，广告主可以向消费者传播他们的商品和服务信息。

低成本、即时发布和网络定制的优势使网络广告能够超越传统媒体的局限，以独特的方式进行广告宣传。互联网，虽然看起来是一种单一的广告形式，实际上是由多种不同的媒体组成的领域，其中包含许多独特的组成内容。同样，互联网的匿名性、跨境性、互动性使其成为一块较少受到监管的自由领地，尤其是广大的互联网民主论坛很少受到政府和法律的监管。网络广告的互动性，也即双向沟通性，是网络广告不同于传统广告的本质特征之一，它也是网络广告的价值所在。[1]因此，网络广告与传统广告相比，具有传递的交互性、传播的广泛性、沟通的目的性与投入的经济性等特征。[2]

另外，网络广告区别于传统媒体最大的不同是，网络链接具有多次跳转的特性，这一本质决定了链接式广告必然是通过一个链接连接到其他链接。互联网链接广告的无限次跳转是由多个广告活动组成的，这是基本逻辑起点。广告跳转后的页面，内容往往包罗万象，有和本广告相关的内容，也有其他广告内容，例如，对于应用程序的推广广告，跳转后是应用市场页面；对于综合门户网站的推广广告，跳转后是由成千上万个网页链接汇集而成的导航主页；而对于电商平台网站的推广广告，跳转后是包括成百上千商品的电商聚合页面。[3]

▶ 第二节 网络广告的基本类型

网络广告的分类方法有很多种，有的按受众范围分为分类广告与定向广告；有的按活动程度分为静态广告、动态广告与交互式广告。本书按照流行的网络广告的表现形式不同，将网络广告分为以下几类。

一、搜索引擎广告

搜索引擎广告也称搜索关键词广告，是指广告客户根据自己的商品或者服

1　李德成：《网络广告法律制度初论》，中国方正出版社2000年版，第110页。

2　欧海鹰：《网络广告：运营机理与资源管理研究》，中国财政经济出版社2013年版，第42—43页。

3　杨乐、易镁金："2019年中美欧网络广告治理法律政策年度观察报告"，https://36kr.com/p/5282049，访问日期：2020年1月6日。

务的内容和特点撰写广告内容并选定相关关键词，自行定价购买并在搜索引擎上投放的广告形式。当用户搜索到广告客户购买的关键词时，相应的广告就会显示，如果相同关键词有多个用户购买时，则根据付费价格对搜索结果进行排名，最终按照点击量与广告客户对该关键词的出价收费，没有点击行为不收费。[1]在这种模式下，广告主在搜索引擎或其他网站上放置一个小广告，并约定根据互联网用户点击广告和重新返回"登录"网页的数量付费或出价。搜索引擎广告给许多搜索引擎（如雅虎、百度、飞信、必应和谷歌）提供了大量的收入来源。因为将近99%的互联网用户使用搜索引擎，因此，搜索引擎广告监管的重点应该是关注其广告使用的方法。[2]

搜索引擎的点击付费广告模式曾被称为"历史上最成功的商业理念"：谷歌关键词广告。[3]这种革命性的广告模式对每一次谷歌搜索结果进行分析，以确定哪些广告被列为结果页上的"赞助商链接"。从本质上讲，谷歌将广告主对广告的出价和公制术语"质量得分"结合起来，以确保结果页上出现的广告与用户查询内容高精度匹配。[4]该度量标准将广告与搜索词的相关性、广告链接登录网页的质量以及广告实际点击次数的百分比等作为考量因素。谷歌还对低质量的广告施以处罚，以保护用户不接触无关的或讨厌的广告。换句话说，广告主可以选择触发浏览的搜索词制作广告，同时，谷歌采取监管措施以确保每个潜在的客户可以浏览与其搜索有关的广告。搜索引擎广告的点击付费模式能够提供高质量的相关广告，这可能是任何其他现有的广告形式无法比拟的。

谷歌关键词广告的组成部分包括一个标题、两套广告文本、一个显示网址和一个登录网址，它们全部受到25或30个字符的严格限制。为了把点击付费广告提交给谷歌，广告主必须完成几个步骤。首先，他必须选择一些触发显示广告的关键词，并在搜索中使用这些关键词。其次，广告主要撰写"广告文案"，它是有限字符的信息营销文本。几种不同的广告通常会提交不同的广告文案，每个广告文案将由不同的关键词触发。再次，广告主进入显示和登录网址。最后，广告主要设计一个广告预算起点，例如，每点击一次10美分或者每

1　杨立钒主编：《网络广告理论与实务》，中国电力出版社2017年版，第10—11页。

2　iProspect Search Engine User Attitudes，IPROSPECT，6（2004）.

3　Steven Levy，The Secrets of Googlenomics，WIRED，110（Jun.2009）.

4　Steven Levy，The Secrets of Googlenomics，WIRED，114（Jun.2009）.

个月25美元的费用。[1]

在广告主提交了点击付费广告之后，他可以通过调整广告文案、关键词和预算的方式，执行优化措施以确保每个广告适当地显示以及从广告中获得足够多的效益。这种优化需要频繁更改广告内容以使其效用最大化。事实上，谷歌出售的大量广告进一步巩固了它占主导地位的市场份额，因为每次广告销售都会"产生用户的口味和习惯的数据洪流，以预测未来的消费行为，找到改进产品的方法，以及销售更多的广告。"[2]目前，谷歌关键词广告已经成为"全球最大的、拍卖最快的、永不停歇的、自动自助服务版本的东京喧闹的筑地鱼市场。"[3]

我国百度"竞价排名"业务类似于谷歌点击付费广告，它是指由广告主向百度付费，通过百度的搜索引擎对广告和关键词进行超链接，按照购买价格在搜索结果中对广告进行排名的推广形式。[4]广告主通过与搜索引擎公司签订竞价排名服务合同的方式，购买自己选定的与其商品或服务紧密联系的关键词。当网络用户输入关键词进行搜索时，它就触发了出现在搜索结果页边缘或顶部的赞助商链接或广告。根据竞价排名规则，广告主可以根据自己的出价竞标自己在搜索结果中的排名。搜索引擎服务商鼓励广告主寻找最有针对性的关键词。广告主还希望用户通过点击广告主的链接而不是搜索结果页寻找他们想要的东西。[5]由于搜索引擎广告可以通过调整每次点击付费的价格来控制自己在搜索结果中的网站排名，因此，许多实力雄厚的广告主将搜索引擎广告作为推广自己商品或服务的重要广告形式。

二、社交网络广告

除了搜索引擎广告外，社交网络广告也成为当今热门的网络广告形式之一。社交网络也称社交媒体，是指能够让用户创建配置文件，并通过共同的爱好、

1　See Christopher B. Schultz, Analysis of Impact of Louisiana Lawyer Advertising Rules on Pay Per Click & Internet Marketing 2（2009），available at http：//www.jdsupra.com/post/fileServer. aspx?fName= 06518883−3c34−4dal−a198−867c9ba0910f.doc.

2　Steven Levy, The Secrets of Googlenomics, WIRED, 110（2009）.

3　Graham H. Ryan, What Went Wrong on the World Wide Web：The Crossroads of Emerging Internet Technologies and Attorney Advertising in Louisiana, 71 Louisiana Law Review, 758（2011）.

4　李剑："百度'竞价排名'非滥用市场支配地位行为"，载《法学》2009年第3期。

5　阳东辉："论互联网关键词广告的商标侵权认定规则"，载《政治与法律》2016年第9期。

业务联系和其他利益跟其他人发生联系的互联网平台。《韦氏大词典》将社交媒体定义为"用户通过它创建在线社区，以共享信息、想法、个人消息和其他内容（如视频）的电子通讯形式（作为社交网络和微博的网站）。"社交网络不仅是连接家庭和朋友的一种发展趋势，而且成为许多商业人士的一种有价值工具。目前，绝大多数广告客户都参加了各种社交网络。

一些最流行的社交网络包括脸书、聚友网、推特、人际关系网、QQ、微信、博客、微博等。这些网络都涉及数十种广告主可以互动和打广告的手段，包括实时聊天、广告消息发送给特定群体和所有网络用户、公告板帖子、评论和第三方开发的互动应用程序，如游戏等。社交网站能够让广告主简单、快捷地创建图像和文字广告，重新引导用户进入广告主网站或社交网站中的网页。许多社交网站利用类似于谷歌关键词广告使用的点击付费广告技术，并提供优化措施跟踪谁点击了该广告，以最大限度发挥其效能。如同谷歌关键词广告，这些广告包含字符和文本空间的限制。社交网络广告具有联络的方便性、廉价性和较强的针对性，这给广告主提供了高效地营销其服务的能力。[1]

三、门户网站广告

搜索引擎广告与社交网络广告能够使广告主以一种比任何其他媒体更加有效的方式推销自己的商品或服务。包含在这些广告中的链接常常重新引导用户登录广告主网站。广告主网站是指广告主通过一个"永久性"的因特网地址（URL）向网络上的其他计算机提供一系列计算机文档、文件和图形，并将用户引导到名为主页或商店前端的初始屏幕。[2]广告主网站通常提供相关商品或服务的更全面的信息。网站主页不仅能为互联网用户提供内容和搜索服务，其积累的用户"注意力"还能为商家提供全新的广告平台。[3]另外，点击付费广告的主要目的也是吸引用户访问包含大量商品或服务信息的广告主网站。因此，广告主的网站广告可以通过两种方式吸引客户：第一种方式是通过互联网广告诱使用户通过点击广告间接地访问广告主的网站；第二种方式是用户可以

1　阳东辉："论我国律师网络广告法律规制之完善——美国的经验及借鉴"，载《法商研究》2019年第1期，第158页。

2　Mitchel L. Winick, Debra Thomas Graves, Christy Crase, Attorney Advertising on the Internet: from Arizona to Texas-Regulating Speech on the Cyber-Frontier, 27 Texas Tech Law Review, 1553（1996）.

3　杨立钒主编：《网络广告理论与实务》，中国电力出版社2017年版，第137页。

通过主动搜索特定企业的名称和网址来访问广告主的网站。

必须指出，广告主的网站广告与传统广告相比，具有明显不同：一方面，它比传统广告提供的内容和信息更全面，持续的时间也更长久。传统的电视、广播和广告牌广告传播的时间具有暂时性，广告内容的信息容量有限，而网站能够提供比任何其他媒体更多和更详细的信息。因此，网站广告的内容更加全面和成熟。另一方面，与传统媒体相比，网站广告更加复杂和更需决断力，因为网络环境下消费者经常自行输入网址或在浏览网站之前进行特定搜索，因此，需要设计更具有吸引力的网页内容，以适应消费者主动搜索的需求。相反，传统媒体广告常常是在没有消费者参与的情况下出现的。

四、链接式广告

链接式广告是指通过文本或图标链接到广告主指定网页（站点）的链接服务广告。链接式广告占用的空间很小，位置灵活自由，链接形式多种多样，既可以是小横幅、按钮、图标，动画，也可以是一个标题、单词或短语，还可以是一段文字。链接式广告是一种对浏览者干扰最少，但效果最好的网络广告形式。[1] 链接式广告与传统广告的最大区别在于其会发生跳转，由此在跳转前后形成前端广告和落地页两个页面。落地页向消费者展示商品或服务，在网络营销中素有"黄金一页""昂贵一瞬间"之称。链接式广告虽然简单、便捷，但是难以对用户造成强烈的直接吸引力，需要点击链接之后，才能获得更多的信息。广告主通常通过网站交换链接，建立互利共赢的网站合作模式，利用各自的网站流量，实现资源共享、相互推广商品或服务的目的。

五、电子邮件广告

电子邮件广告是指通过互联网将商业广告发送到用户电子邮箱的广告形式。它类似于直邮广告，具有针对性强、信息容量大、发送方便、快捷等特点，只要注册一个电子邮箱，人们就能在任何接通互联网的环境下，突破空间和时间的限制，随时随地地在电脑上处理邮件。[2] 通过电子邮件群发广告，广告主可以在短短几个小时内把商品或服务的推广信息传递给数以万计的目标客户，让消费者先入为主，产生蝴蝶效应，让竞争对手一步落后，则陷入步步落后的境地。因此，许多企业直接采取这种广告形式推销商品与服务。电子

1　莫凡编著：《网络广告》，河南大学出版社2017年版，第68页。

2　莫凡编著：《网络广告》，河南大学出版社2017年版，第87页。

邮件广告最大的优势是信息量大，可以详细介绍和描述商品或服务的各种优势，也可以在广告中穿插一些其他的有用信息，最大限度地吸引消费者，同时，电子邮件广告还具有发送方式灵活的优势，既可以一次性发送，也可以多次或定期发送。电子邮件广告常用的方法包括电子刊物、会员通信、客户名单列表等。

但必须指出，基于用户许可的电子邮件营销具有明显优势，比如增强与客户的联系，提高品牌忠诚度等。但是，那些未经客户同意发送不请自来的电子邮件，很容易引起用户的反感，被称为"垃圾邮件"。尽管只有少数国家通过立法禁止垃圾邮件，但是，国际社会普遍认为垃圾邮件是一种粗鲁和不礼貌的网络行为。因为收件人在下载电子邮件信息过程中要花费时间和成本，要占用存储空间，还有可能被侵犯隐私。[1]

六、弹出广告

弹出广告是指不需要用户点击，自动出现在浏览窗口或网页内的广告。随着互联网用户浏览网站，在他们的网络浏览器新窗口中打开的计算机程序，在用户没有任何提示的情况下，以弹出广告的形式为其他网站进行商品或服务的宣传。许多企业也开始利用网络技术，以弹出广告的形式进行商品或者服务宣传。弹出式广告的对象是与互联网相连的所有计算机终端客户，其覆盖范围的全球性是其他广告媒介望尘莫及的。弹出广告除通过浏览器的弹出窗口显示外，一些间谍软件和广告软件也会自动弹出广告窗口，还有一种弹出广告是通过微软开发的即时消息客户端软件（Windows Messenger）来展示。

但是，弹出广告可能破坏网站的完整性，干扰网站内容显示，降低网站本身的吸引力，甚至可能引发版权侵权、商标淡化和不正当竞争纠纷。据不完全统计，我国网民常用软件中，有弹窗广告行为的软件达1221个，其中每天弹出广告数量超过1000次的软件近500个。[2]新浪、搜狐、网易等主要门户网站每天都有大量的弹出式广告。关于弹出广告和屏蔽软件的合法性问题，尽管还存在较大的争论，但总的趋势是允许商家发布弹出广告，但必须接受一定的限制。

1　［美］马特斯尔斯·W.斯达切尔主编：《网络广告：互联网上的不正当竞争和商标》，孙秋宁译，中国政法大学出版社2004年版，第13页。

2　倪嵋编著：《中外广告法规与管理》，上海人民美术出版社2016年版，第213页。

▶第三节　网络广告法律规制的基本模式

"规制"一词来自英语单词"regulation"的中文翻译。之前有"管控""管理""监管"等多种翻译，后来才确定为"规制"。这个词最初来自规制经济学，后被法学界广泛采用。根据《布莱克法律词典》对"规制"的定义，它是指通过规则或限制进行控制的行为或者过程。借鉴此定义，笔者认为，网络广告法律规制是指通过法律规则或法律限制对网络广告进行控制的行为或者程序。换句话说，网络广告法律规制是指对网络广告进行控制或监管的所有实体规则或程序规则的统称。从世界范围来看，对网络广告进行法律规制的模式主要有两种：第一种是适用其他相关法规制模式，第二种是专门立法模式。下面分述之。

一、适用其他相关法律规制网络广告的模式

以法国、德国、日本等为代表的大陆法系国家一般没有制定专门的广告法或网络广告管理条例，有关网络广告的法律规制往往援引民法和反不正当竞争法的相关规定。

（一）法国的网络广告法律规制模式

1. 主要基于判例法的规则

法国没有专门调整广告关系的广告法。有关广告纠纷的处理主要由主审法官依据《法国民法典》第1382条规定的侵权法基本原则进行审理，[1]判例法规则是法国的主要广告法渊源。根据法国相关判例，与网络广告有关的不公平贸易做法主要涉及以下几种行为：

（1）不公平竞争。不公平竞争是指商人就所销售产品的特性和品质欺骗公众的做法。不公平竞争包括假冒，即某一商家试图与另一商家的产品混淆的做法，以及虚假或欺骗性广告。[2]从判例来看，反不正当竞争法下的保护只延伸到广告手段（目录、海报、标语），而不包括广告创意。[3]保护取决于广告手段的原创性：这特别适用于广告语。被视为不正当竞争的形式，必须发现某

1　《法国民法典》第1382条规定："任何人对他人造成损害的任何行为，均使造成损害的人应对此类损害负责。"这种诉讼的原因是基于侵权行为，而不是推定的侵权行为。因此，原告应承担举证责任。所有形式的侵权证据都可以举出，因为侵权行为是事实问题。

2　Ordinance No. 86-1243 of December 1, 1986 ［1986］ Journal Officiel ［J.O.］ 14773（hereinafter referred to as the "1986 Ordinance"）.

3　See Cass. Com., May 13, 1970, Bull. civ. P.V, No. 160.

广告模仿了具有原创内容的另一广告。因此，使用"常见的表达"或描述性和平庸的表述形式不会得到保护。[1]

（2）虚假或欺骗性网络广告。虚假或欺骗性广告是指就商品或服务的特征或质量欺骗公众的陈述。[2]在1963年7月2日第68-628号法令颁布之前，法国法院认为虚假或欺骗性广告是根据《法国民法典》第1382条规定的不公平竞争行为。[3]1963年7月2日法国法律第63-628号法令第5条和第6条规定，假冒或欺骗性广告构成刑事犯罪，应追究刑事责任，禁止为招揽顾客而亏本销售商品和误导性广告。目前，第63-628号法令第5条和第6条已经废除，并由根据1973年12月27日第77-1193号法令制定的新的、更严格的条款取代，经1978年1月10日第78-23号法令修订的《法国贸易和手工艺品条例》，关于消费者对产品和服务的保护和信息，第77-1193号法令第44条明确禁止"所有涉及任何形式的陈述、说明或表示方法的虚假或可能误导的广告事项……"[4]违反第77-1193号法令第44条的规定，应受刑事处罚。[5]关于虚假广告的认定，法院有更大的自由裁量权，以确定某个广告是否具有误导性。

（3）不当广告。如果以一种对某个竞争对手侵权的方式刊登广告，且不符合普通贸易惯例，则广告也可能被视为一种不公平竞争形式。比如，贬损竞争对手或者违反法律规定的方式将产品与竞争对手销售的类似产品进行比较。[6]此外，比较只能涵盖特定产品或服务的基本可控属性。禁止涉及包装、发票、支票和信用卡等物品的比较广告。只有在比较的产品相同且在相同条件下销售时，才允许进行价格比较。[7]此外，要注意，刊登广告的公司必须能

---

1 Id.

2 关于一般的虚假与欺骗性广告 see e.g., Baumann, New Law of Unfair Competition in France, International Review of Industrial Property, 1976, pp. 490—494. 虚假或欺骗性广告的特殊情况可能违反法定的法律修订预案： see e.g., Article 405 of the Penal Code relating to embezzlement; the Act of August 7, 1905, as amended, on deceit; the Act of May 6, 1919, as amended, on appellations of origin; the Act of March 26, 1930, on indication of origin; the Act of December 31, 1964, as amended, on the deceptive use of a trademark. On this matter see Guinchard in J.C1. Com., CD, Fasc. X XII—B, ns.147-156.

3 See e.g., J.Cl. Com., CD, Fasc. X XII—A.

4 Section 44（1）.

5 Section 44（2）.

6 Law No. 92-60 of January 18, 1992, art. 10, ［1992］J.O. 968 as codified in C. Cons.（Petit Codes Dalloz）.

7 Id.

够证明广告的真实性，并且需要在广告向公众传播之前将其副本发送给竞争对手。[1]

（4）商业诋毁。商业诽谤，可定义为发布关于竞争者的商品或服务的虚假和不信任信息，也构成不正当竞争行为。[2]发布任何败坏竞争对手专业能力名声的信息也被视为商业诋毁。[3]商业诋毁可以通过任何公布的方式实施，如广告、传单或任何其他书面或口头方式。[4]如果在报纸广告中发布了贸易诋毁，那么已经被诋毁的一方可以对刊登广告的人以及报纸提起反不正当竞争诉讼。[5]此外，报纸或其他公开诋毁材料的媒体必须让被诋毁的一方有机会作出回应。[6]也可以通过遗漏来进行商业诋毁，如通过广告将产品称作唯一包含某些理想品质的产品。[7]根据《法国民法典》第1382条的规定，作为一种不公平竞争诉讼的形式，禁止对另一名商人或其产品进行诋毁性陈述。当某陈述能够影响另一商人或其产品的声誉时，该陈述被视为诋毁。[8]是否构成商业诋毁，诋毁的判断标准由法官根据判例和法律原则自由裁定。

2. 相关成文法规则

法国没有专门的广告法，但是，许多法律对各种广告都有非常具体的规定。1804年颁布并于1998年修订的《法国民法典》第1382条规定了侵权法的基本原则，将欺骗性广告、混淆广告和商业诋毁行为按不公平交易行为处理。1810年颁布的《法国刑法典》第259条处理使用虚假标题的规定，可以制裁虚假或欺骗性广告。1986年12月，法国政府颁布了一项条例（以下简称《1986年条例》），作为其经济自由化计划的一部分，其目的是确保商业和竞争领域

1　ld., art. L.121-12.

2　Judgment of May 21, 1974, Cour d'appel, Lyon, ［1974］J.C.P. Ⅳ 336.

3　Judgment of January 5, 1961, Cass. Com., ［1961］Bull. Civ. Ⅲ. p.8.

4　See, e.g., Judgment of July 6, 1976, Cour d'appel, Paris. ［1977］D.S. Jur. I.R. 332（in a leaflet）.

5　Judgment of February 19, 1969, Cour d'appel. Paris. ［1970］Gaz. Pal. Ⅱ som. 12.

6　Judgment of April 21, 1976, Cour d'appel Paris. ［1976］Gaz. Pal. Ⅱ 730.

7　Judgment of June 9, 1980, Cass. civ. com., ［1980］Bull. Civ. Ⅳ 198.

10　For a comparison with U.S. law see Torem and Goldstein, "Denigration and Disparagement. A Franco-American Comparative Analysis,"（1972）Texas Int'l L.J., 213-214.

的更大自由。[1] 1905年8月，法国政府制定《关于欺诈及假冒产品或服务的规定》，规定犯虚假广告罪将被处以3个月至2年的有期徒刑和/或1 000—250 000法郎的罚金。1968年，法国颁布了《法国消费者价格表示法》《法国防止不正当行为表示法》《法国禁止附带赠品销售法》等相关法律，对广告的内容和相关活动进行严格监管。1973年12月，《法国商业、手工业指南法》对虚假广告罪进行了界定，使虚假广告入罪量刑有法可依。[2]

《1986年条例》作为其经济自由化计划的一部分，其目的是确保商业和竞争领域的更大自由。[3] 2001年法国颁布了新的《法国商法典》，[4]《法国商法典》规定了对消费者和专业人士的"透明度"规则。透明度可以定义为商业交易中的清晰、诚实和公平。要求对消费者在出版物价格、非法销售技巧、拒绝交易和搭售安排方面具有透明度规则。[5] 规范价格和销售条件的沟通、发票和限制性贸易惯例（如亏损销售、最低价格要求、歧视性销售行为和滥用交易条件）的规则要求专业人员之间具有透明度。《法国商法典》第4卷第4编（竞争和其他违法行为的透明度和限制性做法）合并了各种各样的法规，其目的是保护自由商业和公平竞争。《1986年条例》被编入新的《法国商法典》，而且其规则得到了实质性修改。这项改革特别涉及供应商和分销商之间的滥用行为，竞争理事会的议事程序，任何由此产生的制裁措施的有效性，经济依赖滥用状态，集中控制的条件和国际合作。新法律于2001年5月16日生效，适用于除集中外的所有反竞争行为。另外，法国还严格执行国际商会制定的《国际商业广告实践准则》。

在颁布《1986年条例》之前，法国经济监管最广泛使用的工具是价格管

1　C. Com, arts. L410-1 et seq. （Petits Codes Dalloz），repealing Ordinance No. 45-1483 of June 30，1945，and Ordinance No. 45-1484 of June 30，1945，modified by Law. No. 96-588 of July 1，1996.

2　倪嵎编著：《中外广告法规与管理》，上海人民美术出版社2016年版，第294页。

3　C. Com, arts. L410-1 et seq. （Petits Codes Dalloz），repealing Ordinance No. 45-1483 of June 30，1945，and Ordinance No. 45-1484 of June 30，1945，modified by Law. No. 96-588 of July 1，1996.

4　Law no. 2001-420 of 15 May 2001 relating to new economic regulations，［2001］Journal Offciel［J.O.］7776.

5　根据1993年7月26日《第93-949号法令》颁布的《法国消费法典》（Petits Codes Dalloz）对这些规则以及法国消费者与专业人士之间关系的大多数现行法律法规进行了编纂。转引自C. com.，app.（Petits Codes Dalloz）。

制。与这种旧政策形成鲜明对比的是，《1986年条例》所反映的新政策是价格由自由竞争决定。《法国商法典》规定了对消费者和专业人士的"透明度"规则。透明度可以定义为商业交易中的清晰、诚实和公平。要求对消费者在出版物价格、非法销售技巧、拒绝交易和搭售安排方面具有透明度规则。[1]规范价格和销售条件的沟通、发票和限制性贸易惯例（如亏损销售、最低价格要求、歧视性销售行为和滥用交易条件）的规则要求专业人员之间具有透明度。

《1986年条例》现在编入了《法国商法典》，确立了商品、产品和服务价格应通过自由竞争决定的原则。[2]《法国商法典》第4卷第4编（竞争和其他违法行为的透明度和限制性做法）合并了各种各样的法规，其目的是保护商业自由和公平竞争。

值得一提的是，法国于2017年1月通过了关于数字广告服务的法令，对数字广告进行了明确的界定，并要求广告代理中介履行广告媒体的价格披露义务，以防止广告代理商获取不正当利润。该法令反映了法国政府对于网络广告的高度重视，对广告行业的严格管制已经从传统广告扩展到了网络广告。[3]这意味着法国也开始对网络广告进行专门性立法，但它并没有改变法国主要依靠民法、商法、反不正当竞争法等其他法律规制网络广告的实质，因此，笔者还是将其纳入适用其他相关法律规制网络广告的模式。

（二）德国的网络广告法律规制模式

1. 民事法院

在德国的立法中，网络广告作为广告的一种，主要受《德国反不正当竞争法》的约束。1909年《德国反不正当竞争法》第1条创设了"一般条款"，即对在商业竞争中从事违背善良风俗之行为者，可请求其停止侵害和损害赔偿。也就是说，该条概括性地将不正当竞争行为定义为违背善良风俗的商业竞争行为，对于这种行为受害人的救济措施是请求停止侵害和损害赔偿。除一般条款外，《德国反不正当竞争法》还列举了代表性的不正当竞争行为，其中就包括以竞争为目的的虚假广告行为。可以说，德国反不正当竞争的执行主要是一种

1　根据1993年7月26日《第93-949号法令》颁布的《法国消费法典》（Petits Codes Dalloz）对这些规则以及法国消费者与专业人士之间关系的大多数现行法律法规进行了编纂。转引自C. com., app.（Petits Codes Dalloz）.

2　Id., art. L.410-2, codified in C. cons., art. L.113-1（Petits Codes Dalloz）. 某些具体的价格规定仍然有效，包括与公职人员（如公证人和流程服务员）和某些专业人士（专业人员）的费用有关的规定，租赁某些类型的房地产（包括商业租赁）以及铁路和航空运输。

3　周辉：《网络广告治理比较研究》，中国社会科学出版社2018年版，第60页。

私法制度，在民事法院由私人主体提起民事法律救济，没有涉及专门的行政机关。只有极少数追究刑事责任和收取罚金的案件，需要政府部门参与。[1] 由于德国没有专门的广告法，因此，广告行为主要由《德国反不正当竞争法》进行调整，再辅以特别法进行补充规制。比如烟草、酒类、药品等特定产品的广告，还要遵守《德国食品、烟草制品、化妆品和其他日用品管理法》《德国酒精饮料条例》《德国药品法》等特别法的规定。

2. 联邦网络管理局

《德国电信媒体法》于2017年经第三次修订后，原有的联邦法律《德国电信服务法》和《德国电信服务数据保护法》以及各州签署的《媒体服务国家协议》均被废止，由此形成了《德国电信媒体法》规制互联网服务、《德国电信法》规制电信服务和《德国广播国家协议》规制广播电视服务的三法鼎立局面。[2] 根据《德国电信媒体法》规定，所有离线违法的内容也是在线违法的。[3] 例如，根据《德国医疗产品促销法》第10条的规定，在德国宣传处方药的广告将被禁止，无论是否在互联网上传播。该规定特别针对用自己的互联网域名非法推销和销售医疗产品的内容提供商。此外，2018年1月，德国颁布了《德国社交媒体管理法》，对在德国境内提供内容服务的社交网络平台（如脸书和推特）施加更为严格的监管要求。[4] 德国对社交媒体进行专门立法走在世界前列，具有重要的历史意义。

（三）日本的网络广告法律规制模式

1. 日本公平交易委员会

日本政府管理广告的机构主要是日本公平交易委员会，它是日本总理府下设的机构之一，是与经济企划厅、国土厅、防卫厅等相平行的政府部门。其基本职责是限制私人垄断、防止不正当交易、限制对其他工农业的不正当干涉等。为了解释执法行动和一般的司法程序，由公平贸易委员会负责调查违反《德国不当奖售和不当表示防止法》案件的投诉，并由其根据调查结果作出行政处罚裁决和／或建议令。企业家对该裁决可以向地区高等法院提出上诉，并

1　李仁玉："中德《反不正当竞争法》比较研究"，载《商业时代》2011年第1期。

2　韩赤风："互联网服务提供者的义务与责任——以《德国电信媒体法》为视角"，载《法学杂志》2014年第10期，第23页。

3　James B. Astrachan, Donna Thomas, George Eric Rosden, Peter Eric Rosden, The Law of Advertising, Volume 4, LexisNexis, 2008, at 74-165.

4　"德国施行《社交媒体管理法》强化社交网络平台管理责任"，央广网，访问日期：2018年1月28日。

最终上诉至日本最高法院。

与我国不同，日本没有制定专门调整广告关系的基本法（广告法），但是，日本相关的法律法规对广告活动作了明确规定，形成了一个庞大的广告法规制体系。《日本防止不正当竞争法》对仿冒商品原产地、夸大商品功效、假冒成分、谎报数量等使消费者产生误认的虚假表示行为作为不正当竞争行为处理。《日本赠品表示法》对虚假陈述商品或服务质量、内容、价格、交易条件等给消费者造成误认的不当表示行为给予严肃处理。《日本独占禁止法》第2条第7款对引诱交易行为或强制交易行为等不公正交易方法的不当表示予以禁止和制裁。《日本公平竞争规约》不仅重申了《日本赠品表示法》禁止不当表示的基本原则和精神，还对虽然并未明确违反法律，但有可能损害消费者利益的广告行为进行监管和制裁。[1] 对于互联网广告，日本主要依照《日本赠品表示法》和特定商品交易法的相关规定进行监管。

2. 消费者厅

日本消费者厅是《日本赠品表示法》的执法机关。为了保证顺利执法，该法赋予日本消费者厅拥有受理投诉、入室检查、罚款等权力，同时，对违反该法规定发布虚假网络广告的，可以对当事人给予行政处分。上述处罚措施，既适用于正在发生的虚假违法广告行为，也适用于既往的虚假违法广告行为。

二、专门立法规制广告或网络广告模式

（一）美国的网络广告专门立法模式

美国有较为完善的网络广告法律规范体系，无论是立法，还是司法实践均走在世界前列。美国早在1911年就颁布了《美国印刷物广告法案》，领先世界各国。1914年，美国国会通过《美国联邦贸易委员会法》，设立联邦贸易委员会，该机构成为美国最权威的综合广告管理机构。《美国联邦贸易委员会法》禁止"不公平或欺骗性的行为或做法"广泛涉及广告陈述、营销与促销活动以及一般的销售做法。该法不局限于任何特定媒体。因此，联邦贸易委员会在保护消费者免受不公平或欺骗性的行为或做法的侵害中所扮演的角色，涵盖网络广告、营销和促销以及在印刷、电视、电话和广播中的相同活动。事实上，自1994年以来，联邦贸易委员会已采取了100多项执法行动，以制止网上欺骗和欺诈行为，而且正在努力教育企业承担它们的法律义务，消费者享有相关权

---

1 邓小兵、冯渊源：《网络广告行政监管研究》，人民出版社2014年版，第89—90页。

利。[1]1996年美国国会颁布了《美国通信礼仪法》（CDA），为网络广告平台提供了"避风港"规则。

对于某些行业或领域，联邦贸易委员会发布了规则和指南。这些规则禁止联邦贸易委员会认为不公平或欺骗性的特定行为或做法。该指南通过提供如何避免不公平或欺骗性的行为或做法的范例或指引的方式，帮助企业努力遵守法律。许多规则和指南处理一般涉及产品或服务或广告的陈述，并不局限于传播这些陈述或广告的任何特定媒体。因此，这些规则和指南的适用于网络广告。例如，"邮寄或电话订购商品规则"，它适用的是通过邮寄、电话、传真或计算机订购的商品销售，不管采用何种方式招揽订单。在纸质媒体、电话、广播、电视或互联网上进行的招揽和销售自然属于该规则的适用范围。

美国广播事业协会在1975年制定了《美国电视广告规范》，规定了电视广告播映的基本准则。此外，对于医生、律师等专业服务广告的法律规制，一般由各州的行业协会进行自律监管。[2]

进入21世纪后，随着互联网广告的兴起，美国及时跟进进行专门立法。针对网络营销泛滥无序的状况，美国联邦贸易委员会于2000年发布了《美国网络广告营销指南》，规定了网络广告信息披露的条件和要求。随后又发布了《美国广告赞助指南》。为了避免垃圾邮件给广告用户带来的困扰，2003年，美国出台了《美国反垃圾邮件法》，规定用户享有及时退订电子邮件广告的自由。为了防止互联网广告侵犯儿童权益，美国于2000年出台了《美国儿童网络隐私保护法》，规定必须经过其父母同意，才能获取儿童个人信息。针对互联网搜索引擎广告无法可依的局面，2013年美国联邦贸易委员会以公开信的形式致函各搜索引擎服务商，提出了付费搜索结果与自然搜索结果醒目区分、清楚说明和禁止误导三原则。[3]

（二）英国的广告或网络广告专门立法模式

1907年，英国颁布了《英国广告法》，是世界上第一个通过制定比较完整的专门性法律管理广告的国家。英国的广告监管的行政机关是英国通信管理局

1　Dot Com Disclosures: Information About Online Advertising, Legislative Recommendation to Congress, Rel. 87−12/2007 Pub.357.

2　See Don R. Pember, Clay Calvent, Mass Media Law, Nineteenth Edition, McGraw−Hill Education, 2015, p.587.

3　张今、刘晗："付费搜索广告的法律规制——由美国搜索引擎指南引发的思考"，载《中国工商报》2013年8月6日，第B03版。

（简称"OFCOM"）。英国通信管理局是直接向国会负责的通信行业行政管理机关，负责制定和实施电视、广播、邮局、电信和无线通信领域的政策和法规。另外，英国通信管理局还有权与竞争和市场管理局一起维护和监管市场竞争秩序。对于涉嫌违法的运营商，英国通信管理局可以立案调查和处理，情节严重的，甚至可以中止其提供网络服务。[1]至于媒体广告的监管权，英国通信管理局已将其外包给广告标准管理局。

英国将广告分为两类：一类是非广播广告，另一类是广播广告，其中《英国非广播广告准则》由广告事务委员会（CAP）制定，《英国广播广告准则》则由广播广告事务委员会（BCAP）制定。至于网络广告，也由《英国非广播广告准则》调整。

英国广告行业自律管理也很发达，全国性广告自律组织广告标准局（ASA）是英国广告行业最高自律机构，其颁布的《英国广告行业职业行为准则》是广告行业自律的主要准则，同样适用于互联网广告。[2]广告标准管理局理事会负责裁决广告是否违反广告准则，若认定某广告违规，则可以采取要求媒体停止或限制刊播、责令修改和公布违规广告名单等较轻的制裁措施；若发现某广告具有欺骗和误导性，则移送竞争与市场管理局（CMA）处理；若发现媒体严重违反广告准则，则将案件移送英国通信管理局处理，英国通信管理局可以对该违规媒体采取警告、罚款，甚至撤销执照等较重的处罚措施。对于违规的网络广告而言，广告标准管理局（ASA）可以采取包括撤销付费搜索广告、在广告标准管理局的网站上将违法广告主加入黑名单当中等新的制裁措施。目前，英国广告标准管理局的自律监管在全球居于领先水平，它能及时回应互联网广告的新特点，制定新的网络广告准则。比如，2019年7月，英国广告标准管理局发布新规，任何人在社交媒体的粉丝超过3万名就算名人，不得做医疗产品广告。这在全球开风气之先，很具有借鉴意义。[3]

另外，有关误导和欺骗性广告由《英国不公平交易条例》进行规制，具体执法机构为竞争和市场管理局。竞争和市场管理局是英国一个独立的政府机构，主要负责反垄断、反不正当竞争和消费者保护的执法机构，有权对涉嫌反垄断和反不正当竞争案件进行调查和行政处罚。对于虚假违法广告案件，英国

1　周辉：《网络广告治理的比较研究》，中国社会科学出版社2018年版，第65页。

2　倪峋编著：《中外广告法规与管理》，上海人民美术出版社2016年版，第292页。

3　欧飒："英国广告标准局：在英国，粉丝超3万就算名人"，新华网，访问日期：2019年7月4日。

竞争和市场管理局可以从反不正当竞争和消费者保护角度进行立案查处。

▶ 第四节　网络广告主体之间的法律关系

传统广告的广告主、广告经营者、广告发布者之间的身份明确，泾渭分明，但在网络广告中这三类主体之间可能存在重合现象，比如在微信、微博等自媒体广告中，广告主同时就是广告经营者和广告发布者；在搜索引擎广告中，广告主和搜索引擎公司直接签订广告合约，省略了广告经营者这一环节；当涉及网络弹出广告时，广告主也可能委托广告公司代为设计和联系相关网站和软件开发公司发布广告，从而出现广告主、广告经营者和广告发布者三者分别为不同主体的情况。下面以传统广告为例，详细分析广告主、广告代理商和广告发布者三者之间的法律关系。

一、广告主与广告代理商之间的关系

（一）广告主与广告代理商之间可能存在的各种关系

广告代理商与广告主之间关系的性质可能存在以下三种情形：（1）代理关系，即广告主指定广告代理商作为其代理人，后者对前者负责，并对前者负有信托义务。（2）独立承包商关系，如果没有授予代理权，则广告代理商只能作为独立承包商。（3）多重身份相结合，广告代理商有时作为独立承包商参与活动，同时还作为广告主的代理商开展业务，甚至有时广告代理商还同时担任媒体的代理商、独立承包商和广告主的代理商。[1] 由于网络广告中广告主、广告代理商和媒体可能存在身份重合的现象，以及不断变化的需求和技术促进其业务交易持续发展，使这种关系变得更加复杂。

（二）确定双方的法律关系

为了确立法律关系的性质，长期以来必须分析广告代理商与其客户之间关系的事实。从法律角度来看，广告代理商是否在与广告主/客户的合同中被描述为"代理人"几乎无关紧要。应由其行为而非术语决定双方关系的法律后果。[2] 如果一方当事人将自己作为"代理人"向另一方提出，而另一方当事人

1　See, e.g., Carpenter Paper Co. v. Kellogg, reh'g denied, 114 Cal. App. 2d 640, 251 P. 2d 40
　　（1952）. Cf. Huntington Pennysaver, Inc. v. Tire Supply Corp., 59 Misc. 2d 268, 298 N.Y.S.
　　2d 824, 1969 N.Y. Misc. LEXIS 1718 （D. Ct. of Suffolk Co. 1969）.

2　See West Indus. Inc., v. Vance & Sons AMC-Jeep, 671 F.2d 1384, 1387 （5th Cir. 1982）.

相信并依赖这种代理，则将认定存在一个具有必要法律后果的代理关系。[1] 相反，如果当事人希望通过明确规定他们之间不存在代理人/委托人关系来避免代理关系的法律后果，那么如果他们的行为支持该结论，则会认定代理关系不存在。[2] 这并不意味着当事人的意图对确定代理人的问题没有任何影响，而起决定作用的是该主观意图的外在客观表现。[3]

广告代理商可能已被指定为客户的代理商，但仍可作为独立承包商与媒体打交道，或者可能作为广告主的代理商与媒体打交道，并确保自己的信用。因此，应该注意：广告代理商和客户之间的关系与广告代理商和媒体之间的关系应分开考虑，尽管并非所有决策都注意到这一要求。[4]

大多数网络广告代理商提供选择媒体、准备副本、艺术与布局、机械制作、检查插播、开发互联网主页、提供电讯互连、市场调查、进行程序测试、设计和生产销售辅助工具，如目录和包装设计以及担保等基本服务。[5]

1. 代理关系

确定代理关系是否存在的主要标准是广告主对广告代理商代表自己进行具体活动而保留的控制权大小。[6] "最重要的单一标志是谁保留了控制工作细节的权利。"[7] 这些保留权利在多大程度上实际行使并不重要；起决定作用的是

----

1 See Clark Advertising Agency, Inc. v. Tice, 490 F.2d 834, 836（5th Cir. 1974），在该案中，由于谈判者是广告主的"表见代理人"，因此，法院判决该广告合同有效。法院将表见代理定义如下：只要委托人向第三人表明官员或代理人可以代表自己行事，并且该第三人善意地认为代理权存在就构成表见代理。当该第三人合理地认为表见代理损害他的利益时，禁止委托人否认代理权的存在。多年来，这种表面上的权威观点一直没有改变。

2 Etoll v. Elias/Savion Advertising, Inc., 2002 Pa. Super. 347, 811 A. 2d 10, 22（2002）（事实是，第一方为广告主购买诸如印刷、排版和货运之类的商品和服务不会使第一方成为广告主的代理人，因为通过进行这些活动，第一方实际上并未使广告主受与服务提供商签订之合同约束）.

3 Washington Broadcasting Co. v. Goozh Gifts, Inc., 118 A.2d 392（D.C. Mun. App. 1955）（据说意图是控制，可能会被误解，因为该意图不是为了确定代理人，而只是为了使当事人以一种被认为是代理的方式行事）.

4 See, e.g., American Broadcasting Cos. v. Climate Control Corp., 524 F. Supp. 1014, 1017（N.D.Ⅲ.1981）.

5 see Frey & Davis, The Advertising Industry 82 et seq.（1958）.

6 Marcus Loew Booking Agency v. Princess Pat Ltd., 141 F. 2d 152（7th Cir. 1944）；Restatement（Second）of Agency § 14.

7 Bond v. Harrel, 13 Wis. 2d 369, 108 N. W. 2d 552（1961）.

它们被保留的程度。[1]大型广告客户保留自己的权利，以便在每一步中授权、建议、批准或不批准，并控制其广告代理商的工作。为此，他们保留自己的广告工作人员，以便对代理商工作人员进行指导和控制。[2]有时，广告主没有保留这种控制权，则广告代理商属于独立的承包商。[3]

现实生活中，广告主通常不希望广告代理商被认定为其代理人，因为作为委托人的广告主将对所有应付金额负责。相反，出于同样的原因，广告代理商和与其签订合同的当事人希望广告代理商被视为广告主的代理人。与较大的、更成熟的公司相比，小而缺乏经验的广告主更容易为自己保留更少的控制权。在这种情况下，由于缺乏控制权，法院可能会认定存在独立的承包商关系，这似乎是合乎逻辑的结果。

另外，在考虑是否存在代理关系时，还必须注意以下三点：第一，单独的广告内容不能用于暗示代理关系的存在。第二，即使广告代理商与其广告主/委托人之间存在代理关系，也必须披露该委托人的身份，以便对广告合同承担主要责任。[4]第三，即使在没有与委托人签订代理协议的情况下，广告合同当事人的行为也可能导致"表见代理"的产生。这种情况可能发生在委托人说话或采取行动时，致使第三人有理由认为委托人同意所谓代理人的行为。[5]因此，委托人可以直接批准其"代理人"的行为，也可以通过允许其他当事人依赖所声称的代理人的声明来间接批准这些行为。在后一种情况下，委托人不得

1　The Restatement （Second） of Agency §1, comment b，指出，对代理关系的认定取决于：（1）委托人表明代理人将为他行事；（2）代理人接受了这一责任；以及（3）当事人了解委托人将控制该事业。

2　See America Online, Inc. v. National Health Care Discount, Inc., 174 F. Supp. 2d 890 （N. D. Iowa 2001）（为广告主发送大量电子邮件广告的电子邮件商是这些广告主的代理人，因此，广告主应与其电子邮件商共同承担因违反法律所造成的任何损害的责任）.

3　Action Ads, Inc. v. William B. Tanner Co., 592 S.W. 2d 572 （Tenn. Ct. App. 1979）（被告广告代理商在合同中同意为传输广告空间付款，而合同中未显示其代理人身份，因此，被告应作为委托人承担责任）.

4　See James G. Smith Assocs., Inc. v. Everett, I Ohio App. 2d 118, 499 N.E.2d 932 （1981）. 在该案中，已经公开了代理关系的存在，但没有公开委托人的身份。因此，签订广告合同的代理商要承担个人责任，因为合同的另一方通常不会愿意完全依赖未知方（未公开的委托人）的信用和诚信。

5　See, e.g., DeBartolo v. Blue Cross Blue Shield of Ⅲ, 375 F. Supp. 2d 710, 715 （N.D. Ⅲ. 2005）（"当委托人通过其言行举止给第三方中造成一种合理的印象，即代理人有权代表其执行某些行为，则产生表见代理"）.

否认存在代理关系。[1]

广告代理商是否会成为媒体代理商，因为他们从媒体那里得到了佣金。法院倾向于把佣金的支付（通常是15%）[2]看作广告代理商和媒体之间的委托代理关系成立的标志。[3]此外，由于媒体和广告主的代理状态在法律上是可能的，在完全披露后经双方同意，[4]与媒体的代理关系的存在并不排除与广告主同时存在这种关系，反之亦然。

2. 广告代理商成为独立承包商

有三种方法让广告代理商成为独立承包商。第一种方法是双方签订明确广告代理商作为独立承包商的协议。[5]第二种方法是让广告主放弃对工作进行监督的权利，并由合同约定哪些设施和其他合同要求广告主的签名才能产生法律效力。第三种方法是通过在设施合同中加入所谓单独责任条款，并在广告主与广告代理商之间的合同中予以确认。[6]该条款实现了广告主禁止广告代理商以广告主的名义与第三人合法签订合同的目的。[7]互联网等新型媒体的发展预示着其他创新形式的报酬的发展。所有这些变化都需要在广告合同中包含一个涉及处理报酬条款的特定协议。

除非代理商具有利益关系，否则委托人绝对有在任何时候撤销代理人代表其行事的权利。[8]该后果与行使终止权利时的后果相同：代理人不能再行动了。不同之处在于，如果委托人无故撤销权利，则代理人（即广告代理商）有

---

1 Minskoff v. American Express Travel Related Serv. Co., Inc., 98 F.3d 703, 708 （2d Cir. 1996）；Restatement（Second）of Agency § 8B.

2 补偿代理商的趋势已不再是固定佣金，在任何情况下，这一数额在1993年通常减少到15%。"Outdoor Ad Giants Trim Pay to Agencies"，Advertising Age, Jan. 18. 1993 at 54.

3 See Ambook Enters. v. Time, Inc., 612 F.2d 604, 617 n.21 （2d Cir. 1979），cert. denied 448 U.S.914, 101 S. Ct. 35, 65 L. Ed. 2d 1179 （1980）（代理商是广告主的代理人，而不是媒体的代理人。将代理商作为媒体的销售代理人向客户服务收取费用完全不当）。

4 See Rosenbaum v. Sarasohn, 184 App. Div. 204, 171 N.Y.S. 629 （1st Dep't 1918）.

5 See Abrams v. Toledo Automobile Dealers Ass'n, 145 Ohio App. 3d 187, 762 N.E.2d 411, 414 （2001）.

6 独家责任条款完全替代了作为设施合同付款人的广告主的代理商。但是，网络平台通常不容易接受这些条款。

7 如果设施合同中包含独家责任条款，则广告主对媒体不承担任何责任。See Huntington Pennysaver, Inc. v. Tire Supply Corp., 59 Misc. 2d 268, 298 N.Y.S. 2d 824, 827 （D. Ct. of N.Y., Suffolk Co. 1969）；Woodard v. Southwest States, Inc., 384 S.W.2d 674 （Tex.1964）.

8 Restatement （Second） of Agency § 118.

权获得损害赔偿。

相比之下，行业中存在一种习惯，要求在终止关系之前，从代理商到广告主需要提前90天通知。合同中不包含通知条款。[1]但是，只有在熟悉并经常处理广告合同的各方之间才会承认该习惯。为避免此问题，建议在每个广告合同中包含终止条款。

除非另一人履行职责与债务人本人履行职责基本相同，否则此类分包合同是不受欢迎的。有判例认为，合同的履行义务不能留给他人，即使他比债务人委托的人的履行效果更好。[2]虽然纯粹的行政职责可以分包，[3]但涉及专业服务、特殊技能、专业品味[4]或者因受个人信心[5]的影响而赋予的职责，未经债务人同意，不得转让给他人。

（三）广告代理商对其客户承担的义务

广告代理商对其客户——广告主所承担的义务内容取决于广告代理商是作为广告主的代理商，还是作为独立承包商与其签订合同。虽然在大多数情况下，广告代理商与其客户之间的关系是代理人和委托人之间的关系，但广告代理商有时也可能是独立承包商。

1. 代理人—委托人关系

（1）尽最大努力提供专业服务。广告代理商认为自己是业务专家。在招揽业务时，它明确或默示地表示它拥有熟练的专业技能。因此，不仅要提供一般代理人所期望的合理技能服务，而且要求体现出超出商业代理人义务的高水平专业技能。[6]

作为高水平专业技能的结果，广告代理机构对其委托人委托给它的业务采

1　Doyle Dane Bernbach, Inc. v. Avis, 526 F. Supp. 117, 120-21（S.D. N.Y. 1981）. 该案涉及阿维斯先生和代理商之间的一个促销鲜花的广告合同。由于来自阿维斯先生以前拥有的Avis租车公司的压力，该代理商提前90天通知其打算终止合同。它这样做，依赖的是此类通知的行业惯例，而不是当事人之间的任何合同条款。法院认为，尽管该惯例存在，但不适用于没有"与广告业有常规往来或没有广告合同经验"的当事人。

2　Smith v. Zuckman, 203 Minn. 535, 282 N.W. 269（1938）.

3　Restatement of Contracts § 160（3）; Restatement（Second）of Contracts § 318, 334.

4　Swarts v. Narragansett, 26 R.I. 388, 59 A. 77（1904）, reh'g denied, 26 R.I. 436, 59 A.111（1904）; Eastern Advertising Co. v. McGaw, 89 Md. 72, 42A. 923; 89 Md. 72, 42 A. 923（1899）.

5　Pennsylvania R.R. v. Huston. 81 F. 2d 704（6th Cir. 1936）（出版商对作者的义务不可转让）.

6　Fuller & Smith v. Routzahn, 23 F.2d 959（N.D. Ohio 1927）. See also Hardt v. Brink, 192 F. Supp. 879, 881（W.D.Wash.1961）, Connover v. Commissioner, 6 B.T.A. 679（1927）.

用通常的合理谨慎是不够的；它必须尽最大努力，利用其技能，经验和知识，发挥其专业能力和力量。有一家美国法院曾经说过，广告代理商必须做"完美的工作"，[1]但这显然是夸大其词。鉴于其专业知识，它必须尽量将工作做得最好，但这种工作从来不可能是完美的，因为其员工只是人类。代理商所声称和期望的专业知识水平与代理人的技能和注意程度有直接关系。声称和期望的专业知识越多，法律要求的技能和注意程度就越高。代理商也将被要求遵守受托人所期望的注意标准。[2]

对于重大过失或故意不当[3]行为，"尽最大努力"条款显然最为有效。必须指出，在重要的纽约司法管辖区，"尽最大努力"条款无须在合同中明确界定也可强制执行，其确切含义（如未定义）可由陪审团掌握，根据外在环境确定。[4]

（2）对广告主负有忠诚、披露和服从的义务。广告代理商应对其委托人完全忠诚。这项义务可能会以无数种方式影响广告代理商。广告代理商有责任告知委托人任何影响委托人利益的事实或事件。[5]例如，如果广告代理商延迟支付媒体费用，并且媒体威胁要中断节目，则该代理商有义务通知客户。委托人有权尽快并彻底地了解影响其利益的所有事项，即使代理商因此必须进行违背其自身利益的信息披露。[6]代理人必须将委托人的利益放在自己的利益之上，这是代理法的原则之一。[7]

（3）不与客户竞争的义务。不言自明的是，代理商不能为两个相互竞争的账户提供服务，除非在完全和完整的信息披露后，各方都同意。[8]因此，广告代理商不能为两个在同一广告产品上相互竞争的广告主提供服务。

（4）不得与自己签约的义务。代理人不得在履行委托人职责时与自己进

---

1 Dolman v. Rubber Corp of Am., 109 Cal. App. 353, 293 P. 129（1930）.

2 See CCMS Pub. Co., Inc. v. Dooley- Maloof, Inc., 645 F.2d 33（10th Cir. 1981）.

3 Pundzak, Inc. v. Cook, 500 N.W.2d 424, 426（Iowa 1993）.

4 US Airways Group, Inc. v. British Airways PLC, 989 F. Supp. 482, 491（S.D.N.Y.1997）. See also Mobil Oil Corp. v. Flores. 175 F. Supp. 2d 1080（N.D.Ⅲ. 2001）.

5 Laundy v. Girdner. 238 S.W. 788（Mo. 1922）.

6 这是由于代理人的受托身份所致。United States v. Drumm, 329 F.2d 109, 112 n. 29（1st Cir. 1964）; see Restatement（Second）of Agency § 381 comment a.

7 CST, Inc. v. Mark, 360 Pa. Super. 303, 520 A. 2d 469（Pa. Super. Ct. 1987）, allocatur denied, 539 A.2d 811（Pa. 1987）.

8 Wadsworth v. Adams, 138 U.S. 380, 11 S. Ct. 303, 34 L. Ed. 984（1891）.

行交易，除非委托人在完全了解事实的情况下授权代理人这样做。[1]

（5）不得与委托人资金相混合的义务。代理法的基本原则是，代理人必须将自有资金与属于其委托人的资金分开，即他不得将委托人的资金与他自己的资金混合在一起。[2]

（6）遵从委托人指示的义务。广告代理商有义务遵守委托人发出的适当指示，[3]除非：（a）该指示违法；[4]（b）此指示与广告代理商的其他职责相冲突；（c）此类指示不合理；[5]或者（d）这种指示侵犯了代理商保护其利益的特权。[6]

不遵守此类指示将导致代理人承担赔偿责任。如果代理人不想遵守违反委托人合同义务的指示，代理人可以立即终止该关系，并且委托人违反合同的后果也会随之而来。

（7）与广告主合作的义务。广告代理商有义务尽最大努力与广告主合作。该义务要求与广告主或后者指定的广告经理合作以设计全部广告活动。[7]广告代理商向广告主提交活动计划、标语、布局、密钥复制以及任何其他实质内容。

履行这些义务需要真正的团队精神和有意识的共同努力：对于作为委托人的广告主，完全有权利拒绝活动计划或广告代理商提出的任何其他建议，其唯一和充分的理由是他不喜欢它或发现它不符合自己的口味。很明显，一方面，广告代理商不能强迫广告主发布不符合委托人喜好的内容；另一方面，双方当事人之间的品位和判断的完全分歧很容易导致必须重复和连续提交创造性工

---

1 Restatement（Second）of Agency §§389，390.

2 《美国代理人重述（第二版）》在第398条中规定了该规则：除非另有协议，否则代表委托人收受或持有物品的代理人有责任不接收或处理物品，使它们看起来属于他自己的，而不是将其与自己的物品混合起来，以破坏其身份。

3 Career Opportunities，Inc v. Grant，Wright & Baker，Inc.，91 Ⅲ. App. 3d 984，415 N.E.2d 463（1981）（"代理关系的基石是委托人有权发出代理人应服从的合法指示，如果他继续扮演这样的角色"）.

4 Restatement（Second）of Agency §385（1），comment a.

5 但是必须注意意见分歧。一方面，有人说服从的义务凌驾于代理人自己的适宜意见之上；另一方面，应允许由于其专业知识而受雇的代理人与律师一样，在其专业知识领域内行使自己的判断力。See Restatement（Second）of Agency §385（1）.

6 Restatement（Second）of Agency §385（2），399-42IA.

7 M.J. Simon，The Law for Advertising and Marketing 13（Norton 1956）（正如Simon所说："广告主不仅拥有控制权，而且还可以连续地行使控制权"）.

作，而代理商无法补偿的成本不断增加。虽然广告代理商存在的理由在于其专业知识和对哪些广告可能取得成功的判断，但不得剥夺广告主拒绝创作其不喜欢的创意作品或其他结果的权利。

（8）保护商业秘密的义务。与任何代理商一样，广告代理商在其雇佣期间和之后都有义务保护在双方关系过程中向其披露的委托人的商业秘密。[1]作为一般规则，批发客户名单很少有资格作为商业秘密，因为通过商业出版物可以很容易地找到它们。挨家挨户的路线比任何其他客户的名单更容易被认为是可保护的。

（9）其他义务。在没有具体的合同条款的情况下，广告代理商还要承担一些其他必要的义务：（a）广告代理商必须严格遵守其权限范围；（b）广告代理商必须以合理的时间间隔[2]提供严格而完整的会计报告。作为受托人的广告代理商必须允许其委托人或其会计师查阅其账簿以及所有原始票据和文件材料，以支持会计分录与会计记账；（c）广告代理商必须将客户的资料妥善保管；（d）最后，双方都有义务防止自己因倒闭或破产而无法履行职责。[3]

2. 非代理人—委托人关系

如果广告主和广告代理商之间的关系确实是独立的承包商关系——现在是一种相当罕见的情况——那么每一方的责任都不会超过双方签订的任何合同规定的义务。适用调整合同的公认规则，包括由衡平法实施的规则。[4]

（四）广告主对广告代理商承担的义务

1. 广告代理商是独立承包商

如果广告代理商是独立承包商，则广告主的首要任务是向广告代理商支付约定的款项。可能还有其他义务，如提供信息以及复制和批准或拒绝设计方案。如果在法律关系中考虑这些义务，广告主必须在合理的时间内履行这些职责，以免因延迟而产生额外费用，并且应该基于理性、善意，而不是随意作出此类决定。如果债务是由代理商的超额计费等欺诈行为引起的，则广告主没有

---

1 See Career Opportunities，Inc. v. Grant，Wright & Baker，Inc.，91 Ⅲ. App. 3d 984，415 N.E.2d 463，47 Ⅲ. Dec. 458（1981），review denied.

2 在合同没有规定时间间隔的情况下，通常每月或每半个月进行一次记账。

3 Central Trust Co. v. Chicago Auditorium Ass'n，240 U.S. 581，36 S. Ct. 412，60 L. Ed. 811（1916）.

4 See，e.g.，Entertainment Research Group，Inc. v. Genesis Creative Group，Inc.，122 F.3d 1211，1228（9th Cir.1997），cert. denied. 523 U.S. 1021，118 S. Ct. 1302，140 L.Ed.2d 468（1998）.

义务向代理商付款。[1]

2. 广告代理商是代理人

如果广告主和广告代理商之间的关系是委托人和代理人之间的关系，则广告主受代理人与第三人签订的所有合同的约束，其中代理人应在其实际或明示授权范围内行事。[2]广告主还要履行代理商对此种第三人承担的义务，只要代理商在其职权范围内行事。[3]很明显，与广告代理商作为独立承包人相比，在其作为代理人时，广告主应向广告代理商承担更多的义务，包括监督与合作、不断交换意见和审批的义务。

广告主——委托人的主要义务是进行必要的付款。在过去，代理商经常将媒体账单传递给客户直接付款。现在这种方法不再广泛使用，因为媒体通常只向他们认可的代理商而不是广告主提供授信。广告主有义务在代理商向媒体付款的截止日期之前向该代理商支付媒体费用。未能及时支付这些款项很容易导致取消合同以及向代理商进行赔偿。偿还代理商的已付款和支付担保服务费用的义务应由合同条款确定，包括责任和到期日，以避免不必要的分歧。

即使广告代理商在与第三方签订合同时充当广告主的代理人，它也可以向第三方支付这些公平账单的费用，并且可以强迫广告主报销，而无须先由这些第三方提起诉讼。[4]

3. 关于第三方合同

广告主还应对其直接订立的或其广告代理商在正常履行对广告主的义务过程中所发生的与广告服务有关的合同所应支付的款项承担付款义务。

（五）广告主与广告代理商之间的后合同义务

1. 广告主的后合同义务

某些后合同义务和责任已经强加给双方当事人。如果广告代理商已经为广告客户签订了广告设施租赁或购买合同，并且在广告设施租赁或购买合同到期之前终止了代理商和广告主之间的关系，则广告代理商而非广告主仍然有权获

1　See Long v. Smead Mfg. Co., 383 N.W. 2d 452（Minn. Ct. App. 1986）.

2　Levinson v. Evening Star，138 F. Supp. 947（D.D.C. 1955）.

3　See H.U. Young, Inc. v. Duke Advertising Agency. Inc.，478 So. 2d 1003. 1004（La. Ct. App. 1985）（已公开的代理人不用对第三人代表其委托人所产生的债务承担责任）.

4　Hansman v. Uddo & Taormina Co.，76 So. 2d 753（La. Ct. App. 1955）；Carpenter Paper Co. v. Kellogg，114 Cal. App. 2d 640，251 P.2d 40（1952）. Cf. Dolman Co. v. Rubber Corp.，109 Cal. App. 353，293 P.129（1930），superseding 288 P. 131.

得媒体佣金，直到广告设施租赁或购买合同自然结束为止。[1]当然，双方之间的合同可以排除这种意外情况。

如果广告主在终止与广告代理商的合同关系后，使用该代理商为其他广告业务准备的材料，则客户必须对代理商的付出进行补偿——因为他不能在没有进行充分补偿的情况下，在未来的广告业务中使用代理商的劳动成果。[2]

2. 代理商的后合同义务

广告代理商有义务不披露或使用在其雇用期间获得的商业秘密和其他机密信息。当广告代理商担任总承包商而不是广告商的代理人时，这项义务也存在，尽管程度稍低。[3]

虽然广告账户、[4]未发布的广告计划[5]和有关客户的特征或性质的数据被认为是商业秘密，但其他商品推销信息如商品推销方法、广告方法和供应来源并未被视为商业秘密。[6]

所有设施合同中通常都包括所谓的"唯一责任条款"。该条款试图使广告代理商对广告时间和空间费用承担全部责任。然而，随着越来越多的广告主和广告代理商在20世纪80年代经历了财务困难和破产，产生了根据广告设施租赁或购买合同条款的最终财产责任的承担问题。因此，广告主和广告代理商制定了一项称为"顺序责任"条款的新合同条款，以明确他们各自对媒体的财产责任。该条款使广告主对广告设施租赁或购买费用承担责任，直到他们把这些钱付给广告代理商。虽然这条款解决了广告主及其代理商的财产责任问题，但它

---

1 Hansman v. Uddo & Taormina Co., 76 So. 2d 753（La. Ct. App. 1955）. Cf. Home News, Inc. v. Goodman, 182 Md 585, 35 A.2d 442（1944）；Sooner Broadcasting Co. v. Grotkop, 280 P.2d 457（Okla. 1955）；Taylor v. United Broadcasting Co., 61 A.2d 480（D. C. Mun App. 1948）.

2 Fairchild Engine & Airplane Corp. v. Cox, 50 N.Y.S.2d 643（Sup. Ct. N.Y. Co. 1944）；How. I. Ryan & Assocs. v. Century Brewing Ass'n, 185 Wash. 600, 55 P.2d 1053（1936）.

3 一般将制造商与独立承包商之间以及制造商与销售代理商之间的关系视为"机密"关系。R.M. Milgrim, Milgrim on Trade Secrets §7.01［1］［a］and §7.01［3］（Matthew Bender）.

4 Irving Serwer Advertising, Inc. v. Salit, 17 A.D.2d 918, 233 N.Y.S.2d 68（1st Dep't 1962）, aff'd, 13 N.Y.2d 629, 191 N.E.2d 95, 240 N.Y.S.2d 610（1963）.

5 Noma Lites, Inc. V. Lawn Spray, Inc., 222 F.2d 716, 105 U.S. P.Q, 388（2d Cir. 1955）and United States v. Mayfield, No. 65 C.R.143（E.D.N.Y. 1965）；Milgrim, N. 4 supra, §1.09 n.651.

6 Insealator, Inc. v. Wallace, 357 Mich. 233, 98 N.W.2d 643（1959）；Contra：Ungar Elec. Tools, Inc. v. Sid Ungar Co., 192 Cal. App. 2d 398, 13 Cal. Rptr. 268（1961）. 必须指出：在特殊情况下，供应来源可能被视为商业秘密。

让媒体处于不确定的位置，即不确定哪一方最终会支付账单。媒体的回应是就付款条款提出另一项修改建议，称为"双重责任"条款，即广告商和广告代理商对所有费用承担连带责任。

二、媒体与广告主之间的关系

（一）合同关系

在传统广告合同中确认媒体的身份通常不会存在任何困难，比如广播电台、电视台、报纸、杂志的媒体身份很容易确认。但在网络广告环境下，引入新媒体可能会导致识别媒体身份存在一定困难。比如就弹出广告、搜索引擎广告和微信、微博等自媒体广告而言，广告发布者是谁，媒体身份怎么确定，这些都是需要进一步研究的课题。

1. 无代理商介入的广告合同

从理论上讲，确定广告设施租赁或购买合同的广告当事人似乎很简单。但是，事实并非如此，除非广告主直接与媒体签约而不利用广告代理商的服务。[1] 以搜索引擎广告为例，广告主自己确定关键词，撰写广告内容，并以竞价方式购买自己广告在搜索结果中的排位，在该广告合同中，就没有广告代理商的介入，而是由广告主直接与搜索引擎公司签订广告合同，因此，广告主与媒体之间的权利义务直接由合同约定。

2. 有代理商介入的广告合同

所有广告中只有略少于一半的广告是通过广告代理商投放的。[2] 广告代理商具有联系媒体，与媒体相处的相关经验，除了创造性工作外，他们最有能力参与一切细节的处理。同时，广告代理商的大部分费用被媒体以佣金的形式收取。

如果广告代理商在合同中声明自己担任指定委托人的代理人，则广告主是

---

1 即使那样，也可能会出现困难。例如，如果广告主的一名雇员为了获得其雇主的信任而向媒体表示第三方是广告主的合伙人，则该第三方由于缺乏对这种表示的了解，免于承担由媒体提供的服务的责任，即使州法规考虑建立"禁止反言的合伙关系"。See Cox Enters., Inc. v. Filip，538 S.W.2d 836（Tex. Civ. App. 1976）.

2 根据美国广告商协会委托弗雷和戴维斯（Frey and Davis）撰写的《广告业220》（1958年）（以下简称Frey Report），代理商平均收入的65%来自佣金。如果没有来自节目制作和特别研究的收入，这个比例大概会更高。

设施合同的义务方，但前提是该广告代理商在其权限范围内行事。[1]如果委托人在广告设施租赁或购买合同签订日之前终止了代理商的权利，但如果由于其作为或不作为而导致媒体有权认为该代理权仍然存在，则委托人仍将受到约束。[2]在这种情况下，将阻止委托人否认代理权的存在。[3]例如，当媒体知道存在委托人—代理人关系，而委托人或代理人均未告知媒体代理商的权力和职权已到期或终止时，就会发生这种情况。[4]

另外，广告主作为实际签订合同的广告代理商的委托人，可以是广告设施租赁或购买合同的当事人，但是其赔偿责任可能以某种方式受到限制。这正是使用唯一责任条款的情形。因为尽管广告代理商仍在为广告主的利益行事，满足了履行代理商职责的所有先决条件，但是，广告代理商可以以合同方式代替委托人承担广告付款责任。[5]

（二）媒体对广告主承担的义务

一般而言，媒体因广告设施租赁或购买合同而承担的所有义务都应由广告主而不是广告代理商承担，[6]除非合同本身规定由广告代理商单独承担义务（唯一责任条款），或者由广告主与广告代理商共同承担义务。诚然，代理人既可以仅为自己的利益行事，也可以仅为委托人的利益行事，还可以同时为自己和委托人的利益行事。[7]然而，即使合同以代理人的名义订立，也可能被证明是委托人的合同，如果交易与委托人的事务有关，而不涉及代理人的私

1　这是公理。Restatement （Second） of Agency §§ 147 （1957），149；2 Williston I, N. 3 supra，§281.

2　这被称为"表见授权"或"表见代理"。

3　See 4 R.A. Lord，Williston on Contracts § 8：42 （4th ed. 1990）.

4　Pepper Sound Studio v. Dunn，306 F. Supp. 156，90 A.L.R.2d 1199 （E.D. Mo. 1969）；Mullin v. Sire，34 Misc. 540，69 N.Y.S：95 （1901）；Ginner & Miller Pub. Co. v. Sherman Machine & Iron Works，93 Okla. 221，220 P.650 （1923）.

5　Huntington Pennysaver，Inc. v. Tire Supply Co.，59 Misc. 2d 268，298 N.Y.S.2d 824 （D. Ct Suffolk County 1969）；Woodard v. Southwest States，Inc.，384 S.W.2d 674 （Tex. 1964）.

6　M. J. Simon，The Law for Advertising and Marketing 69 （Norton 1956）.

7　Brown v. Mays，34 Tenn. App. 632，241 S.W.2d 871，cert. denied （1949）.

事。[1]此外，如果委托人的姓名被披露，则可强烈推定委托人就是当事人。[2]由于广告主是广告合同的当事人和直接受益人，因此，媒体对广告主主要承担以下三项义务：

1. 提供广告发布时间或空间的义务

通常认为，广告设施租赁或购买合同规定的媒体的主要职责是提供广告时间或空间。媒体应根据与广告主或广告代理商签订的《广告发布合同》的规定，在指定的时间、指定的媒体、指定的页面位置、以指定的时长发布互联网广告。

2. 广告审查义务

我国《暂行办法》第12条明确规定了互联网广告发布者的审查义务，即互联网广告发布者应当审核查验广告主的名称、地址和有效联系方式等主体身份信息，查验有关证明文件，核对广告内容，对内容不符或者证明文件不全的广告，不得设计、制作、代理、发布。简言之，互联网广告发布者对广告的审查要尽到善良管理人的注意义务，根据《中华人民共和国广告法》（以下简称《广告法》）的规定，广告发布者在无法提供广告主真实名称和地址的情况下应负全部赔偿责任。

3. 支付佣金的义务

直到20世纪90年代末，广播和印刷媒体通常向广告代理商提供15％的佣金，[3]而户外媒体通常被给予16％的佣金。[4]当广告主与媒体协商而没有广告代理商介入时，媒体通常拒绝给予广告主任何类似的折扣。因此，广告主通常不能通过直接与媒体签约来节省佣金的费用。[5]对于媒体而言，有时会向负责销售广告的员工支付佣金。但是，根据行业标准，此类佣金仅在印刷或广播了相

----

1 Sun Printing & Pub. Ass'n v. Moors, 183 U.S. 642, 22 S. Ct. 240, 46 L. Ed 366（1902）; Whitney v. Wyman, 101 U.S. 392, 25 L. Ed. 1050,（1880）; Adams v. Barron G. Collier. Inc., 73 F.2d 975（8th Cir. 1934）. Contra John Minder & Son, Inc. v. L. D. Schreiber Co., 73 F. Supp. 477（S.D.N.Y. 1947）.

2 2 Samuel Williston & Walter H.E. Jaeger, A Treatise on the Law of Contracts § 281 at 317（3d ed.1961）.

3 Frey & Davis. The Advertising Industry 208（1958）.

4 "Outdoor Ad Giants Trim Pay to Agencies," Advertising Age, Jan. 18, 1993 at 54.

5 See also "Out of Commission: Traditional Pay Plans are Dead," Advertising Age, June 4, 2001 at 1.

应的广告之后才支付。[1]

（三）广告主对媒体承担的义务

1. 及时付款

当然，广告主的主要义务是向媒体支付广告费用。[2] 如果广告代理商介入，并且广告设施租赁或购买合同包含唯一责任条款，则可以免除广告主的这种义务。在这种情况下，广告主没有义务向媒体支付广告费用。当然，此条款绝不限制广告主向广告代理商付款的义务，尽管可以通过使用广告设施租赁或购买合同中的其他责任条款来更改付款义务。

当然，如果证明这种广告合同不存在，[3]或者如果合同本身是无效的或不可执行的，[4] 则广告主没有义务向媒体支付广告费用。

2. 及时提交材料

如果广告主与媒体签订了广告设施租赁或购买合同，则他就有义务向媒体提供履行合同义务必需的所有材料、副本或信息。[5]

如果媒体发布违反法律的广告材料，则可能承担责任。因此，媒体必须及时获取广告文案，以便能够检查广告文案是否违法。此外，广播媒体负有审查广播内容的特殊义务。[6]他们不得放弃对广告主、广告代理商或其他任何人的审查义务。[7]另外，广告合同通常包含一项规定，要求广告主在广告发布之前提供书面或口头批准文件。如果合同中未包含此类规定，则大多数媒体的通常做法是要求获得此类批准。

1　See, e.g., Slusher v. Mid-Am. Broadcasting, Inc., 811 S.W.2d 443 （Mo. Ct. App. 1991）.

2　See Mercier v. Southwestern Bell Yellow Pages, Inc., 214 S.W.3d 770 （Tex. App. 2007）（广告主被命令支付拖欠的广告费，但未裁决电话簿要支付律师费，因为它未能证明这笔费用支付的合理性和必要性）.

3　Durham Life Broadcasting, Inc. v. International Carpet Outlet, Inc., 306 S.E.2d 459 （N.C. Ct. App. 1983）（未证明存在任何合同，因此，广告主对广播媒体不承担责任）.

4　如果合同包含不确定的条款，如价格、数量等实质性条款被搁置，情况就是这样。See Ackerley Media Group, Inc. v. Sharp Elecs. Corp., 170 F. Supp. 2d 445, 452 （S.D.N.Y. 2001）.

5　1 A.W. Socolow, The Law of Radio Broadcasting 283 （Baker, Voorhis 1939）.

6　这项职责源于《美国法典》第47卷第310条，并在许多判决中予以确定。See, e.g., Lorain Journal Co. v. FCC, 351 F.2d 824, 122 U.S. App. D.C. 127 （1965）, cert. denied, 383 U.S. 967 （1966）.

7　See Traweek v. Radio Brady, Inc., 441 S.W.2d 240 （Tex. Ct. App. 1969）, writ referred, no reversible error, 1 Socolow, N. 4 supra at 293.

3. 不得转让的义务

通常，广告主不得将执行广告设施租赁或购买合同的义务转让给第三方。这种禁止转让的做法在某些情况下可能是基于有关具体广告设施租赁或购买合同所要求的个人服务。[1] 但是，一般认为此类转让应当禁止，因为媒体有权选择其想与之开展业务的人，并且该权利适用于传统的印刷和广播媒体。[2]

例如，可能已经与服装制造商签订了广告设施租赁或购买合同，以宣传其产品。未经媒体同意，服装制造商不得将执行广告设施租赁或购买合同的义务转让给酒类专卖店或卷烟制造商，因为可能会禁止媒体刊登此类广告，或者该媒体可能具有自己的经营原则，对某些物品的广告不想接单。

4. 赔偿

广告主是对广告内容真实性和合法性负责的第一责任人，如果发布虚假违法广告，广告主应对媒体所有因发布广告主提供的广告材料而被索赔和起诉导致的损失进行赔偿，这时，广告主是第一赔偿责任人。如果媒体有过错，媒体要承担连带责任；如果媒体不能提供广告主的真实名称和地址，媒体要承担全部责任。

三、媒体与广告代理商之间的关系

（一）媒体与广告代理商之间关系的法律性质

在20世纪90年代很少有广告代理商担任媒体的代理人。相反，一些广告主和较小的广告代理商通过媒体购买服务向媒体购买广告时间。这些服务的功能与广告代理商非常相似，因为它们通常会从其购买人向媒体支付的费用中保留15%的佣金。广告代理商与媒体之间是否存在代理关系取决于代理商对媒体采取行动的能力，取决于媒体是否了解或不了解代理商与广告主或服务之间的关系，以及当事人的共同意图。

1. 代理商是媒体的代理人

在简单的设施合同中，代理商代理委托人时，它仅约束委托人。除非有相反的规定或其他表现形式，否则仅代理商的委托人受此类广告设施租赁或购买合同的约束。代理商作为媒体的代理人一般要符合以下条件：（1）广告代理

1　关于禁止转让个人服务合同的一般规则，see 3 Samuel Williston & Walter H.E. Jaeger, A Treatise on the Law of Contracts § 411（3d ed. 1961）.

2　所谓的媒体访问权与接受权或广告权冲突。

商是委托人的正式代理人；（2）广告代理商在签订广告设施租赁或购买合同时是在其权限范围内行事；（3）双方均充分了解代理关系的存在；（4）没有相反的规定或用法；（5）媒体和代理商的相关意图是一致的。

广告代理商与广告主之间的协议可能包含明示或暗示，书面或口头的资格要求，这些资格要求可能会影响代理商与媒体之间的最终关系。

如果委托人终止代理商的授权，但代理商随后为委托人开展业务，则此类交易的后果取决于媒体在交易发生之前是否了解终止代理的情况。如果媒体了解该情况，则无论从哪里获知此消息，该媒体都不能向代理商提出索赔。但是，如果媒体在交易发生时未收到终止代理的通知，则后果与代理人超越授权范围的情形相同。如果委托人违反对代理人的合同义务而使用权力终止代理关系，则这一结果也成立。[1]

2. 互联网广告合同条款

2001年，美国广告代理商协会和互动广告局[2]共同发布了一系列广告代理商与互联网媒体公司之间的合同建议条款。[3]尽管该合同建议条款的使用是自愿的，但它们是由美国广告代理商协会与互动广告局的代表们（包括一个工作组）经过长期谈判而产生的成果，其目的是制定格式条款，从而使媒体与代理商之间的交互式广告的买卖变得更加简单和容易。

拟议条款涵盖了广泛的问题，如插入订单和库存可用性、广告放置和定位、付款责任、报告要求、取消政策、赔偿条件、奖励、不可抗力、广告材料、赔偿和隐私。[4]拟议合同条款涵盖的重要问题包括：

（1）采用顺序责任作为规范广告付款责任的标准；（2）要求所有广告当事人公布并遵守其公司有关隐私的政策；（3）明确界定广告订单中个人身份信息（PII）的所有权；（4）适用于互联网广告的取消程序。[5]

1　这是委托人有权随意终止代理关系与委托人有义务不这样做并存的结果。

2　该机构原来被称为"网络广告局"，直到2001年4月，才更名为"互动广告局"，以便准确反映其成员构成。

3　可以通过IAB网站"www.iab.net"访问拟议的合同条款。

4　美国广告代理商协会和互动广告局联合发布了互联网广告的"首次条款和条件"，2001年3月19日，可在线访问"www.iam.net/news/content/terms.html"。

5　代理商不得在活动开始前30天或更短时间内取消广告活动。此外，所有活动的前30天被视为公司订单。活动的第十六天之后，如果代理商打算取消广告活动，则必须至少提前14天发出书面通知。See James B. Astrachan, Donna Thomas, George Eric Rosden, Peter Eric Rosden, The Law of Advertising, Volume 1, Matthew Bender & Company, 2008, pp.3—9.

（二）责任条款

1. 历史发展

广告代理商最初是由媒体雇用的。[1]随着业务的增长，广告代理商开始充当广告空间经纪人。他们批发购买广告空间，并将其出售给广告主。[2]此后，他们越来越多地被聘为广告主的代理商。对于印刷媒体来说，检查广告代理商提交订单的每个广告主的信用等级很快变得很麻烦。因此，产生了一个想法，即正式"认可"[3]广告代理商充当其广告主的担保人。[4]从担保概念转变为广告设施租赁或购买合同中包含的唯一责任条款仅需前进一小步。[5]

直到最近，几乎所有媒体的所有广告代理商都使用唯一责任条款。[6]但是，由于经济压力，从20世纪70年代后期开始，大量小型广告公司宣告破产。[7]因此，媒体得出结论，在与大型、财务上有保障的广告代理商打交道时，最好包括唯一责任条款，而在涉及与可能不稳定的小型代理商签订合同时，则应省略此类条款。在后一种情况下，媒体倾向于向广告主索赔。采取的一种替代方法是包含一项合同条款，即如果在指定的时间内媒体未收到付款，则由广告代理商承担主要责任，同时可向广告主追索。另一种仅能有限使用的责任条款是使广告主和广告代理商对媒体费用承担连带责任。因此，很明显，所有广告合同中都不再或应该使用任何固定的标准格式。相反，每个合同最好根据自身情况量身定制。

1　R.M. Hower, The History of an Advertising Agency 12, 14（Harv. Univ. 1939）; M.J. Simon, The Law for Advertising and Marketing 4（Norton 1956）.

2　Frey & Davis, The Advertising Industry 81—82（1958）.

3　由于媒体与广告代理商紧密合作，并且有机会检查其信用等级，因此他们更喜欢它们作为债务人而不是作为广大的广告主。他们仅向已核查其信用的代理商支付佣金。用于此过程的委婉说法是"认可"。

4　See Frey Report, N. 2 supra at 130-31; McCann v. Denny, 205 Cal. 147, 470 P. 190（1922）。

5　实际上，这种更改对广告主来说是有利的，因为它消除了在代理商违约的情况下，广告主可能不得不为设施付费两次的可能性。

6　代理商攻击了唯一责任条款，声称这是广播公司用来"破坏"代理商与广告主之间正常的代理人—委托人关系的一种垄断策略。由于几家大型广告代理商破产后媒体蒙受的损失，这一问题变得更加激烈。一些法院继续将唯一责任条款视为广告行业的习惯和用法。See Fairchild Pubs. Div. of Capital Cities Media, Inc. v. Roston, Kremer & Slawter, Inc., 154 Misc. 2d 27, 584 N.Y.S. 2d 389, 392（Sup. Ct. N.Y. Co. 1992）.

7　National Advertising Co. v. Scovil Motors, Inc., 591 P.2d 1184（Okla. Ct. App. 1978）.

2. 唯一责任条款

"唯一责任条款"是广告设施租赁或购买合同中的条款，根据该条款，媒体承诺要求广告代理商对有关广告设施合同购买的广告时间或空间"全权负责"。一方面，唯一责任条款体系除了通过大量媒体保护广告主免受广告时间或空间的索赔，使广告主能够通过直接向广告代理商付款来大幅减少其簿记和支票输出外，该条款还对广告代理商和媒体具有实质性优势。通过承诺向媒体本身付款，广告代理商不必等待从媒体汇出的佣金，而是可以直接扣除这些佣金，从而使自己的现金流受益。

另一方面，媒体为自己省去了与众多广告主打交道的麻烦，否则，他们必须评估这些广告主的信誉，并且广告主们的付款习惯可能大相径庭。但是，由广告代理商承担全部责任具有两个优势：第一，有针对广告代理商的信用评级服务，这些信用评级服务可以立即将信用评级提供给印刷媒体。第二，广告代理商依赖媒体来获得"认可"，这给了媒体一定的影响力，使它们能够在广告代理商的支付习惯中[1]依靠公平的措施有序地准备和及时提交副本。

尽管如此，根据广告主与广告代理商之间的协议，广告代理商在某些方面将作为独立承包商而不是委托人的代理人行事，但是，这不能改变雇用的实际性质。[2]

广告主与广告代理商之间合同中的两个抵销条款提高了"唯一责任条款"的效力。第一个条款是，广告主同意在广告设施租赁或购买合同和广告代理商签订的其他合同中插入"唯一责任条款"；第二个条款是，根据"唯一责任条款"，广告主有义务偿还和赔偿代理商合理承担的任何义务及已付款或应付款。

包含此类条款的合同具有或至少具有以下后果：（1）媒体没有对委托人提出广告时间或空间方面的经济索赔，广告代理商应对此承担全部责任；[3]

----

1 正如美国广告代理商协会发行的通用信息手册中所说："为了赚取佣金，代理商必须成功开发、服务、投放广告和成功收款——并承担信用风险。"

2 See Chicago Board of Trade v. Hammond Elevator Co., 198 U.S. 424, 25 S. Ct. 740, 49 L. Ed. 1111（1905），在该案中，当事人明确规定反对代理，因为他们想避免某些后果。然而，法院认为这种关系是代理关系之一，因为它具有自己的特色。

3 即使没有具体的合同条款，许多法院也将此原则提升到贸易惯例的地位。See Fairchild Pubs. Div. of Capital Cities Media, Inc. v. Rosston, Kremer & Slawter, Inc., 154 Misc. 2d 27, 584 N.Y.S.2d 389（Sup. Ct. N.Y. Co. 1992）（广告代理商应对在其知道或应该知道广告业中与唯一责任条款有关的贸易惯例以及发行人要求广告代理商承担全部责任的单独政策的情况下，对发行媒体承担的广告费用负责）。

（2）广告主有义务赔偿广告代理商根据广告主批准的副本提出的所有索赔、诉讼和行动，包括广告时间和空间费用；（3）广告主无权指示广告代理商从事任何可能构成违反该代理商作为独立承包商订立的广告设施租赁或购买合同或其他合同的事项，以合法执行其委托的任务；[1]（4）广告主有责任在其到期日之前的足够时间内，将广告空间和时间的媒体费用汇给广告代理商。[2]

另一种责任方式是双重赔偿责任条款，根据该条款，广告主和代理商均应对拖欠媒体的款项承担连带责任。[3]由于明显的自利原因，许多媒体赞成双重责任，[4]如果使用双重责任，就可以使媒体成功地向广告主和代理商进行追索。[5]

（三）媒体向广告代理商支付佣金

媒体应按习惯或惯例向广告代理商支付佣金。一般代理商在将这些付款转交给媒体之前，会从广告主付给他们的款项中扣除佣金。当广告代理商是印刷媒体代理商时，佣金达到25％。[6]随着广告主逐渐聘用代理商，费率发生了变化。1891年，第一家代理商接受了15％的佣金。[7]从1912年到1917年，代理

1　委托人有权力（尽管不是权利）提前终止与代理商的合同。代理商必须执行委托人的指示，即使它们直接违反了委托人与代理商之间的合同。但是也有一些例外。代理人不需要执行任何非法或不道德的指令。

2　除了相关的合同条款外，委托人的还款义务有双重基础。首先，代理规则意味着承诺根据委托人的要求或指示承担代理人造成的责任。其次，衡平法对委托人施加了不容反悔否认责任的义务。See McKinnon & Mooney v. Fireman's Fund Indemnity Corp., 288 F.2d 189（6th Cir. 1961）；Lawrence Warehouse Co. v. Twohig, 224 F.2d 493, 497（8th Cir. 1955）.

3　美国广播电缆财务管理协会、广播电缆信用协会和美国电视广告局销售咨询委员会已建议采用双重责任形式。See "Broadcast Joins Dispute on Liability", Advertising Age, April 29, 1991 at 3.

4　1991年2月对700家媒体公司的调查显示，43％的公司赞成连带责任。21％的公司使用代理商单独责任；15％的公司使用广告主承担全部责任；13％的公司使用广播有线金融管理协会制定的折中条款；7％的公司使用其他方式确定责任。See "Media Prefer Shared Liability", Advertising Age, May 27, 1991 at 31.

5　See Turner Broadcasting Sys., Inc. v. Europe Craft Imports, Inc., 186 Ga. App. 286, 367 S.E.2d 99（1988）.（如果媒体向代理商发送的确认函声明，广告主和代理商对媒体承担连带责任，则由陪审团决定未付费用的最终责任，而不考虑有关贸易惯例表明广告主对广告费用承担最终责任的证词）.

6　Young, Advertising Agency Compensation 23（1933）.

7　Young, Advertising Agency Compensation 31（1933）.

商获得的佣金先是13％，然后为15％。[1]自1918年以来，印刷媒体向广告代理商支付的佣金为15％。[2]广播媒体通常也支付15％的佣金。[3] 1993年以前，户外媒体支付的佣金费率为16％，到1993年也降至15％。[4]另外，直邮广告不支付任何佣金。[5]

当前，大多数主要的互联网搜索引擎都是按"每次点击付费"模式向广告主收费。这意味着，只要互联网用户点击广告主的链接，就应向广告主收取费用。最近，引入了一种新的方法，称为"成果次数计费"。这种方法仅当点击其网站的用户实际购买或将姓名提交客户名单时，才会向广告主收费。[6]如果客户必须向代理商支付佣金，而不是由媒体支付，则广告代理商无法保留客户。因此，媒体的认可和承诺向代理商支付佣金实际上已经成为同义词。

（四）媒体对广告代理商承担的义务

基本上，媒体只对广告代理商承担以下三种义务：第一，他们有义务不对广告代理商进行非法歧视。第二，媒体向广告代理商和其他代表它出售广告时间的人支付报酬。这种支付报酬所采用的形式不再限于旧的15％佣金。相反，它可以采用多种形式。[7]双方之间的合同条款可能会严重影响这种付款义务。例如，如果合同的终止条款规定：即使在雇用终止后，媒体也要向销售代表支付佣金，则该代表有权获得这些佣金。[8]第三，媒体应履行其在广告设施租赁或购买合同中可能对广告代理商承担的义务。

（五）广告代理商对媒体应负的义务

1.除非合同或法律有明确规定，否则不承担任何责任

一方面，只要广告代理商仅充当广告主的代理人，则其对媒体不承担任何

1　Young，Advertising Agency Compensation 36（1933）.

2　Young，Advertising Agency Compensation 38（1933）.

3　Frey & Davis，The Advertising Industry 208（1958）.

4　See "Outdoor Ad Giants Trim Pay to Agencies"，Advertising Age，Jan. 18，1995 at 54.

5　Frey & Davis，The Advertising Industry 208（1958）.

6　Boslet，Mark，Internet Cos，Advertisers Study Changing Online Ad Market，Wall Street Journal（Sept. 14，2006），available at http：online. wsj. com/ article_print/BT-CO-20060914-71269. html（accessed Sept. 15，2006）.

7　See "Out of Commission：Traditional Pay Plans are Dead"，Advertising Age，June 4，2001 at 1；"More Marketers Turn to Bartering"，Advertising Age，Feb. 19，2001 at 1.

8　Publishers Resource，Inc. v. Walker-Davis Pubs.，Inc.，762 F.2d 557，560（7th Cir. 1985）.

其他合同责任。[1]另一方面，无论广告代理商是承担合同义务，还是仅作为广告主的代理人或独立承包商，它都可能因为违反法律（例如，规制反托拉斯活动和欺骗性贸易行为的法律）而向媒体承担赔偿责任。

2. 合同责任

媒体有时会雇用广告代表来吸引广告主。在这种情况下，合同可能包含确保尽最大的努力代表媒体行事的条款。不履行这些条款规定的义务可能会导致违反合同，从而承担违约责任。[2]

3. 广告代理商对媒体的侵权责任

广告可能通过以下三种方式之一使广告代理商对媒体承担侵权责任：（1）因疏忽或侵权行为由广告代理商对媒体单独承担侵权责任；（2）因造成损害与委托人共同对媒体承担责任；（3）作为与其广告主和媒体共同承担广告侵权责任的结果，也就是共同侵权责任。[3]

另外，如果媒体是由于代理商发布的副本中的错误而遭受损失，则广告代理商应对此类损失负责。在这种情况下出现的问题可能与媒体本身未检测到错误的疏忽有关。这种疏忽可能减轻代理商的赔偿责任。

四、网络广告平台的广告主体身份认定及其侵权赔偿责任

（一）广告发布者及其侵权赔偿责任

我国《广告法》第2条第4款，从委托人和受托人关系出发来界定广告发布者身份，即接受广告主或者广告主委托的广告经营者发布广告的主体为广告发布者。这一定义，没有区分各种不同互联网平台的性质，将所有接受广告主或广告经营者委托发布广告的平台都界定为广告发布者，让其与广告主承担较为严格的连带责任，这会限制互联网行业的发展。可喜的是，《暂行办法》从广告发布者的核心职能出发对其进行了重新定义，即为广告主或者广告经营者推送或者展示互联网广告，并能够核对广告内容、决定广告发布的主体为互联网广告的发布者。这样，就将许多仅提供互联网信息交换服务的互联网平台排除在广告发布者之外，有利于促进互联网行业的发展。

1　See also M. J. Simon, The Law for Advertising and Marketing 54-55 （Norton 1956）; Marcus Loew Booking Agency v. Princess Pat, Ltd., 141 F.2d 152 （7th Cir. 1944）.

2　CCMS Pub. Co. v. Dooley-Maloof, Inc., 645 F.2d 33 （10th Cir. 1981）（广告代表未能尽最大努力代表医学杂志；被法院判决承担损害赔偿和律师费）.

3　3 J.N. Pomeroy, A Treatise on Equity Jurisprudence § § 940—941 （Bancroft-Whitney 5th ed. 1941）.

关于广告发布者的民事责任问题，我国2015年修订的《广告法》第56条规定虚假广告的第一责任人为广告主，若广告经营者、广告发布者不能提供广告主真实名称、地址和联系方式的，可承担先行赔偿责任。若发布关系消费者生命健康的商品或服务虚假广告，广告经营者、广告发布者、广告代言人应当与广告主承担连带责任。若发布非关系消费者生命、健康的商品或服务虚假广告，则广告发布者只在明知或应知广告虚假仍发布的情况下，才承担连带责任。

（二）互联网信息服务提供者及其侵权赔偿责任

互联网信息服务提供商（ISP）是指面向公众提供互联网接入、导航、信息服务的经营者。主要发达国家为了促进互联网行业的发展，一般为互联网信息服务提供者提供了避风港规则。譬如，1996年颁布的《美国通讯礼仪法》第230条规定了网络广告平台的避风港规则，核心要义是：交互式计算机服务的提供者或者使用者不应被视为另一个信息内容的提供者所提供的任何信息的发布者或者发言者。[1]也就是说，互联网平台只要不干预用户广告内容的编辑和发布，可不与发布虚假广告的广告主承担连带责任。

关于互联网信息服务提供商（ISP）的民事侵权责任问题，我国2010年7月实施的原《侵权责任法》第36条采用了与《美国千禧年数字版权法》一致的"通知+删除"规则，即网络用户利用网络服务实施侵权行为的，被侵权人有权通知网络服务提供者采取删除、屏蔽、断开链接等必要措施。网络服务提供者接到通知后若及时采取必要措施的，可不承担赔偿责任，若未及时采取必要措施的，对损害的扩大部分与该网络用户承担连带责任。2020年颁布的《中华人民共和国民法典》（以下简称《民法典》）第1197条继续援用了原《侵权责任法》的上述精神及规定，只是增加了网络服务提供商的转通知义务和初步证据审查义务，并明确规定，网络服务提供者知道或者应当知道网络用户利用其网络服务侵害他人民事权益，未采取必要措施的，与该网络用户承担连带责任。

从各国司法实践来看，也基本上遵守上述成文法的基本精神。在2010年加利福尼亚州东区联邦地区法院审理的Jurin v. Google, Inc.一案[2]中，原告Jurin诉称，其持有的"styrotrim"商标被竞争对手作为谷歌竞价排名的关键词予以购买，当谷歌用户以"styrotrim"作为关键词检索时，竞争对手产品

1　周汉华："论互联网法"，载《中国法学》2015年第3期。

2　No.2：09-CV-03065，2010WL3521955（E.D.Cal.Sept.8，2010）.

的显示结果优于自己的产品。因此，Jurin向法院起诉谷歌。法院判决认为，谷歌提供的关键词竞价服务，只是收录关键词，最终关键词的选择决定权在广告主手里。谷歌的这种服务是中立的，谷歌不负责关键词的选择和审核，仅辅助提供相关选项。最终，审理案件的美国法院适应《美国通讯礼仪法》第230条的避风港规则，驳回了原告的起诉。

我国也发生过类似案例。在2006年陈某篷诉百度在线网络技术（北京）有限公司虚假广告纠纷案中，原告诉称，被告百度公司未尽审查义务，在竞价推广中该网站发布虚假广告，侵犯了我的著作权，请求被告立即停止推广以赢利为目的的侵权网站（武汉济民男科），被告赔偿武汉济民男科网站对本人的侵权损失15万元。被告百度公司辩称：我公司收到起诉书后，已经将涉案网站链接断开，根据通知+删除规则，不承担赔偿责任。最后，法院判决认为：百度公司向公众提供搜索引擎服务，仅是网络服务的提供者，其对网络信息不具备编辑控制能力，对网络信息的合法性没有监控义务，对被搜索到的内容是否侵权无法承担审查责任。百度公司在得知权利人主张涉案网站侵犯其权利后，已断开了相关网站的链接，百度公司已尽到网络服务提供者的义务，故对原告要求其承担赔偿责任的主张，本院不予支持。[1]

总之，互联网广告平台既可能是广告的发布者，也可能是互联网信息服务提供者，区分的关键在于对广告的内容是否承担编辑和审核义务，若承担，则认定为广告发布者，承担较为严重的连带责任，若不承担，则认定为互联网信息服务提供者，只有在明知或应知广告虚假的情况下，才与广告主承担连带责任。譬如，如果互联网平台给商户提供互联网信息服务，商户有自己的账号，可以通过自己的账号登录某互联网平台，在其开设的店铺内进行商品销售和广告宣传活动，则该互联网平台应认定为互联网信息服务提供者，因为商户对其发布的广告内容具有审核权和决定权。若是互联网平台直接销售商品和推广商品，则可认定互联网平台本身就是广告发布者。同理，搜索引擎广告、社交广告的主体身份认定也应遵循上述基本原则。

1　北京市海淀区人民法院一审判决：（2006）海民初字第18071号。

第二章

网络广告法律规制的
基本原则

网络广告同传统广告一样，是以营利为目的，以"广而告之"的方式向客户推销商品或服务的行为。网络广告法作为一个新兴的部门法，应当有其特殊的法律原则。法律原则是法律的基础性真理、指导原理或为其他法的要素提供基础或本源的综合性原理或出发点。[1]基本原则，是指反映法律内容和本质的最根本的指导思想，它具有指导法律解释和法律推理，弥补法律空白和漏洞，消除法律体系内部的矛盾等功能。[2]网络广告法的基本原则是指对网络广告活动起到基础性、指导性作用的规范和准则。确立网络广告法的基本原则对于促进网络广告健康、有序、规范化发展，弥补立法疏漏以及限制法官的自由裁量权均具有重要意义。本章将网络广告法的基本原则分为普适性原则和特殊性原则两大类，下面分述之。

▶ 第一节　网络广告法律规制的普适性原则

网络广告法的普适性原则是指既适用于网络广告，也适用于传统广告的广告法一般原则。网络广告作为广告的一种特殊形式，它必须遵循广告法的一般原则。广告法的一般原则，是指反映广告法的立法、执法、司法、守法的最根本指导思想，是广告法律关系主体在广告活动中必须遵守的基本原则。我国广告法中，对广告法的一般原则，在总则中已作了规定，包括真实原则、合法原则、诚实信用原则、公平竞争原则、符合社会主义精神文明和传统文化要求原则、禁止虚假广告原则。网络广告法律规制离不开广告法一般原则的指引。在本书中，网络广告法的普适性原则与广告法的一般原则保持同一性，是可以相互替换的两个概念。网络广告法的普适性原则的具体内容如下。

1　张文显主编：《法理学》，高等教育出版社2018年版，第120页。

2　倪嵎编著：《中外广告法规与管理》，上海人民美术出版社2016年版，第75页。

一、诚实信用原则

诚信原则，是指所有法律关系，应根据各自的具体情况，依据公平和正义之理念，妥善处理社会纷争。诚信原则，要求法律关系当事人间权利行使、义务履行之善意，以调整其间之利益，乃系在自由主义之基调上，由内部加以修补。[1] 诚信原则涉及两种利益关系：当事人之间的利益关系和当事人与社会间的利益关系，诚信原则的目的在于实现这两种利益之间的平衡。在当事人间的利益关系中，诚信原则要求尊重他人利益，以对待自己事务的注意对待他人事务，保证法律关系的当事各方均能得到自己的应有利益，同时，不得损害他人利益。在当事人与社会之间的利益关系中，诚信原则要求当事人在民事活动中不得损害第三人和社会的利益，当事人在追求自身利益最大化的同时，不得损害国家、集体和社会公共利益。[2] 在现代化市场经济条件下，诚实信用已成为一切市场参与者所应遵循的道德准则。它要求市场参与者符合"诚实商人"的道德标准，恪守信用，童叟无欺，在不损害其他竞争者，不损害社会公益和市场道德秩序的前提下，去追求自己的利益。[3]

诚实信用原则既是民事活动的基本原则，也是广告活动应当遵守的基本原则之一。《民法典》第7条规定："民事主体从事民事活动，应当遵循诚信原则，秉持诚实，恪守承诺。"诚实信用原则在民事活动中被称为"帝王条款"。我国《广告法》第5条也规定，广告主、广告经营者、广告发布者从事广告活动，应当遵守法律、法规，诚实信用，公平竞争。

诚实信用原则要求在广告活动中当事人之间必须诚实守信，以善意的心态和方式履行义务，不作无法兑现的承诺，应积极主动完成广告活动中承诺的事项，广告中出现有关商品和服务质量与数量的承诺，必须尽最大努力予以实现，不得损公肥私，损人利己，必须以合法方式追求自身利益。同时，广告活动主体在设计、制作、发布广告时，必须有诺必承，有信必守，绝不设计、制作、发布虚假违法广告，绝不能欺骗和误导消费者。

就网络广告而言，由于网络的虚拟性和匿名性，增加了当事人维权与网络行政执法和司法的难度，使广告客户面对网络广告时感到茫然和无序。目前，

1　史尚宽：《民法总论》，中国政法大学出版社2000年版，第40—41页。

2　徐国栋：《民法基本原则解释——以诚实信用原则的法理分析为中心》，中国政法大学出版社2004年版，第72页。

3　梁慧星：《民法解释学》，中国政法大学出版社2003年版，第304页。

一些公司在自己的网站上进行虚假广告宣传，有的公司甚至伪造或冒用其他企业名称发布虚假违法广告，欺骗和误导消费者，牟取不正当利益。当虚假违法网络广告满天飞，消费者对网络广告感到憎恶的时候，那将是网络广告的悲哀，也是整个网络世界的悲哀！[1]因此，对网络广告进行法律规制必须严格坚持诚实信用原则，大力打击和抵制虚假广告、信息泄露、网络欺诈等不诚信行为，牢固树立网络诚信理念，清朗网络广告空间。

二、真实性原则

广告的真实性原则，是指广告宣传的内容必须是商品或者服务的真实而客观的信息，而不能作虚假、夸大的宣传。真实性是广告的生命和灵魂，也是广告法最基本的原则。[2]广告的真实性原则贯穿于广告立法和司法活动的全过程，是制定具体广告准则的一项重要依据，是衡量广告内容合法与非法的重要标杆和准绳。广告真实性原则在广告法的所有原则中居于核心地位，这一原则目前已为世界各国广告法所公认。英国的广告法明确禁止对商品或服务进行虚假广告宣传。美国联邦贸易委员会（FTC）也旗帜鲜明地坚持网络广告的真实性原则，要求所有参与网络广告活动的主体，均有责任与义务保证网络广告的真实性与合法性；如果网络广告内容违法，则所有参与者均应承担相应的法律责任。[3]我国《广告法》第3条更是从正面明确规定了"广告应当真实"的原则。该法第4条第1款还从反面对该原则作了禁止性规定：广告不得含有虚假或者引人误解的内容，不得欺骗、误导消费者。同时，该法第4条第2款进一步明确规定广告主是对广告内容真实性负责的第一责任人。[4]我国《暂行办法》则进一步将广告的真实性原则延伸到了网络广告领域。《暂行办法》第10条重申了互联网广告主应当对广告内容的真实性负责这一核心思想，并明确规定发布互联网广告需具备的主体身份、行政许可等证明文件，必须真实、合法、有效。由此可见，网络广告的真实性原则是排在第一位的原则。

网络广告的真实性原则要求网络广告陈述的文字、图形的内容必须客观真

1　李德成：《网络广告法律制度初论》，中国方正出版社2000年版，第136页。

2　倪嵎编著：《中外广告法规与管理》，上海人民美术出版社2016年版，第75页。

3　徐红、刘蕾："论网络广告的真实性及其监管"，《武汉科技学院学报》2002年第4期，第66页。

4　《广告法》第4条规定，广告不得含有虚假或者引人误解的内容，不得欺骗、误导消费者。广告主应当对广告内容的真实性负责。

实，引用的数据及资料准确、可靠。产品或者服务的功效、规格、价格、品牌、包装、款式、造型、色泽、售后服务的信息必须真实准确，网络广告的内容不得有虚假或不实的记载，网络广告中也不得出现无法印证的语句。凡是在网络广告活动中捏造过时、不实的内容都属于违背真实性原则的不法行为，应承当相应的法律责任。我国《暂行办法》第16条第3项明确规定，禁止互联网广告活动中使用虚假的统计数据或媒介价值以诱导错误报价，牟取不正当利益。

必须指出，尽管广告宣传要坚持个性化原则，但是，即使是个性化的广告宣传也不应导致消费者对产品整体性或产品其他属性产生一种错误认识，更不能模糊或掩盖事实真相。也就是说，要从消费者感知的角度来认识广告的真实性，保证传达的广告信息使消费者产生整体真实的感受，不会产生误解。

三、禁止虚假广告原则

广告问题中最严重、最突出的问题就是虚假广告。虚假广告是指广告内容虚假或者隐瞒应予以披露的重要事实，从而欺骗、误导消费者，并影响其购买决定的商业广告。禁止虚假广告，实际上也就是从正面要求广告内容必须真实，即广告内容必须真实地、客观地传播有关商品或者服务的信息，不得含有虚假或引人误解的内容。商业广告是以营利为目的推销商品或者提供服务，广告主为达此目的，不惜夸大产品功效，隐瞒产品缺陷。而消费者有关商品或者服务的信息大多是从广告中得知的，如果广告中含有虚假内容，消费者就难免上当受骗。现实生活中虚假广告往往成为谣言制造机，让广大消费者深恶痛绝，因此，禁止和打击虚假广告成为各国广告法规制的重心。在美国，一旦联邦贸易委员会认定某一广告为欺骗性广告，它可以要求媒体立即停止发布广告，并责令其修改广告内容。如果媒体继续发布广告，将被处以高额罚款。同时，联邦贸易委员会还可以就发布虚假广告一事向联邦地区法院提起诉讼。

禁止虚假广告原则被我国《广告法》第4条明文确立。同时，我国《广告法》第28条第2款还详细列举了各种虚假广告情形：（1）商品或者服务不存在的广告；（2）商品的性能、功能、产地、用途、质量、规格、成分、价格、生产者、有效期限、销售状况、曾获荣誉等信息，或者服务的内容、提供者、形式、质量、价格、销售状况、曾获荣誉等信息，以及与商品或者服务有关的允诺等信息与实际情况不符，对消费者的购买行为有实质性影响的广告；（3）使用虚构、伪造或者无法验证的科研成果、统计资料、调查结果、文摘、引用语等信息作证明材料的广告；（4）虚构商品或者服务功效的广告；

（5）以虚假或引人误解的内容欺骗、误导消费者的广告。

另外，其他法律法规也有禁止虚假广告的相关规定。例如，我国2017年修订的《中华人民共和国反不正当竞争法》（以下简称《反不正当竞争法》）第8条明确禁止虚假广告、虚假表示和虚假交易等引人误解的不正当竞争行为。[1]《中华人民共和国消费者权益保护法》（以下简称《消费者权益保护法》）第20条也规定，经营者对商品或者服务质量、性能、用途等实质内容的宣传，必须真实、全面，禁止作虚假或引人误解的宣传。另外，经营者提供的商品或者服务必须明码标价。[2]

在认定虚假广告行为时，还必须对以下几种我国法律容易忽视的与虚假广告相混淆的行为作进一步研究。

（一）隐性欺诈问题

我国目前的广告法和相关立法规制的虚假广告都是从虚构事实方面进行认定，缺乏从隐瞒重要事实或者没有披露足够多的事实从而使消费者对产品整体性能造成错误印象方面来认定虚假广告，也就是缺乏隐性欺诈的认定标准。

我们认为，判断广告、标签或包装上的文字图形是否具有欺骗性，不能以对广告部分内容的断章取义为基础，因为它可能脱离语境，而是必须以广告的整体印象为基础。说"撒谎一定具有欺骗性"如同"讲真话一定没有欺骗性"一样不准确。撒谎并不等于欺骗。在广告中提及圣诞老人通常没有欺骗性，因为它们不可能欺骗理性消费者。[3]因此，必须分析具有欺骗性的虚假陈述作出时以及客观事实变成具有欺骗性的问题时的背景。尽管每一句话单独考虑确实是真实的，但广告作为一个整体完全具有误导性。这可能是因为应该说的话被删掉了，或者因为广告以这种误导的方式创作或故意印刷。[4]

广告法中一个最棘手的问题之一是决定何时沉默具有欺骗性，或者，换句话说，广告主何时必须披露对他的产品具有不利影响或者削弱他的营销信息吸

1　《反不正当竞争法》第8条规定，经营者不得对其商品的性能、功能、质量、销售状况、用户评价、曾获荣誉等作假或者引人误解的商业宣传，欺骗、误导消费者。经营者不得通过组织虚假交易等方式，帮助其他经营者进行虚假或者引人误解的商业宣传。

2　《消费者权益保护法》第20条规定，经营者向消费者提供有关商品或者服务的质量、性能、用途、有效期限等信息，应当真实、全面，不得作虚假或者引人误解的宣传。经营者对消费者就其提供的商品或者服务的质量和使用方法等问题提出的询问，应当作出真实、明确的答复。经营者提供商品或者服务应当明码标价。

3　See ITT Continental Baking Co. v. FTC, 532 F.2d 207（2d Cir. 1976）.

4　Donaldson v. Read Magazine, Inc., 333 U.S. 178, 188, 68 S. Ct. 591, 92 L. Ed. 628（1948）.

引力的事实？常见的情况是，完全真实的陈述被发现是虚假的，因为在陈述中遗漏了一些基本元素或者结论是缺乏事实的推论。如果广告包含的陈述部分内容是真实的，但是删除了对消费者的购买决定具有重要影响的信息，那么这种沉默也属于欺诈。同样，如果一个产品在过去几年一直为公众所熟知，现在突然发生重大变化，法律要求必须披露。没有披露对消费者的购买决定具有重要影响的信息属于欺骗行为。

另外，还必须指出，只要产品具有误导性外观，就要求积极披露。例如，如果某产品看上去是由甲材料做成的，而实际上是由乙材料做成的，那么欺骗性沉默就出现了。再譬如，如果某件物品事实上是由普通金属制成的，但看起来好像是由某种贵重金属制成的，或者当某物品看起来像真品一样，而实际上全部或部分是由合成材料做成的，那么要求进行积极披露被认为是适当的。[1]

（二）吹嘘问题

吹嘘是夸大的推销宣传或陈述。广告中存在一定程度的吹嘘一直是允许的。吹嘘是一个通常被用来表示合理地夸大卖方产品质量预期的术语，但是，合法的吹嘘必须是它的真伪不能精确确定。相反，关于全球最低价的陈述是对客观现实的陈述，它的真伪是不变的，可以用实际精度确定。因此，这种陈述不适宜称为"吹嘘"。

如果广告主不想涉嫌虚假广告而受到处罚，那么他们对在广告中使用夸张手法必须格外小心。因为检测标准就是购买商品或服务的普通消费者是否能够区分该广告词究竟是夸张还是欺骗。像"最好的""完美的""首要的""杰出的""真便宜""原创的""质量相媲美""绝妙的"之类的词语是不明智的，因为其真伪很容易确定。

（三）虚假性众所周知的问题

关于虚假广告，有时广告主提出的抗辩理由是，广告的内在虚假性是如此众所周知，以至于没有人受到欺骗。如果实际上能够证明这种虚假性是众所周知的，没有人会受到欺骗，那么广告主将胜诉。

丹麦的糕点不是丹麦制造的；法兰克福香肠不是法兰克福制造的；汉堡包不需要在汉堡制造；瑞士奶酪可以在任何地方制造。如果这些术语的第二含义的确立是如此彻底，以至于普通的购买者不会被它们的使用欺骗，那么它

1　Hugh J. McLaughlin & Son, Inc., 66 F.T.C. 387 （1964）（initial decision and order）; Metropolitan Golf Ball, Inc., 66 F.T.C. 378 （1964）（initial decision and final order）; Lec Elec. Co., 60 F.T.C. 491 （1962）（Commission order）.

们就不具有欺骗性。因此，彻底确立了第二含义可以成为虚假广告指控的抗辩理由。[1]

为了使用第二含义作为涉嫌虚假广告指控的抗辩理由，必须提供进一步的证据：普通购买人（不仅仅是其中的大部分顾客）必须理解第二含义。广泛宣传某种产品确实有助于建立第二含义，尽管它不是决定性的。[2]

四、合法性原则

网络广告的合法性原则是指网络广告活动要遵守广告法和其他相关法律的强制性规定，任何网络广告主体均不享有法外特权。法律是具有强制力的行为规范，任何组织或个人违反法律的强制性规定，均应接受相应的制裁。马克斯·韦伯认为："法是由（身体的或心理的）强制力所保证的，目的在于使人们服从或对违反它加以处罚，由此为目的而产生的特殊的公职人员而执行的秩序。"[3]法是人类活动的行为准则，是以人为核心和中轴的各社会主体之间的社会关系的调整器。[4]毫无疑问，广告主体发布网络广告，必须遵守《广告法》《暂行办法》等相关法律法规的规定，否则，必须承担相应的民事、行政或刑事责任。真实性原则针对的是广告陈述的事实，而合法性既针对广告内容，也针对广告行为。坚持合法性原则既能规范和约束网络广告市场主体的行为，也能控制和约束执法主体的滥用权力行为，从而保障网络广告市场的健康和有序发展。

广告的合法性原则要求：（1）网络广告活动必须遵守相关的法律法规，比如《广告法》、《民法典》、《反不正当竞争法》、《中华人民共和国商标法》（以下简称《商标法》）、《中华人民共和国著作权法》（以下简称《著作权法》）、《消费者权益保护法》等；（2）网络广告主体资格合法，比如，网络广告主、广告经营者、广告发布者、必须具有合法的经营资格；（3）网络广告的内容应当合法，不得违反法律的禁止性规定，比如广告不得使用"国家级""最高级""最佳"等绝对化用语；（4）网络广告的经营行为必须合法，不得利用网络广告从事诋毁他人商誉等不正当竞争行为；

1　FTC v. Algoma Lumber Co., 291 U.S. 67, 80–81. 54 S. Ct. 315, 78 L. Ed. 655（1934）.

2　Spartan Food Sys., Inc. v. HFS Corp., 813 F.2d 1279（4th Cir. 1987）.

3　［德］马克斯·韦伯："论经济和社会中的法"，转引自朱景文：《现代西方法社会学》，法律出版社1994年版，第56页。

4　李道军：《法的应然与实然》，山东人民出版社2003年版，第23页。

（5）网络广告发布程序合法，发布医疗、药品、医疗器械、农药、兽药和保健食品等特殊产品的网络广告，应当在发布前由有关部门对广告内容进行审查，未经审查，不得发布。

另外，坚持合法性原则必须严厉打击网络广告违法行为，树立法律权威。目前，网络违法广告层出不穷，例如，携带病毒的互联网弹出广告阻挠网络用户的正常上网浏览；不请自来的垃圾邮件广告让用户不胜其烦；含有色情、淫秽内容的广告毒害青少年，败坏网络道德风尚……由于目前网络广告行政执法存在违法行为发现难、违法主体身份确定难、违法行为取证难等诸多难题，给执法工作带来了很大困难，因此，需要我国立法、司法与行政执法机关与时俱进，适时进行相关法律的立、改、废工作，引进先进的执法技术和手段，彻底实现网络广告立法和执法工作的全覆盖和无死角目标。

五、公平竞争原则

公平竞争是市场经济的基本要求，也是促进人类进步、经济发展和人性向善的驱动力。这其中，竞争机会的公平是其首要内容。其次，适用法律公平，也即规则公平，要求对竞争者适用相同的法律，使竞争者处于同一起跑线上。[1]我国《广告法》第5条明确规定了广告主、广告经营者、广告发布者从事广告活动，应当遵守公平竞争原则。

要坚持公平竞争原则，就必须禁止任何形式的不正当竞争行为。不正当竞争行为是适用于网络广告监管的范围最广和最抽象的术语。根据《保护知识产权巴黎公约》的规定，任何违背诚实做法的竞争行为都构成不正当竞争行为。[2]《瑞士反不正当竞争法》第2条明确规定，所有具有欺骗性或以各种方式违反诚实信用原则，并影响竞争者之间或者供应商与客户之间关系的行为或者商业做法，是不公平的和非法的。[3]因此，从世界各国的立法来看，不正当竞争行为的认定具有开放性和包容性。《广告法》第31条原则上禁止任何广告关系主体在广告活动中从事任何形式的不正当竞争行为。《广告法》并没有像《反不正当竞争法》那样，将具体的不正当竞争行为予以列举，只在第13条明

1　种明钊主编：《竞争法学》，高等教育出版社2012年版，第21页。

2　孔祥俊、刘泽宇、武建英编著：《反不正当竞争法原理·规则·案例》，清华大学出版社2006年版，第4页。

3　孔祥俊、刘泽宇、武建英编著：《反不正当竞争法原理·规则·案例》，清华大学出版社2006年版，第8页。

确禁止利用广告形式贬低其他生产经营者的商品或者服务。故此，对于其他形式的不正当竞争广告行为，可以适用《反不正当竞争法》的规定。但是，由于《反不正当竞争法》没有像瑞士、德国等国一样给"不正当竞争行为"下一个高度抽象的定义，因此，《反不正当竞争法》列举的反不正当竞争行为难免存在遗漏。

本书认为，至少以下几种广告行为可以认为是不正当竞争的广告行为：（1）虚假广告宣传，由于我国《反不正当竞争法》第8条对此种行为作出了明确规定，所以，我国《广告法》没有再次重复予以规定，对于此种行为可以适用《反不正当竞争法》予以制裁。（2）贬低竞争对手，在广告中虚假地贬低竞争对手的产品是一种不公平的竞争方法，[1]此种行为，我国《反不正当竞争法》和《广告法》均有明确规定，可以择一法律适用。（3）商业假冒，在广告中假冒他人的商业名称、商标、商号等标志，给消费者造成误认或混淆的行为，此种行为《广告法》未作明确规定，可以适用《反不正当竞争法》第6条的规定。[2]（4）欺骗性的广告定价，欺骗性的广告价格行为也构成了不公平竞争方法，因为它们对竞争者造成不利影响。此种行为，我国《广告法》和《反不正当竞争法》均未作出明确规定，但可以适用《中华人民共和国价格法》（以下简称《价格法》）第14条第4项的规定进行处理。[3]

六、符合社会主义精神文明建设和中华民族优秀传统文化原则

广告不仅传播商业信息，同时也是传播信息，反映意识形态、人生观、价值观、消费观和生活方式的重要窗口，对社会风气的培育起着重要的导向作用。社会主义精神文明以马克思主义为指导，包括思想道德建设和教育科学文化建设两方面的内容，前者为物质文明建设提供精神动力，后者为物质文明建

1　Steelco Stainless Steel, Inc. v. FTC, 187 F.2d 693（7th Cir. 1951）；E.B. Muller & Co. v. FTC, 142 F.2d 511, 516（6th Cir. 1944）.

2　《反不正当竞争法》第6条规定，经营者不得实施下列混淆行为，引人误认为是他人商品或者与他人存在特定联系：
（一）擅自使用与他人有一定影响的商品名称、包装、装潢等相同或者近似的标识；
（二）擅自使用他人有一定影响的企业名称（包括简称、字号等）、社会组织名称（包括简称等）、姓名（包括笔名、艺名、译名等）；
（三）擅自使用他人有一定影响的域名主体部分、网站名称、网页等；
（四）其他足以引人误认为是他人商品或者与他人存在特定联系的混淆行为。

3　《价格法》第14条规定，经营者不得有下列不正当价格行为：……（四）利用虚假的或者使人误解的价格手段，诱骗消费者或者其他经营者与其进行交易……

设提供智力支持。广告内容必须符合社会主义精神文明建设的要求，就是指广告内容必须符合社会主义思想道德建设和教育科学文化建设的要求。广告内容必须体现科学、民主精神，符合爱国主义、集体主义、社会公德、职业道德和家庭美德的基本要求，倡导健康向上的社会风气，积极弘扬社会主义正能量，禁止宣传资本主义、封建主义腐朽思想，包括宣传"人不为己、天诛地灭"、暴力犯罪、封建迷信、淫秽、色情等不健康内容。[1]

中国传统文化是我们从祖先那里继承下来的丰富的历史遗产，是中华文明成果的总称，主要由儒、佛、道三家主流文化构成。今天，中国传统文化已经渗透到每个中国人的血液中，它作为一种价值观念、行为方式和风俗习惯早已融入我们的日常生活当中而不自知，世世代代制约着中国人的思想和行为。中国传统文化是一种优秀的民族精神和道德文化传统，内涵丰富，主要包括：自强不息的奋斗精神；"富贵不能淫，贫贱不能移，威武不能屈"的大丈夫精神；"天下兴亡，匹夫有责"的爱国主义精神；"朝闻道，夕死可矣"的追求真理精神；"老吾老以及人之老，幼吾幼以及人之幼"的人伦孝道精神；"一粥一饭，当思来之不易，半丝半缕，恒念物力维艰"的勤俭节约精神。

我国《广告法》第3条明确规定了广告应当以健康的表现形式表达广告内容，符合社会主义精神文明建设和弘扬中华民族优秀传统文化的要求。广告符合社会主义精神文明建设的要求是，广告的内容应当健康有益，积极向上，体现中华民族优秀传统文化与时代精神的有机结合。1997年中国广告协会团体委员会第一届第三次会议通过的《广告宣传精神文明自律规则》以行业协会自律规则的形式将广告宣传过程中如何体现社会主义精神文明的要求进一步具体化。该自律规则一方面从正面概括了社会主义精神文明建设和中华民族优秀文化的核心内容：维护祖国的尊严和统一；弘扬科学、真诚、善良的人类优秀品质；维护社会公共秩序和树立良好的社会风尚；尊重妇女，男女平等；有利于儿童健康成长；引导和树立量入为出、适度消费、绿色消费等正确的消费观；尊重和弘扬祖国优秀传统文化。另一方面该自律规则又从反面对违反社会主义精神文明建设和中华民族优秀文化的行为进行了列举，具体包括：禁止妖魔化、诽谤、侮辱国家领导人和知名历史人物，禁止煽动民族分裂、伤害少数民族感情；禁止宣传伪科学、鬼魂、六道轮回、看风水等封建迷信思想，禁止广告中出现恐怖、暴力、丑恶等内容；禁止宣传打砸抢、乱丢垃圾等破坏公共设施，公共环境秩序的行为，禁止广告中出现吸烟、酗酒、虐待老人和儿童等画

---

1 倪岫编著：《中外广告法规与管理》，上海人民美术出版社2016年版，第79—80页。

面；禁止广告中出现性行为、性挑逗和性描写等低级庸俗内容；禁止宣扬享乐主义、骄奢淫逸的生活方式；禁止崇洋媚外，抹黑、否定祖国优秀文化传统；禁止盲目崇拜外国商品和盲目贬低民族产品。[1]禁止宣传迷魂药、春药及练防身术、防暗器等严重影响社会稳定和社会秩序的行为。[2]

真实性原则和禁止虚假广告原则是从事实角度而言的，属于一枚硬币的两个侧面，其内核是一致的，即广告内容必须真实，禁止虚假广告，这两个原则是广告法必须遵循的基础性原则，是一切广告活动和其他原则的基础。合法性原则和公平竞争原则均要求必须严格遵循相关法律规定，不得从事法律所禁止的违法和不正当竞争行为。这两个原则具有明确性和强制性的特征，划定了广告活动合法与非法、正当与不正当的基本界限，是一切广告活动不可逾越的红线，它们属于强制性原则，而诚实信用原则和符合社会主义精神文明建设与弘扬中华民族优秀传统文化原则这两个原则具有宏观性、修补性和灵活性的特征，属于弥补性的道德原则，能够弥补合法性原则和公平竞争原则两个原则刚性有余、弹性不足之弊端，对其他原则起到很好的平衡、协调与补充作用。总之，这六个原则互相配合，互相补充，刚性与柔性共融，原则性与灵活性相结合，共同促进广告行业的良性竞争，健康发展。

▶ 第二节　网络广告法律规制应遵循的特殊准则

网络广告除遵守广告法的一般原则外，还具有自身的特殊准则。网络广告的特殊性原则是指仅适用于网络广告，不适用于其他类型广告（尤其是传统广告）的特殊原则。越来越多的国家在原来广告法一般原则上的基础上，针对互联网广告出现的新问题、新情况进行专门立法调整，并在时机成熟时制定专门的互联网广告准则。由此可见，广告法的一般原则与互联网广告的特殊准则相结合是网络广告法律规制必须坚持的基本思路和范式。根据《广告法》和《暂行办法》的规定，本书将网络广告法律规制应遵循的特殊性原则归纳如下。

1　《广告宣传精神文明自律规则》第4条、第5条、第6条、第7条、第8条、第9条、第10条、第12条。

2　国家工商行政管理局广告监督管理司：《广告法律理解与适用》，工商出版社1998年版，第153页。

一、不得影响用户正常使用网络原则

　　网络空间是一个"互为空间"，是一个没有强权的空间。网络打破了信息垄断、话语权控制，实现了相当程度的言论自由。[1]有益信息的自由交流是互联网领域令人激动的、释放潜能的承诺之一。但是，网络的"非中心化"及分散式管理方式使得各种无政府主义和极端个人主义思潮抬头，在网络广告领域表现为网络虚假广告泛滥，各种垃圾邮件、弹出广告、链接广告极大地干扰了网民的正常生活。譬如，垃圾邮件会让收件人识别邮件内容、删除垃圾邮件花费时间。垃圾邮件使互联网服务提供商每年遭受约5亿美元的损失。这些成本被转嫁给消费者，每月增加2—3美元的上网费用。[2]再譬如，弹出广告装置是专门"设计以使消费者无法避开它们"的装置[3]。因此，弹出广告干扰了互联网用户自由意志的行使。当被访问的网站用不断的弹出窗口淹没用户的计算机，试图"将访问者系留在网站上"时，鼠标陷阱就发生了。[4]在最极端的弹出广告滥用的情况下，关闭一个窗口或点击"后退按钮"只会触发多个窗口的启动，给用户留下无法退出被告网站，甚至导致用户的浏览器"崩溃"之后果。对于以上垃圾邮件、弹出广告导致的严重后果，我国法律尚没有对此问题作出明文规定，亟须法律予以规范。

　　可喜的是，我国《暂行办法》第8条确立了网络广告的基本原则，即在互联网页面以弹出、链接等形式发布的广告，应当突出显示关闭标志，确保一键关闭；未经允许，禁止在电子邮件中附加广告或者广告链接。总之一句话，发布网络广告不得影响用户正常使用网络。有了这一原则，对于规制垃圾邮件广告、弹出广告和链接广告等不请自来的网络广告行为就有了"达摩克利斯之剑"，可以斩断利用网络广告形式干扰用户正常网上生活的魔爪，净化网络广告空间。网络广告必须确保一键关闭的立法目的也是减少对用户正常使用网络的干扰，因此，也属于"不得影响用户正常使用网络原则"的具体化。

1　齐爱民、刘颖主编：《网络法研究》，法律出版社2003年版，第7页。

2　Gary H. Fechter, Margarita Wallach, Spamming and other Advertising Issues: Banners and Pop-up, Ali-aba Course of Study Materials Internet Law for the Practical Lawyer, SK102, April 2005, p.182.

3　Stefanie Olsen, Online Ads Get in Your Face（June 13, 2001）, at http://news.com.com/2100-1023-268365.html（last visited Jan. 3, 2003）.

4　What is Mousetrapping? at http://www.marketingterms.com/dictionary（using search term "mousetrapping"）（last visited Jan. 12, 2003）.

必须指出，"不得影响用户正常使用网络原则"只是一项原则性的规定，要准确界定某种弹出广告和电子邮件网络广告行为是否违法，还须立法机关制定具体的规制弹出广告和垃圾邮件的准则。

二、不得干扰他人正常发布互联网广告原则

我国《广告法》没有明确规定"不得干扰他人正常发布互联网广告原则"，但是，从《暂行办法》第16条的规定中可以推导出这一原则。该条明确禁止互联网广告活动中有下列行为：（一）提供或者利用应用程序、硬件等对他人正当经营的广告进行拦截、过滤、覆盖、快进等限制；（二）利用网络通路、网络设备、应用程序等破坏正常广告数据传输、篡改或者遮挡他人正当经营的广告，擅自加载广告。笔者将上述规定概括为"不得干扰他人正常发布互联网广告原则"。确立这一原则的意义在于维护网络广告发布者和经营者的正常商业利益，因为视频网站主要的收入来源仍是广告收入，一旦失去了广告收益将会致使网站经营无以为继，最终危害到整个市场的稳定和发展。

与"不得干扰他人正常发布互联网广告原则"最相关的问题就是广告屏蔽软件是否侵权的问题，这是颇受关注的一个热点问题，国内外都存在一定的争议。德国最近产生了一系列认为屏蔽广告软件违法的判例。第一个案件是Axel Springer AG（welt.de）v. Eyeo一案，德国莱茵河畔的法兰克福地区法院认为被告Eyeo有限责任公司的广告屏蔽软件Adblock Plus违反了竞争法，裁定对其签发临时禁令。因为广告屏蔽软件阻碍了用户正常点击浏览网络广告，是对网络广告公司正常经营及获取广告收入模式的破坏，这构成了《德国反不正当竞争法》第4条第10项的"有目的的妨碍"。[1]第二个案件是Pro SiebenSat 1 v. Eyeo一案，被告Eyeo有限责任公司主要以是否支付报酬方式来决定用户是否加入"白名单"，一旦加入"白名单"，就可以在用户浏览广告时，解除对广告内容的屏蔽。慕尼黑第一地区法院裁决被告的广告屏蔽行为违反了《德国反不正当竞争法》。第三个案件是科隆州高等法院审理的二审案件Axel Springer AG（welt.de）v. Eyeo上诉一案，法院在判决中认为，"白名单"的功能仅是依照预设标准和是否付酬，来决定广告是否被屏蔽以及在何种程度上不被屏蔽，属于以技术手段阻碍广告市场公平竞争，应当严厉禁

1　LG Frankfurt a. M., Beschluss v. 26. 11. 2015, Az. 3–06 O 105/15, Axel Springer AG（welt. de）v. Eyeo GmbH.

止，故推翻了科隆地区法院的一审判决。[1]

我国司法实践中也有一系列案例支持广告屏蔽软件和浏览器广告屏蔽插件构成不正当竞争。尤其是在2017年《广告法》修订实施之后的案例更是旗帜鲜明地坚持认为：广告屏蔽软件侵犯了他人正常经营广告的权利，属于不正当竞争行为。2018年12月公布的北京市海淀区人民法院受理的原告爱奇艺科技有限公司（以下简称爱奇艺公司）诉被告杭州硕文公司不正当竞争纠纷一案中认为，被告杭州硕文公司经营视频屏蔽软件，该软件屏蔽特定类型的广告，并非仅仅针对原告爱奇艺公司经营的视频App，其在安卓及苹果端均具有拦截广告的功能，虽然其并不在技术上歧视爱奇艺公司的商业模式，但爱奇艺公司的经营行为却因其软件受到干扰，不能正常发布视频广告获益，故支持原告爱奇艺公司主张其权益受到侵犯的主张，被告杭州硕文公司的涉案行为已经构成不正当竞争。故判决：被告杭州硕文公司应当立即停止涉案行为，赔偿原告爱奇艺公司35万元。[2]因此，笔者认为，无论是从立法层面，还是从司法实践层面而言，均可以将"不得干扰他人正常发布互联网广告"确定为网络广告法的一项基本原则。

三、可识别性原则

可识别性原则既是传统广告的基本原则，也是网络广告的基本原则，本书之所以将可识别性原则纳入网络广告的特殊性原则之中，主要是考虑到这一原则在网络广告中很容易被忽视，故纳入特殊性原则之中予以强调。对于网络广告而言，很多新型的网络广告形式很容易让消费者不明就里，如堕五里雾中。如搜索引擎广告、植入式广告、弹出广告等，若不显著标明"广告"，则消费者很容易被误导。尤其是搜索引擎广告，消费者很难将广告性质的付费搜索结果与按算法排名的自然搜索结果相区分，误以为搜索结果排名考前的就是质量很好的或名气很大的厂家，其实人家是靠最高竞价取得排名榜首的位置，跟商品或服务的质量没有什么关系。故以立法的形式明确规定网络广告的可识别性原则并予以具体化，可以避免消费者对广告与新闻、事实和其他信息产生误解，引导网络广告行业良性竞争，健康发展。

广告的可识别性原则在我国《广告法》第14条中得以确立，具体来讲，该原则要求广告具有显著区别于新闻报道、艺术品等非广告信息的标志。广告的目的是推销商品和服务，以赚取广告费为目的，而新闻报道的目的在于传播事

1　周辉主编：《网络广告治理比较研究》，中国社会科学出版社2018年版，第55—56页。

2　参见中国裁判文书网：（2017）京0108民初21422号。

实信息，不以营利为目的。因此，为了将广告与非广告信息区分开，一般应当在广告中的显著位置标明"广告""广而告之"等字样，使消费者一看便知其为广告，以免误导消费者。我国《暂行办法》第7条专门针对网络广告（尤其是搜索引擎广告），再一次重申了这一原则，明确规定，互联网广告应当具有可识别性。在互联网广告中必须显著标明"广告""推广"等字样，尤其在付费搜索广告中应当显著标注"推广""商业推广""赞助"等字样，与自然搜索结果明显区分。付费搜索广告不再限于百度搜索、谷歌搜索、搜狗搜索等通用搜索引擎广告，还包括电子商务平台中垂直搜索的付费搜索广告。

当然，还有许多新型的网络广告，如链接跳转广告、电子邮件广告、门户网站广告、弹出广告等互联网广告如何与其他信息相区别，值得进一步研究。

四、不得以违背客户意愿的方式诱使、劫持、强制用户点击广告内容原则

互联网广告必须平衡广告主和用户之间的利益，并不得危害互联网的可持续发展。任何网络广告均不得违背客户意愿，诱使、劫持、强制用户点击广告内容。正是市场力量促使广告主从一开始青睐旗帜广告转向喜欢更具侵略性的弹出广告。随着"插播式广告"的发展，弹出广告表现为更加复杂的高级形态。更为严重的是，不少用户在浏览网页时会遇到"被强制跳转到广告或其他网站"的情况，严重地影响了用户的网站访问体验。当你输入一个错误的域名（网址）的时候，运营商就会给你返回一个被劫持的IP，从而把你强制带到他们的域名纠错和强制弹窗广告页面。强制性网络广告往往打断用户正常的网络生活，甚至还可能会引起对消费者权益的侵害。

我国《暂行办法》第8条第2、第3款规定："不得以欺骗方式诱使用户点击广告内容。未经允许，不得在用户发送的电子邮件中附加广告或者广告链接。"这一规定有力地打击了互联网广告诱使用户点击，牟取不合理利益的现象。但是，这一规定还不全面，我们认为，除以欺骗方式诱使用户点击广告内容外，以强制跳转、劫持等违背用户意愿的方式强迫用户点击广告内容也是违法行为，应严加禁止。因为未经网络用户允许，诱使或者劫持、强迫用户点击或浏览广告内容，既侵犯了消费者的自主选择权，又扰乱了用户的正常上网生活，还危害了广告业的正常竞争秩序，在欺骗和强迫的背后，往往是不法分子的陷阱，一旦用户点击广告页面或链接，则他们预先编制的程序就会侵入用户的电脑，甚至传播病毒，窃取用户的财产或个人信息。因此，笔者认为，应当在规范网络广告的立法中，明确规定"不得以违背客户意愿的方式诱使、劫持、强制用户点击广告内容"作为一项基本原则。

第三章

网络广告的
信息披露制度

▶ 第一节　网络广告信息披露制度概述

信息披露制度，也称信息公开制度，它最早是在证券法领域确立的一项基本法律制度，贯穿于证券发行、交易的全过程。证券法的信息披露制度有利于加强对发行人的社会监督，以便投资者全面、及时、准确获取影响证券价格的信息资料，从而作出正确决策。这个制度现在逐渐被引入其他法律领域。只要存在严重信息不对称的地方，就有信息披露的必要。在网络广告领域，消费者信息不对称的问题尤为严重，所以网络广告信息披露制度是网络广告法律规制的一项重要制度，本章拟对其进行深入和详细的研究。

一、网络广告信息披露制度的概念和特点

（一）概念

1985年国家标准局颁发的《情报与文献工作词汇基本术语》对信息的定义进行了界定：信息是指"被传递的知识或事实"，有时称为"情报"。根据信息形成的时间不同，可以将信息分为描述性信息、评价性信息和预测性信息。用户通过对市场各种信息，包括网络广告披露的信息进行分析，并根据自己的经验、知识、技能等进行判断，作出是否购买商品或服务的决定。因此，信息披露是克服信息不对称，构建公平合理的信息市场的有力干预手段。网络广告信息披露较网络广告宣传更为专业、详尽、具体，对于防止网络广告欺骗，保护网络消费者合法权益具有非常重要意义，目前成为广告法学研究的一个前沿性课题。那么什么是网络广告信息披露呢？我们认为，网络广告信息披露制度是指网络广告向公众发布时，必须将有关商品或服务的基本信息真实、准确、完整、及时、规范地向公众披露，以供网络消费者和客户作出购买决定的法律制度。

（二）特征

1. 强制性

网络广告的信息披露是一项法定义务，广告主、广告经营者和广告发布

者必须遵守网络广告法律法规的信息披露要求，否则，必须承担相应的法律责任。目前我国规范网络广告信息披露的主要法律和规范性文件有《广告法》和《暂行办法》，尽管相关规定比较零散，但是，它们有关网络广告格式、可识别性、时长、广告页面醒目性和广告内容等方面的规定，是具有法律效力的广告准则，广告主和广告发布者必须严格遵守。无论是广告主、广告经营者，还是广告代言人，只要违反法律法规的强制性规定，就应承担相应的民事、行政和刑事责任。只有在不违反法律强制性规定的情况下，才允许广告主和广告经营者进行个性化的网络广告设计，以吸引广告客户。

2. 单向性

信息披露制度的另一个特点是权利和义务的单向性，即广告主和广告发布者等信息披露人只承担信息披露的义务和责任，网民和广告访问者只享有获取信息的权利。客户浏览和获取广告信息不需要支付对价。任何个人和客户对没有严格履行信息披露法律规定的广告主、广告经营者和广告发布者都具有检举、控告和要求赔偿的权利。

3. 规范性

网络广告信息披露的规范性是指网络广告信息披露必须遵守一定的规矩和标准，包括内容规范和程序规范两个方面。内容规范是指网络广告信息披露的内容、可识别性、显著性必须遵守法律规定，包括信息披露的内容、时长、显著性、区分度、音频和视频的连贯性、清晰度等方面的规则和标准必须遵守。程序规范包括网络广告信息披露的审批和发布流程必须遵守法律规定，包括重要信息的重复要求等。规范性还要求信息披露的规则和标准具体明确，可直接适用。

二、网络广告信息披露的重要性

（一）有利于保护客户免受虚假广告的侵害

信息披露制度的最大作用在于克服信息不对称的局限，让消费者对网络广告推销的商品与服务的基本信息有全面的了解，免受虚假广告和偏好性信息的欺骗和误导。从逻辑上讲，信息披露应优先于反欺诈，因为前者可以预防后者的发生，而且反欺诈是服务于信息披露的。[1]网络广告信息披露制度有利于消费者获取全面、准确的信息，从而对不同商品和服务的信息进行比较，以便作

---

1 万国华主编：《证券法学》，中国民主法制出版社2005年版，第195页。

出理性的购买决定。

（二）有利于提高网络广告市场的运营效率

"有效市场假说"理论认为，市场价格反映的信息量越大，反映信息的速度越快，市场便越有效。[1]网络广告市场的有效性能够促使资本向高效率的投资领域流动。这种流动要求有价值的市场信息能够充分、及时和公开获得，而网络广告信息披露制度恰好满足了这一需求。换言之，信息披露是信息化时代信息公开的要求，是发挥网络广告市场资源优化配置功能，提高市场运营效率的有效手段，同时，它还可以倒逼广告主和广告发布者诚信经营，合法竞争，从而提高市场效率。

（三）有利于提高网络广告市场的监管效率

信息公开是网络广告市场主体与网络广告监管机关之间的主要沟通渠道。通过网络广告信息公开制度，可以将网络广告监管部门从繁重的信息搜集和监管工作中解放出来，集中精力调查和处罚网络虚假广告等违法案件。另外，网络广告行政监管部门能够利用公开的信息，及时调查处理虚假违法的网络广告行为，发现广告市场运营之弊端，从而采取适当的措施以弥补市场缺陷，实现对网络广告行为的有效规制，大大提高市场的监管效率。

（四）有利于约束网络广告的发布行为

没有规矩，不成方圆。"阳光是最好的防腐剂"，网络广告信息披露制度将一切需要公开的与商品和服务有关的信息，以法定的方式和标准向网络广告访问者公开，供感兴趣的网民进一步点击浏览和查看，这是网络广告发布者必须遵守的一项强制性的法律制度，极大地约束和规范了网络广告发布行为，有利于网络广告的合法经营和规范化发展。

三、信息披露的基本要求

我国《广告法》和《暂行办法》均没有明确规定网络广告信息披露的基本要求，但《中华人民共和国证券法》（以下简称《证券法》）第28条规定了证券信息披露的基本要求，即发行人、上市公司依法披露的信息，必须真实、准确、完整，简明清晰，通俗易懂，不得有虚假记载、误导性陈述或者重大遗漏。参照《证券法》的上述规定，结合网络广告的具体情况，笔者认为，网络广告信息披露的基本要求如下。

1　万国华主编：《证券法学》，中国民主法制出版社2005年版，第196页。

（一）真实性

真实性是信息披露的最基本要求，网络广告信息披露的真实性是指网络广告披露的有关商品与服务的信息必须是真实的、客观的，不得夸大宣传，欺骗和误导消费者。公开的信息必须是真实的。如果公开出来的信息是失真的，那就失去了公开的意义，等于没有公开，甚至比不公开还糟。[1]网络用户获取有关商品或服务信息的主要途径是通过广告主公开披露的网络广告信息，有关商品与服务的真实信息是用户作出购买决定最基本的依据，因此，广告主通过网络广告披露的有关商品和服务的信息必须是真实可靠的。

（二）准确性

准确性要求信息披露者打算表达的信息必须与客观事实相一致，并且用某种表达方式呈现的客观信息必须与信息接收者所理解或感知的结果相一致。[2]网络广告信息披露应以简明扼要、通俗易懂的方式，向网络用户平实地陈述信息，避免使用难解、冗长、多解、技术性的用语，让普通消费者能够准确理解其含义。信息披露在内容与格式方面也有严格要求，必须遵守。网络广告所披露的信息不得产生歧义，引人误解。

（三）完整性

网络广告信息披露完整性原则要求必须披露所有可能影响购买者决策的商品或服务信息。在进行网络广告信息披露时，必须对该商品或服务的主要内容和广告主的基本信息进行全面、充分的揭示，不得有任何遗漏和隐瞒。坚持信息披露的完整性原则，必须坚决反对选择性披露和隐瞒性披露行为。选择性披露是指广告主将应该公开的影响用户作出购买决定的商品或服务信息不是向所有用户公开，而是仅仅向部分用户披露，也就是根据有利于自己的原则，选择信息公开的对象。在选择性信息披露的场合，先行获得重大非公开信息的主体完全可能利用这种信息优势趋利避害。[3]选择性信息披露违反了信息披露的公平原则，它侵犯了用户平等地获得网络广告信息的权利。

（四）及时性

及时性原则要求广告主或广告发布者将有关商品与服务的最新信息及时公开，因为有关商品和服务的某些信息是有时效性的，比如产品的生产日期和有效期、产品的"三包"期、公司的基本信息等，应及时更新，以确保所披露的

1　朱锦清：《证券法学》，北京大学出版社2018年版，第80页。

2　范健、王建文：《证券法》，法律出版社2007年版，第224页。

3　参见廖凡："钢丝上的平衡：美国证券信息披露体系的演变"，载《法学》2003年第4期。

所有信息均为最新状态，不应向用户披露过时和陈旧的信息。由于信息的产生与公开之间存在一定的时间差，因此，对于与产品质量有关的重要的信息必须及时披露，不得超过法定期限。有关广告主的基本信息发生变更，也必须及时进行更新。坚持信息披露的及时性原则必须坚决反对延迟披露，必须在同一时间将影响消费者购买决定的相关商品或服务信息及时向社会公开，实现信息获取的同时性。

（五）规范性

网络广告信息披露是一项强制性的法律制度，有关网络广告的信息披露的内容，披露的方式、地点、时长和频率和审批流程均有具体要求，也即网络广告的信息披露具有内容和程序方面的规范性要求，广告主和广告发布者必须按照法律规定的内容和格式不折不扣地公开，否则，任何违反信息披露实体和程序规范的行为，均应承担相应的法律责任。

▶ 第二节　我国网络广告信息披露制度的现状及缺陷剖析

一、我国网络广告信息披露制度的现状

我国2015年4月修订的《广告法》对信息披露作了以下规定：首先，规定了广告可以披露的信息内容，即商品或者服务的主要内容，包括性能、功能、用途、质量、成分、价格、有效期、生产者或服务提供者的名称等。其次，规定了广告信息披露的基本要求，即对于上述信息披露事项，必须准确、清楚、明白。再次，对于广告中的特殊披露事项，单独规定了披露要求，譬如，广告中表明附带赠送的，必须明示附带赠送商品或服务的品种、规格、数量、期限和方法；广告中涉及专利的，应当标明专利号和专利种类；广告中使用数据、统计资料、引用语的，必须真实、准确，并标明出处；对于广播电视广告，还应遵守国务院有关广告播放时长、方法的规定。最后，对于违反上述规定的，由工商行政管理部门给予严厉的行政处罚，包括责令停止发布广告和给予10万元以下罚款。笔者认为，网络广告作为一种特殊的广告形式，无疑也应遵守上述信息披露方面的规定。

关于网络广告的信息披露问题，国务院2011年修订的《互联网信息服务管理办法》第12条规定了一项信息披露义务，即互联网信息服务提供者应当在其网站主页的显著位置标明其经营许可证编号或者备案编号。虽然说该条不是直接针对网络广告的，但是也与网络广告有一定关系，因为门户网站广告、链接

广告和弹出广告等网络广告形式，通常都出现在网站的主页上，如果将互联网信息服务提供者的经营许可证编号或者备案编号等重要信息在网站主页披露，与在广告页面披露的效果差不多，浏览网站和广告的用户都可以看到此重要信息，达到同样的披露效果。然而，《互联网信息服务管理办法》对与网络广告有关的信息披露义务仅仅规定了这一条，对比《德国电信媒体法》的要求还有差距。《德国电信媒体法》要求信息服务提供者在其网站主页全面披露相关信息，包括服务提供者的基本信息、联系方式、相关服务的主管部门、登记类型及编号及破产、解散等重要信息。[1]

　　必须指出，《暂行办法》也涉及网络广告的部分信息披露规定。首先，规定互联网广告应当具有可识别性，显著标明"广告"，这是传统广告的可识别性原则在网络广告领域的重申。其次，《暂行办法》还规定了付费搜索广告应当与自然搜索结果明显区分的原则，避免消费者对搜索结果排名产生误解。再次，明确规定通过程序化购买广告方式发布的互联网广告，广告需求方平台经营者应当清晰标明广告来源，其目的也是避免误导网络用户。最后，对于违反上述规定的，由工商行政管理部门给予行政处罚。但是，以上简单的法律规定并不能掩盖我国网络广告信息披露制度方面存在的诸多不足和问题。

二、我国网络广告信息披露制度的缺陷剖析

（一）网络广告信息披露制度的顶层设计缺位

　　尽管我国《广告法》对商品性能、功能、产地、质量、价格等基本信息披露有准确、清楚、明白的要求；对广告中披露的推销商品或附带的赠品有标明品种、规格、数量、期限和方法的要求；对广告中披露的数据、统计资料、调查结果、文摘、引用语等引证内容有真实、准确，并表明出处的要求等。但这些规定仅要求广告披露的某些重要信息应当真实、准确而已，并不是基于在整个广告法中建立一项独立的信息披露制度的目的，因此，在我国《广告法》中并没有建立广告信息披露制度的顶层设计，更不要说网络广告的顶层制度设计了。既没有在《广告法》中将信息披露制度单列一章，也没有制定关于广告信息披露的系列条款和总体构思，更没有规范网络广告信息披露的指导思想和基本原则，更谈不上制定网络广告信息披露的框架设计和具体准则。总之，我国

---

[1] 韩赤风："互联网服务提供者的义务与责任——以《德国电信媒体法》为视角"，载《法学杂志》2014年第10期，第28页。

网络广告信息披露制度的顶层设计严重缺位。

（二）网络广告信息披露制度体系建设不完整

完整的信息披露制度体系应该包括信息披露的定义、指导思想、基本原则、具体准则和法律责任，而我国《广告法》仅规定"广告中对商品的性能、功能……等有表示的，应当准确、清楚、明白；""广告使用数据、统计资料……等引证内容的，应当真实、准确，并表明出处……""广告中涉及专利的，应当标明……"上述规定只是有关广告信息披露的一些零散的、碎片化的规定，而且还是一些或然性规定，并非必然性规范，因为广告中完全可以不出现上述信息，也就不存在信息披露应当准确、清楚、明白等问题，只有在广告中出现上述信息时，才应当准确披露相关信息，以免误导观众。至于网络广告信息披露制度体系的其他组成部分，如信息披露的定义、指导思想、基本原则、具体准则和法律责任等问题，《广告法》和《暂行办法》根本没有涉及，因此，我国网络广告信息披露制度的构成要素是残缺不全、极不完整的。

（三）网络广告信息披露具体准则缺失

网络广告信息披露制度的构建除需要指导思想、基本原则之外，最核心的内容是网络广告信息披露具体准则的构建，既包括适用于所有网络广告的普适性准则，还包括各类特殊网络广告（诸如电子邮件广告、弹出广告、链接广告、搜索引擎广告等）的具体准则。普适性准则包括哪些商品和服务的基本信息必须披露，信息披露的可识别性、准确性和完整性如何界定等问题。网络广告的特殊准则也称"网络广告分类准则"，是指针对电子邮件广告、弹出广告、链接广告、搜索引擎广告等不同的互联网广告类型，制定的与各类网络广告特征相适应的个性化规则。

2007年美国国会发布了《网站信息披露：关于网络广告信息》，明确规定了网络广告的信息披露要求。该法详细规定了互联网广告信息披露的基本原则、信息披露的基本要求，尤其对超链接广告、旗帜广告、多媒体信息披露规定了详细具体的要求。2013年3月，联邦贸易委员会发布了《网络广告如何有效公开的指南》，规定：任何企业在互联网上发布的免责声明必须清晰而明确，并强调《邮件和电话订购商品规则》同样适用于在线广告，不管是旗帜广告，还是弹出广告，抑或是滚动式广告、链接广告等任何网络广告形式均适用。该指南还明确规定，广告媒体、网页设计者或者目录营销商等第三方如果参与广告的制作与发布，或者明知广告内容虚假，也应当对制作或者传播虚假信息承担法律责任。[1]美国联邦贸易委员会以规范性文件的形式承认网络广告的特殊性，并制定网络广告信息披露的特殊标准，让企业在制作发布网络广告时予以遵守，这是美国立法为世界做出的重大贡献，值得我国效仿。另外，《日本特定商品交易法》也对互联网广告应记载和披露的内容作出了明确规定，主要包括经营者的基本信息和商品或服务合同的主要条款，前者应披露和记载的信息包括经营者的姓名、住址和电话号码，后者应披露和记载的内容包括商品或服务的价格、运输费用、付款期限与方式、交货时间与地点、解约条件与后果、违约责任等。[2]

遗憾的是，我国广告法还没有发展到系统设计网络广告信息披露制度的地步，因此，网络广告具体准则缺失也就不足为奇了。

（四）网络广告信息披露责任追究体系不健全

法律责任是法律具有强制力的表现，也是法律的权威所在。完整的问责机制应该明确规定责任主体、责任内容和追责条件，并将民事责任、行政责任和刑事责任有机衔接起来。笔者认为，我国现行《广告法》和《暂行办法》关于网络广告信息披露法律责任的规定很不健全，至少存在以下问题。第一，责任主体不明，互联网广告责任主体情形复杂，广告主、广告经营者、广告发布者、广告代言人之间的界限不像传统广告那么泾渭分明，有时主体身份存在重合现象。在程序化购买广告中，假若将展示等于发布，如果广告主、广告经营者、广告发布者违反信息披露义务，可能导致的结果是，所罚非人，必定会造成行政事实认定的错误，因为执法人员和用户看到的"广告发布者"，并非真正的广告发布者，且提供广告资源位的媒介方成员客观上无法协助执法人员找到真正的广告需求方平台以及广告主或代理商，并不利于实践中执法行为的认定，最终将导致执法案件久久难以结案。第二，责任内容不明确和缺位，由于我国《广告法》和《暂行办法》仅对信息披露不真实、不准确和互联网广告不具有可识别性的行为，对广告主和广告发布者处10万元以下罚款，情节最轻的未确保一键关闭的行为，仅对广告主处5000元以上3万元以下罚款。但是，并没有详细规定各类广告主体的信息

1　See Federal Trade Commission，com Disclosures：how to make Effective Disclosures in Digital Advertising，https：//www.ftc.gov/sites/default/files/attachments/press-releases/ftc-staff-revises-online-advertising-disclosure-guidelines/130312dotcomdisclosures.pdf，访问日期：2019年12月28日。

2　陈肖盈："日本互联网广告行政规制的现状与启示"，载张守文主编：《经济法研究·第14卷》，北京大学出版社2014年版，第285页。

披露义务和责任，既无总的概括性规定，也无具体的类别化网络广告准则，因此，很多违反网络广告信息披露义务的行为很难追究其法律责任。第三，责任形式不完整。只有零散的行政责任规定，缺乏民事责任和刑事责任方面的规定。

▶ 第三节　完善我国网络广告信息披露制度的构想

目前，构建完整的网络广告信息披露制度已成为一种新的国际立法趋势，2019年1月，Facebook宣布将在欧洲大选前推出广告透明度规则。[1]我国国家互联网信息办公室于2019年12月20日发布了《网络信息内容生态治理规定》[2]，要求网络信息内容服务平台加强对本平台设置的广告位和在本平台展示的广告内容的审核巡查，依法处理违法广告。这标志着网络广告信息披露将正式纳入我国立法范畴。如何建立系统和完善的网络广告信息披露制度，笔者提出了以下几方面的构想。

一、明确规定网络广告信息披露的基本原则

建议修改我国《广告法》，在《广告法》第二章"广告内容准则"之后增加一章"广告信息披露制度"，在该章中详细规定广告信息披露的基本原则和具体要求；另外，修改《暂行办法》，在《暂行办法》中增加几个条款，专门针对互联网广告的特殊情形，明确规定网络广告信息披露总的基本要求和各类不同网络广告信息披露的特殊准则，从而将广告法的信息披露规定进一步具体化和细节化。要建立完整和系统的网络广告信息披露制度，首先必须确立网络广告信息披露的基本原则，笔者建议修改后的《广告法》或《互联网广告管理条例》明确规定，网络广告信息披露的内容必须真实、准确、完整、规范，不得欺骗、误导消费者。

二、完整规定网络广告应该披露的信息内容

信息披露的目的在于避免广告具有欺骗性和误导性，让有兴趣的买家可以

1　Facebook to roll out ad transparency rules ahead of European election，https：//www.politico.eu/article/facebook-to-roll-out-ad-transparency-rules-ahead-of-european-election/，访问日期：2019年12月27日。

2　网络信息内容生态治理规定，http：//www.cac.gov.cn/2019-12/20/c_1578375159509309.htm，国家网信办，访问日期：2019年12月27日。

了解商品的详细信息，以便货比三家，择优购买。因此，网络广告信息必须披露所推销商品和服务的基本信息，对于商品来讲，必须披露商品的名称、功能、产地、用途、质量、主要成分、价格、制造商名称、有效期、承诺等。对于服务来讲，必须披露服务内容、提供者名称、服务形式、服务质量、服务价格、承诺等，因为这些信息直接影响商品或服务的质量和价格，能够左右用户的购买决定。因此，以上信息属于强制披露事项，所有网络广告发布者都必须遵守。如果需要经营者资质证明的行业，还必须披露广告主的经营资质证明。

另外，广告法中还应规定选择披露事项的基本要求，比如，网络广告中表明推销的商品或者服务附带赠品的，应当明示所附带赠送商品或者服务的品种、规格、数量、期限和方法。网络广告中涉及专利的，应当标明专利号和专利种类。上述信息属于选择披露事项，只有网络广告主和广告发布者选择披露这些信息时，才必须遵守披露真实、准确信息的要求。

三、制定网络广告信息披露的格式准则

针对网络广告，还应以立法形式明确规定其特殊的信息披露要求。为了使信息披露明确和引人注目，广告主应当尽可能地将披露信息置于触发广告的相同屏幕上；在披露的信息内容比较多时，应利用文本或视觉提示来鼓励消费者滚动网页；当使用超链接引发信息披露时，应适当地标记超链接以传达它触发的信息之重要性、性质和相关性；在进行音频陈述时，使用音频信息披露，并以音量和韵律呈现它们，以便消费者能够承受并理解它们；在进行视频信息披露时，应有足够的持续时间，以便消费者能够注意、阅读和理解它们。使用超链接进行信息披露时，应将超链接置于触发信息披露的广告词附近，同时，超链接的式样保持一致，以便消费者很容易注意到它，超链接触发的页面必须包含完整披露信息。

四、明确规定多媒体的信息披露要求

网络广告若伴随需要资格证明的，还应包含音频信息、视频剪辑和其他动画片段。对于音频广告词，使用音频进行信息披露。信息披露应该具有足够的音量和节奏，让理性消费者能够听到和理解它。信息披露的音量可以根据该信息，特别是广告词中的其余部分来评估。当然，如果网民没有扬声器、合适的软件或者具有音频功能的设备，那么他们就无法听到广告词或者广告披露的信息。因为一些网民错过了广告的音频部分，则无法了解整个广告的信息披露内容。

网络广告显示的视频信息应该持续足够长的时间。在视频剪辑或者网络广告的其他动态部分披露的信息应该在一段较长的时间显示，让网民能够注意、阅读和理解它们。如同电视广告中的简短视频上传，转瞬即逝的网站披露不可能有效。

五、建立健全的网络广告信息披露法律责任追究制度

首先，应明确虚假违法网络广告的责任主体。在网络广告环境下，广告主、广告经营者、广告发布者身份往往存在部分重合或缺位的情况，不像传统广告那样主体界限分明，对于微信、微博等自媒体广告，广告主和广告发布者往往为同一人；对于搜索引擎广告属于程序化购买方式发布的广告，广告主仅能控制价格和选择关键词，而搜索结果排名和结果列表的内容与格式则由广告发布者（搜索引擎公司）控制；至于弹出广告，其广告画面与内容有时由广告主自己设计、制作，并在自己的网站发布，有时则由他人设计、制作和发布，有时设计、制作者和发布者是不同的主体，这时候责任主体会较为复杂，不能笼统地说由广告主、广告经营者或广告发布者承担责任。因此，笔者认为，要明确网络广告的责任主体，首先应确定网络广告主体承担责任的基本原则，即由广告内容的实际控制者作为第一责任人，在找不到第一责任人的情况下，由其他主体承担过错责任和补充责任。其次应明确网络广告的责任内容。通过立法明确规定网络广告应当披露的信息内容，明确超链接广告等网络广告的信息披露义务和要求，让网络广告信息披露义务没有死角和盲区，从而做到责任内容全覆盖。最后要完善网络广告的责任形式，仅仅规定零散的行政责任是不够的，要从民事责任、行政责任到刑事责任都作出相应规定，从而建立起完整的网络广告责任追究体系。

六、使用点击协议进行信息披露以克服网络广告字符限制的局限

由于点击付费广告实施的字符限制几乎阻止了广告主实施具有实质意义的、信息完整的广告发布行为，从而导致广告法规定的信息披露要求无法得到满足，因此，完美的解决之道正如美国学者格雷厄姆·H.瑞安指出的那样，即合适的监管措施是，允许网络广告的浏览者在点击广告之后，进入网站之前，通过点击屏幕上的对话框来同意互联网协议的条款或条件，该对话框应包含所有在广告中不包含的，在进入律师事务所网站之前必须披露的信息。然后，把所有点击它的用户重新引导到广告主赞助、授权或控制的网站。换句话说，有效的监管措施要求信息披露和免责声明既不能出现在广告上，也不能出现在网

站上，而是位于两者之间的岔道口。[1] 点击协议与网络广告结合起来使用，可以在把用户从广告页面重新引导到广告主网站之前，消除用户因浏览网络广告而引起的任何误解。

因此，点击付费广告实施的字符限制不再阻碍广告主从这种高效的网络广告中获益，因为所有的信息披露要求都不包含于广告之中，只需要通过点击即可完成。虽然这种解决方案是网络用户仅需通过点击"继续"或"同意"就可绕过的中间步骤，但是，通过点击进行信息披露比传统的通过广告本身进行的信息披露具有更高的效率，因为它是通过一个内容具有强大吸引力的独立设置来进行信息披露。总而言之，点击解决方案既可以保护消费者免受广告误导，又可以节省消费者对垃圾广告的浏览时间，同时，还能够允许广告主通过网络媒体（如点击付费广告）自由地宣传他们的商品和服务，可以说它是一种技术与法律相结合的完美解决手段。

1　Graham H. Ryan，What Went Wrong on the World Wide Web：The Crossroads of Emerging Internet Technologies and Attorney Advertising in Louisiana，Louisiana Law Review，Winter，2011，at 781.

第四章

网络广告
监管体制

▶ 第一节 行政监管

一、我国网络广告行政监管体制

（一）我国网络广告监管机构

这里的网络广告监管机构是指依法履行网络广告行政监管职能的行政机关，不包括司法机关和行业自律组织。我国《广告法》第6条规定，市场监督部门是我国广告的监管机构，毫无疑问，也是我国网络广告的监管机构。2018年国务院机构改革，由新成立的市场监督管理总局（以下简称国家市场监管局）负责指导广告业发展，监督管理广告活动。国家市场监管局内设广告监督管理司专门负责制定和实施广告业发展规划、政策和监督管理制度，对药品、保健食品、医疗器械等特殊商品广告审查工作进行指导，监督和查处虚假广告等违法行为，指导广告行业组织的工作。各省、市、县市场监管局内设广告监督管理处、科，负责组织指导广告监督管理活动和广告监测工作；依法查处虚假广告等违法行为；负责药品、保健食品、医疗器械、特殊医学用途配方食品广告审查工作；指导广告审查机构和广告行业组织的工作。

必须指出，除了市场监管局广告监督部门这个专职广告监督管理机关外，国务院和地方政府有关部门也可在各自的职责范围内对广告行使监管权，比如宣传、网信办、公安、药监等部门在各自职权范围内也可行使一定的网络广告监管权。

1.市场监管局广告监督部门的广告监管权

市场监管局广告监督部门在查处违法网络广告时，可以行使下列职权。

（1）现场检查权。市场监管局广告监督部门对在线广告进行监督时，可以对涉嫌从事非法在线广告活动的场所进行现场检查，并由不少于两个执法人员进行现场检查；不得对与违法广告无关的场所进行现场检查；检查人员不得收取执法费用，检查结果需要行政处罚的，应当依照法律程序进行。

（2）查询权。市场监管局广告监督部门对网络广告违法案件进行行政执法时，可以询问涉嫌违法的当事人或其法人代表、主要负责人和其他有关人员，还可以调查其他相关单位和个人。

（3）证明文件要求提供权。市场监管局广告监督部门在网络广告行政执法时，涉嫌违法方可能会被要求在一定期限内提供相关证明文件，如广告审查批准文件、营业执照、法定代表人证明等。

（4）查抄和复制权。市场监管局广告监督部门侦查和处理网上广告违法案件时，可以查抄与可疑违法广告有关的合同、票据、账簿、广告作品和互联网广告后台数据，并通过截屏、保存页面或者拍照等方式确认互联网广告内容。

（5）查封和扣押权。市场监管局广告监督部门调查和处理非法在线广告案件时，可以查封、扣押与涉嫌违法广告直接相关的广告物品、经营工具、设备等财物，比如，涉案计算机硬件、软件等。

（6）责令停止发布权。市场监管局广告监督部门在网络广告执法过程中，如果认为已经发布的广告可能造成严重后果的，可以命令暂停可能会造成严重后果的非法广告。

市场监管局广告监督部门依法行使上述规定的职权时，当事人应当协助、配合，不得拒绝、阻挠或者隐瞒真实情况。

2. 其他相关行政机构的职权

网络广告监管需要各部门各司其职、相互配合。《广告法》第6条规定：国务院市场监督管理部门主管全国的广告监督管理工作，国务院有关部门在各自的职责范围内负责广告管理相关工作。县级以上地方市场监督管理部门主管本行政区域的广告监督管理工作，县级以上地方人民政府有关部门在各自职责范围内负责广告管理相关工作。国务院2005年同意建立惩治虚假广告联席会议制度，这是我国广告监管的一项重要制度。根据2018年2月原工商管理总局、中央网信办等十一部门联合印发《惩治虚假违法广告部际联席会议工作要点》的规定，可知联席会议各部门职责如下：

（1）市场监管局广告监督部门。充分发挥牵头单位在虚假广告整治联席会议上的作用，共同部署虚假广告整改工作，牵头组织实施，与有关部门共同研究和解决突出问题；查处虚假、非法广告；多部门监管职责的关键是在适当时候进行联合约谈，联合惩罚，并组织联合调查和联合执法检查；部署和开展对虚假广告违法行为的考评工作，加强综合治理。

（2）党委宣传部。宣传部作为党的"喉舌"，主管新闻媒体工作，主要负责广告法律法规的宣传和解读工作，协调新闻媒体曝光虚假广告等违法案例，做好舆论引导和舆论监督工作，指导和监督媒体履行法定广告审查义务。

（3）中央网信办。与有关部门合作，联合执法，加强对互联网广告的监督管理，对网络虚假广告等违法违规信息进行整治，对发布违法广告信息的网站平台进行严肃调查和处理，打造清朗的网络空间。

（4）通信主管部门。负责制定和实施电信网、互联网数据安全管理政策、规范和标准，促进互联网基础设施建设，指导电信和互联网行业自律组织的发展，对网络与信息安全技术平台的建设和使用进行监管，配合有关部门对涉嫌发布虚假广告或仿冒他人网站发布虚假广告的违法违规网站进行严厉查处。

（5）公安机关。负责对涉嫌虚假广告犯罪的案件进行立案查处，在工作中发现不构成犯罪的违法行为，及时移送有管辖权的行政执法机关处理。

（6）卫生计生部门。负责指导医疗机构诚信经营、公平竞争，对医疗机构依法执业进行监督检查，配合有关部门对违法医疗广告进行监测和依法查处，对发布虚假违法医疗广告情节严重的当事人，应当吊销其诊疗科目或者吊销其医疗机构执业许可证。

（7）人民银行。研究解决金融领域广告管理工作中遇到的突出问题，推动金融领域营销宣传行为规范的制定与出台，在法定职责范围内，按照部际联席会议统一部署，依法做好相关工作。

（8）新闻出版广电部门。负责规范媒体广告发布行为，引导媒体建立健全广告业务登记、审核、档案管理制度，指导、提升广告内容的艺术格调，规范电视购物广告，整治利用健康信息、养生等节目发布变相广告的行为，严肃查处不履行广告审查责任、发布虚假违法广告的媒体单位以及相关责任人。

（9）食品药品监管部门。负责药品、医疗器械、保健食品和特殊医学用途配方食品广告的审查，严厉查处发布违法广告的食品药品生产经营企业，对于发布虚假违法广告违法情节严重的企业和产品，可以采取曝光、撤销或收回广告批准文号和暂停销售等措施。

（10）银行业监督管理部门。负责监管金融广告，尤其是重点打击非法集资广告，加强与工商等部门的信息互通和联合执法，发现虚假违法的金融广告，依法依职责令当事人停止相关的金融广告发布活动。

（11）中医药管理部门。负责规范医疗广告宣传行为，履行中医医疗广告审查职责，对虚假违法中医医疗广告进行监测，配合有关部门严厉查处虚假违法中医医疗广告行为。

（二）网络广告管辖权

《暂行办法》第18条规定，对发布虚假违法互联网广告的行为，实施行政处罚的第一管辖地是广告发布者所在地的工商行政管理部门，如果第一管辖地的工商部门管辖异地广告主、广告经营者有困难的，可以移交第二管辖地的工商部门处理，即广告主、广告经营者所在地工商部门处理。另外，还有一项补充管辖原则，即也可由先发现违法行为所在地工商部门管辖。若是广告主自行发布虚假违法广告，由于广告发布者和广告主是同一个主体，因此，由广告主所在地工商部门管辖。

确定网络广告管辖权中的一个难点问题是：在互联网环境下，广告发布者的身份如何确定。根据《暂行办法》第11条规定，广告发布者是指为广告主或者广告经营者推送或者展示互联网广告，能够核对广告内容，并享有广告发布决定权的自然人、法人或者其他组织。网络广告的发布模式，大致分为广告主自行发布、互联网企业发布、程序化购买和代言人发布四种模式。[1]在广告主自行发布网络广告的情况下，广告主就是广告发布者。针对互联网公司发布广告的问题，分为两种情况：一种是发布没有链接的广告；另一种是发布带有链接的广告。不论哪种情况，互联网企业（网站经营者）的角色相当于传统媒体的报纸杂志，若为自己的商品或服务打广告，则是广告主兼广告发布者，若是为他人商品或服务打广告，则仅属于广告发布者。在程序化购买在线广告的情形中，广告需求方平台对于自己平台中的广告主及其广告，具备核实广告内容并决定是否发布广告的能力，因此，广告需求方平台既是广告经营者，也是广告发布者。在广告代言人的情形，当广告代言人直接发布广告时，他具备代言人和广告发布者双重身份，否则，仅为单一身份的广告代言人。

比较棘手的是"互联网信息服务提供者"的广告主体身份问题。我国《广告法》第45条规定了互联网信息服务提供者在明知或应知的情况下，应承担制止在其平台发布违法广告的义务。[2]与此义务相配套的是，《广告法》第63条对违反此义务的互联网信息服务提供者规定了相应的行政责任，即由市场监督管理部门没收违法所得，违法所得5万元以上的，并处违法所得1倍以上3倍以下的罚款，违法所得不足5万元的，并处1万元以上5万元以下罚款；情节严重

1　周辉主编：《网络广告治理比较研究》，中国社会科学出版社2018年版，第129页。

2　《广告法》第45条规定，公共场所的管理者或者电信业务经营者、互联网信息服务提供者对其明知或者应知的利用其场所或者信息传输、发布平台发送、发布违法广告的，应当予以制止。

的，由有关部门依法停止相关业务。[1]《暂行办法》第27条承继了广告法的上述规定和精神，明确规定，"互联网信息服务提供者明知或者应知互联网广告活动违法不予制止的，依照广告法第六十四条规定予以处罚。"从上述规定可知：我国《广告法》和《暂行办法》并未将"互联网信息服务提供者"界定为"广告发布者"，而是作为一类独立的主体另行规定其法律责任，在"明知或者应知"广告违法的情况下，才承担相应的行政法律责任。"互联网信息服务提供者"对涉嫌发布虚假广告的行为不予制止的，应由哪个地方的市场监管局广告监督部门管辖呢？究竟是由违法行为发生地，还是由广告发布者所在地的市场监管局广告监督部门管辖呢？对此问题，广告法并未作出明确规定。笔者认为，若是此类案件已由广告发布者所在地的市场监管局广告监督部门在先受理，则宜由前者合并立案处理；若是由"互联网信息服务提供者"所在地的市场监管局广告监督部门在先受理，则宜按行政处罚法规定的违法行为发生地原则由"互联网信息服务提供者"所在地的市场监管局广告监督部门继续查处。

（三）网络广告发布的行政审查

1. 网络广告经营主体的准入问题

我国《广告法》第32条规定网络广告经营者、广告发布者必须具有合法经营资格。[2]那么，什么是合格的广告经营者、广告发布者呢？按照我国目前的广告管理规定，从事网络广告经营需要办理营业执照，取得广告经营资格即可，如果公司经营范围中没有广告服务，只需办理营业执照变更登记，在经营范围中增加网络广告的设计、制作、发布业务，即可从事广告经营业务。有人认为，我国应该制定经营网络广告的市场准入条款，按照有关规定严格规范网络广告的内容。[3]但从《暂行办法》的规定来看，这一建议立法并没有被采纳。因为《暂行办法》仅在第12条第3款规定，互联网广告发布者、广告经营者应配备熟悉广告法规的广告审查人员；在条件允许的情况下，还应设立专门机构对互联网广告进行审查。相对而言，上述规定都是软性要求，比较容易满

1　参见《广告法》第63条规定："违反本法第四十五条规定，公共场所的管理者和电信业务经营者、互联网信息服务提供者，明知或者应知广告活动违法不予制止的，由市场监督管理部门没收违法所得，违法所得五万元以上的，并处违法所得一倍以上三倍以下的罚款，违法所得不足五万元的，并处一万元以上五万元以下的罚款；情节严重的，由有关部门依法停止相关业务。"

2　参见《广告法》第32条规定："广告主委托设计、制作、发布广告，应当委托具有合法经营资格的广告经营者、广告发布者。"

3　王晋司："网络广告等待花开"，载《网络与通信》2000年第15期。

足，因此，该法并没有规定其他条件严格的硬性要求。

另外，国家对商业网站实行互联网内容服务商（ICP）许可证制度，对非经营性互联网信息服务实行备案制度。[1]要申请ICP许可证，必须以公司名称的网站去申请，个人网站无法申请。也就是说，通过注册网站向网上用户提供有偿信息服务、网页制作服务、网络广告发布服务及其他网上应用服务的公司都必须申请ICP许可证。且办理ICP许可证要求公司注册资金100万元以上，公司属于内资企业（外资占股比例不得超过49%以上）。ICP许可证申请时间较长，先网上申报，通过后再递交纸质材料，通过后，会约谈法人，再颁发ICP许可证。至于ICP许可证的颁发机关，内资企业由各省市通信管理局颁发；合资企业由国家工业和信息化部颁发。

由此可见，在我国企业从事一般的网络广告业务只需到市场监管局登记注册该局领域营业执照即可，但是，如果企业想从事经营性互联网信息服务（包含网络广告业务），则必须到工信部门领取ICP许可证，如果企业从事非经营性互联网信息服务，则只需到工信部门备案。

2. 特殊商品网络广告的行政审查问题

广告行政审查不同于广告发布者的自行审查，前者是行政机关的一种职责，属于行政机关依法行使职权的行为，是一种公权行为；后者是广告活动主体的一种义务，属于私法范畴。这里仅对前者进行研究。

《广告法》第46条规定了医疗、药品、医疗器械、农药、兽药和保健食品广告以及法律、行政法规规定应当进行审查的其他广告在广告发布前应当由广告审查机关对广告内容进行审查；未经审查，不得发布。《暂行办法》第6条针对互联网广告，又重申了上述特殊商品在广告发布前必须进行行政审查的规定。[2]根据以上法律规定，我们可以知道：

（1）需要对广告内容进行行政审查的商品仅限于医疗、药品、医疗器械、农药、兽药和保健食品广告等专业性强、涉及人体健康和生命安全的特殊商品。

（2）这几类特殊商品的广告审查制度，既适用于广播、电影、电视、报

1　《互联网信息服务管理办法》第4条规定，国家对经营性互联网信息服务实行许可制度；对非经营性互联网信息服务实行备案制度。未取得许可或者未履行备案手续的，不得从事互联网信息服务。

2　《暂行办法》第6条规定："医疗、药品、特殊医学用途配方食品、医疗器械、农药、兽药、保健食品广告等法律、行政法规规定须经广告审查机关进行审查的特殊商品或者服务的广告，未经审查，不得发布。"

纸、期刊等传统媒体，也适用于互联网这种新型媒体。

（3）《广告法》和《暂行办法》仅对特殊商品广告行政审查制度作出了原则规定，具体的审查标准、审查程序，审查部门还是要依照有关法律、行政法规的具体规定进行。

为了准确理解网络广告的行政审查问题，还必须强调以下几点：第一，行政审查的时间是在特殊商品网络广告发布之前。第二，行政审查的内容主要包括对广告主的经营资格，广告内容的真实性、合法性，有关证明文件的真伪等进行实质性审查。第二，由广告主主动提出审查申请。第三，审查获批后，行政许可标示应在网络广告中醒目显示，并允许设置超链接功能，点击它就能显示批准机关和批准号等信息。第四，禁止生产和销售的麻醉药品、精神药品、医疗用毒性药品、放射性药品等特殊药品不得在互联网上发布广告。第五，禁止利用互联网发布处方药和烟草的广告。[1]因此，对于特殊商品的网络广告发布问题，有关行政主管部门在审查时要严格把关。

二、我国网络广告行政监管体制的反思

（一）多元执法效能低下

我国网络广告行政执法的主管机关是工商行政管理部门，负责查处网络广告违法行为和不正当竞争行为。同时，工信部负责企业网站的注册和违法、假冒网站的查处和执法。另外，网信办负责监督管理网络广告的内容，可以查处有关违法违规的行为和网站。也就说，对于网络广告而言，工商行政管理部门、通信主管部门和网信办这三个政府部门都可以行使一定的监管和执法权，笔者将其称为"多元执法体制"。

对网络广告的多元执法体制会导致执法主体众多，产生"懒政"和"乱政"现象。对同一违法行为，如果被处罚人经济实力雄厚，法定罚款数额较高，则多个执法机关争抢管辖权和执法权；若是无利可图，且取证复杂、执行难的案件，则又互相推诿，造成应罚不罚和关键证据的灭失。同时，同样的行为由不同的执法部门处罚，又会产生执法尺度不统一的现象，导致政府丧失公信力。

1　《暂行办法》第5条规定："法律、行政法规规定禁止生产、销售的商品或者提供的服务，以及禁止发布广告的商品或者服务，任何单位或者个人不得在互联网上设计、制作、代理、发布广告。禁止利用互联网发布处方药和烟草的广告。"

（二）柔性执法手段缺失

对于网络广告违法行为，我国《广告法》和《暂行办法》均热衷于通过行政许可、行政处罚等刚性方式，对违法行为人实施制裁，以体现法律的威慑力。常用的行政处罚措施包括没收广告费用、罚款、吊销营业执照、吊销医疗机构执业证等。但是，行政处罚的功能主要在于事后制裁，难以达到事先防范的效果。随着监管技术的发展，一些柔性执法手段逐渐引入网络广告领域，如信息披露制度，在欧美等国家和地区逐渐流行起来。

比如，美国国会2007年发布了《网站信息披露：关于在线广告信息》，开创了为在线广告信息披露建章立制的先河。《网站信息披露：关于网络广告信息》对网络广告的信息披露规定了较为详细的准则和具体要求。其主要内容如下。

（1）网络广告信息披露的内容必须完整。网络广告有多种不同的类型，比如网站广告、弹出广告、超链接广告等，由于弹出广告、超链接广告等网络广告的广告语非常简短，不可能披露完整的商品或服务信息；而网站广告内容比较详细，甚至包含文字、图形、音频、视频等多种表现形式。不管是哪种类型的网络广告，在信息披露方面都要求内容完整，如果是商品和服务广告，必须包括商品或服务的名称、价格、规格、等级、质量、性能、有效期、失效期等基本信息，一个总的原则就是，有兴趣的用户在浏览广告语之后，可以进一步点击广告查看该商品和服务的详细信息，以便货比三家，作出购买决定。

（2）广告语与信息披露地点必须非常接近。为了让网络广告的信息披露清晰而醒目，要求信息披露的地点接近广告语。邻近性增加了消费者看到信息披露的概率，并将它与相关广告语或产品联系起来。在网页上，如果消费者在同一屏幕上浏览广告语和披露信息，则该信息披露可能更有效。即使信息披露没有与特定单词或短语捆绑在一起，但把它放在相关的信息、产品或服务旁边，那么消费者就有可能注意到它。

（3）规定了超链接信息披露的要求。有了超链接，额外的信息，包括信息披露，可能置于一个完全独立于相关广告词的网页上。然而，信息披露是广告语或与之不可分割的组成部分，应该置于同一页上，并紧挨着广告语。但是，如果披露的信息冗长或者需要重复披露（如由于多次触发），那么超链接信息披露特别有用。在这种情况下，法律要求使用超链接的式样保持一致，而且引发信息披露的超链接应该清晰而醒目地标注。超链接应该置于触发信息披露的广告词附近，以便消费者很容易注意到它，并将其与广告语联系起来。超链接应该直接将消费者带到信息披露页面。他们不需要搜索点击页面或者去其他页面获取信息。另外，信息披露应该易于理解。

总之，通过信息披露制度和透明度政策等柔性手段，可以有力地预防了虚假和误导性网络广告的出现，达到防患于未然的效果。

三、完善我国网络广告行政监管的建议

（一）建立统一、高效的网络广告行政执法机构

目前，网络广告行政监管的趋势是逐渐从分立监管走向统一监管。从国际范围来讲，成立专门行政机构对网络广告实行统一监管似乎是大势所趋。例如，英国成立了广告标准管理局负责具体实施广告监管职能；德国更是成立了一个统一的网络化产业监管机构——联邦网络管理局，统一管理电信、电力、互联网等网络化产业；[1]日本也成立了消费者厅，对广告实行集中统一监管，将广播电视、电信、互联网置于统一的监管机构之下，有效避免了多头监管带来的监管缺位与监管过度问题。[2]因此，统一的监管机构保证了法令的统一和执法的畅通，大大提高执法权威和效率。因此，加强网络广告的集中统一监管是世界潮流，对我国很有借鉴意义。

因此，笔者建议我国可以学习英国、德国和日本的经验，由一个单一的行政机构进行网络广告监管和行政执法，最好由市场监管局广告监管部门来统一行使网络广告的监管执法权，因为市场监管局广告监管部门承担了原工商行政管理部门的广告监管职权，具有行政执法的经验和条件，同时，为了提供执法效率，应规定通信主管部门和网信办的配合执法义务。

（二）引入信息披露等软性执法手段

"阳光是最好的防腐剂"，引入信息披露等软性执法手段，可以大大减少虚假广告和欺诈广告的发生，可以给消费者提供一种查找商品和服务准确信息，预防和辨识虚假广告的有效途径，使虚假和欺诈广告无遁形之地。笔者认为，我国可以通过修改《广告法》的方式，借鉴美国经验，引入网络广告信息披露制度等软性执法手段，详细规定网络广告应当披露的信息内容和格式要求（具体内容见本书第三章），以彻底将虚假和欺诈广告扼杀于摇篮之中。

---

1 黄志雄、刘碧琦："德国互联网监管：立法、机构设置及启示"，载《德国研究》2015年第3期，第58页。

2 陈肖盈："日本互联网广告行政规制的现状与启示"，载《经济法研究·第14卷》，北京大学出版社2014年版，第286—287页。

▶ 第二节　自律监管

一、网络广告自律监管概述

（一）自律监管的概念

自律是指没有法律强制力为后盾的，由个人或者团体在自愿基础上实行的标准、行为守则、程序和规则。[1]网络广告自律监管是指广告业全体会员以民主管理的方式，通过制定公约、章程、标准、准则和规则，对在线广告业进行自我监督、自我管理的治理模式。自律组织内部分工明确，针对不同的广告领域设立不同的内部机构，各部门联合协作，形成一个民主、统一、协作、高效的广告行业自律组织。

网络广告作为新生事物，法律不可能预先穷尽所有规则，这需要行业规章在法律正式出台前的空白期内起到游戏规则的作用。[2]比如，对弹出广告、搜索引擎广告的法律规制，都必须自律规则先行，等到经验成熟后，再上升到立法层面。由于互联网发展非常迅速，法律难以迅速作出应对，无论是网络立法，还是政府行政监管方面，一直处于相对滞后的状态，因此，行业自律在互联网广告治理中被赋予极高的期望。

（二）自律监管的优势

政府监管属于他律监管，具有命令性和强制性特点，而自律监管属于行业自治性监管，具有民主性、开放性和自愿性。真正的"自律监管"具有完全的自愿监管性，规则的制定权掌握在非政府主体手中，行业自律规则本身没有法律法规那样强的全民适用性和强制力，仅对内部成员具有约束力，而且给违规会员的处罚较轻，一般是诸如吊销会员资格、暂停执业之类的处罚，对于情节严重的违法犯罪行为，只能提请政府主管部门或司法机关处理。

与政府监管相比，自律监管更加灵活和易受情景驱动。私人主体积极参与市场经济活动，在资源优化配置过程中，能够对市场的变化作出快速和灵敏的反应，因此，自律监管比政府监管效率更高、成本更低，减少了外部力量的介入。从这个角度说，自律监管代表了一种"反应灵敏的、见多识广的、有针对性的，能够激发被监管部门或组织内部道德感，从而更加自觉守法"的监管方

---

1 唐守廉主编：《互联网及其治理》，北京邮电大学出版社2008年版，第26—27页。

2 李德成：《网络广告法律制度初论》，中国方正出版社2000年版，第93页。

法。[1]私人主体的"内部人"信息优势使私人市场参与者能够对市场作出更灵敏的判断，即哪些信息与预防系统风险有关，某个具体的信息如何影响整体走势。市场主体具有理解和分析日益复杂的市场信息的比较优势，也就是具有监管效率的重大优势。

二、我国网络广告自律监管现状及存在的不足

（一）现状

我国《广告法》第7条明确了广告行业组织的法律地位和职责，即广告行业组织负责制定行业规范，加强行业自律，促进行业发展。我国广告行业的自律组织主要是中国广告协会及其下属的各地分会。中国广告协会于1983年12月在北京正式成立，是经国家民政部登记注册的国家一级协会，属于非营利性社团组织。协会由全国范围内具备一定资质条件的广告主、广告企业、媒体单位、广告信息服务机构、广告调查研究机构、广告行业组织、与广告相关教学及研究机构、广告代言人和广告经纪公司等自愿组成。2015年我国网络广告收入已超过四大传统媒体广告收入的总和1 743.53亿元，达到了2 096.7亿元，约占全球网络广告收入总额的15.1%，成为仅次于美国的全球第二大网络广告产业大国。[2]据中国广告协会官网显示，截至2018年6月，协会有会员单位1 094家。

为了规范广告经营行为，促进广告市场健康有序发展，中国广告协会于1994年颁布了《中国广告协会自律规则》，让会员单位的广告经营行为有规可依。从2008年1月起，新制定的《中国广告行业自律规则》开始生效，替代了原先的《中国广告协会自律规则》。新制定的《中国广告行业自律规则》明确规定了广告内容、广告行为的基本要求和自律措施，从而将自律规则的适用范围从全体会员扩大到整个广告行业。

2014年3月，中国广告协会互动网络分会颁布了《中国互联网定向广告用户信息保护框架标准》，它是国内第一个通过行业自律手段，规范互联网定向用户在法律所允许的范围内理性使用信息的行业标准。该标准的出台有助于增强网络用户的信息保护意识，营造良好的互联网市场生态环境。为了加强网

1　阳东辉："建立'公共利益嵌入型'金融自律监管模式"，载《中国社会科学报》2012年9月19日，第A07版。

2　艾瑞咨询："2017年中国网络广告市场年度监测报告"，http：//www.sohu.com/a/140768646_204078，访问日期：2020年1月21日。

络广告的监管，2017年11月，中国广告协会互联网广告委员会在北京宣告成立，该委员会是中国网络广告领域的专业组织，在中国广告协会的领导下开展互联网广告标准化建设，提高互联网广告自律监管水平，推定互联网广告业快速有序发展。[1]

（二）我国网络广告自律监管存在的不足

1. 自律组织的独立性不强

由于我国法律法规不健全，行业自律组织的法律地位无法得到有效保障，行业协会的自律功能很难充分行使。

2. 自律组织的执法缺乏权威性

自律监管组织与政府不同，政府监管主要负责宏观政策制定、重大违法行为的查处，而自律监管主要负责行业规则的制定和轻微违法行为的查处。许多西方国家的广告自律组织拥有准执法权，包括对会员采取罚款、暂停会员资格、撤销会员资格等制裁措施，情节特别严重的，可提请政府监管部门或司法机关处理。例如，英国的广告自律组织广告标准管理局（ASA）具有认定、处罚违法广告的权力，包括对违法广告采取停播或限制刊播、责令修改广告内容和列入黑名单等处罚措施，具有很高的权威。自律监管组织拥有准执法权大大提高了监管的效率和权威，对我国网络广告自律监管机制的完善具有借鉴意义。

我国行业自律组织对于违规的会员缺乏强有力的惩戒措施，对网络广告违规者的威慑力不够，导致行业自治决定无法有效推行。根据《中国广告行业自律规则》的规定，对违规会员一般只能采取较轻的处罚措施，例如，警告、通报批评、公开谴责、取消会员资格、降低或取消广告业企业资质等级等。因为中国广告行业自律组织对违规行为人采取的制裁措施力度比较弱，缺乏以儆效尤的效果，因此，很难保证广告当事人不在利益的驱使下铤而走险发布虚假违规广告。

3. 自律组织内部管理畸形

目前我国有些社会团体普遍存在成员意见表达机制不畅通，内部管理机构设置不科学，社员权利保障制度、内部监督制度、决策表决制度不同程度缺失等问题。

4. 自律监管组织行使规章制定权存在不作为现象

互联网广告作为新生事物，如何规制？需要自律监管组织——中国广告协

---

1 周辉主编：《网络广告治理比较研究》，中国社会科学出版社2018年版，第144页。

会发挥全体会员单位的力量，先行先试，摸索出一套成功的经验，先行制定网络广告准则，然后，再由政府及立法机关上升到法律层面。比如，中国广告协会最近举行的"互联网广告合规自律论坛"，百度、腾讯、阿里巴巴等多家互联网广告公司共同探讨互联网广告行业中关于"跳转'落地页'审查责任"以及"互联网广告发布者主体认定"等问题，倡导在明确各方责任的同时，还应当强调多方协同治理，通过加强企业自律、完善行政监管手段和通过司法裁判为互联网广告行业树立治理规则。[1]遗憾的是，中国广告协会迄今为止尚未制定出任何一项行之有效的网络广告准则出来，网络广告自律规则的制定还处于开会研讨阶段。

三、完善我国网络广告自律监管的构想

（一）完善法律法规体系

加快行业协会立法进程，制定我国的行业协会法，明确政府与行业协会的职能分工，对行业协会的法律地位、性质、职能、组织机构、议事规则、入会资格、退会条件、会员权利、经费来源、纪律制裁等问题作出详细规定，重要的是要通过立法的方式明确行业协会应享有社会性事务管理权和行业监管职权。同时，还应制定配套的法律、法规、规章和实施细则，为行业协会充分发挥自律职能提供法律保障。重要的是以立法的方式划分国家权力与社会自治权利各自的领域范围与活动空间，将那些并非需要国家强制力干涉的领域分配到第三部门中去，加大第三部门在国家经济生活中的比重，实现社会自治权对国家权力的制约。[2]

（二）提高行业协会在网络广告监管方面的权威性和公信力

首先，应通过保障入会资格的开放性，让行业协会可以吸引更多媒体、广告经营单位和广告主加入网络广告行业协会，从而增加会员数量和行业覆盖率，提高行业协会的代表性和在行业内的影响力和权威性。其次，应通过明确划分政府和行业协会之间的监管职权，将原来由政府承担的社会服务职能和行业监管职能接管过来，大力增强行业协会在网络广告监管方面的话语权和执纪权。再次，还应提高行业协会工作的透明度，增加会员的信任度和归属感，从

1　"互联网广告合规自律论坛在京召开 BAT公司代表、学者共议行业前沿热点"，https://kuaibao.qq.com/s/20191209A0HEW000?refer=spider，看点快报，访问日期：2019年12月27日。

2　阳东辉、赵静："第三部门的功能异化及其矫治——经济法视野下的社会团体"，载《时代法学》2011年第6期，第51页。

而提高行业协会在会员中的公信力和执行力。最后，也是最重要的，应通过立法手段，赋予行业协会拥有罚款和公布黑名单等准司法权，从而切实提高行业协会监管的权威性和约束力。

（三）加强行业协会内部的民主化制度建设

一个社会团体只有实现了内部的民主化，才能具有内生动力，成为干预和制约政府，保护会员利益的强大保障。在制度层面上，应当允许会员自由交往和公开批判，同时，应保持会员资格的开放性。行业自律规则对所有会员一律平等，会员能进能出，民主决策，民主管理，避免国家的过分干预。另外，行业协会必须保持经济和人事独立，所有经费由全体会员出资，与政府脱钩，这样才能保障行业协会的独立性和民主性。

（四）积极发挥行业协会制定网络广告准则的能动性

自律监管具有内部人的信息优势和市场参与人的实践优势，对网络广告的运行机理、技术手段和管理模式最为熟悉和了解，是制定行业自律规则和网络广告准则的最佳专业机构。网络广告作为一种新的广告形式，许多技术和运行机理尚处于不断变化和发展之中，如何克服网络广告的负面效应，规制虚假和误导性的网络广告，迫切需要中国广告协会先行先试，不断积累监管经验。因此，应当充分发挥自律监管组织的行业规则制定功能，推动中国广告协会积极制定具体的网络广告准则，以打造清朗的网络广告空间，规范网络广告市场。

第五章

国外网络广告法律规制的**经验及启示**

▶ 第一节 美国网络广告的法律规制

美国广告业的营业额长期位居世界第一，其互联网广告也非常发达。截至2017年，美国网络广告市场已经连续七年保持第一季度同比两位数以上的百分比增长。[1]美国网络广告的立法和管理也比较健全，美国立法机关和行政机关除了扩大现有立法的适用范围外，还适时进行专门立法和行政指导。美国司法机关也对各种新型网络广告纠纷及时作出了判决，形成了一系列网络广告的判例法规则。

一、美国网络广告监管体制

美国的广告监管体制以政府行政监管为主体，以司法审判为最终保障。根据美国宪法中的"州际贸易"条款，联邦政府机构依据有关联邦立法行使相应的广告监管权限。其中主要的广告监管机构包括联邦贸易委员会（FTC）、联邦通信委员会（FCC）和美国卫生和公共服务部下辖的食品药品监督管理局（FDA）。

（一）联邦贸易委员会

联邦贸易委员会是依据1914年的《美国联邦贸易委员会法》设立的独立监管部门，它是最权威、最综合的广告监管机构。它由总统任命，有五名委员会成员，由六个局组成，其中反欺诈行为局是美国联邦广告监管机构，主要负责制定广告管理规章并负责监督实施，制止不正当竞争，保护消费者，调查处理消费者对广告的投诉，举行听证会，处理虚假、不真实和不公平的广告等。大多数州法律都规定，州法院应当以联邦贸易委员会先例为指导，即使在那些对此没有明文规定的州，也尊重联邦贸易委员会的解释。一些州规定，遵守联邦贸易委员会法律可以成为欺诈之诉的完整抗辩理由。[2]

---

1 周辉主编：《网络广告治理比较研究》，中国社会科学出版社2018年版，第6页。

2 N. Y. General Business Law，Section 349（d）.

美国国会于1983年通过了《美国惠勒·李修正案》，将联邦贸易委员会的权限予以扩大：（1）可以向联邦地方法院申请签发停止不正当竞争的限制令；（2）对宣传食品、药品、化妆品、医疗方法的虚假广告，享有特定的裁判管辖权；（3）如果有迹象表明某种食品、药品或化妆品广告可能属于危害消费者健康的虚假广告，则联邦贸易委员会可在审查时，申请联邦地方法院签发禁止继续播放此类广告的禁制令。[1]

（二）联邦通信委员会

联邦通信委员会是直接对国会负责的独立的政府机构，它主要负责无线电和电线通信产品许可和安全，包括掌管广播电视的许可权和电磁波段的使用权。[2]联邦通信委员会与联邦贸易委员会不同，后者属于综合性的广告监管机构，而前者类似于行业性的广告监管机构，具体负责广播电视和电信领域的广告监管。另外，这两个机构的监管侧重点也不一样，前者更侧重于内容监管，而后者侧重于消费者保护和竞争秩序维护。

在互联网时代，联邦通信委员会关注的重点更多地放在防止儿童访问有害信息（如淫秽和色情信息）、保护网上隐私和个人信息等方面。在媒体融合的背景下，联邦通信委员会进一步加强了对虚假广告和非法收集个人信息广告的网络精准监管。[3]

（三）食品药品监督管理局

食品药品监督管理局是美国卫生与公共服务部的一个下属机构，它的地位不如联邦贸易委员会和联邦通信委员会，不属于对国会负责的独立机构，它主要负责食品、药品、化妆品标识与包装方面广告的监管。[4]

联邦贸易委员会也有权对食品、药品、化妆品广告进行综合监管。为了协调联邦贸易委员会和食品药品监督管理局之间的权限，这两个部门于 1971 年

1　倪嵎编著：《中外广告法规与管理》，上海人民美术出版社2016年版，第283页。

2　［美］史蒂芬·布雷耶：《规制及其改革》，李洪雷、宋华琳、苏苗罕等译，北京大学出版社 2008 年版，第109 页。

3　Remarks of Commissioner Deborah Taylor Tate To the Association of National Advertisers Fourth Annual Advertising Law and Business Affairs Conference，"Convergence of Media and Legal and Business Implications"，February 12，2008，https：//apps. fcc. gov / edocs_public / attachmatch / DOC－280406A1. pdf，访问日期：2019年6月22日。

4　John E. Villafranco，Working Together：Growing FTC，FDA Collaboration，http：//www. nutritionaloutlook. com / articles / working－together－growing－ftc－fda－collaboration，访问日期：2019年6月22日。

专门签署合作备忘录，明确划分了各自的监管范围。联邦贸易委员会负责对处方药之外的所有食品、药品、医疗设备和化妆用品的广告监管，尤其是对此类广告的真伪情况进行监管。食品药品监督管理局则主要负责处方药以及所有的食品、药品、化妆品标识广告的监管。[1]

（四）其他监管机关

此外，美国联邦政府的有关部门也对自己主管范围内的商品和服务广告行使管辖权。美国司法部可以代表美国政府对广告活动的违法者提起民事和刑事诉讼。司法部下属的消费者诉讼办公室负责与广告有关的消费者权益的集团诉讼和惩罚性赔偿诉讼；财政部烟酒枪械管理局负责监管烟草和酒类广告；[2]证券交易委员会负责监管证券广告；农业部负责监管种子、肉类、杀虫剂广告；邮政署负责监管邮寄品广告。[3]在美国的各州及地方层面，一般由各级检察长和地方检察官负责实施对广告的监管。消费者发现违法广告或遭受损失，可向检察长投诉，检察长则可视情况提起诉讼或采取其他措施追究违法广告当事人的责任。[4]

美国50个州和哥伦比亚特区都颁布有禁止不正当竞争和不公平行为的立法，受害人可以对虚假广告行为人和其他欺诈行为者提起民事诉讼。根据《美国兰哈姆法》提出索赔的原告，通常还会在起诉书中向有管辖权的州法院提出索赔，特别是当可获得的救济范围与联邦标准不同的时候。[5]

二、美国网络广告相关立法

（一）有关网络广告的专门性立法

针对互联网欺诈行为给用户带来的不利和危害，2000年5月3日，联邦贸易委员会发布了一个解决各式各样互联网广告问题的指南（《.com披露：有关在线广告信息》）。[6]联邦贸易委员会指出，广告的基本概念适用于网络

1　周辉："美国网络广告的法律治理"，载《环球法律评论》2017年第5期，第147页。

2　Lori A. Lustberg, Current Advertising Regulations and the Internet, Computer Law Review and Technology Journal, No. 3, p. 42, Summer 1998.

3　蒋恩铭编著：《广告法律制度》，南京大学出版社2007年版，第253页。

4　[美]唐·R. 彭伯：《大众传媒法》，张金玺、赵刚译，中国人民大学出版社2005年版，第524—525页。

5　Conn. Gen. Stat. Ann. Section 42–110（g）（a）.

6　Dot Com Disclosures：Information about Online Advertising, available at www.ftc.gov/bcp/conline/pubs/buspubs/dotcom/index.html.

广告。

关于网络广告，广告法的基本原则也适用：

（1）广告必须真实，不误导受众；

（2）广告主必须有证据支持他们的请求；

（3）广告不能不公平。

为了评估某项披露是否清晰和明显，要考虑：

广告披露的位置以及周围背景；披露的重要性；是否广告中的其他物品会分散披露的注意力；是否广告是如此冗长以至于需要重复披露；是否音频信息披露有足够的音量和韵律以及视频披露有足够的时间；是否语言披露能够为特定的读者所理解。[1]信息披露应该以一种清晰而明显的方式，区分付费与非付费的搜索结果。[2]

另外，美国对网络广告的规制最早从电子邮件专门立法开始，因为电子邮件是网络广告的一种重要类型。2003年，颁布了《美国反垃圾邮件法》，其中明确规定，发送电子邮件广告的公司或者广告主必须确保用户可以随时退订电子邮件广告，并规定电子邮件必须包含回复地址、拒收邮件的链接等，以便用户可以退订电子邮件广告。一旦用户提出退订，电子邮件发件人必须在10个工作日内进行处理。该法还规定，电子邮件的标题不得使用虚假或欺骗性语言；对于某些特定的信息，如包含色情内容的电子邮件，必须给出明确的警告标记。另外，《美国反垃圾邮件法》还对违法者设置了高额的罚款和严苛的刑事责任，对于故意违反该法规定的垃圾邮件发送者可处最高5年的监禁。[3]

（二）涉及网络广告的相关立法

1986年制定了《美国电子通信隐私法》（ECPA）[4]，其中规定，任何人，只要其有线、口头或电子通信被拦截、披露或故意被以违法的方式使用，都有权提起私人诉讼。[5]然而，要注意的是，不能针对帮助或怂恿违法行为的

1　Dot Com Disclosures：Information about Online Advertising at 5—6，available at www.ftc.gov/bcp/conline/pubs/buspubs/dotcom/index.html.

2　"FTC Seeks Disclosure of Ad Fees Related to Online Search Results"，Wall St. J.，July 1，2002 at B4.

3　参见欧树军译："美国2003年反垃圾邮件法"，载张平主编：《网络法律评论·第五卷》，法律出版社2004年版，第263—269页。

4　18 U.S.C. §2510，et seq.

5　18 U.S.C. §2520.

人提起民事诉讼。[1]

1994年颁布了《美国存储通信法》[2]，其中规定，对任何未经适当授权，通过电子通信服务方式访问设施或者故意超越访问权限以便获取、改变或阻止被授权访问存储的有线或电子通信的个人或实体，可以提起私人民事诉讼。[3]

1996年颁布了《美国通信礼仪法》（CDA），该法第230条为网络广告平台提供了"避风港"规则，即交互式计算机服务的提供者或者使用者不应被视为是另一个信息内容的提供者所提供的任何信息的发布者或发言人。[4]网络平台企业只要不干预用户内容的发布，不介入用户发布内容的编辑，网络平台企业就可豁免因平台上用户的言行承担连带责任。[5]

1998年颁布的《美国千禧年数字版权法》规定，"通知-删除规则"适用于博客、社交网络、搜索引擎等整个网络平台行业。

1999年7月，全美统一州法委员会议建议全国50个州采纳《美国统一电子交易法》（UETA）。[6]这个统一法律旨在实现电子文件与物理文件同等待遇。《美国统一电子交易法》的主要作用是承认以电子形式制作的签名和文件的法律效力，特别是涉及双方或多方当事人之间的合同、记录和交易。[7]其目的是将《美国统一电子交易法》的定义适用于可以用于储存和传输信息的所有类型的无形媒体。为了进一步鼓励和协调电子商务，2000年统一州法全国委员会议发布了《美国统一计算机信息交易法》（UCITA）最终版本。[8]

1986年制定，2000年修订的《美国计算机反欺诈与滥用法》[9]授权任何遭受损害或损失的人，可以向无权或越权访问受保护的计算机以及由此获得任何州际或涉外通信的信息或者明知且未经授权故意将信息或命令传输给受保护的

1　Crowley v. Cybersource Corp., 166 F. Supp. 2d 1263, 1269（N.D. Cal. 2000）.

2　18 U.S.C. § 2701 et seq.

3　18 U.S.C. § 2707.

4　周汉华："论互联网法"，载《中国法学》2015年第3期，第24页；47 U. S. C. § § 230（c）（1）。

5　47 U. S. C. § § 230（e）（2）；Gucci America, Inc. v. Hall & Associates, 135 F. Supp. 2d 409（S. D. N. Y. 2001）.

6　Uniform Electronic Transaction Act, 7A U.L.A. Supp.（1999）.

7　单方面交易，如涉及遗嘱和信托之类的交易，不包括在内。

8　Uniform Computer Information Transactions Act（2000），7 U.L.A. Supp.（2000）.

9　18 U.S.C. § 1030 et seq.

计算机造成损害的任何人，提起民事诉讼。[1]

　　为了保护儿童在线隐私，1998年，美国国会颁布了《美国儿童在线隐私保护法》（COPPA）。该法案适用于故意在线收集13岁以下儿童信息的商业网站。这些网站在收集、使用或者披露获取的儿童个人信息之前，一般要求获得父母的同意。国会还于2000年制定了《美国儿童在线保护法》（COPA），这项法律要求图书馆接受联邦财政援助，以便让它们的顾客访问互联网，获得和安装软件以防止淫秽或色情图片显示，同时，防止未成年人访问各种有害材料。

　　此外，美国1970年签署的《美国诈骗影响与腐败组织法》[2]的民事诉讼部分也适用于互联网交易。例如，根据该法的规定，如果网站运营商涉嫌教唆或者捏造，然后向餐具和厨具的营销人员发帖投诉，那么这就是《美国欺诈影响与组织法》声称的诉因。网站运营商被控告向营销人员勒索资金，以换取从网站删除诽谤投诉。法院认为，发帖投诉和发送电子邮件都是涉及电信传输的活动，在明确决定抵制营销人员业务的运营商网站上，基于其他当事人的发帖指控，往往伴随流失客户和撤销合约的指控，所有这一切构成了《美国欺诈影响与组织法》规定的对业务和财产的损害。[3]

　　2013年3月，美国联邦贸易委员会发布了指导性文件《如何有效披露在线广告指南》，主要就网络广告的免责声明、信息披露等问题作出了规定。同年6月，联邦贸易委员会向包括谷歌在内的24家搜索引擎服务提供商发出公开信，就网络广告披露的清晰度和可见性问题，提出更详细和具体的建议。[4]

三、美国规制新型网络广告的立法、执法与司法实践

（一）搜索引擎竞价排名广告

　　面对网络广告的迅速发展，联邦贸易委员会等部门采用行政指导等方式为网络广告准则的制定提供指引。针对搜索引擎提供的竞价排名这种新型网络广告形式，联邦贸易委员会分别于 2002 年和 2013 年公开致信搜索引擎服务提供商对网络广告活动予以行政指导。2002 年 6 月，联邦贸易委员会在致各搜

1　18 U.S.C. § 1030（a）（5）（A）.

2　18 U.S.C. § 1951 et seq.

3　HY Cite Corp. v. Badbusinessbureau.com，L.L.C.，418 F. Supp. 1142，1149–51（D. Ariz. 2005）.

4　张今、刘晗：“付费搜索广告的法律规制——由美国搜索引擎新指南引发的思考”，载《中国工商报》2013年8月6日，第B03版。

索引擎服务提供商的公开信中，提出了区分、清楚说明、禁止误导三项规则：
（1）针对搜索引擎关键词广告这种新型网络广告，必须将付费搜索结果与自然搜索结果进行清楚、醒目的区分；（2）必须清楚、醒目地说明付费内容；
（3）禁止搜索引擎公司在搜索结果的生成方式上误导消费者。[1]

　　2013 年的公开信对搜索引擎广告的信息披露要求，提出了更加详细、具体的建议：（1）搜索引擎广告应当使用统一的标签用语，如"推广""促销""赞助"之类的提示语；（2）标签用语必须统一、清晰，并符合消费者的浏览习惯；（3）付费搜索结果区域应当使用可清楚识别的特殊背景色予以标记；（4）如果付费搜索结果与自然搜索结果混杂在一起，则应当明确付费搜索结果的边界，如设置底纹和边框等。[2]

　　（二）弹出广告

　　弹出广告随意弹出，不容易关闭，经常覆盖网络用户正在浏览的部分或全部网页内容，有时还出其不意地出现在竞争对手的网站中，让广大网民不堪其扰，甚至连广告主都讨厌这种广告形式。美国联邦贸易委员会似乎非常关注弹出广告所带来的烦恼。一群重要的新闻出版商向弹出广告免费软件提供商提起商标与版权侵权诉讼，获得了打击这种做法的初步成功，因为这种免费软件提供商为下载与安装该免费软件的客户提供了一种传递弹出广告的集成机制。2002年7月，弗吉尼亚州地区法院法官对免费软件供应商签发了初步禁令，禁止它在没有征得他们明示同意的情况下，促成任何弹出广告在原告所有的网站展示。[3]此外，在美国纽约南区于2003年12月审理的1-800 Contacts, Inc. v. WhenU.com and Vision Direct, Inc.一案[4]中，法院判决也将禁令救济适用于弹出广告。

　　在规制弹出广告的制定法方面，美国犹他州最先采取立法行动，2004年颁布了《反间谍软件法案》，禁止安装未经许可就可以显示的弹出广告软件。

1　Federal Trade Commission Bureau of Consumer Protection, Commercial Alert Complaint Requesting Investigation of Various Internet Search Engine Companies for Paid Placement and Paid Inclusion Programs, June 22, 2002, http: // www. ftc. gov / os / closings / staff / commercialalertletter. shtm，访问时间：2019年6月22日。

2　张今、刘晗："付费搜索广告的法律规制——由美国搜索引擎新指南引发的思考"，载《中国工商报》2013 年8月6日，第 B03 版。

3　Washingtonpost Newsweek Interactive Co., LLC, et al. v. The Gator Corp., 2002 U.S. Dist. LEXIS 20879（E.D. Va., July 16, 2002）.

4　309 F. Supp. 2d 467（S.D. N.Y. 2003）.

2005年美国加利福尼亚州正式实施《保护消费者反间谍软件法》，禁止在用户不知情的情况下，安装能控制他人计算机、收集个人信息的"间谍软件"。间谍软件往往同时也是广告软件，它将私自窃取的用户信息传送给广告商，作为免费下载的交换条件。因此，加利福尼亚州《保护消费者反间谍软件法》规定，对私自安装间谍软件的违法者可以处以巨额罚款，同时，受害的消费者可以向间谍软件安装者索赔1 000美元。[1]

（三）电子邮件广告

1. 电子邮件阻止权

互联网一个最常用的功能是用户能够向知道他们地址的其他人发送电子邮件。计算机技术允许在同一时间，向大量用户发送相同的邮件，增强了这种功能。但是，大量电子邮件的使用，可能产生问题。一方面，电子邮件发送的不请自来的广告会让收件人产生愤怒，收件人的反应就是使用相同的技术或者多个投诉淹没营销人员，从而压制营销人员自己的电子邮件接收和存储设施；另一方面，服务器可以决定阻止广告主的电子邮件发送。美国联邦政府和许多州政府开始制定法律法规，努力控制各种类型的批量电子邮件[2]。

由于大规模发送未经请求和未经授权的电子邮件，会产生对原始发件人和提供这种通信的互联网服务提供商（ISP）的愤怒之情，而不是试图以电子方式阻止这种垃圾邮件，互联网服务提供商的另一个策略是起诉电子邮件的原始发件人，声称互联网服务提供商的商标声誉受到损害，违反了《美国兰哈姆法》[3]，而且群发邮件违反了调整未经授权访问计算机的联邦与州法规定，造成损害。甚至根据州法规定，可能存在民事共谋行为[4]或普通法的非法侵入行为。[5]这种方法在著名的互联网服务提供商（ISP）提起诉讼的案件中，具有很好的胜诉机会。最后，联邦贸易委员会已经调查和签发了有关"垃圾邮件"使用的投诉。[6]

----

1 陈勇："美国加州反'间谍软件'法生效"，载《人民日报》2005年1月4日，第7版。

2 See SEC v. Samuel Aaorn Meltzer，Civ. No. CV 03 770（E.D.N.Y. Feb. 19，2003）.

3 15 U.S.C. § 1125（c）.

4 America Online v. National Health Care Discount，Inc.，121 F. Supp. 2d 1255，1277-78（N.D. Iowa 2000）.

5 See Ferguson v. Friendfinders，Inc.，94 Cal. App. 4th 1255，115 Cal. Rptr. 2d 258（2002）.

6 International Outsourcing Group，Inc.，［Transfer Binder 1997-2001］Trade Reg. Rep.（CCH）¶ 24，775（2000）.

2.《美国反垃圾邮件法》

屈服于强大的公众压力，美国国会在2003年底终于制定了《美国反垃圾邮件法》，该法于2004年1月1日生效，试图控制数量不断增长的不请自来和未经授权的电子邮件（"垃圾邮件"或"垃圾信息"）在互联网上发送。[1]

该法明确禁止下列行为：

（1）未经授权访问他人的计算机，并使用该计算机发送商业电子邮件；

（2）使用他人的计算机，企图对商业电子邮件地址的真实信息来源产生误导；

（3）伪造电子邮件标头信息；

（4）注册五个或多个电子邮件账号或者两个或多个域名，并使用这些账号和域名的任意组合来发送商业电子邮件；

（5）虚假地表示自己为五个或多个互联网协议地址的利益继承人，并使用这些地址发送商业电子邮件；

对从事这些活动的惩罚最高可判处5年监禁，并处罚金，具体取决于每个案件的事实情况。另外，根据本条被定罪的人，将被政府没收用违法所得购买的任何不动产或动产，连同用于犯罪的任何硬件或软件。[2]

根据该法第5（a）条的规定，所有商业电子邮件必须提供：

（1）该消息是广告或引诱的清晰而明显的标识；

（2）接收了此类信息之后，如何退出的清晰而明确的通知；

（3）一个有效的发送人物理邮政地址。[3]

该法的其余部分针对的是协调该规定与适用于联邦通信委员会的法律和规则之间的关系，要求研究商业电子邮件的影响和诸如可分割性之类的内部事务以及该法的生效日期。

3. 联邦贸易委员会电子邮件注册

由于大量不良色情和不请自来的商业电子邮件的入侵，由于国会授权联邦贸易委员会成立"请勿来电注册处"以控制电信营销，因此，由于采用了类似的适用于互联网通信的、深受美国参议院欢迎的"没有垃圾邮件注册处"，消

1　Can Spam Act of 2003, Pub. L. No. 108 187, 117 Stat. 2703（codified at 15 U.S.C. §§7701 et seq.and 18 U.S.C. §1037）.

2　James B. Astrachan, Donna Thomas, George Eric Rosden, Peter Eric Rosden, The Law of Advertising, Volume 3, Matthew Bender & Company, 2008. at 56-93.

3　Section 5（a）（5）of Can Spam Act of 2003.

费者的需求日益增加。如果这种立法只允许消费者选择退出接收来自特定公司的不请自来的电子邮件，一次一个，那么提供的保护将相当有限。单独注册这种退出选择所需要的时间以及最令人讨厌的垃圾邮件制作者很容易改变他们的名称和电子邮件地址，这些是该方法面临的消极因素。

"全国没有垃圾邮件注册处"，没有验证电子邮件消息来源的系统，无法减少垃圾邮件之重负，甚至可能增加消费者接收的垃圾邮件数量。因此，联邦贸易委员会建议制定和实施一个广泛的系统来验证电子邮件。只有在该系统到位之后，同时，只有当行政执法努力和软件滤波技术不能大幅度减少垃圾邮件时，联邦贸易委员会才会考虑实施非电子邮件注册。[1]

（四）旗帜广告

网站上的广告采取旗帜广告的形式，出现在网站内容视图的边缘。广告支持信息与娱乐联盟（CASIE）建议使用六个标准格式和大小的互联网广告横幅，并在网页上放置一个网格系统。有人认为，如果获得通过，这种标准化将简化网络广告的采购和创作，但是，还可能限制创造力，并且与互动广告局（IAB）的旗帜广告准则建议相冲突。[2]

最后，为了协调提出的某些关注点，广告支持信息与娱乐联盟（CASIE）和互动广告局（IAB）同意[3]旗帜广告应符合以下八种标准的旗帜广告尺寸，它们将表达的类型名称和相关尺寸描述为用像素表示的矩形大小，见表5-1。

表5-1　美国旗帜广告尺寸标准

类型	像素大小
全屏横幅	468×60
全横幅加垂直导航条	392×72
半横幅	234×72
方形按钮	125×125
1号按钮尺寸	120×90
2号按钮尺寸	120×60

1　Section 9 of Can Spam Act of 2003. James B. Astrachan, Donna Thomas, George Eric Rosden, Peter Eric Rosden, The Law of Advertising, Volume 3, Matthew Bender & Company, 2008. at 56—100.

2　"Web Industry Poised for Standards Fight", Advertising Age, Oct. 14, 1996 at 50, col. 1.

3　"IAB Members Pledge Support for Banner Guides", Advertising Age, Dec. 16, 1996 at 34, col. 1.

续表

类型	像素大小
微型按钮	88×31
垂直横幅	120×240

这一标准最终获得了在互联网上打广告的各种媒体的支持。[1]然而，必须指出，采用这一标准，与所有的自律监管措施一样，是自愿的。

四、美国网络广告的行业自律管理

（一）广告行业自律管理机构

1. 美国广告联合俱乐部

美国最早的广告行业自律监管机构是由广告主、广告公司和媒体组成的。1904年，全美各地广告俱乐部联合成立了美国广告联合俱乐部，以加强行业合作与自律。1911年，来自全美各地俱乐部的100多名代表通过了"广告必须真实"的自律口号，并成立了"警戒委员会"，负责处理虚假广告案件。同年，美国众议院通过了《美国普令泰因克广告法案》，规定任何虚假或令人误解的广告都是违法的。对发布虚假和欺骗性广告的主体必须实施惩罚。因此，广告必须真实的自律规范成为美国广告界最早的行业广告准则和广告法原则。[2]

2. 美国广告自律监管理事会

目前，美国最具影响力的广告自律监管机构是美国广告自律监管理事会，该自律监管机构负责制定广告行业自律监管政策和章程。该机构的主要下属机构包括全国广告部、儿童广告审查部、全国广告审查委员会、电子零售自律监管组和网络广告组。目前，美国广告自律监管理事会还制定了网络广告的行业准则。

全国广告部负责一般广告的监管，儿童广告审查部负责儿童广告的监管。这两个部门如果发现违法广告或者接到他人举报，可以向当事人下达调查通知书，展开进一步调查并作出结论性建议。如果当事人有异议，可向全国广告审查委员会申请复议。经该委员会主席同意，可以组成复议委员会进

---

1 See "Measurement to be Next Hot Button", Advertising Age, Jan. 27, 1997 at 36. col. 2.

2 倪嵋编著：《中外广告法规与管理》，上海人民美术出版社2016年版，第284页。

行复审。

尽管美国广告自律监管理事会作出的结论性建议对当事人的约束力有限，但是，它可以通过公开的方式发挥舆论监督的压力，或者将案件移送联邦贸易委员会或其他有监管权的联邦机构进行处理。联邦贸易委员会等监管机构将优先处理美国广告自律监管理事会移送的案件。[1]

3. 其他行业组织

对广告活动实施自律监管的其他行业组织包括电子零售自律监管组和网络广告组、直销协会（DMA）、美国广播事业协会、美国广告联合会等自律组织。电子零售自律监管组和网络广告组是专门负责对网络广告进行自律监管的机构，前者负责对电子零售广告进行自律监管，后者负责对在线广告行为进行指导和监督。[2]

（二）有关网络广告的行业自律监管准则

行业自律管理是美国网络广告规制的一个重要特点。美国直销协会和一些行业自律组织制定了一系列有关网络广告规制的行为准则，在网络广告的法律监管方面进行了有益的探索，发挥了良好的示范和引领作用。

1. 直销协会的反垃圾邮件准则

2003年5月，可能部分是对日益增长的、公众强烈抗议的主动提供的色情商业电子邮件作出回应，直销协会（DMA）制定了处理垃圾邮件的六条原则：[3]

（1）为电子邮件营销人员制定四个部分的行为准则；

（2）禁止自动地、偷偷摸摸地恢复电子邮件地址；

（3）建议电子零售商为电子邮件接收人提供标准化的退出条款；

（4）制定同意遵守前三个原则的公司黄金清单，另外，邮寄最低500美元保证金以确保遵守该规则；

（5）宣布支持包含前面三个原则的联邦立法，联邦立法优先于各州的反垃圾邮件立法，并将提供民事和刑事处罚；

（6）鼓励州与联邦当局集中监管垃圾邮件的执法资源。

2004年1月，直销协会（DMA）发布了一项指南，规定何时应将消费者

---

1 ERA, ERSP Frequently Asked Questions, http: / / retailing. org / advocacy / self-regulation / ersp-frequently-asked-ques-tions，访问日期：2019年6月22日。

2 周辉："美国网络广告的法律治理"，载《环球法律评论》2017年第5期，第152页。

3 These principles are completely set out online at www.the dma.org/stopspam/workingstrategy.shtml.

的电子邮件地址添加到营销数据库的消费者记录之中。当以下所有条件满足时，该指南同意添加此类数据库：[1]

（1）与消费者建立了一种在线或离线业务关系；

（2）导出电子邮件地址的营销人员数据源赋予了消费者拒绝接受第三人电子邮件营销要约的选择权；

（3）采取合理措施确保添加到营销人员数据库中的信息是准确的。

另外，营销人员在没有征得消费者同意的情况下，不应该将这种信息提供给其他当事人，而且，在没有赋予消费者终止电子邮件通信选择权的情况下，不应该发送电子邮件给消费者。

2. 直销协会（DMA）的《在线信息指南》

《在线信息指南》于2001年被批准，在2002年进行了部分修订，涵盖六个基本领域。第一，它们确定了应该通知在线网站访客的通知内容和位置。应该发出明显的、容易阅读和理解的通知，公开网站的信息收集和传播实践以及对这些行为负责的当事人的名称和邮政地址。只要个人信息是在网站上收集的，就要求另外出示一份更详细的披露建议列表。如果信息收集是基于网络广告主或网站客户的利益，那么还应该向网站访问者公开该事实及退出方法。如果网站有关个人身份信息的政策发生改变，它还必须立即发布一份更新通知。第二，网站操作员必须尊重网站访问者有关个人身份信息作出的退出或参加选择。第三，已作出的有关访问网站的陈述应该受到网站运营商的尊重。第四，应该在网站实施数据安全措施，以防止在数据的传输和存储期间，未经授权访问、更改或传播个人身份信息。第五，如果预计网站访问者的年龄在13周岁以下，那么必须采取预防措施以符合《美国儿童在线隐私保护法》的要求。[2]最后，应该实行一种有意义的、及时的和高效的程序，通过该程序，网站运营商可以验证和证明遵守了它规定的在线信息惯例。

3. 直销协会的《在线商业广告指南》

直销协会（DMA）规定营销人员发送在线商业广告的条件如下：

（1）是否它们被发送到营销人员自己的客户；

（2）如果发送给个人，是否这些人已经明确同意营销人员发送该广告；

---

1 James B. Astrachan, Donna Thomas, George Eric Rosden, Peter Eric Rosden, The Law of Advertising, Volume 3, Matthew Bender & Company, 2008. at 56—146.

2 See the Children's Online Privacy Protection Act § 49.03 [4] [c] and § 56.06 [3].

（3）如果发送给个人，赋予了这些人享有退出接受这种广告的权利，而且他们没有这样做；

（4）是否营销人员使用了第三方提供的列表，并得到保证：提供的电子邮件地址要么已经明确同意接收广告，要么在有机会这样做之后，没有选择退出。[1]

每一个这种广告都应该包括超链接或者一份通知，该通知应将阻止未来广告的方法告知收件人，以及防止将收件人的电子邮件地址转移给其他当事人以用于更多的广告。从电子邮件接收人那里收到的任何退出请求必须及时处理，同时，第三人列表应该接受检查，以确保已经退出的当事人从这种列表中删除。

4. ICANN的《统一域名争端解决政策》（UDRP）

美国广告自律监管理事会等行业组织的自律监管和谷歌等网络平台企业的自我治理，在网络广告治理中发挥着重要作用。[2]1999年10月24日，指定名称与数字网络公司（ICANN）制定了《统一域名争端解决政策》（UDRP）。该政策在2000年1月1日开始生效，所以，此前，虽然不同的争端解决机构遵循它们自己的程序，但是，甚至在2000年1月1日之后，一些争端解决机构对统一政策的使用进行了变通。[3]

根据这项政策，如果原告声称某域名与他的商标或服务标志相同或易于混淆，那么可以使用特别的强制性行政程序解决域名抢注纠纷，如果被质疑的域名持有人对该域名不享有权利或者合法利益，则该域名属于恶意注册与使用。

另外，根据这项政策，注册官一般不会取消、转让或者更改域名注册，除非所有人、法院或者有管辖权的仲裁庭指示这么做，或者作为对行政小组决定的回应，根据《统一域名争端解决政策》（UDRP）的规定进行下一项程序。

1　James B. Astrachan, Donna Thomas, George Eric Rosden, Peter Eric Rosden, The Law of Advertising, Volume 3, Matthew Bender & Company, 2008. at 56-145.

2　周辉："美国网络广告的法律治理"，载《环球法律评论》2017年第5期，第142页。

3　James B. Astrachan, Donna Thomas, George Eric Rosden, Peter Eric Rosden, The Law of Advertising, Volume 3, Matthew Bender & Company, 2008. at 56-17.

▶ 第二节　法国网络广告的法律规制

一、法国网络广告发展概览

　　法国广告历史悠久，在欧洲广告界享有盛名并占据重要位置。如今法国广告业务一直位居世界前列，全球排名大约五六名，稍落后于德国。作为世界上广告业最发达的国家之一，法国广告业在国民经济中占有一定分量，在国际上也有较大影响。早在1988年，全球前50家大型广告代理公司中就有5家是法国的。2006年法国的广告支出达407亿美元，位居欧洲第一。[1] 第一条网络广告于1996年出现于法国，从此，法国的网络广告一直以远超传统广告的速度发展。在短短几年内，互联网广告相继超越户外广告、电影等法国传统广告载体，并于2008年以14.7%的市场份额超越广播广告，成为仅次于电视、报纸的法国第三大广告载体。[2] 2017年，法国数字广告收入总值达50亿美元，同比增长7%。其中，搜索引擎广告收入占总值的近50%。预计到2021年，数字广告行业收入的近一半将来自移动网络广告。[3] 必须看到，在法国广告业迅猛发展的同时，虚假广告等违法行为也层出不穷，如何对违法网络广告进行规制，法国形成了一种主要依赖传统法律规范体系的网络广告法律规制模式。

二、法国网络广告规制的指导思想

　　（一）构建"世界性礼仪空间"

　　互联网法律管制的目的可以概括为一种理念，即"将数字网络建成一个'世界性礼仪'空间"。[4] 这里的礼仪被解释为"共同生活的艺术和秩序"，它与违法和犯罪格格不入，同违法的内容和行为作斗争也是其应有之义。互联网世界必须做到传递畅通无阻，信息获取有章可循，信息内容真实可靠，全体网民应该共同维护一个高效、有序、诚信、礼让的网络空间。正是基于构建"世界性礼仪空间"的目的，法国政府从判例法和制定法两方面入手，建立规

1　朱一："法国网络广告规制研究"，载《广告大观·理论版》2011年第2期，第80页。

2　朱一："法国网络广告规制研究"，载《广告大观·理论版》2011年第2期，第83页。

3　Digital Advertising–France–Statista Market Forecast，https：//www.statista.com/outlook/216/136/digital–advertising/france#，last visited：2019–12–20.

4　Internet et les reseaux numérique，Collection "Etudes du Conseil d'Etat"，1998. 引自法国最高行政法院1998年的研究合集《互联网和数字网络》，该文献可在法国最高行政法院的官方网站中查询下载。

范网络广告的完整法律规则体系，从而保证网络广告市场的有序竞争，健康发展。

（二）网络广告监管应适用广告法的一般原则

法国在互联网监管方面的立法原则是"不存在而且不需要对因特网与网络进行专门立法"，但是，事实上，互联网的创新性、瞬时性、交互性等特性决定了不能简单地将传统的报纸、电视、广播媒体的法律规则适用于网络领域。"[1] 法国立法者通常认为：某些特殊的广告形式是特殊法律规范的调整对象，譬如电视广告，而网络广告则与之不同，网上服务并没有构成一类特殊的法律调整对象，因此，没有必要进行专门的网络广告立法，适用现行法律法规已足矣。[2] 并认为法国"现行的消费者保护机制基本上适用于互联网"。[3] 具体来讲，网络广告监管应遵守以下广告法的基本原则。

1. 可识别性原则和真实性原则

法国法律已经明确规定，可识别性原则和真实性原则适用于所有的广告，网络广告也不例外。可识别性是指广告应当与其他非广告信息区分开，在广告上应标明"广告"或"广而告之"字样。真实性是指广告必须对产品或服务的内在和外在特征进行真实、客观的宣传，不得弄虚作假，欺骗消费者。商品的内在和外在特征是指涉及任何商品或服务的存在、性质、成分、基本品质、有效成分的比例、种类、来源、数量、制造方式和日期、性质、价格和销售条款、适用于其使用的条件、它们的使用可能会产生的后果、此种销售或提供服务的原因或方法、广告商承担义务的范围，或制造商、转售商、发起人或服务提供者的身份、资格或能力的任何性能与指标。[4] 在法国，可识别性和真实性原则毫无疑问将适用于网络广告。

2. 禁止虚假和欺骗性广告原则

虚假和欺骗性广告是指采用夸大失实、语义模糊、隐瞒不利信息等方式，对商品或服务做广告宣传，造成消费者误解的行为。虚假和欺骗性广告违反

1　Le mandat du Premier Ministre Lionel JOSPIN No 1216/99/SG le 15 novembre 1999.

2　le Conseil d'Etat, Internet et les reseaux numérique, Collection "Etudes du Conseil d'Etat", 1998, p.42.

3　Le mandat du Premier Ministre Lionel JOSPIN No 1216/99/SG le 15 novembre 1999.

4　For examples of application of the Act, see Cass. Com., March 4, 1976. Gaz. Pal., 76 2, 417, note by Doll, R.T.D. Com. 1976, 624, note by Bouzat: Paris, May 3, 1976. Gaz. Pal., 77. 1, 138, note by Didvier, R.T.D. C. 1977, 363, note by Bouzat.

了真实性原则。直到1963年，法国才对虚假广告进行法律调整[1]，1963年7月颁布的《有关竞争的金融修正法案》第5条禁止包含虚假陈述和虚假诱导的不可信广告。[2]明确禁止虚假广告的法律文件是1984年9月通过的欧盟指令，[3]该指令第2条规定，所有虚假广告，无论何种形式，均不得刊登。[4]这一原则在《法国消费法典》中再次得到了确认，如果消费者因虚假广告遭受损失，受害者还可以根据民法典寻求救济以补偿其遭受到的损失。[5]当然，一般性的夸大或吹嘘，只要不涉及产品的具体特征和性能，一般不认为是虚假或欺骗性广告。

3. 保护未成年人原则

1987年1月，法国颁布法令禁止使用儿童作为产品或服务的代言人，儿童只能出现在与儿童相关的产品广告中，同时，也禁止使用儿童或青少年作为广告信息的主要参与者，即使是不涉及儿童或青少年消费的产品或服务。1992年5月，该法令修正案第7条提出了保护未成年人的原则，即广告不得给未成年人带来精神和肉体损害。另外，该法令修正案还针对儿童产品广告将保护未成年人原则进一步具体化：（1）禁止利用未成年人缺乏经验或轻信的特点，直接鼓动未成年人购买产品和服务；（2）禁止直接鼓动未成年人说服父母或第三人购买相关产品和服务；（3）禁止利用或破坏未成年人对其父母、老师和其他人的信任；（4）禁止不合理地将未成年人带入危险境地。[6]2005年3月，法国广告监管办公室专门针对网络广告涉及的未成年人保护问题提出建议：在互联网上发布广告，不论采取何种形式，都应当遵守保护未成年人的职业伦理准则。因为网络广告与传统广告并没有什么本质上的不同。

1　Martin L., La, mauvaise publicité , .Sens et contresens d'une censure, Le Temps des Médias 2004/1, N° 2, pp.151—162.

2　"toute publicité faite de mauvaise foi comportant des allé gations fausses ou induisant en erreur lorsque ces allé gations sont pré cises et portent sur un ou plusieurs des éléments ci–après..."

3　La directive sur la publicité mensongère（84/450）.

4　L'article 2 de la directive du 10 septembre 1984.

5　L'article 1382 du Code Civil.

6　inciter directement les mineurs à l'achat d'un produit ou d'un service en exploitant leur inexpérience ou leur crédulité ; inciter directement les mineurs à persuader leurs parents ou des tiers d'acheter les produits ou les services concernés ; exploiter ou altérer la confiance particulière que les mineurs ont dans leurs parents, leurs enseignants ou d'autres personnes ; présenter, sans motif, des mineurs en situation dangereuse.

4. 限制比较广告原则

目前《法国消费者法典》对比较广告采取有限许可的原则，即原则上允许比较广告，但有一定的条件限制。为了使广告公平、诚实、不误导消费者，这种广告比较只限于客观的比较，只能比较市场上同类商品或服务的实质性、重要性、相关性和可检验性。若进行价格比较，只能比较在相同条件下出售的相同产品，并说明广告价格有效的特定时点。[1]

值得注意的是，《法国消费者法典》有关比较广告的规定与欧盟指令存在较大差别。《法国消费者法典》第L. 121-8条似乎只允许显性的比较广告，而欧盟指令草案则允许以明示或暗示方式指明竞争者的比较广告。另外，欧盟指令草案没有关于价格比较的特殊规定。

三、 特殊产品的网络广告准则

（一）烟草广告

法国是第一个通过立法限制烟草广告的国家。从20世纪70年代开始，法国开始以立法方式限制烟草广告，可以说，法国对烟草广告的管制是全球最为严格的。禁止烟草广告的法律不仅适用于传统媒体，也适用于互联网，而且已经得到法国法院的判决确认。从1993年开始，法国境内所有直接和间接的烟草广告都被禁止，包括烟草营销人员对文化和体育活动的赞助。

但互联网也有内网与外网，通用网站与专业网站之分，有些网络平台与网站仅对专业人士开放使用，目标受众有门槛和资格要求，因此，全面禁止网络烟草广告毫无疑问对烟草行业不利。根据2008年1月对《法国公共健康法典》第L3511-3条所做的修订的规定，以下内部渠道发布的网络烟草广告不受禁止：（1）在专门针对烟草产品的生产者、制造者、销售者和专业人士发行的内部出版物和内部网络上刊登烟草广告；（2）由欧盟以外或欧盟经济区以外国家的人员所编辑出版的刊物和在线交流服务，但这些出版物和在线交流服务非主要针对欧盟市场。[2]2015年12月，法国议会正式通过《法国现代化卫生系统法》，特别规定烟草包装必须中性化、标准化的措施，旨在防止通过烟草制品包装发布烟草广告的行为。[3]

1　［美］马特斯尔斯·W.斯达切尔主编：《网络广告：互联网上的不正当竞争和商标》，孙秋宁译，中国政法大学出版社2004年版，第104页。

2　L'article L3511-3 du Code de la santé publique.

3　于秀艳：“法国对控烟条款的合宪性审查”，载《法制日报》2018年4月25日。

（二）药品广告

法国对药品广告管理很严格，从1941年起，禁止利用大众传播媒介发布药品广告。1963年之后，对药品广告的管理有所放松，允许医学机构在取得行政许可之后发布医药广告。到了20世纪90年代，法国才允许某些药品通过大众传播媒介发布广告。尽管法国允许对某些特殊药品发布广告，但是，对允许发布药品广告的药品种类和发布要求做了严格的规定，比如，《法国公共健康法典》规定，药品广告的内容和形式必须真实，不得误导消费者，不得损害公众健康，不得带有疗效的说明。[1]法国国家卫生产品安全局还规定，未经批准销售的药品不得提前进行广告宣传。禁止在药品广告中使用"特别安全""绝对可靠""最令人满意"等吹嘘药品安全和疗效的绝对化文字，因为药品的疗效因致病原因和患者身体状况不同而差异较大，不存在绝对可靠的疗效。禁止在广告中出现"第一""最好"等绝对用语，因为这违背事物是不断发展的、没有顶峰的辩证规律。此外，禁止将药品与食品类比，禁止将纯天然说成是药品安全有效的原因；禁止任何药品在投放市场一年后，继续标榜为"新药"，因为上述宣传具有误导性。[2]

互联网也是大众传媒的一种，在上面发布药品广告同样应受到严格管制。但是，互联网有内网与外网之分，药品也有处方药与非处方药之别，因此，如何对网络医疗广告进行管制，在法国还存在一定争议。

（三）酒类广告

1991年1月10日法国修订的《法国饮料法》和《法国依文法》，对酒类和烟草广告进行严格管制，其目的在于改变人们对酒精类饮料的消费依赖和行为习惯。法国法律禁止对所有酒精类饮料进行直接或间接的广告宣传和广告赞助活动，但也有例外，包括：（1）不针对年轻人的报刊，因为法国限制酒精饮料的目的主要是保护未成年人；（2）在行政法院法令所规定的时段内播出的广播，重点排除年轻人收听的时间段；（3）在生产或销售场所展示的海报和招牌；（4）由生产商、制造商、批发商、加盟销售商或托运人发送的商业通知、产品目录和手册；（5）酒精饮料运输车上的说明文字只能包含产品的名称及制造商、代理商或经销商的名称和地址；（6）为节日、传统集市、品酒

1　l'article L.1122-7 du Code de la Santfé Publique Les indications thérapeutiques dont la mention dans la publicité auprès du public est interdite sont déterminées par un arrêté du ministre chargé de la santé pris sur proposition de l'Agence fran?aise de sécurité sanitaire des produits de santé.

2　倪峋编著：《中外广告法规与管理》，上海人民美术出版社2016年版，第294—295页。

会进行广告宣传，以及博物馆、大学、协会或培训班以传授酿酒学为目的进行广告宣传。[1] 法国对于未成年人接触频率很高的大众传播媒介，譬如电影和电视，则禁止发布酒类产品广告。

对于互联网能否发布酒类广告的问题，由于《法国依文法》未将互联网列入上述允许的范围，因此，法国人普遍认为，禁止在互联网上发布酒类广告。对于这一新问题，法国的判例也作出了同样的回答。

以著名的喜力啤酒网络广告案为例：荷兰啤酒酿造商喜力啤酒在其网站Heineken.fr上以新颖有趣的方式推广其啤酒。2007年4月，巴黎TGI法庭（Tribunal de Grande Instance de Paris）在其裁决中指出：根据《法国公共卫生法典》第L.3323-2条的规定，允许发布酒类饮料的广告载体不包括互联网；在互联网网站上刊登酒类饮料广告构成明显的违法行为；由于产品的描述和说明缺乏公共卫生信息，使该违法行为变得更加严重。因此，法院判决责令其在三周内删除其网站上的广告，逾期每日罚款3 000欧元。[2]

无独有偶，2008年1月，巴黎上诉法庭对喜力公司作出了同样的终审判决，判决认为，喜力公司使用其网站刊登酒精饮料广告构成明显违法行为，并因其在该网站喊出了"为了更新鲜的世界"的口号而使问题变得更加严重，因此，法院裁决禁止喜力公司在其网站上向公众发布上述广告……"[3] 以上案例清楚地表明，在法国的司法实践中禁止发布互联网酒类饮料广告。

（四）电子邮件广告

法国与日本、美国等其他国家不同，没有制定专门的电子邮件法，主要是通过其他相关法律法规来对电子邮件进行规制。法国对电子邮件的管制，尤其对不请自来的商业垃圾邮件的管制主要是依据《法国民法典》的"安宁权"和"隐私权"。"安宁权"是指网络用户有权拒绝不请自来的垃圾邮件，享有宁静生活的权利，它是人格权中的一项固有权利。[4] 另外，法国于1989年12月颁布，并以1991年7月法令为补充，通过了一项法律，提供一种保护消费者免遭电报或传真广告打扰的方法。这种方法是在"藏红花名单（saffron list）"列

1　L'article L.3323-2 du code de la santé publique.

2　朱一："法国网络广告规制研究"，载《广告大观·理论版》2011年第2期，第98页。

3　Cour d'appel de Paris 14ème chambre，section A 2ème Arrêt du 13 février 2008.

4　Alexandra Bribes，La publicité sur Internet Aspects techniques et juridiques，DEA Informatique et Droit.

表中列出不想接收此类邮件的人。人们可以免费加入这种列表。[1]当然，这种藏红花名单类似于今天的黑名单方法，完全可以适用于电子邮件。

法国自由和信息国家委员会（CNIL）也于2002年10月开展了"垃圾电子邮件邮箱行动"，专门设立了一个邮箱地址用于接收网民收到并转发来的商业垃圾电子邮件。在短短3个月内，该邮箱就收到了超过30万条转发来的垃圾邮件，其中50%具有淫秽色情性质。[2]由此可见，电子邮件虽然是新事物，但其管制还是以传统的法律原则为主要依据，但法国同时也在探索适应互联网特点的新的监管模式。

▸ 第三节　日本网络广告的法律规制

一、日本网络广告发展概览

日本的广告业高度发达，广告业分工明确，广告创作水平高，极大地促进了日本经济的发展。1871年，第一份日报《横滨每日新闻》创办。1880年，日本第一家广告代理公司"空气堂租"在东京开业，标志着日本广告代理业的诞生。20世纪60年代，日本政府推行了十年消费翻番计划，这为广告业的蓬勃发展创造了有利条件。自20世纪80年代以来，日本广告业已走向世界，朝着跨国的方向大步迈进。20世纪90年代以后，日本已成为全球的商品和广告大国。[3]

日本的广告媒体十分发达，广告市场规模庞大。报纸是日本最重要的广告媒体。1867年，日本的第一个报纸广告刊登在《万国新闻》上。报纸广告占用的版面篇幅，平均都在总版面篇幅的43%以上，根据日本相关法律规定，广告占用的版面篇幅应在报纸版面的50%以下。1975年以后，日本电视广告开始后来居上，占据媒体主导地位。[4]

1　[美]马特斯尔斯·W.斯达切尔主编：《网络广告：互联网上的不正当竞争和商标》，孙秋宁译，中国政法大学出版社2004年版，第103页。

2　Commission Nationale de l'Informatique et des Libertés（CNIL），Signal Spam：une nouvelle initiative pour lutter contre le spam，2002.

3　倪峋编著：《中外广告法规与管理》，上海人民美术出版社2016年版，第296页。

4　倪峋编著：《中外广告法规与管理》，上海人民美术出版社2016年版，第296页。

　　日本的户外广告也非常发达，华灯初上，通过电子与激光技术处理的大型霓虹灯、灯箱和路牌广告到处闪烁。日本其他媒体发行的各种广告，如杂志、广播电视、电影、体育馆、橱窗等，均由广告公司承包，实行广告代理制，媒体不直接同客户见面，不直接经营广告，以合同方式保证媒体每年获取3%~5%的利润增长率。[1]

　　近年来，由于弹出广告、旗帜广告、文本链接广告、电子邮件广告、视频广告、博客广告等网络广告的迅猛发展，日本互联网广告自律协会很快作出回应，于2000年制定了《互联网广告刊登标准指南》，根据该指南的定义，互联网广告是指广告媒体运营网页刊登的旗帜广告、文本链接广告、视频广告、电子邮件广告以及广告主利用互联网向消费者发布的广告。[2]

　　近年来，日本网络广告支出费用大幅增长。据《日本经济新闻》报道，汇总的2018年日本广告支出数据显示，2018年日本的网络广告支出比2017年增长16.5%，达到1.758 9万亿日元，连续5年实现2位数增长。[3]随着网络广告的出现和发展，网络虚假宣传、虚假表示、商誉诋毁等违法广告也层出不穷，日本政府日益重视对网络广告的法律规制，但对网络广告的法律规制主要还是依赖传统的竞争法规范体系。

二、日本的网络广告法律规制体系

　　日本政府很重视以立法手段来规范广告行为，但是，日本没有专门的广告法，对广告行为的法律规制主要是通过其他法律法规的相关条款来实施，这些法律法规对广告的内容、审批和发布程序、法律责任等方面都有相应的规定，形成了一个完整的广告法律体系。日本有关广告规制的法律法规主要包括：《日本广告律令》《日本广告取缔法》《日本防止不正当竞争法》《日本消费者保护基本法》《日本不当赠品及不当表示法》《日本户外广告法》等。对网络媒体的法律规制，除了民法和刑法外，日本还有一些专门的法律规范，如《日本电子合同法》《日本禁止非法读取信息法》和《日本个人信息保护法》

1　倪峥编著：《中外广告法规与管理》，上海人民美术出版社2016年版，第296页。

2　陈肖盈："日本互联网广告行政规制的现状与启示"，载《经济法研究·第14卷》，北京大学出版社2014年版，第281—282页。

3　刘艺责编："日本2018年网络广告费猛涨16.5%"，载环球网，访问日期：2019年3月1日。

等，可以对互联网媒体进行监管。[1]

必须指出，与日本互联网广告监管最密切的法律是《日本防止不正当竞争法》（1993年5月19日第47号法律）《日本不当赠品及不当表示防治法》（1962年5月15日法律第134号）和《日本特定商品交易法》（1976年6月4日法律57号）实施监管。

《日本不正当竞争防止法》由日本经济、贸易与工业部负责执行。该法最近大修的一个特点是，承认互联网电子商务的发展，并将其纳入本法调整。这次修法导致立法涵盖启用或禁用互联网上显示图像或者播放声音或通过计算机记录的计算机程序，而且禁止未经授权的使用或传播。[2]

《日本不当赠品及不当表示防治法》（1962年5月15日法律第134号）是日本规制广告的基本法律，该法于1998年进行了修订，并明确指出，将"通过利用信息处理设备（包含互联网、计算机通信等）进行的广告宣传"也纳入监管范围。

《日本特定商品交易法》是日本对无店铺销售进行监管的专门法律，该法将"销售者或服务提供者以邮政等省令规定的销售方式，包括以手机、电脑及其他通信器材等发布广告的方式，签订产品销售合同，提供指定的商品或服务的方式"定义为"通信贩卖"，以区别于传统的面对面销售。该法将互联网广告纳入通信贩卖广告范围进行监管，并对网络广告的原则、禁止性规定、内容准则、反垃圾邮件规则作出了具体规定。当事人若违反上述规定，发布虚假广告，将被处以100万日元以下的罚款。[3]

三、日本的网络广告准则

（一）禁止虚假的网络广告

误导消费者的表示和宣传是根据《日本不正当竞争防止法》和《日本反垄断法》作为不公平贸易行为以及根据《日本不当奖售和不当表示防止法》作为虚假表示进行规制的。[4]这种对表示和宣传规制的主要目的是确保产品的内容

1　王杰："美国SOPA议案评析及其对我国网络知识产权立法的启示"，载《知识产权》2012年第8期，第101页。

2　Article 2，para 1，Items 10 and 11.

3　陈肖盈："日本互联网广告行政规制的现状与启示"，载《经济法研究·第14卷》，北京大学出版社2014年版，第284页。

4　Improper Premiums and Improper Representation Prevention Act，Art. 4. as amended May 1993.

得到正确的表示。另外，《日本食品卫生法》[1]《日本增进健康法》[2]《日本农林产品标准化和正确的质量表示法》[3]《日本家电质量表示法》[4]《日本工业标准化法》[5]也有这方面的规定，并由相关政府部门管理和执行。

1. 商品原产地的虚假表示

根据《日本防止不正当竞争法》第1条第1款第13项的规定，禁止向公众就商品原产地作虚假表示。也禁止就商品原产地以虚假表示的方式销售、分配和出口商品。当原产地名称成为通用名称时，它不受该法的保护。然而，葡萄产品是一个例外，并受到保护。[6]

2. 生产、制造或加工的误导性陈述

《日本防止不正当竞争法》第2条第1款第1项禁止对产品的生产、制造和加工产生误解的表示。它还禁止用这种虚假表示销售、分配或出口商品。第1项比第13项的禁止范围更广，而且它禁止的不仅仅是"虚假表示"，而是"引起误解"的一切事物。第1项包含的禁止情形不仅仅是将国内产品误解为外国产品，还包括将外国产品误解为国内产品，如果它是进口的。

3. 其他虚假表示

在商品本身上作出表示或者通过这种虚假表示对产品的质量、内容、制造方法、用途、数量，以及产品的销售、分配或进口产生误解的宣传，都因构成不正当竞争行为而被禁止。[7]

除了《日本不正当竞争防止法》外，还有许多其他法律规制虚假陈述。特别是《日本不当奖品和不当表示防止法》不仅详细监管产品的虚假表示，而且监管服务的虚假表示。涉及特殊业务的虚假表示，包括《日本医药企业法》[8]

1　Law No. 239，1947.

2　Law No. 248，1952.

3　Law No. 175，1950.

4　Law No. 104，1962.

5　Law No. 185，1949.

6　UCPA，Art. 12，para. 1，item 1.

7　UCPA，Art. 2，para. 1，item 13.

8　Articles 66－68.

《日本农业化学品控制法》[1]《日本化肥控制法》[2]《日本食品卫生法》[3]《日本家用电器质量表示法》[4]。关于服务的虚假表示，包括《日本医疗法》[5]和《日本证券交易法》[6]。

（二）通过网络广告诋毁竞争对手的商誉

根据《日本不正当竞争防止法》（UCPA）刑事和民事法律条文的规定，禁止散布虚假陈述损害竞争对手商业信誉。[7]根据《日本不正当竞争防止法》的规定，法院判决认为，分发广告小册子造成竞争对手产品低劣或者因价格太高产品不好销售的普遍印象属于不公平竞争行为。[8]

当广告谎称第三人的产品侵犯了某人的商标、专利、实用模型或新的设计权，《日本防止不正当竞争法》规定应当停止谎称侵权行为。[9]

（三）通过网络广告进行不当奖售宣传

作为《日本反垄断法》的补充性法律，《日本不当奖售与不当表示防止法》一般旨在防止通过不当奖售和不当表示的方式引诱消费者，帮助维护公平竞争和保护消费者利益。

1971年，公平交易委员会对涉及以抽奖的方式提供经济利益的广告发布了一个具体通知[10]，认为以公开抽奖的方式提供高额奖品是一种不公平的商业行为。具体来说，公平交易委员会禁止在针对消费者的广告中提供高于正常商业

1　Article 7.

2　Articles 22–2 and 26.

3　Articles 11 and 12.

4　Articles 5 and 6.

5　Articles 69，70 and 71.

6　Article 58，item 2.

7　Article 2，para. 1，item 14.

8　K.K. Chūbu Kagaku Kikai Seisakusho v. Nippon Rope Kikai K.K.，Nagoya District Court，22 Kaminshu 59，Jan. 26，1971.

9　Article 7. See K.K. Akahori Shōten v. Yūgen K. Mitsukura，Tokyo District Court，278 Hanrei Times 374，March 29，1972；K.K. Fuchikawa Honten v. Fuchikawa Sanshō K.K.，Osaka District Court，July 16，1973（not yet published）；Nakayama Denshi Kōgyō K.K. v. K.K.Majima，Tokyo District Court，388 Hanrei Times，324，Oct 6，1975：Tokyo Diamond Kōgyō K.K. v. Berukingu et al. Tokyo District Court，35 Kōgyō Shoyū ken Kankei Hanketsu Sokuhō 3，March 13，1978.

10　FTC Notification No. 34，July 2，1971.

惯例的过多经济利益。广告通常必须针对消费者；因此，针对批发商和零售商或特定人群（如音乐家）的广告不受这种通知的约束。

　　该通知适用于从事食品、服装、家居用品、药品、化妆品、书籍、杂志、唱片、自行车和汽车之制造或销售的企业。另外，从事旅馆、银行和保险、房地产、运输、通信经营或提供服务的企业也要遵守该通知的规定。不从事向消费者提供日常用品或服务的企业不受该通知的约束。

　　该公平交易委员会的通知禁止企业通过以下任何方式在广告中提供过多的经济利益：

　　（1）在寄送含有他们的姓名、地址、职业等信息的明信片申请人之中选择；

　　（2）邀请预测（如预测棒球锦标赛的冠军）和在给出正确答案的人之中选择；

　　（3）邀请回答有关文化、爱好等方面的难题；

　　（4）征集公众关于产品名称、标语等方面的意见，并选出优胜者；

　　（5）要求进行一些表演（如唱歌）并选出优胜者；

　　（6）将奖品授予那些满足广告主设定要求之人（如持有某个号码的入场券）。

　　当某项公平竞争规则规定了公开抽奖的奖品最高金额时，该金额就成了评价该奖品是否过高的标准。在其他情况下，100万日元是允许的最高金额。[1]

　　另外，对于不仅向购买者提供奖品，而且还在广告中以抽奖的方式向非购买者提供的情况，要特别予以关注。[2]

　　必须指出，《日本赠品表示法》适用于电子公告板、博客新型网络广告。一些电子公告板发布旅游信息、美食信息、商品信息等；一些博主在其博客上提供"推荐商品信息"，并附上相关网络链接，收取相应的商品、服务推广费用。如果张贴在公告板或博客上的广告内容虚假，则提供商品或服务的经营者无疑违反了《日本赠品表示法》的规定，应受到相应的处罚。

　　（四）通过网络广告进行不当表示

　　1. 不当表示的定义

　　根据《日本不当奖售与不当表示防止法》第4条的规定，禁止企业作出不

1　James B. Astrachan, Donna Thomas, George Eric Rosden, Peter Eric Rosden, The Law of Advertising, Volume 4, 2008, LexisNexis, p.71-4.

2　See §71.03[3][b][v] infra.

当表示。不当表示是指企业对商品或服务的质量、标准或者与质地或价格有关的任何其他事项，或者其他销售条件所作的以下任何表示。[1]

（1）很可能被消费者误认为比实际状况或者比与该企业竞争的其他企业要好得多；

（2）很可能：（a）不合理地引诱客户；（b）妨碍公平竞争；

（3）通过造成不合理引诱契约，误导消费者，而且妨碍公平竞争，除了前面两项和公平交易委员会指定的情形外。

在实践操作中，当满足要求（1）时，要求（2）和（3）被认为是满足的。任何满足条件（1）的表示都可能不合理地引诱消费者，而且不合理的引诱总是被假定具有妨碍公平竞争的倾向。因此，当第一个条件被满足时，没有必要进行特别调查以证明后两个条件。

不当表示不一定是故意的，即使是无过失的不当表示也要遵守规定，如果：（1）公平竞争规则如此规定；（2）公平交易委员会根据《日本不当奖售和不当表示防止法》第4条第3款的规定指定的一些表示。

在这方面，公平交易委员会指定了以下两种情况：

（1）不含果汁但贴有水果名称或图片或者颜色与果汁相似的软饮料，必须在容器上标明"不含果汁"；[2]

（2）如果消费者难以识别产品的产地，则必须在产品上标明"原产地国"；如果国内产品包含有外国国家的名称、地址、国旗或者外国企业或设计师等，则"日本制造"一词或者日本制造商的名称或者厂址一定要标注在产品上。[3]

2. 表示的范围

表示包含下列要素：

（1）商品、容器、包装、标签或附随物上的广告和其他表示；

（2）通过样品、小册子、说明书或类似方式（包括直邮和门票广告）、口头广告或者其他方式（包括电话销售）打广告；

（3）通过海报、广告牌、霓虹灯广告牌、气球或类似物品打广告和通过展览或表演打广告；

1　与商品或服务的实质有关的事项包括商品的新鲜度、效率和功效以及销售条款（包括数量、净含量、售后服务和担保）。

2　FTC Notification No. 4，March 20，1973.

3　FTC Notification No. 34. October 16. 1973.

（4）通过报纸、杂志、其他出版物、广播（包括高音喇叭广告）、电影、戏剧或者电灯打广告；

（5）在信息处理设备上显示（包括互联网和其他个人电脑通信）。

口头表示包含在内，几乎包括所有表示商品质地、价格或者任何其他销售条件的方式。

（6）关于价格的不当表示。

（7）关于产品功效的不当表示。

（8）关于材料描述和保证期限的不当表示。

（9）关于产品原产地的不当表示。

（10）关于房地产的不当表示。

（11）关于纪念品的不当表示。

（五）网络比较广告必须合规

1987年4月，日本公平交易委员会发布了一个政策声明[1]，指出：依据《日本不当奖售与不当表示防止法》第4条提出的原则，合规的比较广告必须满足以下条件。这些规则是自律监管的依据，而且基于以下目的受到公平交易委员会的鼓励。

（1）比较广告宣称的内容必须能够客观证明。比较中采用的数据必须是真实的，并且必须使用正确的方法进行比较。

（2）经过验证的数字或事实必须准确而正确地引用。范围和目的必须与进行比较研究的范围和目的一致。

（3）比较中使用的方法必须公平。展示竞争对手产品功能的重要缺陷，而实际上该缺陷并不重要，这是不公平的。比较必须是"苹果对苹果"，而不能是"苹果对梨子"。另外，竞争对手产品任何方面的事实或缺陷都可以进行比较。

此外，在比较广告中不得作出毫无根据的诽谤式陈述或者任何攻击公共政策或刑法的陈述。还强烈阻止不道德或不雅的广告词。

四、网络广告行业的自律监管

自律监管在日本的广告监管体系中占据重要地位。日本成立了三家全国性的广告组织：全日本广告联盟、日本广告业协会、日本广告商协会（广告主协会）。日本全国性的广告自律组织是日本广告协会（东京广告协会），它是最

---

1 See the Japanese FTC website，http：//www.jftc.go.jp.

有影响力的全日本广告联盟。日本广告协会作为日本广告业的自律监管组织，制定了广告业的最高行为准则《广告伦理准则》，全日本所有广告媒体和广告经营单位都必须遵守。此外，日本广告业协会、日本广告商协会分别制定了《行业自治规则》《广告团体规则》《媒体出版标准》等行业广告准则，这些准则也是广告业必须共同遵守的自律准则的重要组成部分。

　　在日本，特别强调自律监管。日本广告行业的主要自律监管机构是1974年成立的日本广告审查组织（JARO）。该组织的目的是协助广告人士在自律监管方面达成共识，以保护消费者，并对他们的投诉作出反应，同时充当政府、消费者和业界之间的联络人，以避免立法。[1]日本广告审查组织收到的投诉最初是按"员工"级别处理的。如果它们不能在这里解决，将交由熟悉该主题的相关组织的会议选出的组织处理。如果还不能解决，则该问题交由行业团体、媒体和广告公司组成的全体会议处理。从这点来看，争端将提交给由日本广告审查组织董事组成的初步审查委员会。该委员会的异议裁决将导致由独立人士作出终局决定。从此以后，日本广告审查组织可以将自己的决定通知全体会员，允许他们以自己认为合适的方式宣传它们，从而给反对派施加巨大的压力。

　　另外，日本还成立了互联网广告的相关自律组织，包括日本通信贩卖协会（JADAMA）和日本互联网广告推进协会（JIAA）。日本通信贩卖协会成立于1983年，是专门监管无店铺销售的行业协会，目前会员数已达近千家。日本互联网广告推进协会成立于1995年，是专门监管互联网广告的行业自律组织。日本互联网广告推进协会于2000年制定了《互联网广告伦理纲领》和《互联网广告标准指南》，前者详细规定了互联网广告的定义、禁止的广告内容、广告责任人的确定和法律责任等内容；后者详细规定了广告的审查程序和刊登标准。[2]

▶ 第四节　国外网络广告法律规制的成功经验

一、广告法的一般原则适用于网络广告

　　无论是英美法系的美国和澳大利亚，还是大陆法系的法国和日本，都将网

1　日本广告审查组织报告说，1993年提交了939起投诉和2865件与广告有关的查询。1999年有574起投诉和5771件与广告相关的查询。

2　陈肖盈："日本互联网广告行政规制的现状与启示"，载《经济法研究·第14卷》，北京大学出版社2014年版，第289页。

络广告视为广告的一种新媒介形式，尽管网络广告具有成本低廉、即时互动、跨越地域和时空等特点，但其毕竟还是广告，因此，必须遵守广告法的一般准则。如广告内容必须合法，不得违反禁止性规定，广告要客观真实，不得欺骗和误导消费者，广告不得损害未成年人的身心健康，广告主体从事广告活动，必须遵守公平、诚实信用原则等。简言之，上述一般性广告准则同样适用于网络广告是世界各国的通例。

二、不同类型的网络广告具有自身独有的广告准则

各国就新型互联网广告如何规制问题，针对不同性质、不同类型的网络广告，探索并制定了行之有效的特殊准则。比如，就垃圾邮件广告而言，美国和澳大利亚均制定了反垃圾邮件法，禁止不请自来的电子邮件广告；法国则以破坏"安宁权"的民法人格权理论进行规制。就新型网络广告——搜索引擎广告而言，美国联邦贸易委员会以公开信的方式明确了付费搜索结果与自然搜索结果必须清楚、醒目区分的原则。针对弹出广告这种新型的网络广告形式，美国以判例法的方式禁止被告在未经原告同意的情况下，将其弹出广告在原告所有或管理的任何网站上进行显示。同时，美国许多主机网站借鉴电视插播广告的准则要求，以自律方式宣布了一项政策，即将弹出广告的显示频率限制在每个浏览者每天仅能浏览一次。[1]日本互联网广告自律协会则在《互联网广告刊登标准指南》中将广告媒体运营的网页中刊登的弹出广告、文本链接广告、视频广告以及电子邮件广告等纳入互联网广告的定义之中，清晰界定了互联网广告的类型和适用范围。[2]

三、禁止虚假和误导性广告成为各国网络广告法律规制的核心

世界各国均以判例法和制定法相结合的方式来对虚假广告进行双重规制。美国的《惠勒·利修正案》赋予联邦贸易委员会对食品、药品、医疗、化妆品等关系消费者身体健康产品的虚假广告，享有特定的管辖权；当发现某种食品、药物或化妆品广告虚假可能危害消费者的健康后，联邦贸易委员会可在立案审查的同时，指定其律师到联邦地方法院提起诉讼，要求发布禁令，禁止此

---

1 Stefanie Olsen, Online Ads Get in Your Face（June 13, 2001）, at http：//news.com. com/2100－1023－268365.html（last visited Jan. 3, 2003）.

2 陈肖盈："日本互联网广告行政规制的现状与启示"，载《经济法研究·第14卷》，北京大学出版社2014年版，第281—282页。

广告继续播放。[1]《澳大利亚联邦交易行为法》第52条、第53条、第55条对虚假广告的认定和处罚作了明确规定。另外，澳大利亚普通法以假冒之诉和诋毁之诉来规制虚假网络广告。日本对虚假广告的规制是根据《日本防止不正当竞争法》和《日本反垄断法》作为不公平贸易行为以及根据《日本不当奖售和不当表示防止法》作为虚假表示来进行规制的。[2]法国法院认为虚假或欺骗性广告是根据《法国民法典》第1382条规定的不公平竞争行为。[3]总之，禁止虚假和欺骗性的广告是各国网络广告法规制的核心。

四、一般具有较完备的网络广告法律监管体系

各国对网络广告的监管一般形成了较完整的法律体系，既有联邦或中央立法，也有各州和地方立法；既有判例法，也有制定法；既有行政监管，也有行业自律监管；既有适用于所有广告的一般广告准则，也有适用于烟草、酒精饮料、医疗产品、未成年人、律师、医生等特殊产品和行业的特殊广告准则。在网络广告法律规制方面，美国立法在全球居于领先地位。因为美国除了颁布《美国反垃圾邮件法》《美国通信礼仪法》《美国儿童在线隐私保护法》《美国千禧年数字版权法》《.com披露：有关在线广告信息》[4]等规范网络广告的专门立法外，还通过判例法和行业自律规则为弹出广告、搜索引擎广告、旗帜广告、垃圾邮件广告等新型网络广告制定了行为准则，为如何规制网络广告积累了宝贵的经验。另外，法国的网络广告立法也很有特色，法国法律除了明确规定互联网广告的基本原则（可识别性原则和真实性原则；禁止虚假和欺骗性广告原则；保护未成年人原则；限制比较广告原则）外，还对烟草广告、药品广告、酒类广告等特殊广告准则能否适用于互联网以及如何适用于互联网作出了明确规定，此外还有规制垃圾邮件广告的判例法，因此，法国对网络广告的法律规制可谓走在了世界前列，诸多经验值得我国借鉴。

五、各国建立了严格的法律责任追究制度

法律责任是法律权威的体现和法律运行的保障，在一定程度上决定了法的

---

1 倪嵎编著：《中外广告法规与管理》，上海人民美术出版社2016年版，第283页。

2 Improper Premiums and Improper Representation Prevention Act，Art. 4. as amended May 1993.

3 See e.g.，J.Cl. Com.，CD，Fasc. ⅩⅫ–A.

4 Dot Com Disclosures：Information about Online Advertising is available at www.ftc.gov/bcp/ conline/pubs/buspubs/dotcom/index.html.

强制力和执行力。主要发达国家都非常重视网络广告法律责任制度的建设，对虚假和误导性广告、诋毁商誉、虚假表示、为招揽顾客而亏本销售进行非法广告宣传等网络广告违法行为规定了严格的民事、行政和刑事责任制度。譬如，《美国2003年反垃圾邮件法》对被告蓄意并故意发送垃圾邮件的行为规定了三倍惩罚性赔偿金，对发送诽谤性的商业电子邮件的被告可以处以罚款和五年以下的监禁。[1] 法国第73-1193号法令第44条规定，对虚假或欺骗性广告可以实行禁令救济，停止非法广告的命令可由检察官或预审法官或初审法院根据其自己的动议提出申请。拥有广告发布利益的广告主作为委托人，对所犯罪行负有责任。[2]如果违法者是法人，则责任由其董事或经理承担。[3]该法令规定的最高罚款金额可以增加到构成违法行为的广告费用的50％。为招揽顾客而亏本销售进行非法广告宣传的卖方因误导性广告应受到刑事制裁，因为他的广告活动中包含固有的失实陈述。[4]《日本防止不正当竞争法》第14条规定，对在商品或广告上作出虚假表示，引起人们对商品的来源、质量、成分、制造方法、用途或数量产生误解，并负有责任的人，可以处以3年以下拘役或300万日元以下罚金。[5]《澳大利亚联邦交易行为法》规定，对虚假广告和欺骗性商业行为可以追究刑事责任，对每个犯罪行为最高可以处以5万美元的罚金，对非法人最高可以处以1万美元罚金。自然人故意违反该法，通过适用1914年《英联邦刑法》第5条，可以对每种犯罪行为处以最高1万美元的罚金，同时，通过适用第6条的规定，可以对协助和教唆犯罪行为处以相同的数额的罚金。[6]

1　欧树军译："美国2003年反垃圾邮件法"，载张平主编：《网络法律评论》，法律出版社2004年版，第263页。

2　请注意，第44条也适用于非商人或工匠的个人或组织。See Paris, March 24, 1982. D 1982. JP, 486—487, with an annotation by Paire.

3　请注意，仍然不清楚委托人是否可以通过证明他将责任分配给员工来逃避责任。See, e.g., Cass. crim., Dec. 13, 1982, Bull. crim. 285（推翻了下级法院的判决，理由是一审法院判定一名公司的经理犯有雇员犯下的第44条罪行，但没有证明该经理对广告知情），But see, e.g., Cass. crim. March 23, 1982. JCP 1982 IV 204. On this question see Fourgoux, Gaz. Pal., 1982, No. 262—264, 1—3.

4　See § 74.05［2］［b］［i］［D］infra（misleading advertising）.

5　James B. Astrachan, Donna Thomas, George Eric Rosden, Peter Eric Rosden, The Law of Advertising, Volume 4, 2008, LexisNexis, p.71—8.

6　James B. Astrachan, Donna Thomas, George Eric Rosden, Peter Eric Rosden, The Law of Advertising, Volume 4, 2008, LexisNexis, p.72—7.

六、拥有成熟、高效的网络广告自律监管机制

自律监管与行政监管相比，具有内部信息优势，可以实现事前、事中和事后的全方位监管，具有效率高、成本低、执行易等特点。互联网广告作为新生事物，传统法律法规难以未卜先知，周密规制。但行业自律组织和互联网平台可以先行先试，针对网络广告的技术特征，通过制定公约、章程、准则、标准、规则等方式进行自我监管和自我约束。西方发达国家的广告行业自律组织，作为政府监管的有力补充，往往通过制定网络广告的自律规则和行业标准，对网络广告进行严格监管。比如，日本互联网广告推进协会制定了《互联网广告伦理纲领》以及《互联网广告标准指南》，对互联网广告的定义、广告内容准则、违法广告责任人的确立以及制裁措施等进行了详细的规定。[1] 日本工商会议所的"在线认证"，日本信息处理开发协会的"个人隐私认证"等均开启了行业协会严把市场准入关的监管模式先河。又如，美国直销协会制定的《在线商业广告指南》和反垃圾邮件六项原则，在规制网络广告方面就发挥了积极的示范和引领作用。再比如，澳大利亚国家广告主协会发布的广告伦理法案与实践准则也在规制网络广告方面发挥了应有的作用。

另外，在网络广告的自律监管中，还包括企业和网络平台的自律监管，比如，谷歌的广告自律政策就比较全面和系统，包括广告主不可以在谷歌广告上宣传的内容、不可以在广告投放时采取的行为以及广告、网站和应用的质量标准等，正是这些透明和完善的广告政策，让谷歌的广告治理走在世界前列。

---

1 陈肖盈："日本互联网广告规制的现状与启示"，载张守文主编：《经济法研究（第14卷）》，北京大学出版社2014年版，第289页。

第六章

弹出广告的

法律规制

▶ 第一节　弹出广告法律规制概述

一、弹出广告的缘起与概念厘定

（一）弹出广告之缘起

世界上第一则弹出广告是由艾森·扎克曼（Ethan Zuckerman）负责设计和编写的代码。艾森·扎克曼是一家早期的互联网托管服务公司Tripod.com的设计师和程序员。当时，一家汽车公司倒闭后，在网页上购买了一则横幅广告。但是，该网页上同时还有一则与性相关的广告，而该汽车公司不希望自己的品牌与性联系起来。因此，Tripod.com想到一个解决方法，即让每则广告都有自己独立的窗口，并委派艾森·扎克曼负责设计和编写代码。[1]直至今天，虽然弹出广告已成为众多网站的主要商业模式，但是，许多互联网用户仍会受到它的困扰。

互联网弹出广告是网络广告商吸引互联网用户访问广告赞助商网站的最新创新手段之一。其基本原理是当用户试图从一个网页转换到另一个网页时，弹出窗口由已被编程加载的命令行自行启动，这些命令行通常用所谓的JavaScript编程语言编写，并已被集成到用户试图访问的网页之中。[2]换句话说，当互联网用户在网上冲浪寻找各种信息时，弹出广告就会在窗口（如Word Perfect窗口）或网页（如Internet Explorer窗口）上自动显示。例如，在将"www.gucci.com"输入网页浏览器地址后，互联网用户可能会惊奇地发现他的电脑屏幕上突然出现大量竞争对手的广告，如Louis Vuitton,Fendi或者Prada。用户若要继续使用互联网搜索最初想登录的互联网目的

1　小贝："第一则弹出广告设计师：对不起，我本意是好的"，载https://tech.99.com/a/20140816/033401.html，访问日期：2021年10月10日。

2　See Macromedia Flash Support Center, How to Create Pop-Up Browser Windows in Flash, at http://www.macromedia.com/support/flash/ts/documents/popup_wind ows.htm（last visited Jan. 12, 2003）.

地，如Gucci网站，"必须点击并关闭弹出广告窗口。"[1]

（二）弹出广告之概念厘定

目前我国法律没有给弹出广告下一个明确的定义，学界对此也存在一定的分歧。有人从目的论的角度对弹出广告进行定义，认为互联网弹出式广告是指互联网广告主体利用互联网技术，以提高其广告的传播率、点击率和广告效果，在无须用户点击的情况下，自动出现、弹出或者游动于网页之上，强迫互联网用户观看的广告形式。[2]另有学者根据弹出广告的表现形式对其下定义，认为互联网弹出式广告是指互联网信息服务提供商为了提高广告的传播率、点击率和推广效果，采用声音、影像、文字、图片等多媒体表现形式，在网页上自动弹出一个或多个广告窗口，强迫网络用户在浏览网页时点击观看的一种在线广告形式。[3]还有人从弹出广告出现的位置和格式对其进行定义，认为弹出式广告（Pop-up）是在下载网页期间，出现在新打开的小型浏览器窗口中的广告，广告的格式可以是任何网页标准，如html、gif、jpeg、flash等。[4]综上所述，发布弹出广告是为了增加点击率，达到推销商品和服务的目的；弹出广告的表现形式是采用声音、图片、文字和动漫相结合的方式；弹出广告的出现位置位于浏览器窗口或网页内，广告格式为任何网页标准，包括html、gif、jpeg、flash等。因此，笔者认为，互联网弹出广告可定义为互联网广告主为了推销其商品和服务，提高广告的浏览率，在网络用户浏览网站时，由编程加载的命令行控制并在弹出窗口上自动显示的在线广告。

与传统广告形式相比，互联网弹出广告的特征也非常明显：第一，广告弹出的强迫性，这是互联网弹出广告区别于传统广告的最本质特征。当互联网用户浏览网站时，在没有向用户作出任何提示的情况下，弹出广告会自动蹦出一个广告框，为其他网站或广告主进行广告宣传。由于这种广告自动弹出，让用户在打开网页的同时浏览广告内容，大大提高了广告的点击率，因此，颇受广告主欢迎。第二，广告内容的丰富性与多样性。弹出广告框的内容既可以采用动态的音频、视频形式，也可以采用静态的文字、图片及其组合形式，它以生

---

1 U-Haul Int'l, Inc. v. WhenU.com, Inc., 279 F. Supp. 723, 725（E.D. Va. 2003）.

2 叶明："我国互联网弹出式广告的法律规制困境及其对策研究"，载《经济法论坛·第13卷》，法律出版社2014年版，第48页。

3 孟海燕：《弹出式广告的法律规制研究》，西南政法大学2014年博士学位论文。

4 李金英："网络弹出式广告的危害及其治理对策"，载《河北企业》2010年第10期，第41页。

动、形象和赏心悦目的方式将产品与服务的外观、性能、价格、用途等信息展现给观众，能够达到润物细无声的广告效果。[1]第三，弹出广告的受众范围广泛。弹出广告的受众是所有登录互联网网站，浏览网页的用户，因此，弹出广告可以传播到全球每个角落，可以说，全球所有的网民都有可能成为弹出广告的传播对象或受众。正因为弹出广告的上述属性，它很受广告客户和广告发布者的青睐。据不完全统计，我国网民常用软件中，有弹窗广告行为的软件达1 221个，其中，每天投放的弹出广告数量超过1 000次的软件近500个。[2]弹出广告虽然有利于用户方便快捷地获取重要新闻和商业信息，但是，它也日益成为虚假广告，色情、诈骗信息，病毒的载体，令广大网民不堪其扰，亟须法律予以规范和调整。

二、弹出广告的负效应

关于弹出广告的影响，有肯定说和否定说两种观点。肯定说认为，弹出广告等网络广告形式能够维护互联网的通信自由，并为个人和企业提供有价值的产品和服务信息提供必要的激励。弹出广告作为一种新的互联网广告形式，是广告发布者获取商业收入的重要来源，法律必须对此予以保护。这种观点可用一句流行话语概括："弹出广告的最坏结果是给冲浪者带来不便，但如果用户想要免费的内容，最好对此予以习惯。"[3]然而，占主流地位的还是否定说，认为弹出广告侵入并干扰了互联网用户的在线体验，侵犯消费者的自主选择权，破坏广告市场竞争秩序，必须禁止或严加管制。笔者认为，从整体上来看，弹出广告弊大于利，其负面效应显而易见。

（一）干扰网络用户对网站和网页的正常浏览

弹出广告是"经过专门设计以使消费者无法避开它们的一种广告形式"。[4]从消费者利益的角度来看，过多的弹出广告确实会导致网络用户分心，干扰了网络用户自由意志的行使，从而在很大程度上降低了消费者的沉浸

---

1 参见肖树艳："互联网弹出式广告法律规制研究"湖南师范大学2018年博士学位论文。

2 倪嵎编著：《中外广告法规与管理》，上海人民美术出版社2016年版，第213页。

3 Jonathan Jackson, Pop Goes the Interstitial（June 7, 2001），at http://www.emarketer.com/analysis/eadvertising/20010607_ead.html（document expired）.

4 Stefanie Olsen, Online Ads Get in Your Face（June 13, 2001），at http://news.com.com/2100-1023-268365.html（last visited Jan. 3, 2003）.

感。[1]当网络用户登录相关网站，浏览网页时，大量的网络广告自动弹出，极大地干扰了用户对网页的正常浏览，其中许多广告是用户不想看到的，这些"花花绿绿"的弹出广告占据并屏蔽了大量的屏幕空间，而且随网页的移动而移动。有些弹出广告用户能一键关闭，但更多的弹出广告要么找不到关闭按钮，要么点击了关闭按钮也很长时间没有反应，在最极端的情况下，关闭一个窗口或点击"后退按钮"只会触发多个窗口的启动，从而使用户被不断弹出的窗口淹没，最终滞留在广告商的网站上。同时，许多广告主及其营销人员在多个网站购买了广告空间以吸引消费者，如果互联网用户碰巧访问那些同意寄居特定广告的网站，那么他可能在一次访问中经历数次相同的不请自来的弹出广告。因此，弹出广告既浪费了用户的宝贵时间，又干扰了用户对目标信息的正常搜索和浏览，极大地影响了用户的在线体验效果。

在我国，弹出广告非常猖獗，新浪、搜狐、网易等大型门户网站每天都有大量弹出广告出现。有时弹出广告强制主页指向广告页，而正常应转向的窗口却无法显示。有时弹出广告遮住了整个屏幕，没有任何菜单或关闭按钮可以让用户退出或关闭该窗口。有时当用户试图关闭弹出广告时，另一个又会马上弹出来，甚至一次点击会弹出N个窗口，让用户无法关闭或退出，只能被迫浏览弹出广告画面并阅读其内容。凡此种种，皆违背了网络用户意愿，强迫他们浏览或阅读弹出广告的信息和网页内容，属于严重侵犯网络用户信息浏览自主权的行为。

（二）损害网络用户的计算机虚拟财产权

网络空间不是一个自我维持的世界，如果没有构成它的个人计算机网络，互联网就不可能存在。弹出广告同样受到互联网物理限制的约束。事实上，弹出广告以明显"物理的"方式从传输到浏览的瞬间影响互联网用户的财产。弹出广告存储在主机的网络服务器上，并作为数据包自动通过网络路径传输到不知情用户的个人计算机上。弹出广告由用户的浏览器自动激活，弹出广告就像寄生虫一样，利用用户个人计算机的系统资源自己"解包"成可浏览的形式。然后，弹出广告依赖消费者的计算机显示器的像素来表达自己。

初看起来，这些物理效应似乎微不足道。但是，必须指出，弹出窗口常常导致用户的浏览器"崩溃"。这些策略也可用于虚拟计算机的接管，并剥夺用户对其私有财产的全部控制权，因为计算机设备构成私有财产，并且当财产利

---

1 消费者沉浸感是指消费者在互联网上冲浪式时，其参与娱乐内容的兴趣不被广告中断或打扰的内心感受。

益受到侵入式互联网广告行为的不利影响时，所有者应当具有法律追索权。[1]
虽然现行的法律并没有完全解决弹出广告的特殊财产危害问题，但是，法学界
一般支持这样一种主张，即互联网消费者有权决定局外人可在多大程度上利用
其个人计算机进行营销，这是一项有效的财产权益，应该予以保护。[2]

（三）增加网络用户的经济成本

当互联网用户上线时，他需向在线服务提供商支付上网费用——通常是按
小时计费。因此，互联网用户希望尽可能短时间地留在互联网上以节省资金。
当用户必须浏览自己不感兴趣的广告时，则该用户承担了本应由广告主支付的
信息传输成本。"当广告主用这些弹出广告轰炸你时，他们正在做的是阻止你
访问，而且仍向你收费……"[3]弹出广告会增加网络用户的经济成本，因为互
联网服务提供商（ISP）购买带宽，而且带宽成本是其预算中最重要的成本之
一。当网络用户消耗互联网服务提供商（ISP）的带宽时，ISP面临以下选择：
（1）让付费客户自己处理上网速度放慢的问题；（2）ISP承担增加带宽的成
本；（3）增加费率。总之，网络用户仍被迫承担广告主避免负担的成本。[4]浏
览一则广告的成本对用户来说虽然微不足道，但是，把网络用户观看广告的所
有成本汇总起来，则数值是巨大的。

（四）妨碍竞争对手的正当经营

当用户浏览目标网站的相关产品和服务信息时，弹出广告突然从该网站的
屏幕上出现，将用户的注意力从该网站转移，同时，给用户造成一种弹出广告
是由该网站发布与制作的假象，这既降低了经营同类商品的竞争对手网站的吸
引力，又破坏了竞争对于网站的完整性和价值，还侵犯了竞争对手在其网站上
发布产品与服务广告的设计和控制权。该行为类似于《德国反不正当竞争法》
的"诱捕顾客行为"[5]，即以违反善良风俗的方式诱使顾客上当"入网"，以

1　See Joshua A. Marcus, Note, Commercial Speech on the Internet: Spam and the First
　　Amendment, 16 Cardozo Arts & Ent. L.J. 245, 254（1998）.

2　Eun S. Bae, Pop-up Advertising Online: Slaying the Hydra, 29 Rutgers Computer & Tech. L.J.
　　139, 2003, at 153.

3　Pamela Parker, AOL Faces Class Action Lawsuit, Internet News（June 26, 2000）, at http://
　　www.internetnews.com/IAR/article.php/12_402581（last visited Jan. 12, 2003）.

4　See the cost-shifting discussion in "About the Problem" at http://www.cause.org/about/
　　problem.shtml（last visited Jan. 12, 2003）.

5　《德国反不正当竞争法》规定的诱捕行为包括引人误解的行为、胁迫行为、骚扰行为、不当
　　引诱行为、不当利用赌博心理的行为、不当利用他人情感的行为等类型。

达到"捕获"顾客的目的。[1]在这种情况下，经营者并非以优质的商品与服务去竞争顾客，而是以巧妙的手段去"诱捕"顾客，因此，该行为属于一种典型的不正当竞争行为。

三、弹出广告规制模式之争

（一）禁止说

该观点认为，弹出广告必须一律禁止。因为弹出广告，尤其是恶意弹出广告[2]软件隐藏在用户的电脑中，当用户浏览网页时，弹出广告就会自动激活，不断向用户弹出广告窗口，有些甚至没有关闭或退出按钮，强行劫持用户浏览器转到某些指定网站，这不仅降低了用户的浏览速度，干扰了用户的注意力，还侵犯了用户的合法权益，应当予以禁止。[3]弹出广告是一种非用户主动选择观看的视觉暴力，广告主或发布方利用消费者技术和信息的劣势而强迫向用户投放，它侵犯了消费者本应享有的自主选择权和公平交易权。[4]

（二）允许说

该观点认为，网络广告为网站经营者很重要的收入来源，如果想看免费节目，就必须容忍广告，它是我们为网络自由付出代价的方式，禁止弹出广告对互联网发展极为不利。[5]我国司法实践中允许电视台强制插播广告的判例可以类推适用于互联网弹出广告。譬如，1999年7月，原告王某勤起诉被告西安有线电视台，诉称被告的综合频道在播放48集电视连续剧《还珠格格》的黄金时段大量插播治疗性病广告，影响了原告正常的收视，侵犯其合法权益。请求判决电视台公开赔礼道歉并作出适度赔偿。法院依据原《民法通则》的有关规定判决被告一次性赔偿原告因诉讼造成的损失706.5元，赔偿被告电视收视费17.8元。该案开创了观众可以对强迫广告寻求司法救济的先河。[6]但是，被告上诉

1　邵建东：《德国反不正当竞争法研究》，中国人民大学出版社2001年版，第62页。

2　恶意弹出广告是指在电脑用户不知情的情况下侵入系统并安装在电脑上的强行弹出广告程序。

3　参见黄文伟："论网上插播广告的法律规范"，载《安徽广播电视大学学报》2007年第3期，第32页。

4　参见吴冬琴："浅谈网络弹出式广告的视觉暴力"，载《文艺生活》2012年第4期，第268页。

5　参见黄文伟："论网上插播广告的法律规范"，载《安徽广播电视大学学报》2007年第3期，第34页。

6　李德成：《网络广告法律制度初论》，中国方正出版社2000年版，第66页。

后，二审法院认为，原国家广电总局发布的《关于坚决禁止随意插播、超量播放广告的紧急通知》属于行政性的内部管理文件，不具有法律的强制性，不能在民事诉讼中作为主张民事权益的依据，故驳回王某勤要求电视台赔礼道歉并赔偿损害的诉讼请求。[1]该案终审判决确认了电视台享有商业广告插播权，这一判决结果也与我国电视插播广告的行业惯例相符。由于电视插播广告与互联网弹出广告拥有相同的机理和类似的正当性，因此，发布互联网弹出广告是网站经营者的商业自由和重要的收入来源，任何人都无权剥夺。

（三）有条件限制使用说

该观点认为，弹出广告是网站盈利的一种方式，深受广告主喜爱，因此，原则上应允许使用弹出广告，但应借鉴广播电视对广告的相关规定，对其使用施加一定的限制。[2]比如，我国《广播电视管理条例》第42条规定，广播电台、电视台播放广告不得超过广播电视行政部门规定的时间。《广播电视广告播放管理办法》第17条将播放广告的时间予以具体化，即播出电视剧、电影时，可以在每集（以45分钟计）中插播2次商业广告，每次时长不超过1分30秒。其中，在19：00至21：00播出电视剧时，每集中可以插播一次商业广告，时长不超过1分钟。《管理办法》第22条和第28条还对播放广播电视广告施加一定的限制，即播放广播电视广告不得影响节目的完整性，广告主、广告经营者不得通过广告投放等方式干预、影响广播电视节目的正常播出。尽管该观点提出要对弹出广告的使用施加一定的限制，但是，并没有学者明确提出限制弹出广告使用的具体建议。

笔者认为，我们必须在保护消费者权益与用严厉监管手段扼杀互联网弹出广告增长之间取得平衡，既要保护互联网营销行为，又不能让弹出广告肆无忌惮，随意干扰用户的正常上网和浏览行为，因此，我国立法机关必须对此作出回应，明确规定什么弹出广告行为是可容忍的，什么是不可容忍的，即必须通过立法手段明确细化弹出广告合法与非法的边界。

1　"西安市民王忠勤诉电视台烂插广告"，载《光明日报》1999年8月17日。

2　参见张雅雯："从网络广告的新发展谈网络广告的规范与管理"，载《资讯法务透析》2001年第9期，第50页。

▶ 第二节　美国规制弹出广告的成功经验

美国没有统一的广告法，有关广告的法律规定分散在相关联邦立法和各州自行制定的法规中。关于弹出广告的法律规制除了要遵守联邦和州立法有关广告内容必须真实、禁止欺诈等一般性的广告准则之外，还要遵守法院相关判例确定的弹出广告准则。具体而言，美国立法和司法实践确定的弹出广告准则主要有以下核心内容。

一、弹出广告适用禁令救济

禁令救济是衡平法上的一种救济方式，它的功能在于弥补普通法上金钱赔偿只能补偿原告过去已遭受的损失，而不能防止未来损失继续发生甚至扩大之不足。传统上，禁令救济主要适用于商业秘密纠纷和商标侵权案件。然而，在2002年7月美国弗吉尼亚州东区法院审理的Washington Post v. Gator Corp.一案[1]中，法院禁止被告Gator在未经原告明确同意的情况下，将其弹出广告在原告所有或管理的任何网站上显示。此外，在美国纽约南区于2003年12月审理的1-800 Contacts, Inc. v. WhenU.com and Vision Direct, Inc.一案[2]中，法院判决也将禁令救济适用于弹出广告。该案原告1-800 Contacts, Inc.和被告WhenU.com与Vision Direct, Inc.都是更换隐形眼镜的零售供应商，当网络用户将原告的商标输入网络浏览器网址栏或者互联网搜索引擎中，作出访问原告网站的具体选择时，弹出广告就会自动出现。另外，被告WhenU.com将原告的网址（www.1800contacts.com）收纳到专门的WhenU.com术语目录中，该目录用于在SaveNow软件用户的电脑上触发弹出广告。原告请求法院禁止WhenU向计算机用户投放竞争性的网络弹出广告，认为它违反了联邦和州版权法、商标法和反不正当竞争法。法院判决支持了原告的请求，禁止被告WhenU.com和Vision Direct, Inc.（"Vision Direct"）使用原告的商标，禁止被告在网络用户访问其网站时，生成并投放弹出广告。

在制定法方面，针对弹出广告，最先采取行动的是美国犹他州，该州颁布了《反间谍软件法案》，禁止安装自动出现弹出广告的软件。美国加利福尼亚州制定的《保护消费者反间谍软件法》禁止安装间谍软件，因为间谍软件能够

1　Complaint, Washington Post Co. v. Gator Corp.（E.D. Va. June 25, 2002）（No. Civil 02-909-A）.

2　309 F. Supp. 2d 467（S.D. N.Y. 2003）.

在用户不知情的情况下，在其电脑上安装后门，收集个人信息，削弱用户的控制能力。任何包含弹出广告的应用程序很可能使用间谍软件，同时，间谍软件常常得到广告商的赞助，广告商通过间谍软件非法收集用户信息。因此，间谍软件往往与弹出广告软件密切相关，美国加利福尼亚州的《保护消费者反间谍软件法》对间谍软件予以严厉打击。私自安装间谍软件，违者可能被处以巨额罚款，受害的消费者有权向在自己的电脑中安装间谍软件者索赔1 000美元。[1]

二、主机网站以自律的方式限制弹出广告的出现频率

弹出广告与私人电话和广播电视节目一样具有不可打断性和不容侵扰性。为了防止观众在观看电视节目时受插播广告的侵扰，美国电视广告的广告指南明确限制了插播的次数：在主要时间，每30分钟节目内，广告插播不得超过两次，每60分钟节目，广告插播不得超过四次。[2]与插播广告一样，弹出广告也给用户带来烦恼，因为它们会主动阻碍用户对目标网站的访问与交流。但完全禁止弹出广告目前还不太现实，因为弹出广告是许多免费浏览网站的重要收入来源，若完全禁止则切断了这些网站的收入来源，反而不利于互联网产业的发展。由于弹出广告的效果受时长和次数的影响，因此，为了尽量减少弹出广告的负面影响，美国许多主机网站借鉴电视插播广告的准则要求，以自律方式宣布了一项政策，即将弹出广告的出现限制在每个浏览者每天一次。[3]这有助于缓解用户被骚扰的感觉，无疑是一项创新性举措。

三、基于链接功能使用他人商标不构成商标侵权

在U-Haul International, Inc. v. WhenU.com, Inc.一案[4]中，原告U-Haul对被告WhenU.com提起诉讼，声称被告WhenU.com通过它的SaveNow软件给网络用户发送弹出广告，堵塞了网络用户的电脑屏幕，侵犯了U-Haul的注册商标。法院认为，由于本案的计算机软件没有复制或使用U-Haul的商标或版权，而且WhenU.com的弹出广告软件驻留在个人电脑中得到了用户的同意或者是应其请求而为；另外，原告没有证明在个人电脑独

---

1 陈勇："美国加州反'间谍软件'法生效"，载《人民日报》2005年1月4日，第7版。

2 倪嵎编著：《中外广告法规与管理》，上海人民美术出版社2016年版，第282页。

3 Stefanie Olsen, Online Ads Get in Your Face（June 13, 2001), at http：//news.com.com/2100-1023-268365.html（last visited Jan. 3, 2003).

4 279 F. Supp. 2d 723（E.D. Virginia 2003).

立窗口中出现的妨碍原告的弹出广告属于对原告U-Haul商标的商业性"使用"。即使弹出广告中使用了竞争者原告的商标，因为比较广告不违反商标法。法院特别指出，被告WhenU.com将U-Haul网址和U-Haul商标合并到SaveNow程序中不是商标使用，因为WhenU.com使用该商标仅仅用于"纯粹的机械链接功能"，而不是刊登广告或推销U-Haul网址或任何其他U-Haul商标，不属于商标使用，因此，WhenU.com的弹出广告不构成商标侵权。

四、在他人网站上投放弹出广告不构成对该网站版权的侵犯

在美国，由三家不同法院审理的同一位被告人WhenU.com公司的弹出广告案件[1]中，得出了一致的判决结果，即在他人网站上投放弹出广告不构成版权侵权。理由是：弹出广告不会侵犯版权所有人的展示权，因为弹出广告不会复制或展示他人的作品。另外，弹出广告不会改变或者修改基础网页。这三家法院都认为被告WhenU.com没有侵犯原告的衍生作品权利，因为弹出广告没有创作衍生作品。下面以U-Haul Int'l v. WhenU.com一案[2]为例，该案2003年9月由弗吉尼亚东区法院的法官Lee审理。原告U-Haul声称，被告WhenU.com公司的弹出广告侵犯了自己网站的版权，对本公司造成损害。但是，该案主审法官Lee认为，WhenU.com的弹出广告软件没有复制U-Haul的作品，且弹出广告也不是版权作品的衍生作品。法官Lee给出了被告WhenU.com没有侵犯版权的两条理由。第一，被告没有修改原告U-Haul的网页，WhenU.com的SaveNow程序在一个单独的窗口中显示弹出广告。第二，不是被告WhenU.com通过其SaveNow程序向用户显示原告U-Haul的网站，而是计算机用户根据SaveNow程序与电脑用户网络冲浪活动之间的互动来访问U-Haul的网站。最重要的是，计算机用户控制了电脑桌上窗口的显示方式。另外，该案判决还指出，被告WhenU.com公司的SaveNow程序没有创作原告U-Haul受版权保护材料的衍生作品。因为WhenU.com的程序生成的窗口与U-Haul的网页明显不同，不是独立的版权作品。WhenU.com的弹出广告只是用户电脑屏幕上几个窗口中的一个。 换句话说，WhenU.com的弹出广告只

---

1 See 1-800 Contacts v. WhenU.com, 2003 U.S. Dist. LEXIS 22932（S.D.N.Y. Dec. 22, 2003）；. Complaint, U-Haul Int'l, Inc. v. WhenU.com（E.D. Va. Sept. 5, 2003）（No. Civil 02-1469-A）；Wells Fargo & Co v. WhenU.com, Inc., 293 F. Supp.2d 734（E. D. Mich. 2003）.

2 Complaint, U-Haul Int'l, Inc. v. WhenU.com（E.D. Va. Sept. 5, 2003）（No. Civil 02-1469-A）.

是改变了电脑用户计算机屏幕的像素，同时，像素构成计算机硬件的一部分，并由具有屏幕内容显示选择权的计算机用户拥有和控制。由于计算机屏幕上的像素每隔1/70秒就更新一次，因此，WhenU.com的弹出广告不会创作出具有固定性的享有独立版权的衍生作品。虽然弹出广告会改变用户电脑的显示，但是，这种修改不构成版权侵权。

▶ 第三节 我国互联网弹出广告法律规制的疏漏

一、立法分散、缺乏针对弹出广告的专门立法

我国目前没有规制互联网弹出广告的专门立法，弹出广告行为主要由相关法律规范零星予以规制。我国2021年新修订的《广告法》和2016年7月国家工商行政管理总局颁布的《暂行办法》对互联网弹出广告做了"蜻蜓点水式"规定，即首先确定了互联网广告不得影响用户正常使用的原则，然后，进一步明确规定，在互联网页面以弹出等形式发布的广告，应当显著标明关闭标志，确保一键关闭。新修订的《反不正当竞争法》虽没有明确规制弹出广告行为，但其第12条规定了网络经营者不得利用技术手段，通过影响用户选择或其他方式，实施妨碍、破坏其他经营者合法提供网络产品或服务正常运行的行为，如强迫用户修改、关闭、卸载其他经营者合法提供的网络产品或者服务。如果网络经营者安装恶意弹出广告软件，妨碍网络用户正常浏览网页或者从事网络交易，则可能触犯此条规定，构成不正当竞争行为。综上所述，我国现行立法针对弹出广告，仅仅规定了"不得影响用户正常使用"和"一键关闭"两项基本原则，其余则依据《反不正当竞争法》以"不正当竞争行为"予以兜底。然而，仅依靠上述两原则远远不够，例如，一些弹出广告占据页面篇幅比例太大，一些网站弹出广告过于频繁，均有待有关标准进一步细化。[1]

二、规制弹出广告的具体准则缺失

如前所述，不得影响用户正常使用原则、一键关闭原则和反互联网不正当竞争规则适用于所有的网页浏览行为，不是单独针对弹出广告的具体准则。由于弹出广告的干扰性和自动性，广大网络用户苦不堪言，迫切需要法律制定更具体和更便于操作的弹出广告准则，以规范弹出广告行为，保护网络用户的合法权益。具体来讲，以下调整弹出广告关系的准则存在严重缺失。

----

1 舒锐："规制网络弹出广告还须标准细化"，载《人民邮电》2015年1月5日，第5版。

第一，缺乏界定弹出广告合法性的具体标准。如前所述，目前学界关于弹出广告合法性的通说为有条件限制说，即弹出广告原则上是合法的，但是，弹出广告的使用必须符合一定的要求，不得侵犯用户正常浏览权的行使。关键问题是，这一定的条件和要求究竟是什么？目前法律规定阙如。

第二，缺乏规制弹出广告时长和频率的规则。如果用户电脑屏幕上长时间驻留和反复出现弹出广告，则用户需要不停地点击广告关闭或退出窗口，这既影响用户正常浏览网页，给用户造成视觉污染，又影响用户的心情，是对用户浏览权的侵犯。因此，为了降低弹出广告的视觉污染，必须对弹出广告出现的时长和频率予以限制。比如，《纽约时报》网络版站点规定，读者在24小时内只能看到弹出式广告一次。[1]《美国电视广告指南》对插播广告规定：在主要时段，每30分钟节目内，广告插播不得超过两次。每60分钟的节目，广告插播不得超过四次。[2]该规则尽管只适用于电视广告，但由于用户的正常收视权与网络浏览权具有不受干扰的相同属性，因此，笔者认为，可以对弹出广告制定类似于电视广告的时长和频率限制规则。遗憾的是，我国未有这方面的立法。

第三，缺乏弹出广告页面干扰性认定准则。弹出广告的画面位置、运行轨迹、字体大小、画面尺寸、色彩对比度等方面对用户的干扰程度会产生不同的影响。正常的弹出广告一般占整个页面的1/12或者1/8左右，如果弹出广告画面尺寸过大或者与网页的色彩区分度不明显，则会严重干扰用户对网页的正常浏览。因此，美国联邦通信委员会的一项提案要求弹出广告必须以合理的速度移动，横向文本必须横穿底部（爬行），画面字母必须具有特定尺寸，而且画面内容与网页内容之间应具有合理的色彩对比度。[3]可惜的是，我国的网络广告立法根本没有这方面的细化规定，导致实践中无法可依。

三、弹出广告责任主体确定难

互联网广告的主体既包括传统广告模式中的广告主、广告经营者、广告发布者、广告代言人，还包括网络环境下特有的"程序化购买"模式下的广告需

---

1 百度百科："弹出式广告"词条。

2 倪嵎编著：《中外广告法规与管理》，上海人民美术出版社2016年版，第282页。

3 NOI/NPRM, Sponsorship Identification Rules & Embedded Advertising, 23 FCC R.cd. 10682, 10691（2008）.

求方平台、媒介方平台[1]、广告信息交换平台[2]和互联网信息服务提供者。《暂行办法》第14条明确规定，广告需求方平台的经营者是互联网广告发布者、广告经营者。但是，媒介方平台和广告信息交换平台属于哪类广告主体，应否对虚假广告承担民事责任，尚处于法律不明确状态。另外，广告主、广告经营者、广告发布者三者的身份界限在互联网弹出式广告中日益模糊，甚至出现了三者身份重合的现象。[3]如在博客、微博、微信、QQ等自媒体弹出广告中，广告主、广告经营者和广告发布者可能出现同属一个自然人的情况。互联网上虚假广告难以胜数，但用户往往很难确定弹出广告真正的责任主体，因为自动弹出的广告，可能是用户不小心下载的第三方广告软件自带的，也可能是广告主竞价购买的搜索引擎广告，还可能是浏览网站安装的广告程序，作为普通的网民，很难找到弹出广告真正的广告发布者，责任主体身份难以确定，因此，面临起诉难的问题。

四、执法机构不统一

我国目前负责互联网广告管理的主要行政执法部门至少有三个，即工商行政管理机关、工业与信息化部和国家互联网信息办公室。我国《广告法》明确规定市场监督管理部门主管广告监督管理工作。《暂行办法》也规定互联网广告的相关责任方所在地工商部门（2018年11月后改为"市场监管局"）对广告违法行为享有行政执法权。同时，根据2015年《中央编办关于信息与工业化部有关职责和机构调整的通知》，我国工业与信息化部（以下简称工信部）信息通信管理局负责互联网行业管理和信息通信业准入管理等工作，承担通信网码号、互联网域名和IP地址、网站备案、接入服务等基础管理工作。此外，根据国办（2014）33号通知：国家互联网信息办公室（以下简称国信办）负责全国互联网信息内容管理及其监管执法工作。

除了上述三机构外，《互联网信息服务管理办法》第18条规定，依法对互联网信息服务实施监督管理的专门机构是国务院信息产业主管部门和省、自治区、直辖市电信管理机构。此外，新闻、出版、教育、卫生、药品监督管理、

---

1 媒介方平台是指整合媒介方资源，为媒介所有者或者管理者提供程序化的广告分配和筛选的媒介服务平台。

2 广告信息交换平台是提供数据交换、分析匹配、交易结算等服务的数据处理平台。

3 叶明："我国互联网弹出式广告的法律规制困境及其对策研究"，载李昌麒主编：《经济法论坛（第13卷）》，法律出版社2014年版，第51页。

工商行政管理和公安、国家安全等有关主管部门，在各自职责范围内依法对互联网信息内容实施监管。因此，在我国除工商、电信和国信办等互联网执法机构外，其他行业主管部门对本行业内的互联网信息违法行为也可实施监管。但是，必须指出，尽管我国多部门对互联网信息负有监管职责，但并无任何一部法律规定各部门之间的监管边界。事实上，工商行政管理部门作为网络广告监督管理的主管部门，由于缺乏相应的技术手段和专业人才保障，在查处案件过程中，往往很难发现并确定责任人的真实身份以及固定相关证据。而在确定广告主体身份方面，工信部具有明显优势，因为互联网信息服务提供商应向工信部备案或者取得电信业务经营许可，而网络广告的发布者一般是各个网站平台，一般的合法网站都必须经过工信部的ICP备案，而且备案信息是通过实名认证的。因此，工信部很容易查找并确定网络广告真正的责任主体。但在实际工作中，工信部又不负责网络广告执法工作，其监管优势没有发挥作用。另外，国信办负责对网络信息内容进行审查与工商部门对广告内容进行审查存在重合之处，如果该广告信息内容既违反了广告法，又违反了信息服务管理的相关法律规定，则两个部门都有管辖权，会出现重复执法的问题。因此，我国互联网弹出广告的多部门监管体制导致执法重合和监管效率低下。

五、法律责任不完善

我国《广告法》和《暂行办法》涉及弹出广告法律责任的条款主要有两个：即《广告法》第62条第2款规定，广告主违反互联网广告一键关闭原则，由市场监督管理部门责令改正，并对广告主处以5000元以上3万元以下的罚款。《暂行办法》第26条规定了媒介方平台经营者、广告信息交换平台经营者以及媒介方平台成员的查验核实义务和采取删除、屏蔽、断开链接等技术措施和管理措施义务，若违反上述义务，由工商部门责令改正，处1万元以上3万元以下的罚款。这两个条款规定的都是行政责任，而非民事责任。尽管《广告法》规定了广告主、广告经营者、广告发布者和广告代言人的民事责任形态，包括直接责任、先行赔偿责任和连带责任，但是，《暂行办法》对于媒介方平台经营者、广告信息交换平台经营者以及媒介方平台成员违反查验核实义务和采取删除、屏蔽、断开链接等技术措施和管理措施义务的行为，应否承担民事责任以及承担何种民事责任则无明文规定。另外，由于缺乏规制弹出广告的具体行为准则，导致出现大量的弹出广告违法行为认定困难和处于责任空白地带。因此，我国现行立法关于弹出广告法律责任的规定是不完善的。

▶ 第四节　完善我国互联网弹出广告法律规制的构想

一、制定规制弹出广告的系统性法律规范

由于《暂行办法》是由原国家工商行政管理总局制定的行政规章，其法律位阶较低，不能作为法院审判案件的法律依据，且其中适用于弹出广告的条款极为粗疏和简略，遗漏甚多。因此，必须以法律、行政法规的形式对弹出广告准则作出系统、详细和周延的规定，从而使人们对网络广告行为有明确的预期，消解不确定性对弹出广告发展的阻滞作用。为了全面和系统地规制弹出广告，笔者建议修改《广告法》或者制定《互联网广告管理条例》，专门设置一章规制弹出广告。

二、明确规定弹出广告合法性的判断标准

（一）弹出广告画面原则上不得干扰用户正常浏览网页

法律原则具有更大的宏观指导性，一项法律原则常常成为一群规则的基础。[1]为了保护用户的正常网页浏览权不受干扰，在坚持"弹出广告画面不得干扰网络用户正常浏览网页"原则的前提下，下设四个具体规则将该原则具体化：（1）借鉴美国X10.com网站的经验，为用户提供一种选择未来永久性退出弹出广告的方法，[2]即要求广告主和广告发布者在弹出广告窗口设立用户"永久性退出"选项，并予以清晰显示，以保障用户不受干扰权的完全实现；（2）限定弹出广告出现的时长和频率，建议立法作出如下规定：每个弹出广告在同一用户的电脑屏幕上24小时内只能出现一次，而且广告画面的显示时间不得超过5秒钟；（3）强制规定每家网站首页上的弹出广告不得超过两个；（4）为了尽量减少弹出广告对用户正常浏览进行干扰，同时，让用户更容易区分弹出广告与网页内容，建议立法明确规定，弹出广告画面占整个页面的比例不超过1/8，弹出广告的移动速度必须合理，带有横向文本的弹出广告必须从底部横穿，弹出广告画面的颜色与字体必须与网站内容的颜色与字体具有显著区分度。

1　张文显主编：《法理学》，高等教育出版社2018年版，第121页。

2　Eun S. Bae，Pop-up Advertising Online：Slaying the Hydra，29 Rutgers Computer & Tech. L.J. 139，2003，at 160-161.

（二）明确弹出广告与商标权、著作权等在先权利冲突的解决规则

弹出广告与在先权利的冲突主要表现为与他人注册商标专用权、网页著作权之间的冲突，最常见的权利冲突包括使用他人的注册商标作为显示弹出广告的触发按钮是否侵犯商标权以及弹出广告在网页上显示是否侵犯网站著作权之间的权利冲突问题。因此，笔者建议借鉴美国经验，以立法的方式明确规定以下两条权利冲突解决规则：（1）基于链接功能使用他人商标不构成商标侵权，无论是在弹出广告软件中将他人商标设置为弹出广告的触发条件，还是在网页上将他人商标作为目标网站的链接按钮均不构成商标侵权，因为此时的商标使用仅具有纯粹的机械链接功能，不具有商业性使用目的，也不属于在同种或类似商品上使用他人注册商标的侵权行为。（2）在他人网站上投放弹出广告没有侵犯显示网页的版权，因为在他人网站上显示弹出广告既没有侵犯网站的展示权，也没有修改基础网页，不构成对网站衍生作品演绎权的侵犯。

三、健全弹出广告责任主体制度

首先，为了健全弹出广告的民事责任主体制度，可以借鉴美国经验，美国联邦贸易委员会认为，广告主要对广告中合理表达出来的所有声明、陈述以及暗示负责。至于广告代理人，只有当他们在广告制作、发布过程中起了积极参与作用时以及明知或应知广告的欺骗性时，才承担责任。[1]因此，广告需求方平台、媒介方平台、广告信息交换平台和互联网信息服务提供者只有在广告审查中具有故意或重大过失的情况下，才承担民事赔偿责任。首先，可修改《广告法》和《暂行办法》，以立法方式明确规定，特有的"程序化购买"模式下的广告需求方平台、媒介方平台、广告信息交换平台和互联网信息服务提供者不严格履行互联网弹出广告的审查义务，或者不能提供弹出广告广告主、广告发布者和广告经营者的真实身份和地址，应该承担连带赔偿责任或补充赔偿责任。其次，由于消费者有权"知道谁在向他们进行宣传"[2]，而消费者很难确定弹出广告真正的广告主和广告发布者，因此，为了便于确定责任人，打击违法的弹出广告，笔者建议修改《广告法》，明确规定在弹出窗口中必须显示弹出广告软件的名称和广告发布者的姓名或名称。最后，针对微信公众号、微

---

1 秦燚、蒙柳、郑友德："违反竞争法的网络广告之法律责任"，载张平主编：《网络法律评论（第5卷）》，法律出版社2004年版，第174页。

2 NOI/NPRM, Sponsorship Identification Rules & Embedded Advertising, 23 FCC Rcd. 10682, 10702–03（2008）.

博大V、网红等自媒体的广告发布者多为自然人，他们未在工商部门进行注册登记，处于主体信息监管真空地带的现实，笔者建议在国家或者省级层面建立网络弹出广告和自媒体广告监管信息库，利用人工智能，实行实名制大数据监管，彻底解决目前工商行政管理部门技术力量不足、效率不高的问题。

四、建立由市场监管局牵头的多部门间的联动广告执法体制

根据我国现行网络广告监管体制，工商行政管理部门（现与质监局、食药监局、合并为市场监督管理局）履行广告监督管理职责；工信部负责互联网接入服务、IP地址和域名管理；国信办负责互联网信息内容管理。即由工信部负责管"主体"、工商部门管"行为"和国信办管"内容"。由于互联网广告涉及面广，管理难度大，单凭工商部门难以实现有效监管，因此，关于弹出广告执法，建议建立由市场监管局牵头、由工商、工信、国信、公安、新闻宣传等相关部门参与的案件查处联动机制，以联席会议为平台，建立网络广告广告主、广告经营者、广告发布者、广告需求方平台、媒介方平台、广告信息交换平台和互联网信息服务提供者之间的经济户口信息互通机制，各部门间信息共享，加强协作，开展紧贴式、不间断的弹出广告监管执法。工商部门可以将查处的网络违法广告案件信息反馈给工信部，将相关网站经营者列入黑名单重点监管。另外，必须提高工商部门的执法技术和执法能力，在国家或省级工商部门建立互联网广告监测中心，负责采集和汇总网络广告资料、固定违法广告证据、监测信息发布及结果汇总等重要技术工作。同时，重点监控大型门户网站、视频类网站、网络交易平台、搜索类网站、医药类网站等弹出广告多发领域。

五、完善法律责任制度

依照传统法理学的逻辑思维，没有责任的范畴体系是不完整的，没有责任强制力支持的法律规范是软弱的。[1]为了完善我国互联网弹出广告的法律责任制度，建议从以下三个方面入手：第一，增设禁令救济，广告执法机关或审理案件的法院对于非法安装弹出广告软件或者没有在弹出广告窗口设置永久退出选项或者没有按规定时长和频率设置弹出广告的广告发布者或广告主可以实施禁令制裁或者取消其弹出广告发布资格。第二，扩大民事责任的主体适用范围，将承担弹出广告民事责任的主体范围从现行《广告法》规定的广告主、广

---

1 吕忠梅、陈虹：《经济法原论》，法律出版社2007年版，第221页。

告经营者、广告发布者和广告代言人扩大包含媒介方平台经营者、广告信息交换平台经营者以及媒介方平台成员，只要上述主体没有履行相关的法定或约定的广告审查义务，使用户遭受损害，均应承担相应的连带赔偿或补充赔偿民事责任。第三，提高处罚数额标准，加大惩戒力度。如前所述，针对弹出广告行为，《广告法》规定5 000元以上3万元以下罚款、《暂行办法》规定1万元以上3万元以下的罚款数额明显偏低，与广告主和广告发布者获得的巨额广告收益相比明显不对等，不足以惩戒违法者，因此，笔者建议将罚款金额扩大到10万元以上100万元以下。

▶ 结论

尽管国际上存在消灭弹出式广告的呼声，而且随着雅虎等网络巨头在公司工具条中添加了阻止弹出广告的功能，使得弹出广告的发布变得越来越困难。但是，在我国新浪、搜狐、网易等主要门户网站的弹出广告有增无减，每天都有大量的弹出式广告考验网民的忍耐力和政府的管制决心。完全依靠技术手段无法禁止弹出广告，因为"道高一尺，魔高一丈，愈进愈阻，永无止息"。[1]况且，弹出广告具有吸睛效果，是网站经营者的重要广告收入来源。因此，完全禁止弹出广告无论从技术层面，还是从法理层面而言，均不具有现实性和正当性。因此，规制互联网弹出广告的理性选择是，原则上承认弹出广告的合法性，同时，为弹出广告的发布和显示建章立制，即制定规制弹出广告的具体行为准则，以防止弹出广告的滥用，保护网络用户的正常浏览权不受非法干扰和侵犯。

---

1 谭嗣同：《仁学》，朝华出版社2017年版，第103页。

第七章

电子邮件广告的法律规制

▶ 第一节　最便宜的网络广告——垃圾邮件的界定及其负效应

伴随着互联网技术的高速发展，电子邮件日渐成为我们日常生活中不可或缺的一部分。根据我国《暂行办法》第3条的规定，推销商品或者服务的电子邮件广告是互联网广告的重要类型。电子邮件在带给人们方便快捷的同时，垃圾邮件也随之产生。今天，一位垃圾邮件发送者在一天之内可以发送5000万至2.5亿封电子邮件。据统计，根据调查结果估算2016年下半年用户平均每周收到垃圾邮件16.8封，[1] 占电子邮件用户收到的电子邮件的一半以上，对电子邮件用户的工作和生活产生了重要影响。垃圾邮件是最便宜的互联网广告形式之一，因为它利用了互联网定价中的搭便车现象。遗憾的是，目前我国法律界对垃圾邮件的法律规制问题尚不够重视，相关的立法也不完善，不明商家或客户利用群发垃圾邮件推销商品或服务的乱象屡禁不止，严重干扰了用户对网络的正常使用，因此，我国亟须完善相关立法，以规范电子邮件广告，遏制垃圾邮件。

一、垃圾邮件的界定及其法律性质

（一）垃圾邮件的界定

电子邮件广告是网络广告的一种重要类型，它必须遵守广告的一般准则和互联网广告的特殊准则。即广告内容必须合法，医疗、药品、食品、农药、兽药等特殊商品或服务的广告须经广告审查机关审查，互联网广告必须确保一键关闭。另外，根据《暂行办法》第8条第3款的规定，未经允许，不得在用户发送的电子邮件中附加广告或者广告链接。也就是说，发送电子邮件广告必须经过用户的同意，否则是不允许的。而根据2002年颁布的《中国教育和科研计算机网关于制止垃圾邮件的管理规定》对垃圾邮件的内涵进行了界定：垃圾

1　中国互联网协会："2016年下半年反垃圾邮件报告"，第5页，https://www.12321.cn/Uploads/pdf/1490948638.pdf，访问日期：2018年9月22日。

邮件是指未经用户请求强行发到用户信箱中的任何广告、宣传资料、病毒等内容的电子邮件。垃圾邮件一般具有批量发送的特征。2003年颁布的《中国互联网协会反垃圾邮件规范》第3条对垃圾邮件的外延进行了列举，以下电子邮件属于垃圾邮件：（1）收件人事先没有提出要求或者同意接收的促销材料；（2）收件人无法拒收；（3）隐藏发件人身份、地址、标题等信息；（4）含有虚假的信息源、发件人、路由等信息。美国学者Gary H. Fechter和Margarita Wallach认为，垃圾邮件是不请自来的商业电子邮件（UCE）或者不想要的不请自来的群发邮件（UBE），还包括用户在网页冲浪时，或者远程方在未征得电脑所有人允许或知情的情况下在电脑上安装广告软件或间谍软件出现的网页和弹出广告。[1]在澳大利亚，垃圾邮件的范围非常广泛，既包括电子邮件、即时通信、短信和彩信（但是不包括传真），也包括弹出广告和语音电话销售。对于发送邮件的数量，并不要求垃圾邮件是大宗邮件。[2]日本2002年经济产业省颁布出台的《日本特定电子邮件法》将垃圾邮件界定为："为了自己或者他人的营利目的，在未事先征求收件人同意的情况下发送的电子邮件。"《欧盟隐私与电子通信指令》将垃圾邮件定义为未经收件人事先同意而向个人发送的商业、宣传性的电子邮件。[3]

综上所述，垃圾邮件具有以下几个共同特征：第一，垃圾邮件首先是电子邮件，至于其他不请自来的网页、弹出广告、短信、微信、微博、QQ聊天室等即时通信工具，由于没有固定的接收邮箱，信息很容易过期或丢失，所以不是电子邮件，不应纳入狭义的垃圾邮件范畴；第二，垃圾邮件的本质特征是未经收件人事先同意而发送，若征得收件人同意，则属于正常的合法邮件；第三，垃圾邮件的表现形式多样，包括未征得收件人同意的电子邮件、无法拒收的电子邮件、隐藏真实信息的电子邮件、含有虚假信息的电子邮件、含有有害信息的电子邮件和骚扰性电子邮件等多种类型。第四，垃圾邮件是合法的电子邮件广告的对立面，要规范电子邮件广告，首要的任务是如何规制和制止垃圾邮件。

1　Gary H. Fechter, Margarita Wallach, Spamming and other Advertising Issues: Banners and Pop-up, ALI-ABA COURSE OF STUDY MATERIALS Internet Law for the Practical Lawyer, SK102, April 2005, p.177.

2　Spam Australian Act 2003, Wikipedia, http：//wiki. media-culture. org.au/Index.php/spam_-_Australian _ Act _ 2003.

3　李长喜："垃圾邮件的立法应对"，载张平主编：《网络法律评论（第5卷）》，法律出版社2004年版，第282页。

　　必须指出，尽管垃圾邮件更多地表现为推销商品与服务的商业广告邮件，但是它不限于商业性电子邮件，也就是说，不一定要以营利为目的，非商业性电子邮件只要符合未征得收件人同意或者对收件人有有害影响，也属于垃圾邮件。另外，垃圾邮件是否必须以群发为要件，本人也持否认的观点，因为垃圾邮件的本质特征是违背收件人的意愿或给收件人带来不良影响与后果，至于发送邮件数量的多少并不影响垃圾邮件的性质。因此，笔者建议采取概括与列举相结合的方式对垃圾邮件进行定义：垃圾邮件是指不请自来的或者含有有害信息的电子邮件，它包括：（1）不请自来的各种推广性电子邮件；（2）收件人无法拒收的电子邮件；（3）隐瞒、伪装发件人真实身份、地址、路由等信息的电子邮件；（4）含有蠕虫病毒、恶意代码等有害信息的电子邮件；（5）利用价值低、频繁发送的骚扰性电子邮件。

　　（二）垃圾邮件的法律性质

　　关于垃圾邮件的法律性质，学界的争议很大，概括起来，可以分为合法说和非法说两大类。

　　1. 合法说

　　垃圾邮件合法说又分为"商业言论自由说"和"通信自由说"，下面分述之。

　　（1）商业言论自由说。该说认为，垃圾邮件一般是不请自来的大规模的群发性商业邮件，发送垃圾邮件主要是以营利为目的的推销商品和提供服务，其性质相当于商业广告。商业言论自由受宪法保护，对其实施限制要接受常规的合宪性审查。[1] 但是，商业言论不得违法或具有误导性。群发性的电了商业邮件成本低廉，快捷方便，没有时空限制，给用户带来极大方便。客观地说，早期不请自来的电子邮件确实都是各大公司发布的广告，因此，早期将垃圾邮件视为广告也并无不可，但是伴随着互联网技术的发展，垃圾邮件的内容日趋多样化，其已不再仅仅只是以广告为内容的电子邮件，还产生了包含其他违法犯罪内容的电子邮件，这些电子邮件包含着各类欺诈信息和各类病毒木马等，对于大多数普通电子邮件用户来说，很容易落入这些陷阱之中，对自身正常的工作生活产生多方面的不利影响。因此，我们认为，商业言论自由说只反映了那些无害垃圾邮件的性质，离广泛代表性还有一段距离。

1　Mitchel L. Winick, Debra Thomas Graves, Christy Crase, Attorney Advertising on the Internet: from Arizona to Texas-Regulating Speech on the Cyber-Frontier, Texas Tech Law Review, 1996, p.1507.

（2）通信自由说。该学说认为，在网络空间，自由访问与交流是一种至高无上的利益，政府对垃圾邮件进行管制立法是无意义的，因为大多数垃圾邮件来源于或者可以转移到境外，超出了各国法律的适用范围。[1]我国宪法也规定，公民的通信自由和通信秘密受法律保护，除因国家安全或者刑事调查的需要，由公安机关或者检察机关依法定程序进行检查外，任何组织或者个人不得侵犯公民的通信自由和通信秘密。因此，电子邮件作为现代日常生活中常见的一种通信方式，是人们享有通信自由和通信秘密的应有之义，不受其他团体和个人的干涉，因而人们可以任意发送各类电子邮件，不受限制。这种观点虽有一定道理，但缺陷也是显而易见的。因为我国宪法明确规定，公民在行使自由与权利的时候，不得损害国家的、社会的、集体的利益和其他公民的合法自由和权利。我们认为，电子通信自由也不是绝对的，也是有边界的，没有取得他人同意滥发电子邮件，就可能侵犯他人正常生活和通信自由与通信安全。

2. 非法说

垃圾邮件非法说主要包括"侵犯动产说"和"网络妨害说"，现分述如下。

（1）侵犯动产说。侵犯动产说是英美法系国家一个古老的理论，该学说认为，没有征得收件人同意，向其发送电子邮件是一种侵犯动产（网络空间）的行为，动产是指可移动的资产，既包括设备，也包括网络空间。侵犯动产的侵权行为对未经授权使用或者干涉他人的个人财产提供了救济。不过，提起动产侵权之诉，原告必须证明：（a）故意的物理接触；（b）因果关系；（c）对动产造成实际的实质性损害。在美国，有一系列涉及网络蜘蛛侠机器人的案例，它们将"实际的实质性损害"扩大到包括"损害威胁"。虽然法院没有发现重大的实际损害，但是由于模仿犯罪的可能性，它们作出了原告胜诉的判决。支持这种裁决的依据是法院认为其他人可能会模仿被告的行为。[2]侵犯动产的理论被用来保护计算机网络免受第三方未经授权的访问或使用。该原则强调故意干涉占有个人财产，而不考虑损害的程度。我们认为，将侵犯动产理论的适用范围扩大到网络空间，即为无形物提供法律保护，使得无形物的所有者或控制者有能力防止任何人对网络空间的访问，并延长了保护期限，具有积极

1　California spammers to move offshore, Vigilant.tv （Oct. 4, 2002）, at http：//vigilant.tv/article/2294.

2　Register.com, Inc. v. Verio, Inc., 126 F. Supp.2d 238, 249-51 （S.D.N.Y.2000）; eBay, Inc. v. Bidder's Edge, Inc., 100 F. Supp. 2d 1058, 1063-65 （N.D. Cal. 2000）.

意义。但是，将有体物的保护范围和原则全面适用于网络空间，有导致互联网"过度财产化"之嫌。

（2）网络妨害说。网络妨害说起源于不动产法背景的私人妨害理论，该理论最初用于解决土地所有人宁静地拥有土地，不受他人非法侵害的问题。由于所有权的目的就是在人们共同相处的前提下为所有权人享受其用益提供全面的保护，因此凡是影响这种用益的行为都属于妨碍之列。[1]所有权人于其所有权的圆满状态受到占有以外的方法的妨碍时，对于妨碍人享有请求排除妨碍的权利。[2]学术界一直在呼吁对垃圾邮件适用网络妨害理论，该理论认为，垃圾邮件没有征得收件人同意，不请自来，妨碍了收件人对正常邮件的使用，甄别和处理垃圾邮件耗费收件人大量的时间，个别病毒软件甚至瘫痪用户电脑，因此，垃圾邮件对收件人正常使用网络构成妨害。该学说避免了在侵害动产方法中使用非法侵入之法律虚构。[3]妨害比侵入动产更好认定，因为法院只需确定是否已经实际发生了对原告财产使用的干扰，而无须考虑是否已发生了使原告丧失计算机或网络的非法进入（电子）以及是否发生了实际损害。网络妨碍原则允许法院进行利益平衡，并对无害电子邮件和垃圾邮件进行区分。网络妨害说排除了对实际损失的评估和认定，更有利于保护收件人的利益，但是，它要求原告证明存在实际妨害，即实质干扰了他人财产的使用（如垃圾邮件造成成本的增加），这表面上看起来与侵犯动产理论不同，实际上又造成了侵入动产与网络妨害两种理论之间的交叉与混淆。

我们认为，由于侵犯动产要求实体性侵入，无须证明利益受损，而不请自来的垃圾邮件正好符合这一特征，所以对这类垃圾邮件，依侵犯动产为由起诉较为有利；而对于含有蠕虫病毒、恶意代码、隐藏真实身份等有害信息的垃圾邮件，即使事先征得收件人同意，只要收件人能够证明自己的利益受损，也可依网络妨碍为由提起诉讼。因此，这两种诉由互为补充，各有侧重，两者结合起来可以满足各种垃圾邮件诉讼之需要。

二、垃圾邮件的负效应

垃圾邮件尽管可以不限时地为用户提供各种信息，但是，其副作用显而易见。事实上，不受限制的垃圾邮件所带来的负面效应已远远超出其正面价值，

1　［德］曼弗雷德·沃尔夫：《物权法》，吴越、李大雪译，法律出版社2002年版，第151页。

2　参见梁慧星、陈华彬：《物权法》，法律出版社2018年版，第126页。

3　Mossoff, Adam, "Spam——Oy, What a Nuisance！", 19 Berkeley Tech. L.J. 625（2004）.

它既可能干扰用户对网络的使用，损害用户之私益，也可能危害计算机网络系统安全，侵犯国家和社会公共利益。

（一）浪费收件人的资金和时间

垃圾邮件占用带宽，浪费收件人的网络使用费。收件人删除邮件需要花费时间，错误打开垃圾邮件的人更需要花费时间浏览和退出，识别被垃圾邮件过滤器删除的消息更需要花费大量时间。据中国互联网协会反垃圾邮件工作委员会发布的《2016年下半年反垃圾邮件报告》的统计，垃圾邮件每周浪费用户时间平均在10分钟，浪费时间在5分钟以内的比例为33%，浪费时间在6—10分钟的比例为25%，浪费时间在10分钟以上的至少超过了31%。另据统计，垃圾邮件使互联网服务提供商每年遭受约5亿美元的损失。这些成本被转嫁给消费者，每月增加2—3美元的上网费用。[1]

（二）干扰用户对网络的使用

鉴于垃圾邮件的大量存在，许多电子邮件提供商从满足用户需求的角度出发，被迫在电子邮箱中提供垃圾邮件拦截服务，但是由于包括技术原因在内的各类原因的影响下，垃圾邮件有时没有被拦截到垃圾箱，导致垃圾邮件占用大量存储空间，以致正常邮件的收发不通畅，有时错误地将正常邮件当作垃圾邮件拦截进垃圾箱，导致用户时常不能正常收到应当收到的邮件，严重影响了电子邮件用户正常邮件的收发活动。根据我国互联网协会反垃圾邮件工作委员会的统计，垃圾邮件还造成35%的用户"正常邮件被拦到了垃圾箱"和27%的用户"正常邮件收发不畅通"[2]。垃圾邮件的迅速增长也阻碍了用户正常的在线交流，许多用户发现，那些他们想要接收的电子邮件面临着丢失、忽略或被退回的风险，这导致了电子通信可靠性和有用性降低。[3]

（三）威胁计算机网络和系统的安全

许多互联网服务提供商和企业正在花费越来越多的精力、时间和资本开发过滤垃圾邮件的软件。然而，垃圾邮件发送者却永远在设想规避过滤器的方法。一旦旧的过滤器失灵，就必须开发新的过滤软件，等待新的过滤软件被规

1　Gary H. Fechter, Margarita Wallach, Spamming and other Advertising Issues: Banners and Pop-up, ALI-ABA COURSE OF STUDY MATERIALS Internet Law for the Practical Lawyer, SK102, April 2005, p.182.

2　参见中国互联网协会：《2016年下半年反垃圾邮件报告》，第7页，https://www.12321.cn/Uploads/pdf/1490948638.pdf，访问日期：2018年9月22日。

3　徐剑："电子邮件广告的表达自由与限制——论美国的反垃圾邮件立法"，载《现代传播》2009年第3期，第115页。

避，又必须再次开发新软件……，由此形成一种恶性循环。垃圾邮件是病毒传播的重要传染源，垃圾邮件很多都带有病毒或者木马，一旦点击这些邮件中的链接电脑就很有可能被植入病毒，甚至只要打开这些垃圾邮件就很有可能被植入病毒，后果较轻的话可能引起电脑卡顿，造成电脑无法正常运行，情形较重的话甚至会造成个人隐私的泄露和电脑的损坏以及系统的崩溃，严重威胁计算机网络和系统的安全。

（四）给用户造成财产和精神损害

电子邮件发件人常常通过伪装消息来源或者伪造域名注册人的身份和联系信息，对发件人的商品和服务进行虚假宣传。由于发件人和收件人之间存在信息不对称性，发件人往往隐瞒交易中的重要商业细节，尤其是许多对消费者的购买决定至关重要的信息被隐瞒——通常被伪造——由商家以匿名的方式及有效的匿名电子邮件进行互联网操作。这种操纵、隐瞒和伪造信息可能包括商人的身份和信誉；广告产品的性质和可靠性。伪造消息来源或域名注册人身份进行虚假宣传的垃圾邮件类似于"傍名牌"和"搭便车"进行"虚假宣传"的不正当竞争行为。无论是"傍名牌"还是"搭便车"，其实质都是借用他人付出努力所形成的商誉的不劳而获的不正当竞争行为。[1]正如美国联邦最高法院所说："不公平竞争法根植于普通法的欺骗侵权行为，其基点是保护消费者免受来源之混淆。"[2]内容不健康和欺诈性的电子邮件往往让收件人防不胜防，上当受骗，轻则损失财产，重则萎靡不振，精神颓废，严重损害心理和生理健康。

▶ 第二节　国外反垃圾邮件立法的成功经验

在反垃圾邮件立法方面，美国走在世界前列。美国司法实践中法院除了适用传统的侵犯动产和网络妨害理论对垃圾邮件纠纷进行审理，还有一系列的州法和联邦制定法对垃圾邮件予以规制。美国规制垃圾邮件的联邦法律主要有：《美国1999年收件箱免受干扰法》《美国2001年未经请求淫秽作品的攻击及销售控制法》《美国2001年反未经请求商业电子邮件法》《美国2003年未经请求的色情与行销消息攻击控制法》（以下简称《美国反垃圾邮件

1　北京市律师协会编：《反垄断与反不正当竞争法律实务精解》，北京大学出版社2012年版，第304页。

2　参见孔祥俊：《商标与不正当竞争法：原理和判例》，法律出版社2009年版，第257页。

法》）。下面主要以《美国反垃圾邮件法》为范本，并结合澳大利亚、日本的立法，介绍一下国外反垃圾邮件立法的成功经验。

一、选择进入规则和选择退出规则共存

美国加利福尼亚州和特拉华州是反垃圾邮件立法的先驱。两个州都对垃圾邮件采用了选择进入规则，除非收件人此前表示同意接收，否则，所有的商业电子邮件都是非法的。[1]《美国反垃圾邮件法》要求所有的商业电子邮件发布者在操作中使用"选择退出"规则，即他们必须给商业信息的收件人提供一种可以选择不接收特定发送者任何未来邮件的可靠方法。"选择进入"规则不同于《美国反垃圾邮件法》的"选择退出"规则，后者至少认为发送给收件人的第一份不请自来的商业电子邮件是合法的，只要他一定能从未来的垃圾邮件中选择退出。但是，如果收件人作出了拒绝继续接收的请求，则发送者在收到拒绝请求10个工作日之后，依然发送被拒绝种类的商业性电子邮件及其主观评价，被视为违法。所有的商业电子邮件都必须包含对收件人的明确表示：电子邮件是商业性的，收件人有权选择退出与发送者之间的未来通信。该法还要求发件人在任何未经请求的商业电子邮件中提供准确的回邮地址。[2]《美国反垃圾邮件法》还提供了一个"全国不收电邮的用户列表"的注册机制，广告邮件商不能对进入该列表的用户发送邮件广告。[3]

选择进入规则是最严厉的一种防范垃圾邮件措施，目前在澳大利亚和美国少数几个州实行，该规则虽然严厉，但也可能大大减少收件人可能接收到更多的电子邮件信息。选择退出规则虽然将选择权留给了收件人，但是，只要该垃圾邮件包含选择退出信息和正确的标题信息就是合法的，这也导致更多的垃圾邮件指向该特定退出地址，大大增加了垃圾邮件的数量。

二、禁止包含虚假、误导性信息的电子邮件传播

《美国反垃圾邮件法》规定：任何人对一台受保护的计算机发送或传输包含或带有虚假或误导信息的商业性电子邮件，或交易性邮件、关系性邮件，都被视为违法，包括或伴随标题信息事实上虚假或事实上误导。任何人给受保护

1　Cal. Bus. & Prof. Code 17529.1

2　Passed as Senate Bill S. 877，108th Cong.（2003）. at 5（a）（5）（iii）.

3　徐剑："电子邮件广告的表达自由与限制——论美国的反垃圾邮件立法"，载《现代传播》2009年第3期，第115—116页。

计算机发送商业电子邮件，如果该人具有真实知识或明显基于客观环境的知识，并且邮件的主观性标题可能误导收件人对实际情况的认识，都将被视为非法。一般来讲，在商业性电子邮件中不明显表明回复地址或其他类似的机制，都将被视为非法。如果商业电子邮件的主题行未包含需要加注的标记或者警示，以便收件人在打开电子邮件时可以直接看见邮件的内容，则任何人在跨州商业活动中或者在与跨州商业活动相关的活动中，将含有色情内容的商业电子邮件发送到受保护的计算机的行为都是非法的。[1]

这些规定旨在防止常见的欺骗性垃圾邮件发送者策略，包括禁止以下行为：使用伪造的电子邮件标题和返回地址；使用欺骗或误导性的主题行；通过自动手段"获取"电子邮件地址；劫持"中继"计算机伪装商业电子邮件的来源；继续给其他垃圾邮件发送者发送商业电子邮件或者分发已选择退出之收件人的电子邮件地址；以及基于隐藏垃圾邮件活动的目的，使用多个电子邮件账户。

三、商业性电子邮件有严格的标识符要求

《美国反垃圾邮件法》规定，商业电子邮件必须标明"ADV"或"广告"字样；另外，商业性电子邮件中还必须包含以下标识符、可选项或实际地址：对邮件是否收到请求的清晰标识；对拒绝今后继续接受此类邮件的方法的清晰标识；发送者有效的实际邮箱地址。另外，必须给含有色情内容的商业电子邮件添加警示标志。

在芬兰，不请自来的要约必须让消费者能够清楚地识别出其具有销售广告的性质。将要约描述成"广告测试""市场调研"或"意见调查"的，将被视为影响消费者决策的不当方法。电子邮件和互联网上的营销和广告均被视为直接广告。电子邮件中的地址信息必须注明来源。[2]

四、实时黑名单和白名单制度

西方发达国家反垃圾邮件的一个有效方法就是实行黑名单和白名单制度。黑名单一般是指由反垃圾邮件组织提供的包含一系列被认为发送或转发了大量垃圾邮件的邮件服务器IP地址的列表。互联网上著名的反垃圾邮件组织有

---

1 See Controlling the Assault of Non-Solicited Pornography and Marketing Act of 2003, Sec. 5（d）.

2 ［美］马特斯尔斯·W.斯达切尔主编：《网络广告：互联网上的不正当竞争和商标》，孙秋宁译，中国政法大学出版社2004年版，第81页。

Spamhaus、SpamCop、TrendMicro，这些反垃圾邮件组织提供实时黑名单。只要列入黑名单，服务器会拒收从该邮件服务器发出去的邮件。黑名单制度是防止垃圾邮件的一种非常有效的方法。

白名单是指由反垃圾邮件组织提供的用户可以接收的电子邮件的域、IP地址的简单列表。它是一个被垃圾邮件过滤器捕获而实际上应该有效的域的名单。白名单可以用于构建一个非常安全的电子邮件接收箱，用户可以放心接收来自白名单地址发送的电子邮件，这也是公司内部电子邮件地址或者私人电子邮件地址的常用方法。收件人设置了白名单之后，就等于默认了接受你添加的这个电子邮件地址的电子邮件，即使屏蔽了所有人的电子邮件，只要某电子邮件地址处于白名单之中，收件人就可以接收到。如果没有白名单制度，一些重要的邮件被拦截进入垃圾箱就比较麻烦了。白名单可以根据收件人自己的需要进行设定，这相当于给别人开设VIP通道。无论是黑名单还是白名单，反垃圾邮件组织均应及时更新，并且收件人可以进行调整或增减以满足自己的实际需要。

五、完备和严苛的责任追究制度

《美国反垃圾邮件法》对发送垃圾邮件的违法行为规定了严格的刑事和民事责任：（1）刑事责任，对于未经授权访问电脑，并通过其故意进行各种商业性电子邮件的传播，故意伪造标题信息，利用伪造的注册人身份信息注册五个或五个以上电子信箱账户、在线用户账户、两个或两个以上域名（满足其中之一的），并通过以上方式故意进行各种商业性电子邮件的传播等行为，处以罚金或5年以下有期徒刑，并没收财物。司法部利用一切现存执法手段，包括《美国法典》第18章第47节和第63节（与欺诈或者虚假陈述有关）、《美国法典》第18章第71节（与色情有关）、《美国法典》第18章第110节（与儿童色情广告有关）、《美国法典》第18章第95节（与敲诈勒索有关）所包含的调查和起诉那些发送大量商业电子邮件、违反联邦法律的人的手段。[1]

（2）民事责任。如果某州的检察长，或某州的官员或机构认为该州居民已经或正在受到欺诈性垃圾邮件，或包含性取向材料的商业电子邮件，或发送不含可用的回复电子邮件地址之邮件，或者在收件人拒绝之后发送商业电子邮

---

1 欧树军译，"美国2003年反垃圾邮件法"，载张平主编：《网络法律评论·第5卷》，法律出版社2004年版，第265页。

件的人的威胁或不利影响，则该州检察长、官员或该州的适当机构就可以代表该州居民向具备相应权限的美国地方法院，提起民事诉讼，并代表本州居民获得赔偿金。（a）法定赔偿金。一般规定——按照违法的次数（居民所收到的或向其单独发送的每个非法信息，均视为一次违法），乘以不超过250美元所得出的乘积。但对任何侵害（欺诈性或误导性资料传递除外）赔偿的数额不得超过200万美元。（b）增加赔偿金。法院确定被告蓄意并故意地发送垃圾邮件，或者具有以下加重处罚情节，可以将赔偿金数额增加到原数目的最多三倍：A. 利用自动方式从互联网站点或其他经营的在线服务，获取收件人的电子邮件地址；B. 多个电子邮件账户的自动建立；C. 通过未授权的路径转发或重发，法院可以将赔偿金数额增加到原数目的最多三倍。[1]美国严苛的刑事和民事责任制度极大地增加了垃圾邮件发送者的违法成本，有效地遏制了美国垃圾邮件泛滥的局面。

▶ 第三节　我国反垃圾邮件现行立法的缺陷

一、规制垃圾邮件的现行法律规范层级低、标准不统一

　　为了应对日益严重的垃圾邮件问题，2000年中国电信就制定了《垃圾邮件处理暂行办法》，而后进行正式修订，颁布了《垃圾邮件处理办法》；紧随其后，各个电子邮件服务商开始推出自己的反垃圾邮件规定。中国各地方政府部门也开始作出自己的努力。比如北京市工商行政管理局于2000年发布了《关于对利用电子邮件发送商业信息的行为进行规范的通告》，北京市于2001年出台了《北京市网络广告管理暂行办法》，这两个地方规范性文件均将垃圾邮件作为商业广告进行规制。此外，各专业网络和互联网协会也制定了反垃圾邮件的自律规则，比如，2002年5月《中国教育和科研计算机网关于制止垃圾邮件的管理规定》确定了负责处理垃圾邮件的机构及其职权职责，即中国教育和科研计算机网紧急响应组CCERT、各地区网络中心的安全事件响应组或安全管理负责人负责受理用户递交有关垃圾邮件的报告，分析垃圾邮件的来源和中转站，定期统计并对外发布垃圾邮件发送者的黑名单。对任何被CCERT通告但未采取有效措施进行改正的垃圾邮件发送者和中转站，CERNET将停止其对中国教育和科研计算机网所有资源的访问。2003

1　15 USC 7706.

年2月《中国互联网协会反垃圾邮件规范》规定了中国互联网协会和会员服务提供者在阻止和消除垃圾邮件传播方面所应承担的义务。值得一提的是，2005年11月信息产业部颁布《互联网电子邮件服务管理办法》（以下简称《管理办法》），为互联网电子邮件服务的接入和发送行为提供统一的法律规范，它也是规制垃圾邮件的全国统一的行为准则。

　　但是，中国电信制定的《垃圾邮件处理暂行办法》和信息产业部制定的《管理办法》属于部门规章，《北京市网络广告管理暂行办法》属于地方性法规，《北京市工商局关于对利用电子邮件发送商业信息的行为进行规范的通告》属于地方人民政府规章，从法律位阶来看，规制垃圾邮件的现行法律规范层级低、作用有限。因为行政规章在法院审理涉及垃圾邮件的案件时，仅能做参考，不能直接援引作为法院判案的依据。另外，根据《中华人民共和国立法法》，部门规章不能就某些重大问题作出法律规定，比如部门规章只能设置警告与罚款，无法就人身强制措施作出规定，也无法规定惩罚性赔偿和刑事责任等重大法律问题。此外，现行规制垃圾邮件的法律规范分别由不同地方的不同部门制定，相互之间标准不一，力量分散，难以形成整体合力，因此，对垃圾邮件规制的效果作用有限。

二、事先同意模式过于严厉

　　我国关于垃圾邮件的法律规制模式与欧盟相同，均采用事先同意模式。《欧盟隐私与电子通信指令》（European Directive on Privacy and Electronic Communication）规定，自2003年10月31日起，未经收件人的事先同意，不得在欧盟范围内向个人发送商业和促销性的电子邮件。[1]我国《管理办法》第13条也规定，未经互联网电子邮件接收者明确同意，任何组织或者个人不得向其发送包含商业广告内容的互联网电子邮件。由此可见，我国立法对包含商业广告内容的电子邮件采用的是事先同意模式，也被称为"选择"进入规则。笔者认为该规则存在两个不足：第一，概念不周延，将选择进入的电子邮件仅限于商业广告邮件范围太窄，如前所述，垃圾邮件除了不请自来的各种商业广告邮件外，还包括无法拒收的电子邮件；隐瞒、伪装真实信息的电子邮件；含有蠕虫病毒、恶意代码等有害信息的电子邮件；骚扰性电子邮件等。若将明确同意模式仅适用于商业广告邮件，则会让其他

----

[1] 李长喜："垃圾邮件的立法应对"，载张平主编：《网络法律评论（第5卷）》，法律出版社2004年版，第282页。

危害性更大的诸多垃圾邮件游离于法律规制之外。第二，明确同意规则过于严苛，不利于信息的流通和传播，因为许多电子邮件在发送之前，收件人无法知晓其内容，只有在阅读了邮件内容之后，才能最终决定是否接收该邮件，若一律不得发送，则无法将新信息传递给收件人，会剥夺收件人信息获取的选择权和机会。

三、电子邮件标识符规则适用范围过窄且有遗漏

《管理办法》第13条规定，任何组织或者个人在发送包含商业广告内容的互联网电子邮件时，必须在互联网电子邮件标题信息前部注明"广告"或者"AD"字样。《管理办法》第14条还规定了电子邮件发送者发送包含商业广告内容的电子邮件，应当向收件人提供拒绝继续接收的联系方式，包括发送者的电子邮件地址。也就是说，我国电子邮件法律规范仅对包含商业广告内容的电子邮件规定了"广告"或者"AD"标识符、拒绝接收的可选项和联系方式要求，而对非商业广告性质的电子邮件，比如以慈善为名的筹款邮件、科研课题问卷调查邮件、虚假信息电子邮件和有害电子邮件等则没有规定拒绝接收可选项和实际地址的要求，这很容易让这部分垃圾邮件游离于法律监管之外，即使用户受到了这部分垃圾邮件的严重骚扰，由于法律规定不明确，邮件中缺乏实际发送者的身份地址，用户难以实际进行举报和投诉，导致责任追究难。另外，《管理办法》和其他相关法律规范没有明确规定含有色情内容的电子邮件必须添加警示标志，这很容易给无意之中点击打开该类垃圾邮件的未成年用户的身心健康造成危害。

四、刑事和民事责任缺失且行政处罚过轻

我国对发送垃圾邮件的行为明确规定了法律责任的法律规范是《管理办法》，该办法对利用技术方式获取他人电子邮箱地址发送电子邮件、发送虚假信息电子邮件、未经收件人同意发送电子邮件、发送未注明"广告"或"AD"字样的商业广告电子邮件及在接收者拒绝后继续发送商业广告邮件的行为，规定由信息产业部或者通信管理局对发送垃圾邮件的组织或个人责令改正，并处一万元以下的罚款；有违法所得的，并处三万元以下的罚款。[1]

---

[1] 《管理办法》第24条规定，违反本办法第十二条、第十三条、第十四条规定的，由信息产业部或者通信管理局依据职权责令改正，并处1万元以下的罚款；有违法所得的，并处3万元以下的罚款。

简言之，我国法律对发送垃圾邮件的组织和个人只规定了行政责任，没有规定刑事责任和民事责任，且最高罚款金额仅为三万元，与美国五年的刑事监禁、澳大利亚通信管理局对滥发垃圾邮件的行为每天最高可处110万澳元的罚款[1]，美国法院民事加重赔偿最高可达600万美元[2]相比，这种行政罚款金额太小，达不到遏制违法行为的效果。因此，我国立法规制垃圾邮件方面刑事和民事责任的缺位，导致我国法律责任体系不完整，处罚力度太小，亟须通过修法予以弥补。

▶ 第四节 制定我国反垃圾邮件法的立法构想

一、由全国人大或其常委会制定专门的反垃圾邮件法

鉴于现行《管理办法》和《垃圾邮件处理暂行办法》属于行政规章，法律位阶较低，难以规定反垃圾邮件监管体制、执法权限、刑事和民事责任等重大法律问题，因此，建议由全国人大或其常委会参照《美国反垃圾邮件法》，制定专门规制垃圾邮件的全国统一适用的反垃圾邮件法。通过这种专门立法，界定垃圾邮件的内涵和外延，明确反垃圾邮件的执法机构和执法权限，规定电子邮件服务提供商和中国互联网协会及其会员在规制垃圾邮件方面所应当负担的义务，同时，严格规定制造和发送垃圾邮件者所应承担的刑事、行政和民事责任。通过制定规范垃圾邮件发送、转发、接收和管理的专门立法——反垃圾邮件法，我国能够实现反垃圾邮件立法的针对性、系统性和完整性，有效遏制垃圾邮件泛滥现象，促进电子邮件业务的健康发展。

二、反垃圾邮件的技术手段与法律规则相结合

目前的电子邮件基础设施存在明显的技术弱点，即匿名性使垃圾邮件的发送者很难受到责任追究。防止伪造返回地址信息的一种有效方法是限制商业电子邮件发起人的匿名性。作为一种首选的反垃圾邮件技术解决方案，它包括多种验证发送人身份的技术方法。这些技术方法包括对电子邮件发送

---

1 李贤华："论垃圾邮件的危害及国际司法对策"，中国法院网，访问日期：2004年12月29日。

2 毛磊："美国发送垃圾邮件属违法行为 最高罚600万美元"，载《北京青年报》2003年11月27日。

者和接收者都非常透明的"被动"模式，如改进SMTP[1]和DNS（域名服务器）路由信息的跟踪。另外，它还包括需要发送者和接收者采取某些行动或选择方案的"积极"模式，这些行动包括将始发电子邮件地址与可信始发域名"白名单"收到的电子邮件进行比较，或者使用"挑战—应答"协议要求在信息传递之前，发送者应当执行某些确认步骤或程序（它不同于通过自动方法执行的程序）。确定发件人的真实身份和地址既有利于明确责任人，杜绝垃圾邮件的源头之患，又有利于收件人行使拒绝或接收的信息选择权。

电子邮件过滤器已成为当前实行的最重要的垃圾邮件技术控制手段。早期过滤器是基于静态规则的程序，它是根据一组有限的已知抽样垃圾邮件的特征，适用定期更新的决策规则程序。最近市场上出现了更复杂的贝叶斯过滤器。贝叶斯过滤器搜索用户接收的电子邮件中的单词使用模式，并将显示与已知的垃圾邮件模式相接近的那些可疑电子邮件归类为垃圾邮件，其方式类似于简单的规则过滤器。但是，贝叶斯过滤器也提供了动态检测规则的承诺。也就是说，可以用人工智能（AI）的形式来编写过滤器，以便逐步地"学习"。随着用户或用户组的电子邮件被检查的语料库逐渐增加；确定某些术语或模式很可能具有垃圾邮件的特征，而其他的则具有特定用户合法电子邮件的特征，因此，可以依据这种模式适用加权垃圾邮件筛选程序。[2]

在我国未来制定的反垃圾邮件法中，必须将技术手段与法律规则结合起来，才能达到有效规制垃圾邮件的效果。即以立法的方式鼓励电子邮件服务提供商使用垃圾邮件自动识别分类和过滤软件，为用户提供高质量服务。同时，反垃圾邮件法应当明确黑名单和白名单制度的合法性，鼓励电子邮件服务提供商开发黑名单和白名单技术，为用户提供反垃圾邮件技术服务。另外，互联网协会应当定期统计和对外发布垃圾邮件发送者的黑名单，以便互联网服务提供商和用户可以阻止来自已知垃圾邮件源域的所有垃圾邮件。

三、采用电子邮件"默示拒绝"机制

我国的反垃圾邮件立法应当对电子邮件的发送采用"默示拒绝"机制，即发件人可以发送一次不请自来的电子邮件，若首次发送的不请自来电子邮件未被收件人明示继续接收的，则发件人不得再次发送商业电子邮件。如前所述，

---

1 SMTP是指简单邮件传输协议，是在因特网中用于邮件服务器之间交换邮件的协议。

2 参见王亚军："反垃圾邮件技术分析"，载《福建电脑》2016年第7期，第97页。

该模式吸收了选择进入模式和选择退出模式两者的优点，是一种理想的电子邮件发送模式，应当通过立法的方式予以确定。另外，还应当将该模式的适用范围扩大到所有的电子邮件，不仅仅是商业电子邮件。

四、明确规定电子邮件的标识符和警示要求

为了让用户准确识别电子邮件发件人的真实身份，为了提醒收件人谨慎打开危险电子邮件，必须在电子邮件中标明以下标识符、地址和警示标志：商业电子邮件必须标明"AD"或"广告"字样；所有电子邮件都必须标明发件人真实有效的邮箱地址；所有电子邮件都必须明确和清晰地告知收件人享有拒绝继续接收该电子邮件信息的机会；包含色情内容的电子邮件必须包含或添加可以识别的标记或通告，以提醒收件人注意，避免未成年人打开并浏览该邮件。

五、建立完整和严格的法律责任制度

笔者认为，在我国未来的反垃圾邮件立法中，可以借鉴美国经验，建立包含民事、刑事和行政责任在内的一套完整的法律责任制度：（1）民事责任，可以参照美国立法，建立法定赔偿金和惩罚性赔偿金制度，明确规定，（a）法定赔偿金。发送垃圾邮件按照发送的垃圾邮件数量，乘以每封垃圾邮件200元计算赔偿所得，但最高不超过200万元；（b）惩罚性赔偿金。恶意发送垃圾邮件或者具有以下加重情节的，可以将赔偿金额增加到原数额的3倍：A.利用网络技术或者软件程序自动获取他人电子邮件地址发送垃圾邮件；B.非法侵入他人计算机，利用他人账户发送垃圾邮件；C.利用脚本或其他方式自动注册多个电子邮件账户发送垃圾邮件；D.利用电子邮件将病毒、蠕虫和特洛伊木马引入他人计算机；E.利用电子邮件传播色情文学和违法材料。（2）刑事责任，建议修改刑法或者在未来制定反垃圾邮件法时，增设一个罪名，即滥发垃圾邮件罪，明确规定滥发垃圾邮件，情节严重的，可处三年以下有期徒刑、管制或拘役，并对计算机、发送设备和软件等犯罪工具予以没收。（3）行政责任，将我国目前对发送垃圾邮件行为最高处罚金额3万元提高到200万元，以达到遏制违法行为，以儆效尤的目的。

第八章

搜索引擎广告的法律规制

▶ 第一节　搜索引擎与版权保护

一、搜索引擎的搜索结果能否获得版权保护

（一）引言

2010年年初，谷歌的一位工程师怀疑另一家搜索引擎公司必应抄袭了谷歌的搜索结果。因为当用户在谷歌和必应两家搜索引擎上输入相同的内容进行查询时，搜索结果排名前十的网页具有高度雷同性。因此，该工程师怀疑必应简单地复制了谷歌的搜索结果。为了证明该推测，谷歌设计了一个数字陷阱，即谷歌首先操纵自己的搜索引擎选择一些乱码进行搜索查询，然后，返回一些合法但完全不相关的查询结果。例如，输入搜索词"hiybbprqag"返回洛杉矶音乐厅Wiltern剧院的座位表；输入"mbzrxpgjys"返回黑莓智能手机制造商Research In Motion的网站；以及输入"indoswiftjobinproduction"返回食品网络主厨Sandra Lee的食谱索引。如果必应生成与谷歌相同的毫无意义的搜索结果，则证明它复制了谷歌。[1]正如一位博主所言："必应相当于考试抄袭谷歌试卷的电子版作弊者。"[2]

在谷歌设置了假搜索查询和假结果的陷阱大约两周后，大约100个假条目中的七到九个开始出现在必应的搜索引擎上。这足以让谷歌向公众公布结果，这引发了两家公司之间的争议。必应认为它没有复制谷歌的结果，只是观察并从其"必应工具条"（Bing Bar）的用户搜索行为中学习。必应工具条是Internet Explorer Web浏览器用户的工具栏，声称：改善用户在线体验……允许必应收集有关用户执行搜索的其他信息和他们访问的网站。这样，必应就

---

1 Joshua L. Young, "Copyright Protection for Search Results: 'Hiybbprqag', 'Mbzrxpgjys', and 'Indoswiftjobinproduction'", 5 Hastings Science & Technology Law Journal, 191（Win, 2013）.

2 Danny Sullivan, Google: Bing Is Cheating, Copying Our Search, Search Engine Land（Feb. 1, 2011, 8: 45 AM）, http://searchengineland.com/google-bing-is-cheating-copying-our-search-results-62914.

可以在多个搜索引擎（包括谷歌）上记录用户搜索的内容以及用户点击的结果。如当谷歌工程师使用谷歌的搜索引擎搜索术语"hiybbprqag"并点击假冒的首页结果——Wiltern Theatre的座位表时，"必应工具条"就会记录下来。必应声称必应工具条获得的信息仅仅是必应搜索引擎用于对其结果进行排名的众多信号之一。对于流行的搜索术语，必应可以组合来自多个信号的信息，但是当搜索术语不常见时，必应必须不成比例地依赖任何可用的信息信号。由于必应搜索引擎对于"hiybbprqag"没有其他参考，所以，它不得不不成比例地依赖来自"必应工具条"的信息信号。这使得必应显示了它从虚假谷歌搜索中获得的信息，这给人的印象是它复制了谷歌，而不是从必应工具条的用户行为中获得的。事实上，在必应上出现的100个虚假条目中只有7到9个这样的事实证明了必应的论点，即它不会复制谷歌。它还证明了必应工具条的信号是必应用于对搜索结果进行排名的许多信号之一。[1]

无独有偶，1982年，一家堪萨斯州的电话公司采用类似的计谋来证实可疑的抄袭者。该电话公司在其电话簿的白页中插入假名单，其中包含假名、地址和电话号码，以证明与其竞争的电话簿出版商已复制其列表。然而，美国联邦最高法院在该开创性案例Rural v. Feist一案[2]中，驳回了原告Rural的请求，理由是电话清单缺乏足够的原创性，不能获得版权保护。

尽管谷歌对必应的涉嫌复制感到不满，但时至今日，搜索结果是否能获得版权保护仍是一个悬而未决的问题。我们认为，要分析搜索引擎之搜索结果能否获得版权保护，首先必须了解搜索引擎的工作原理。

（二）搜索引擎的工作原理

搜索结果能否纳入版权法的保护范围需要考虑搜索结果的类型以及驱动搜索引擎工作的技术原理。

1. 搜索引擎如何工作

搜索引擎通常不会实时搜索互联网，而是梳理"收到的"网页副本集合。搜索引擎通过使用名为"网络爬虫"的自动计算机程序，系统地对互联网进行分类以实现这一目标。爬虫访问的所有网站均由搜索引擎复制、处理和索引，以使网站的内容变得可搜索。这些信息存储在搜索引擎服务器的数据库中，用

1　Danny Sullivan, Bing: Why Google's Wrong In Its Accusations, searchengineland.com（Feb. 8, 2017, 1: 39 PM）, http://searchengineland.com/bing-why-googles-wrong-in-its-accusations-63279.

2　Feist Publ'ns, Inc. v. Rural Tel. Serv. Co., 499 U.S. 340, 344（1991）.

户可以"根据关键词和更高级的方法搜索数据库，只要你的搜索词与该内容匹配，网页页面就会被找到"。[1]同时，搜索引擎的网络爬虫持续不断地搜索互联网，以便创建最全面和最新颖的互联网地图。

2. 搜索结果的相关性

搜索结果可以分为两种基本类型——自然搜索结果和非自然搜索结果。自然搜索结果是指与用户输入的搜索词相关联的结果。相比之下，非自然搜索结果是指当用户输入给定的搜索词时，因广告主向搜索引擎付费而出现的搜索结果。大多数搜索引擎（包括谷歌和必应）在其搜索结果页面中都包含有这两种搜索结果。

用户的搜索查询与自然结果之间的相关性，在很大程度上决定了用户将来使用该搜索引擎的意愿。谷歌之所以脱颖而出，很大程度上得益于一种名为PageRank的算法，与现有竞争对手相比，该算法大大提高了其自然搜索结果的相关性。随着越来越多的用户开始依赖谷歌满足其搜索需求，愿意为非自然搜索结果付费的广告客户也在不断增多。因此，对于搜索引擎公司来说，搜索结果的相关性直接决定了自己的利润率和竞争力大小。

3. 各种搜索引擎采用不同的公式与算法

今天，各种搜索引擎使用许多变量或信号通过算法生成搜索结果。每个商业搜索引擎都有一个自己的公式，用于为其索引中的单词分配权重。可用的信号宽度和这些信号被合并到算法中的无限方法创造了大量可能的搜索结果。"这也是在不同搜索引擎上搜索相同单词会产生不同列表、页面并呈现出不同顺序的原因之一"。[2]正因如此，每个搜索引擎使用的确切信号和公式都属于严格保密的商业秘密。

（三）版权保护的条件和要求

版权法的基本理念是创造性作品有益于公众，因此，为了激励创造性作品的生产，法律应该授予作者有限的专有权，让他们从其创作中获利。这一理念在《美国联邦宪法》中有所体现，该法第1条第8款第8项赋予国会有权"通过确保作者和发明人在有限时间内就各自的作品和发明享有专有权的方式，促进

---

1 Recommended Search Engines, berkeley.edu（May 8, 2012），http：//www.lib.berkeley.edu/TeachingLib/Guides/Internet/SearchEngines.html.

2 Curt Franklin, How Internet Search Engines Work, howstuffworks, http：//computer.howstuffworks.com/internet/basics/search-engine.htm（last visited Oct. 16, 2012）.

科学和实用艺术的进步。"[1]《美国版权法》对"固定在任何有形表达媒介中的作者原创作品"给予版权保护。[2]我国《著作权法实施条例》第2条明确规定，受著作权法保护的作品是指文学、艺术和科学领域内具有独创性并能以某种形式复制的智力成果。综合国内外立法例，一般认为作品要获得版权保护要满足以下三个条件。

1. 原创性

原创性亦称独创性，它是指表达形式上的独创，不是指思想或理论观点上的创新。也就是说，一件作品的完成应当是作者自己独立创作的结果，它反映了作者独具匠心的编排、构思、设计和排列组合，既不是复制他人作品而来，也不是依既定的程式或程序推演而来。[3]独创性是作品获得著作权保护的必要条件，只有具有独创性的作品才能获得著作权保护。[4]

《美国版权法》虽然没有对作品的"原创性"进行定义。但是，美国联邦最高法院在Feist Publications, Inc. v. Rural Tel. Serv. Co.一案（以下简称Feist案）中对原创性进行了解释：原创性，该术语在版权语境下使用，仅表示作品是由作者独立创作的，而不是从其他作品中复制的，并且它至少具有一定程度的创造性……可以肯定的是，作品的创造性水平无须太高；即使是少量也足矣。绝大多数作品很容易达到标准，因为它们具有一些创造性火花，无论它"多么粗俗、卑微或明显"。[5]

原创性的判断是一个复杂的问题，尤其对于事实汇编作品而言，更是如此。一般认为，电话簿白页中按字母顺序排列的列表并未包含版权保护所需的"一小部分创造性"。一个人的名字和电话号码没有创造性的观念似乎是常识。然而，《美国版权法》第103条使这一问题变得复杂，它保护以"编排事实产生的作品作为一个整体构成作者原创作品"的事实汇编。"事实，无论是单独的还是作为汇编的一部分，都不是原创的……事实汇编如果是具有原创性的选择或事实排列，则有资格获得版权，但其版权仅限于特定的选择或排列。在任何情况下，版权都不得延伸到事实本身"[6]。

----

1 U.S. CONST. art. I, § 8, cl. 8.

2 17 U.S.C. § 102.

3 刘春田主编：《知识产权法》，高等教育出版社、北京大学出版社2012年版，第55—56页。

4 李明德：《知识产权法》，法律出版社2008年版，第31页。

5 17 U.S.C. § 102. at 345.

6 Feist，499 U.S. at 350−51.

在Feist案及其后续案件之后，决定一系列事实是否具有版权的关键因素是，如果事实的选择和排列具有最低限度的创造性，则事实的收集具有足以获得版权的足够原创性。

2. 作者作品

版权保护的客体是作者作品。我国《著作权法》第3条列出了八种不同类别的作品，包括文字作品，口述作品，音乐、戏剧、曲艺、舞蹈、杂技艺术作品，美术、建筑作品，摄影作品，视听作品，工程设计图、产品设计图、地图、示意图等图形作品和模型作品以及计算机软件。依据《美国版权法》，计算机程序被归类为作者的文学作品。更具体地说，驱动计算机程序如何工作的计算机代码行被认为类似于驱动小说情节的文本行。然而，由于程序用户不会阅读享有版权的程序代码，因此，这种类比是不恰当的。在大多数情况下，用户根本不了解计算机代码的运行情况，他们只能通过自己计算机屏幕上的代码输出内容进行交流。而且，计算机程序的输出不是由某个固定版本的计算机代码产生，相反，有许多种编写代码的方法可以在用户屏幕上产生相同的输出结果。如果版权保护仅限于代码本身，则竞争性程序的设计者只需调整驱动程序的代码行就可以公然复制程序的外观和功能。

虽然版权不保护思想，只保护思想的表达。但是，美国联邦法院第三巡回法院在Whelan Associates, Inc. v. Jaslow Dental Laboratory Inc.一案（以下简称Whelan案）中认为，"计算机程序的版权保护可以从程序的文字代码扩展到它们的结构、顺序和组织"。[1]在该案中，被告使用的牙科实验室记录保存软件Dentalab程序在结构上与原告的程序类似，但是，被告的Dentalab程序是使用不同的计算机编程语言编写的。据此，被告辩称，使用不同的计算机代码使得Dentalab可免受任何侵犯版权的指控。但是，法院认为，既然抄袭文学作品的剧情或情节设计侵犯了戏剧或小说的版权，那么通过类比，该软件程序的结构也应受版权保护。[2]法院最后判决被告侵犯了原告软件的版权。因此，竞争性的软件公司不可能仅仅通过调整其计算机代码就可以避免侵犯享有版权的软件程序，还必须尊重该程序的更广泛的非文字要素。

3. 固定于有形媒介

我国《著作权法》还要求作品能以有形形式复制，即作品能通过印刷、绘

1　Whelan, 797 F.2d at 1248.

2　Whelan, 797 F.2d at 1222.

画、录制等手段予以复制。[1]美国作者的原创作品只有"固定在任何有形的表达媒介中，即现在已知的或未来开发的，可以被直接或借助机器或设备来感知、复制或传播"，才能获得版权。根据《美国版权法》§101的定义，"作品固定于有形的表现媒介中，是指其复制品具有长期性和稳定性，能够在很长的一段时间内被感知、复制或以其他方式传播。"[2]固定是美国宪法的要求，它只给予"作品"版权保护。虽然很容易想象到固定在放映片上的电影，固定在画布上的绘画，或固定在纸上的小说，但技术发展使得固定性的要求更难以确定。例如，如果计算机程序或视频游戏的功能和输出响应其用户的行为而变化，它是否"固定"了？

在Stern Electronics, Inc. v. Kaufman一案（以下简称Stern案）[3]中，美国联邦第二巡回法院回答了视频游戏是否满足固定性要求的问题。原告拥有独家从属许可证，在北美和南美发行一款名为"爬行"的流行视频游戏。在被告开始销售"视声几乎相同"的"爬行"仿冒品之后，原告起诉被告侵犯其版权。被告辩称，版权保护仅存在于该游戏的编程代码中，但该游戏的音频和视频显示不是固定的，因为它们"根据玩家采取的行动而变化"。法院不同意被告的观点，并裁决"视听作品永远体现在物质对象，即记忆设备中"。当用户玩游戏时，用户没有创建新的视听作品，而只是访问存储在游戏存储器中的先前创建的作品。因此，用户操作显示各种视听元素的计算机程序仍然满足《美国版权法》§101的固定性要求，因为这些元素被固定在存储器中，而且用户仅指示在任何给定时间显示哪些固定元素。

（四）搜索引擎的可版权性分析

1. 搜索结果能否享有版权？

与所有计算机程序一样，搜索引擎对版权保护提出了各种挑战。正如一位法官所描述的那样，"将版权法应用于计算机程序就像组装碎片不太合适的拼图游戏"。[4]

（1）搜索结果可满足原创性要求。搜索结果若创造性地选择和排列事实之集合，则可满足版权的原创性要求。Feist案及其后续案例说明，只要选择

1　吴汉东主编：《知识产权法》，法律出版社2014年版，第49页。

2　17 U.S.C. § 101.

3　669 F.2d 852, 853（2d Cir. 1982）.

4　Lotus Dev. Corp. v. Borland Int'l, Inc., 49 F.3d 807, 820（1st Cir. 1995）（Boudin, J., concurring）.

和排列的事实集合比字母列表或其等同物更具创造性，则它符合版权的原创性要求。搜索引擎的事实是搜索引擎的网络抓取工具发现的各个网页。搜索引擎的价值体现在它不是随机或按字母顺序显示这些网页，而是以有用的方式选择和排列这些结果。《经济学人》杂志将搜索引擎的贡献总结如下："为了创造价值，互联网提供的信息聚宝盆必须是有组织的。搜索引擎的原始资料是公共互联网上的免费网页。搜索引擎增加价值的方式是通过组织信息，使其按照查询的相关性进行排序。"[1]此外，搜索引擎之间存在差异的事实表明，搜索结果的创建并非如此机械或符合常规，以至于不需要任何创造力，相反，这些事实表明搜索结果满足版权保护的原创性要求。

（2）搜索结果类似于文学作品。美国国会将计算机代码归类为文学作品，明确授予其版权保护。然而，计算机程序背后的代码仅代表用户体验该程序的一小部分。如果计算机代码是计算机程序获得版权保护的唯一元素，则竞争者可以通过对程序代码进行无关紧要的更改，自由地复制彼此的程序。但是，在Whelan案之后，"计算机程序的版权保护已超出了程序的文字代码，延伸到它们的结构、顺序和组织"。[2]搜索引擎的"结构、顺序和组织"包括算法、信号选择及其网络爬虫发现的信息，它们一起生成了搜索引擎特有的搜索结果排序列表。搜索结果列表仅仅是搜索引擎结构和顺序元素的最终表现形式。鉴于美国国会有意为软件提供版权保护，并且多个法院已将版权保护范围扩展到文字计算机代码之外，因此，搜索结果相当于享有版权的作者文学作品。

（3）搜索结果可固定于有形媒介搜索引擎的服务器中。搜索结果固定于搜索引擎的服务器中，因此，固定在有形的表达媒介中。在Stern案中，法院认为，用户能够与视频游戏互动并影响视频游戏并不意味着游戏的视听元素不固定。"毫无疑问，每次玩游戏时，游戏的所有景点和声音的整个序列都是不同的，这取决于玩家为他的太空船选择的路线和速度以及他释放飞船炸弹和激光的时间和准确性"。[3]此过程类似于响应用户查询显示搜索结果的方式。当用户输入搜索查询并生成结果列表时，搜索引擎并没有创建新的内容，仅仅是引导用户进入认真校准和预先确定的路径。虽然这个过程是即时的，但它不

1　Needle in a Haystack: The uses of information about information, economist（Feb. 25, 2010），available at http://www.economist.com/node/15557497.

2　Whelan, 797 F.2d at 1248.

3　Stern Elecs., Inc. v. Kaufman, 669 F.2d 852, 856（2d Cir. 1982）.

是自发的，更像是发现而不是创造。Stern案视频游戏的视听元素固定在游戏的内存中，也就是说，这些结果固定在搜索引擎的服务器中。因此，搜索结果可以满足版权法"作者的原创作品固定在任何有形的表达媒介中"的版权保护要求。

2. 结论：搜索结果可获得版权保护

本书的观点是：搜索结果不仅满足版权法对版权保护的每一项要求，而且这种保护是合理的。版权保护是鼓励搜索引擎公司继续创新的适当手段。个性化搜索结果不仅可以提高搜索引擎的相关性，还可以将搜索引擎的结果与竞争对手的结果区分开来。随着搜索引擎采用更具创意的功能和策略来提高搜索相关性并吸引竞争对手的用户，搜索结果之间的创造力和多样性水平将会提高。

二、搜索引擎复制网站内容是否侵犯网站版权

（一）三个基本概念及其运行原理

1. 互联网和网络

存储在互联网上的信息可以以多种格式显示。一种方法是网站页面的电子显示看起来像是在计算机屏幕上显示各种图形和文本的印刷页面。这些电子页面由开发人员相互链接，形成一个遍布互联网的信息网络，称为万维网（也称为信息网，或简称为网络）。互联网提供了一种视觉上很有吸引力且简单的方法，用于将包含在这些电子页面上的信息捆绑在一起，因特网用户可以通过使用所谓的"浏览器"计算机软件查看这些信息。通过计算机、软件和调制解调器，人们现在可以浏览存储在图书馆、大学、政府办公室、企业和私人维护的网站中的各种信息。

2. 搜索引擎

在搜索引擎出现之前，对查找某一特定主题感兴趣的用户只能通过口口相传或从某些包含相关网站信息的出版物中了解某网站的具体网址。以这种传统的方式在网络上查找信息被证明是低效或无效的。很快，计算机程序被发明出来，为用户提供了一种在网络上搜索特定信息的工具。这些工具允许计算机用户使用不同的方法快速查找广大的互联网中的网站。

一个常见的误解是搜索引擎只有在收到用户的请求后，才会横穿网络的结构。实际上，一种被称为"机器人""蜘蛛"或"爬虫"的程序不断地在网上搜索，以创建网站数据库。然后，搜索引擎搜索数据库以返回与用户输入的搜索请求相匹配的所有站点的列表。

机器人决定搜索的网站各不相同，每个机器人根据其编程方式使用不同的策略。通常，机器人从先前生成的最流行的网站地址列表开始。这些网站包含将机器人引导到网络上其他站点的链接。机器人将从其访问的站点"解析"或复制信息。有些机器人只复制网站的地址，而其他机器人则会复制文字、句子甚至网站的全部内容，以生成网站的摘要。

搜索引擎可以返回包含与搜索请求相匹配信息的数以万计的站点地址列表。站点地址或URLs以明显不同的颜色向用户显示。最近搜索引擎公司声称，主要搜索引擎提供商列出的互联网地址数量超过5000万，且每月增加数百万。[1]

一些创建者将他们的搜索引擎出售给商业互联网服务提供商，它们向用户收取访问费。其他创建者继续允许免费使用他们的搜索引擎，但在搜索引擎的网站上出售广告空间。目前，付费访问和免费访问搜索引擎都可以从广告空间的销售中获得可观的收入。广告空间几乎出现在每个检索页面的顶部。每次完成搜索查询时，新广告都会出现在用户的计算机屏幕上。在电视广播中，广告商可以购买与特定电视节目相关的广告时间。与搜索引擎类似，广告主可以从与特定搜索参数相关联的搜索引擎公司购买广告空间。例如，搜索关键字"打印机"的用户将看到来自打印机公司的广告，而在搜索汽车网站时，可能出现汽车广告。

3. 网站版权

网站通常类似于印刷书籍或杂志的页面。这些类似杂志的网页的版权与传统的印刷媒体版权非常相似。除了保护这些印刷页面上出现的文学作品，版权法还保护作者在其图形作品中的权利。因此，网站上的所有原始文本和图像都具有版权。此外，根据页面设计和使用原始图形元素的原创性程度，页面上布置的文本和图形排列可能享有版权。网站作为整体，也享有集体作品版权，包括由构成网站内容的单独版权文本、图像和其他作品组成的集合。最后，当一家网站包含许多本身不受版权保护的信息时，如从各种公共来源收集的统计数据，但网站收集、整理和向网站用户显示信息的原创方式可以获得版权保护。

（二）搜索引擎可能面临的版权侵权指控

1. 搜索引擎可能阻止用户访问网站

创建网站的人通常希望自己的网站容易被他人找到。但是，实际上，搜索

---

1 World Wide Web Search Engines: AltaVista & Yahoo, Iac Newsletter Database, May 1, 1996.

引擎可能通过提供不准确的摘要，用摘要取代网站或使网站的服务器超载来减少访问特定网站的人数。

不完整或不准确的网站摘要实际上可能会阻止用户访问特定网站。虽然搜索引擎显示的摘要仅仅是为了提供信息，而不是背书，但它们可能会影响用户的决策。这些摘要可能是用户阅读的全部内容，是他们从查询返回的站点中进行选择的依据。网站创建者无法控制这些摘要的内容，因为大多数摘要都是由搜索引擎的计算机程序自动生成的，而不是由网站所有者自己撰写的。另外，这些程序根据网站首页包含的信息生成摘要，而不是从包含更多实质性材料的更深层页面生成它们。这些创建摘要的做法经常导致网站的摘要不准确或不完整。搜索引擎用户在阅读了不准确或不完整的摘要后，可能会选择不访问某个站点。因此，由于搜索引擎实际上可能会减少对某些网站的访问，因此，网站创建者可能认为搜索引擎侵犯了其版权，同时，希望搜索引擎公司修改搜索引擎摘要中包含的信息。

另外，某些搜索引擎机器人在登录网站时会使网络和服务器超载。由此产生的问题表现为拒绝连接、系统性能下降以及在极端情况下系统崩溃。如果搜索引擎不断阻碍对网站的访问，则网站所有者希望强制保护自己的版权，并说服搜索引擎公司重新配置其机器人。

所有上述因素都会导致访问网站的用户数量减少，从而导致读者人数减少，并可能导致网站所有者的收入损失。

2. 网站摘要可能与不受欢迎的广告或其他网站摘要一起显示

搜索引擎公司确实有权决定在搜索引擎的网站上显示哪些广告。虽然搜索引擎公司可能拒绝接受他们认为具有攻击性或政治不正确的广告，但网站所有者却没有这种能力。

此外，当对特定产品或服务进行大范围搜索时，检索到的网站可能包括批评产品或服务的网站。因此，批评该产品或服务的摘要可能与该产品或服务的网站一起显示。例如，如果执行对特定模型汽车的搜索，则搜索引擎可能返回一个网站列表，其中包括对汽车进行批判性评论的网站和汽车制造商网站。毋庸置疑，汽车制造商对批评其汽车的摘要与其产品摘要一起显示肯定不高兴。

因此，某些网站所有者可能会选择强制维护自己的版权，以防止搜索引擎将某些广告与其网站相关联，或者防止批判性评论与其网站一起显示。

3. 版权许可协议不切实际

虽然网站创建者可能希望他们的网站被推广和访问，但有些网站所有者不希望搜索引擎公司从其版权作品的访问中排他性获利。网站所有者想要搜索引擎公司为许可权付费。然而，当搜索引擎链接到数百万个网站时，向一小部分这些网站所有者支付合理的许可费用是不切实际的，因为搜索引擎提供商只有有限的资金可用于权利许可。此外，它们必须在所有想要版权许可费的网站之间分配这些资金。这可能导致每个站点的许可资金太低而无法满足网站所有者的要求。

因此，面对数以百万计强制执行其版权的网站所有者和没有立法解决方案的前景，搜索引擎公司可能会断言他们的行为要么不构成版权侵权，要么属于合理使用。

（三）搜索引擎是否侵犯网站版权分析

1. 版权侵权的定义

如前所述，搜索引擎分为两种类型：（1）仅提供网站地址链接的搜索引擎；（2）除链接之外还提供网站摘要的搜索引擎。然而，即使是不提供摘要的搜索引擎仍然会复制来自网站的资料。当搜索引擎的机器人找到一个网站时，该网站的副本将保存在搜索引擎的随机存取存储器（RAM）中，以便将该网站编入搜索引擎数据库。虽然没有向用户显示版权作品，但是将网站加载到搜索引擎的随机存取存储器中可能构成对版权作品的复制或拷贝，这是一种潜在的版权侵权行为。

加载到计算机RAM中的信息仅在计算机保持打开时才存在，并在计算机关闭时被删除。然而，这些信息仍然可以借助计算机"被感知、复制或传播"，因为加载到RAM中的数据可以在计算机屏幕上查看，保存在磁盘上，打印出来，或通过网络传输给其他计算机。问题在于计算机RAM中存在的"副本"是否"固定"，以便使它们符合版权作品的复制要求。

除了地址链接之外，另一种类型的搜索引擎从网站中包含的信息中编译摘要。为了创建这些摘要，机器人程序首先在因特网上搜索新的网页，然后将这些网页中找到的文本信息临时复制到硬盘驱动器或RAM中。一旦网页进入临时内存中，计算机就可以通过从存储在硬盘驱动器或RAM中的信息中复制单词和句子来自动生成摘要。摘要所选的单词和句子因搜索引擎而异。例如，Excite搜索引擎从网页复制三个句子以创建摘要。所选的句子旨在最能代表网页内容。复制网站后，网站的地址和摘要将被编辑成数据库。摘要创建以后，将删除网站复制的原始信息，以使内存空间可用于从其他网站创建新摘要。

当搜索引擎用户输入搜索请求时，搜索引擎是通过扫描自己的数据库（非因特网）向用户显示相关链接和摘要的。创建"摘要"所面临的法律问题是：这种搜索引擎活动是否构成版权侵权？

根据《著作权法》的相关规定，未经版权所有人许可，任何人从事与该版权作品有关的活动，包括复制作品、创作衍生作品和分发、展示版权作品，均应承担版权侵权责任。计算机和人类生成的摘要都有资格作为"副本"或"衍生作品"。因此，除非得到网站材料著作权人的授权，否则搜索引擎公司可能被禁止创建这些摘要并将其显示给公众。

必须指出，原告的版权侵权请求若要成立，必须证明两点：第一，原告对原始作品享有版权；第二，被告的复制行为未经原告同意。另外，复制行为是否成立？关键是认定副本与原作品之间是否具有实质相似性。

2. 实质相似性

搜索引擎活动是否可诉取决于是否从网站复制了大部分材料。一个多世纪以前，美国联邦最高法院认为，未经授权的复制要构成版权侵权行为，必须大范围复制版权作品。自1976年《美国版权法》颁布以来，该规则一直有效。换句话说，复制作品必须与版权作品基本相似，才构成可诉的侵权行为。因为搜索引擎摘要是通过直接复制和编辑来自网页的单词和句子而创建的，所以，真正的"复制"者很可能是搜索引擎公司。因此，区分合法复制和版权侵权行为的关键是看作品是否基本相似。轻微或少量的相似之处并不是实质性的，所以不构成侵权。遗憾的是，"做出实质性相似的结论之前，不存在多少数量才能认定为相似的明确规则。"[1]

许多法院使用定性与定量分析来判断原告作品与被告作品之间是否具有实质相似性。在Feder v.Videotrip Corp.一案（以下简称Feder案）中，审理该案的美国法院指出："如果原告作品和被告作品之间存在部分文字相似性……但不是全面的相似性，那么本案的问题是，这种相似性是否涉及构成原告作品的主要部分，而不是这些材料是否构成被告作品的主要部分。虽然相似材料与原告作品所包含的全部材料之间的定量关系是很重要的，但是，由于不存在允许多少相似量的明确规则。因此，即使相似的材料在数量上很小，如果它在质量上是重要的，那么也可认定为实质相似性。然而，如果相似性仅与非必要内容相似，那么应该做出没有实质相似性的裁决。"[2]

（1）定量分析。如前所述，国际上没有认定实质相似性的统一量化指标，不同法院做法各异。比如，美国联邦最高法院在一起案件中认定：复制200 000个单词中的300个单词（原作品的0.15％）明显是实质性的。[3]也有法

1　Baxter v. MCA，Inc.，812 F.2d 421，425（9th Cir. 1987）.

2　Feder v. Videotrip Corp.，697 F. Supp. 1165（D. Colo. 1988）.

3　Harper & Row Publishers，Inc. v. Nation Enters.，471 U.S. 539，566（1985）.

院认为复制70 000个单词中的100个单词（原作品的0.14％）是微不足道（非实质性的）。[1] 虽然少数案件的判决认为，仅仅复制一个句子都可能是实质性的，但大多数法院似乎普遍认为只复制一两句话是微不足道的。[2]

通常，网站包含一些原创材料和一些非版权材料，如事实。由于事实本身不存在任何版权，因此，复制此类事实的摘要不可能侵犯处理事实问题的网站之版权。但是，如果通过逐字复制这些事实的特定描述来进行事实复制，则只要在这些事实的特定描述中存在某些原创性，则可能存在版权侵权。在Feist Publications Inc. v. Rural Telephone Services Co.一案[3]（以下简称Feist案）中，法院拒绝判决被告的电话簿目录复制原告的电话本列表构成版权侵权，因为按字母顺序列出的姓名、城镇和数字的事实清单完全缺乏原创性。因此，根据Feist案中的推理，只有当网站创建者以某种独创性的方式描述这些事实时，才构成版权侵权行为。

（2）定性分析：观众标准。在确定是否存在实质相似性时，法院更加重视定性分析而不是定量分析。对于实质相似性的定性标准传统上是"观众标准"，也称为"普通观察者标准"，即一般的非专业人士是否会认为指控的复制行为盗用了版权作品。由于摘要是逐字复制网页句子，所以，毫无疑问，普通人会认为这些句子是盗用相关网站的。此外，由于搜索引擎程序被设计为复制最能代表网页内容的句子，因此，创建摘要的目的似乎是复制最重要的材料。

3. 侵权认定

搜索引擎摘要与编辑它们的网站基本相似。与其他情况下的事实相比，搜索引擎不仅可以复制大量材料，而且还被设计为复制性质上最重要的网站材料。因此，复制此类重要材料将构成版权侵权行为。在任何特定情况下，如果不考虑被告使用作品的目的，就无法解决实质相似性的问题。法院在确定此类行为是否可诉时，会考虑使用复制作品的目的以及其他因素。在许多情况下，将根据合理使用原则，而不仅仅是根据是否从原创作品中复制实质性材料来确定责任。

1　Rokeach v. Avco Embassy Pictures Corp., 197 U.S.P.Q.（BNA）155, 161（S.D.N.Y. 1978）.

2　Werlin v. Reader's Digest Ass'n, 528 F. Supp. 451, 464（S.D.N.Y. 1981）.

3　Feist Publications, Inc. v. Rural Tel. Serv. Co., 499 U.S. 340, 348-9（1991）.

（四）搜索引擎版权侵权抗辩

1.合理使用抗辩

《伯尔尼公约》、TRIPs协定和《世界知识产权组织版权条约》虽然都允许成员国对版权规定限制与例外，但它们均认为只能在特殊情况下制定这些规则，并且这些规则不得与作品的正常利用相冲突，同时，不得损害权利人的合法权益。[1]我国《著作权法》第24条列举了个人使用，适当引用，时事新闻报道，时事性文章，公众集会上讲话，课堂教学与科研，执行公务，复制馆藏作品，免费表演，室外艺术品临摹、绘画、摄影、录像，翻译成少数民族作品，制作盲文作品以及法律、行政法规规定的其他情形等13种合理使用情形。[2]同时，我国《信息网络传播权保护条例》第6条也规定了8种数字环境中的合理使

---

[1] 王迁：《知识产权法教程》，中国人民大学出版社2019年版，第210页。

[2] 《著作权法》第24条规定，在下列情况下使用作品，可以不经著作权人许可，不向其支付报酬，但应当指明作者姓名或者名称、作品名称，并且不得影响该作品的正常使用，也不得不合理地损害著作权人的合法权益：

（一）为个人学习、研究或者欣赏，使用他人已经发表的作品；

（二）为介绍、评论某一作品或者说明某一问题，在作品中适当引用他人已经发表的作品；

（三）为报道新闻，在报纸、期刊、广播电台、电视台等媒体中不可避免地再现或者引用已经发表的作品；

（四）报纸、期刊、广播电台、电视台等媒体刊登或者播放其他报纸、期刊、广播电台、电视台等媒体已经发表的关于政治、经济、宗教问题的时事性文章，但著作权人声明不许刊登、播放的除外；

（五）报纸、期刊、广播电台、电视台等媒体刊登或者播放在公众集会上发表的讲话，但作者声明不许刊登、播放的除外；

（六）为学校课堂教学或者科学研究，改编、汇编、播放或者少量复制已经发表的作品，供教学或者科研人员使用，但不得出版发行；

（七）国家机关为执行公务在合理范围内使用已经发表的作品；

（八）图书馆、档案馆、纪念馆、博物馆、文化馆等为陈列或者保存版本的需要，复制本馆收藏的作品；

（九）免费表演已经发表的作品，该表演未向公众收取费用，也未向表演者支付报酬且不以营利为目的；

（十）对设置或者陈列在公共场所的艺术作品进行临摹、绘画、摄影、录像；

（十一）将中国公民、法人或者非法人组织已经发表的以国家通用语言文字创作的作品翻译成少数民族语言文字作品在国内出版发行；

（十二）以阅读障碍者能够感知的无障碍方式向其提供已经发表的作品；

（十三）法律、行政法规规定的其他情形。

前款规定适用于对与著作权有关的权利的限制。

用行为。[1]

搜索引擎公司可以主张合理使用辩护来避免承担版权侵权责任。《美国版权法》§107规定了合理使用应该考虑的四个要素。该条指出，"尽管第106条规定基于批评、评论、新闻报道、教学、奖学金或研究等目的，复制使用作品……没有侵犯版权……属于合理使用版权作品。但是，在确定使用某一作品是否属于合理使用时，应综合考虑以下四个因素：（1）使用作品的目的和性质，即此类使用是商业性使用还是非营利性使用；（2）作品的性质；（3）使用该作品的数量与实质部分；（4）使用对版权作品的潜在市场或价值的影响。只要法院在考虑上述所有因素后作出判决，则作品是否发表不会影响合理使用之裁决。"[2]

下面根据美国合理使用抗辩四要素法，详细分析搜索引擎摘要与复制网站内容的行为是否构成版权侵权。

（1）使用的目的和特征。使用的目的和特征是指使用作品的目的是营利性的还是非营利性的。一般认为，非营利性使用可以被认为是合理使用，包括基于批评、评论、新闻报道、教学、学术和研究目的的使用。当然，以上列举仅仅是说明性的而非详尽的，因此，在《著作权法》第24条列举的13种情形以外的用途也可能被认为是合理使用。

搜索引擎的功能是为用户提供网络上搜索特定信息的工具，搜索引擎最初用于科学研究，但后来扩展到包括学术、商业和个人用途。如前所述，一种搜索引擎仅仅是将网站复制到RAM或硬盘驱动器上，以便生成与用户相关的网站地址列表，而不向用户显示任何复制的信息。由于这种使用是为了生成研究互联网的目录列表，而不显示任何网站的版权材料，因此，法院可能会认为它是合理使用。另一种搜索引擎确实使用复制的信息来生成网站摘要以显示给搜

---

1 《信息网络传播权保护条例》第6条规定，通过信息网络提供他人作品，属于下列情形的，可以不经著作权人许可，不向其支付报酬：（一）为介绍、评论某一作品或者说明某一问题，在向公众提供的作品中适当引用已经发表的作品；（二）为报道时事新闻，在向公众提供的作品中不可避免地再现或者引用已经发表的作品；（三）为学校课堂教学或者科学研究，向少数教学、科研人员提供少量已经发表的作品；（四）国家机关为执行公务，在合理范围内向公众提供已经发表的作品；（五）将中国公民、法人或者其他组织已经发表的、以汉语言文字创作的作品翻译成的少数民族语言文字作品，向中国境内少数民族提供；（六）不以营利为目的，以盲人能够感知的独特方式向盲人提供已经发表的文字作品；（七）向公众提供在信息网络上已经发表的关于政治、经济问题的时事性文章；（八）向公众提供在公众集会上发表的讲话。

2 17 U.S.C. § 107（1994）.

索引擎用户。虽然这些摘要包含复制的信息，但它们仅仅是通过向用户简要介绍网站中的内容，以补充研究功能。作为非营利性研究工具，搜索引擎执行的复制（包括摘要的显示）可能很容易被确认为合理使用。

然而，目前，网络搜索公司通过收取使用费或出售广告空间来产生可观的利润。因此，搜索引擎公司对版权材料的使用具有商业性质。审理Harper & Row，Publishers，Inc. v. Nation Enterprises一案[1]的美国法院指出，"出版基于商业性目的的事实，是一个往往不支持合理使用裁决的独立因素。"[2]"事实上，商业性对合理使用裁决具有反向推定力，这一推定几乎涵盖了《美国版权法》§107所列举的所有说明性用途，包括新闻报道……和教学……因为这些活动通常也具有营利性。"[3]正如另一家法院指出的那样，"教育教科书出版商的营利动机与丑闻小报的出版商一样"。[4]因此，搜索引擎使用版权作品的商业性质可能不会在合理使用分析中赋予太多权重，相反，合理使用调查将侧重于使用的特征，即是否取代原创作品，而不是商业性。

搜索引擎复制的材料并非旨在取代原始网站。相反，其目的是提醒用户该网站的存在。尽管逐字复制不是"变革性的"，但它可以被视为一种为公众提供便利的中立评论形式：促进信息的获取。法院可能更倾向于将合理使用范围扩大到非变化性复制，非变化性复制不会取代原创作品，只是复制非实质性数量，以促进科学进步，造福公众。因此，复制用于信息索引的网页很可能被归类为合理使用，因为搜索引擎不会试图将被索引的网页与自己的网页相"混淆"。

（2）版权作品的性质。作品的性质是指作品越有创造性，就越应该保护作品不受抄袭。然而，合理使用的范围不应扩展至更多的信息或功能性作品。搜索引擎复制的网站性质复杂多样，在不同网站中发现的内容往往不同，有的几乎完全是事实性的，如天气预报网站，有的则具有高度创造性，如包含诗歌的网站。因此，在所有因素中，版权作品的性质是最具体的事实因素，需要根据个案进行具体分析。但是，所有案例都有一个共同之处：创建网站是为了向公众发行"作品"。

1　Harper & Row Publishers，Inc. v. Nation Enters.，471 U.S. 539（1985）.

2　Harper & Row Publishers，Inc. v. Nation Enters.，471 U.S. at 562.

3　Campbell v. Acuff-Rose Music，Inc.，510 U.S. 569，584（1994）.

4　Nimmer & David Nimmer，Nimmer on Copyright § 13.01 n.4（1997）.

　　然而，必须指出，版权的目的是通过赋予作者一定期限内的专有权，来鼓励作者向公众传播思想和信息。如果网站作品很容易被合理使用复制，则作者将不太愿意与公众分享他们的作品，从而挫败版权的目的。

　　（3）使用作品的数量和实质。《美国版权法》§107中列举的第三个因素是"使用版权作品的数量和实质"。搜索引擎将整个网页逐字复制到RAM或硬盘驱动器上，其目的是为用户提供链接或创建网页摘要。因此，这个因素往往不利于法院作出合理使用裁决。然而，由于这些副本从未向用户显示，因此，在权衡这些未显示的副本对网站潜在市场的非实质性影响时，该因素可能不太重要。

　　一方面，如前所述，搜索引擎被设计为复制最能代表网页内容的句子。因此，可以说搜索引擎的目标是获取网站的实质内容；另一方面，网站的实质可能是其外观、感觉和文字力量的反映。因此，简单地提取最常用文字的摘要不会复制网站的"实质"。然而，最终认定搜索引擎是否侵犯了网站的版权还只能根据个案情况而定。

　　（4）对潜在市场的影响。使用他人作品对该作品潜在市场或价值的影响是判断该使用是否合理的最重要因素。在Harper & Row, Publishers, Inc. v. Nation Enterprises一案[1]（以下简称Harper案）中，法院认为，直接竞争版权作品市场份额的复制品将严重损害该版权作品的可销售性，因此，它不是《版权法》意义上的合理使用。在Harper案中，《民族杂志》发表了一篇2 250字的文章，其中至少有300字是对福特总统回忆录未发表手稿版权表达的逐字引用。审理Harper案的法院认为，引文的使用在版权法意义上不是合理使用，因为其使用的目的是直接争夺手稿摘录的市场份额；因此，该使用会严重损害版权作品的适销性。[2]

　　搜索引擎对网站版权材料市场有何不利影响？一些搜索引擎仅将网站复制到RAM或硬盘驱动器上，并向搜索引擎用户提供网站的因特网地址，而不显示任何复制的信息。如果未向用户显示复制的材料，则搜索引擎没有提供原创作品的替代物。因此，对原创作品市场没有不利影响。相反，搜索引擎通过促进对该作品的访问会对原创作品市场产生有益影响。

　　令人担忧的是搜索引擎向用户显示网站摘要可能会产生负效应。虽然理论上这些摘要应该激发网民对网站的兴趣，但是不准确或不完整的摘要实际上可

1　Harper & Row Publishers, Inc. v. Nation Enters., 471 U.S. 539（1985）.

2　Harper & Row Publishers, Inc. v. Nation Enters., 471 U.S. 545（1985）.

能会阻碍网民对网站的兴趣。搜索引擎用户在阅读了不准确或不完整的摘要后，可能会选择不访问某个网站。另外，包含网站核心内容或全部主要材料的摘要将最终提供与该网站相同的功能。这样的摘要可以满足用户阅读实际网站的需求，从而湮灭用户想要浏览原创网站的愿望。因此，搜索引擎摘要可能会阻止用户访问这些网站，从而对某些网站的市场产生不利影响。

但是，有些法院认为，此种不利影响不足以减少网站市场份额。原因如下：首先，法院可能将不完整或不准确的摘要类比为对版权作品的贬低或不利评论。因此，搜索引擎摘要可能会对网站产生不利影响，但这种不利影响尚不足以构成版权侵权。其次，网站的不完整摘要可能导致更多用户访问该网站以获取详细信息。再次，产生虚假陈述摘要的机会很小，因为它们是通过逐字复制产生的。最后，与Harper案相比，搜索引擎并没有实质损害网站的推广，因为它们的目的不是直接争夺被复制网站的市场份额。相反，搜索引擎摘要通过提供有关访问这些网站的信息，促进用户对这些网站的访问以增加网站的市场份额。[1]目前互联网包含5 000多万个网页，并且每月以数百万的数量增长，因此，搜索引擎对于网络的生存和发展至关重要。[2]换句话说，允许网站材料用于搜索目的可确保向公众发布新闻、信息和观点的重要且广泛的手段生存下来。从权利平衡的角度来讲，这种公共利益已经超过了网站所有人的私人利益，更值得法律予以保护。

2. 禁止反言抗辩

搜索引擎复制不构成版权侵权的另一种辩护理由是禁止反言。禁止反言是普通法的一项重要法律原则，根据英国学者鲍尔的定义，假如一方当事人以言语或行动向另一方当事人声明，又或一方当事人有义务声明或采取行动而不履行义务，因此，该当事人保持缄默或不作为，而其实际或者推定的意图和结果是：导致另一方产生信赖并改变了处境，日后在任何该当事人与另一方当事人之间的诉讼中，假如另一方当事人用适当的方法表示反对，则该当事人不得否认其先前的陈词。"[3]搜索引擎的主要功能是为用户提供网站链接列表。只要目标网站本身是向公众开放的网站，就不会引起版权问题。网络的本质是链接网站页面，因此经营网站的每个人都默示地同意允许其他人链接自己的网站。

1　Daniel Ovanezian，Internet Search Engine Copying: Fair Use Defense to Copyright Infringement，14 Santa Clara Computer & High Technology Law Journal，268（1998）.

2　World Wide Web Search Engines：AltaVista & Yahoo，IAC Newsletter Database，May 1，1996.

3　何美欢：《香港代理法》，北京大学出版社1996年版，第69页。

除了这些链接之外，一些搜索引擎还通过复制网页中的单词和句子来创建网站摘要。因此，网站所有者长期默许复制其作品足以证实禁止反言抗辩的成立。

（五）结论

搜索引擎被设计为复制最能代表网站内容的句子，而不管该内容是什么。假设搜索引擎按设计执行，可以很容易地将得到的摘要视为与生成它们的网站在性质上相似。由于对定性分析赋予的权重更高，仅基于性质相似性，法院应考虑编辑搜索引擎摘要构成对网站所有者版权的侵犯。

尽管从原创作品中复制了大量材料，但合理使用的辩护使得这种复制不可诉。合理使用原则要求法院考虑诸如复制对作品的潜在市场的影响、使用作品的性质和目的以及使用作品的数量和实质内容等因素。搜索引擎摘要不会对网站的潜在市场产生负面影响，这一事实有利于支持合理使用抗辩。然而，如果摘要被认为仅仅是非变化地逐字复制具有高度创造性的网站实质内容，那么这些摘要对网站市场产生非实质性影响的请求可能会被驳回，而且合理使用抗辩将败诉。

但是，在评估合理使用因素时，大多数法院重点考虑的因素是使用复制材料和复制作品本身所带来的公共利益。在大多数情况下，版权所有者经济回报最大化的利益必须服从于艺术、科学和工业发展的更大公共利益。互联网是科学本身的一项重大技术成就，更重要的是，它可以促进其他科学和艺术的进步。随着互联网的扩展，搜索引擎是互联网生存的重要工具。因此，鉴于向公众提供的利益以及取代版权作品的不可能性，搜索引擎复制网站应被视为合理使用。

如果搜索引擎面临着侵犯版权的指控，则另一种辩护理由是网站所有者默认其作品被复制。这种辩护的依据是禁止反言原则。网站所有者长期默许复制其作品，默认可以从网站所有者知道搜索引擎执行复制且未能启动预防措施中暗示出来。然而，在网站页面上张贴版权声明也可能成为击败禁止反言抗辩的有力武器。

三、搜索引擎显示缓存的网站链接是否侵犯网站的版权

为了满足互联网用户的需求并增加访问量和网络搜索的速度，搜索引擎的使用过程涉及一个复杂的复制、索引和显示缓存的网站链接的过程。网站缓存和索引过程涉及搜索引擎蜘蛛复制原创网站以及搜索引擎将复制的网站文本翻译成索引。缓存的超链接（"链接"）通常也显示在搜索引擎的搜索结果中，它们是指上一次搜索引擎蜘蛛访问网站时显示的网站链接副本。

搜索引擎的复制、索引和缓存链接过程究竟是侵犯网站所有者的版权，还是进一步促进版权政策目标的实现呢？为了回答这个问题，首先必须了解搜索

引擎复制、索引和缓存网站链接的基本流程。

（一）网站复制、索引和缓存链接之流程

搜索引擎缓存过程的目的之一是存储网站以供以后使用。

1. 缓存过程的细节

缓存的核心是一个涉及软件机器人、索引、查询和服务器的复杂过程。最初，互联网搜索引擎发送他们的软件机器人来制作网站副本并处理存储在这些网站上的信息。信息处理包括制作高科技指数。当用户在搜索引擎中输入搜索词时，搜索引擎会检查索引并返回最相关的结果。作为该索引过程的一部分，搜索引擎文档服务器保留机器人最后访问该网站时所看到的该网站的副本。最后，当搜索引擎用户进行查询时，搜索引擎进入文档服务器检索并提供与搜索词最匹配的"存储文档"。

未经网站所有者明确许可，搜索引擎版权侵权最可能出现在以下两个阶段：（1）初始复制；（2）缓存链接显示。第一个可能版权侵权的领域是搜索引擎机器人在索引过程中对网站进行初始复制。除非网站所有者将超文本标记语言（"HTML"）代码编程到网站并撤销来自搜索引擎的许可，否则将生成此初始副本。第二个可能承担版权侵权责任的领域是搜索引擎发布链接网站的链接副本，因为它是机器人最后一次复制该网站。这些链接出现在用户的搜索结果中，通常位于"缓存"标题下。搜索引擎未经网站所有者的明确许可就执行这些步骤，可能构成版权侵权。

2. 机器人排除标准

机器人排除标准是指那些适用于搜索引擎机器人并且由网站管理员执行以将自己的网站排除在搜索引擎复制、索引和缓存过程之外的行业程序。机器人排除标准的前提是搜索引擎拥有免费复制网站的权利并有权发布指向缓存网站的链接。要将网站排除在搜索引擎复制、索引和缓存过程之外，网站管理员必须向网站添加HTML代码行，以便机器人知道忽略该网站。此外，网站管理员还可以添加HTML代码，该代码向搜索引擎发送消息，指示不应通过缓存链接将该网站存档。这种"选择退出"程序的开发是希望搜索引擎用户能够通过搜索引擎结果找到他们的网站。

（二）缓存之利弊分析

1. 缓存的优点

通常，复制、索引和缓存链接对ISP和互联网用户有许多好处。第一，搜索引擎复制和索引增加了互联网的功能，因为搜索引擎能够以更快的速度检索网站，将网站存储在搜索引擎服务器上。若没有搜索引擎，互联网用户找到网站的唯一方法是用户直接在浏览器中输入网站地址。[1]第二，缓存链接的功能类似于图书馆，它既有利于实现存档目的，又有利于用户访问因服务器故障而被删除或不可用的信息。第三，缓存链接有助于进行网站比较，有助于用户在自己选择的网站上突出显示搜索词。

支持搜索引擎索引、缓存和显示缓存链接的其他理由与"机器人排除标准"的优点有关。机器人排除标准为网站程序员所熟知且易于实现。机器人遵守网站管理员的指示且不复制网站，如果网站管理员不希望他们的网站被索引或存档，搜索引擎会迅速作出回应删除通知。因此，有人认为这是保护版权和网站所有者利益的有效方法。[2]

2. 缓存的缺点

相反，复制、索引和缓存链接也存在一些缺点。第一，缓存链接使黑客可以轻松绕过用户名、密码和网站注册要求，使网站所有人和作者无法控制自己的作品。第二，机器人排除标准是可选的、复杂的和有限的。机器人排除标准具有一定的局限性，因为许多网站所有者（如博主）无法手动将HTML代码插入其网站。它使网站所有者有责任和义务学习了解HTML代码并通过其网站中的特定命令撤销版权许可。第三，已删除的网站内容可能会在搜索引擎缓存中保留数月、数年或无限期。这侵犯了版权/网站所有者对版权作品的独家控制权和独家分发权，因为网站所有者无法控制其网站副本会发生什么。第四，缓存的链接会掩盖访问该网站的用户来源，导致网站管理员无法编辑有关谁在访问其网站的准确数据。这些数据通常用于产生广告收入，并且当此数据出现偏差时，网站所有者会损失广告收入。第五，缓存链接为搜索引擎用户提供了永远不会访问源网站的方法。

（三）索引和缓存网站版权侵权诉讼之美国经验

美国涉及搜索引擎索引和缓存版权侵权诉讼的经典判例主要有以下三个，现分述之。

1. Field v. Google案

第一个涉及索引和缓存问题的案例是Field v.Google案[3]（以下简称Field案）。在该案中，原告Field认为，当谷歌用户点击指向Field作品的缓存链接

1　Field，412 F. Supp. 2d at 1120.

2　Email Interview with Danny Sullivan，Founder and Editor-in-Chief，Search Engine Watch，（Oct. 9，2006）.

3　412 F. Supp. 2d 1106（D. Nev. 2006）.

时，谷歌侵犯了他的权利，因为这些作品可以在他的网站上免费获得。然而，审理Field案的法院认为，在最初的扫描和复制过程中，Field并没有声称受到了"谷歌机器人"的侵犯，这与网站所有者起诉搜索引擎对其网站进行初始复制的情形不同。因此，审理Field案的法院表示，如果Field在初始复制过程中主张侵权，则结果可能会有所不同。

最终，审理Field案的法院采纳了默示许可、禁止反言、合理使用和DMCA安全港等抗辩理由，认定在搜索引擎用户点击缓存的网站链接时，被告搜索引擎谷歌不构成直接侵权。

2. Parker v. Google案

Parker v. Google案[1]（以下简称Parker案）解释了直接版权侵权主张。原告作者Parker声称，当谷歌自动存档他在在线公告板新闻组网络（USENET）上发布的帖子时，直接侵犯了他的版权。当谷歌生成一个链接列表以响应用户的搜索查询时，它会在链接列表中摘录其网站内容，这直接侵犯了他的版权。版权直接侵权要求原告：（1）证明版权材料的所有权；（2）证明被告复制了该材料。此外，原告必须证明被告的行为是故意行为。故意行为是侵权者实施的、有意识和有目的的行为。

审理Parker案的法院将谷歌视为ISP来处理存档新闻组网络（USENET）帖子的直接侵权指控，并根据Costar Group v. Loopnet, Inc.案[2]（以下简称Costar案）法院的同样推理，驳回了原告的起诉。在Costar Group v. Loopnet一案[3]中，Loopnet，一家互联网服务提供商，被认为不是直接的版权侵权者，因为它是被动地存储了他人发布的版权材料。在Costar案中，Loopnet用户在Loopnet网站上发布了Costar的版权照片。由于Loopnet系统是应用户的要求上传版权图片，因此，审理Costar案的法院认为，意志行为不包括ISP设备对用户输入请求的自动响应。因此，法院免除了Loopnet的赔偿责任。然而，由于Costar案是针对被动ISP的，因此该案的判决并不适用于搜索引擎，因为搜索引擎在搜索引擎缓存过程中并不是被动的。

最后，审理Parker案的法院驳回了原告Parker的诉讼请求，主要原因是谷歌没有满足直接侵权指控所必需的意志行为要求。另外，原告Parker起诉谷歌通过索引和缓存网站过程直接侵犯其版权的请求也被驳回，理由是原告未说明

1　422 F. Supp. 2d 492（E.D. Pa. 2006）.

2　Costar Group, Inc. v. Loopnet, Inc.，373 F.3d 544，555（4th Cir. 2004）.

3　Costar Group, Inc. v. Loopnet, Inc.，373 F.3d 544，555（4th Cir. 2004）.

应给予何种救济措施。

3. Perfect 10 v. Google案

处理版权侵权和搜索引擎的另一个解释性案例是Perfect 10 v.Google, Inc.案[1]（以下简称Perfect 10案）。Perfect 10案的争执焦点是，当谷歌在其图像搜索中显示Perfect 10的收费照片时，Perfect 10的版权是否受到侵犯。谷歌图像搜索的工作方式与文本搜索的工作原理相同，即谷歌发送机器人来制作照片副本。初始复制后，谷歌会以缩略图形式通过其图像搜索显示完整图像。审理Perfect 10案的法院判决谷歌直接侵犯了版权，并且合理使用的抗辩不适用。法院的主要理由是：谷歌通过在其图像搜索中包含Perfect 10的图像，可以以多种方式从经济上获益。与Field案不同，在谷歌的搜索引擎图像搜索中包含Perfect 10的版权图像与谷歌的利润直接相关。

（四）版权侵权抗辩

针对侵犯版权的指控，被控侵权人可以主张多项辩护。版权侵权的一些常用抗辩包括：没有侵权，默示许可，合理使用和《美国千禧年数字版权法》的安全港条款。

1. 合理使用

合理使用是赋予潜在版权侵权人的一种抗辩理由，它赋予版权使用人有限的未经所有人同意以合理方式使用版权材料的权利。法院在权衡与案件利益相关的各种不同因素后，决定是否适用合理使用辩护。如前所述，在适用合理使用辩护时，法院主要审查以下因素。

（1）使用的目的和性质，包括此类使用是商业性目的还是用于非营利性目的。如前所述，一方面，法院既可以认为某被索引和缓存的网站仅为搜索引擎使用的数十亿个网站之一，因此，对搜索引擎的商业成功没有影响。另一方面，法院也可以适用Perfect 10案中采用的商业使用因素，认为搜索引擎的产品和收入直接来源于网站复制和缓存链接，因为网站的复制和缓存链接能够吸引更多用户，从而增加搜索引擎的广告收入。

（2）版权作品的性质，包括是公开发表的作品，还是未公开发表的作品，是合作作品，汇编作品、还是演绎作品等。这个因素有利于搜索引擎，因为网站的作品通常是在发表后被复制和缓存。

（3）相对于整个作品而言，使用版权作品的数量和实质内容。这个因素不利于搜索引擎，因为搜索引擎复制和缓存的往往是整个网站和实质内容。

1　416 F. Supp. 2d 828（C.D. Cal. Feb. 17, 2006）.

（4）使用对版权作品潜在市场或价值的影响。这一因素很难评估，涉及搜索引擎复制整个网站并将其编入索引，因为很难找到有关这一因素对网站影响的数据。大多数评论员认为，将网站包含在搜索引擎中会使网站受益，而不是损害网站市场。然而，也有人持不同意见，认为包含在搜索引擎中的"好处"可能被夸大了，因为统计数据表明只有9％～13％的网站访问者来自搜索引擎。[1]另外，缓存链接允许网站访问者绕过网站的注册系统，这会直接影响网站的作品市场。因此，这个因素有利于网站所有者。

总之，合理使用的抗辩结果是根据法院赋予每个因素的权重来确定的。根据法院正在评估的搜索引擎缓存过程的步骤，结果可能会有所不同。合理使用适用于缓存链接的概率要比适用于初始网站复制的概率小得多。因为缓存链接不会进一步促进提供信息访问的版权目标的实现，除非在数据已被删除或网站不可访问的极端情形下。因此，合理使用因素通常有利于网站所有者。必须指出，如果版权所有者能够证明被指控的使用行为将"对版权作品的潜在市场产生负面影响"，即使该使用非常普遍，那么合理使用抗辩也将被否决。

2.《美国千禧年数字版权法》安全港抗辩

《美国千禧年数字版权法》的一些主要条款适用于ISP，包括用于限制因第三方行为导致ISP责任的安全港条款。尽管审理Parker案和Field案的法院认为，网站存储足够"中间性和临时性"，因此，谷歌有资格获得DMCA安全港保护。但由于多种原因，将DMCA安全港条款适用于搜索引擎公司很困难。

首先，DMCA安全港的立法目的是保护ISP免受基于第三方侵权行为的责任。国会的目的是通过ISP和版权所有者的合作来遏制版权侵权行为，而不是保护ISP免受直接侵权赔偿。国会似乎没有考虑ISP本身会面临版权侵权指控。[2]其次，要获得安全港保护，ISP必须满足以"账户持有人"和"用户"为核心的某些门槛要求。这对搜索引擎来说是存在问题的，因为它们没有账户持有者或订阅者。最后，DMCA保护的另一个要求是ISP不能干扰版权所有者为保护作品而实施的标准技术措施。这对搜索引擎来说也是一项具有挑战性的要求，因为缓存链接通过绕过注册系统会干扰标准技术措施的实施。

3.默示许可

大多数网站管理员都了解机器人排除标准。然而，如果网站管理员不了解

1　Email Interview with Danny Sullivan，Founder and Editor-in-Chief，Search Engine Watch，（Oct. 9，2006）.

2　S. REP. NO. 105-190 at 1（1998）.

机器人排除标准，那么法院将无法认定默示许可。简单地说，如果网站管理员不了解机器人排除标准，那么搜索引擎公司的默示许可抗辩将被驳回。

（五）版权侵权诉讼面临的障碍

1. 网站/版权人个人利益与公共利益平衡之惑

互联网的迅速扩张造成了以前没有出现过的版权问题。搜索引擎缓存过程涉及在未经网站所有者明确许可的情况下对网站进行初始复制。此复制副本用于创建大型索引，而后者又用于为数百万人生成搜索结果。除非网站所有者选择退出，否则搜索引擎也会显示缓存的链接。

如前所述，尽管搜索引擎复制、索引和缓存链接增加了互联网的功能，有利于存档和网站信息推广等公私利益的实现，但是，由于缓存链接使黑客可以轻松绕过用户名、密码和网站注册要求，使网站和版权人失去版权作品的独家控制权和传输权，损失广告收入，也可能构成版权侵权行为。因此，如何在公共利益与版权人个人利益之间找到一个合适的平衡点？这是解决搜索引擎复制、索引和缓存链接版权侵权诉讼的关键。

2. 机器人行为是否属于意志行为之争

版权侵权包括直接侵权、共同侵权和替代侵权。本书重点关注直接侵权问题。版权直接侵权要求原告证明三点：（1）原告拥有网站和作品的版权；（2）被告复制了原告的作品；（3）被告的行为是故意行为。关于前面两点，本书不再赘述。本书重点谈谈第三点，即意志行为问题。

关于意志行为的认定与处理，法院可能作出三种不同的判决。

（1）认为搜索引擎类似于使用复印机复印书籍的人，而不是提供软件自动向公告板用户发送消息的ISP，因为复印机由制造商生产后即脱离了制造商的控制，因此，具有侵权意图的主体不是制造商而是复印机使用人。故此，搜索引擎作为积极的侵权者无法适用意志行为理论予以免责，应承担版权侵权责任。

（2）即使机器人的行为是自动的，法院也可以认为机器人编程符合意志行为要求，因为机器人的复制行为是由搜索引擎的编程所控制的。即使搜索引擎对机器人进行编程以搜索互联网并制作版权歌曲的副本或对其机器人进行编程以非法下载音乐，但是，并不能免除搜索引擎的版权侵权责任。搜索引擎应对其机器人的行为负责，因为它们指示机器人执行网站复制。[1]

1　Nicole Bashor, The Cache Cow: Can Caching and Copyright Co-exist?, 6 The John Marshall Law School Review of Intellectual Property Law, 119（Fall, 2006）.

（3）因为网站存储足够"中间性和临时性"，其地位类似于ISP，而意志行为不包括ISP设备对用户输入请求的自动响应。因此，审理Parker案和Field案的法院采用了这种观点，适用意志行为理论裁决搜索引擎不符合此要求，并且不用承担版权直接侵权责任。

（六）解决搜索引擎缓存网站链接涉嫌版权侵权的建议

1. 由互联网管理机构制定统一的机器人排除标准

互联网版权保护的主要障碍是缺乏统一的互联网管理机构。不同的志愿者组织可以提出不同政策建议，但在强制实施这些政策之前，所有拟议的标准都是可以选择的，没有强制执行力。

机器人排除标准是在机器人的参与下开发的，最初目的是网站所有者基于阻止机器人对其网站进行访问而开发的程序。目前尚不清楚各方对机器人排除标准的态度和对该标准的采用程度，但很明显该标准是为了机器人作者的利益而编写的。机器人排除标准增加网站所有者拒绝机器人访问的负担，因为它既不要求机器人在复制网站之前必须获得版权人的许可，也不要求无数机器人所有者在机器人开发过程中对其程序进行修改，而是要求数百万网站所有者阻止机器人访问。若没有权威机构执行统一的机器人排除标准，则各方利害关系人可能各行其是，因此，笔者建议由互联网管理机构或者行业自律组织制定统一适用的机器人排除标准。

2. 一揽子许可

针对搜索引擎对网站进行初始复制可能面临的版权侵权问题，切实可行的解决方案是签订类似于音乐行业一揽子许可协议。具体方案是由搜索引擎与互联网名称与号码分配公司（"ICANN"）签订总括许可协议。互联网名称与号码分配公司是执行此项工作的最佳组织，因为它监管整个域名系统。互联网名称与号码分配公司非常适合作为搜索引擎和网站所有者之间的中间人，因为所有域名都通过互联网名称与号码分配公司进行路由。[1]

在Broadcast Music Inc. v. Columbia Broadcasting System一案[2]中，音乐产业遇到类似于网站所有者目前的问题，并设计了一揽子许可的解决方案。由于音乐产业的构成，许多艺术家拥有版权作品，但个人许可和实施的后勤保障使得电视网络和其他人无法与每个艺术家签订许可协议。因此，成立音乐著作权集体管理组织来签订一揽子许可协议。当版权作品有数千

----

1 See ICANN, http://icann.org/faq（last visited Oct. 30, 2006）.

2 441 U.S. 1（1979）.

名潜在用户，数千名版权所有者以及数百万版权作品时，一揽子许可协议是合适的。

当一个人注册域名时，他有机会决定是否希望自己的网站包含在搜索引擎中。如果他决定不想加入，他可以选择退出并选择不收取版税收入。互联网名称与号码分配公司可以编制一份收录域名数量的清单，并决定许可费的金额。每个搜索引擎都有权协商合理的价格，以收录所有选择加入的域名。法院或仲裁机构作为中立方，可以监督这些谈判，以确保协议的公平合理。一旦确定了商定的费率，版税将分配给每个域名所有者。这种模式不仅可以补偿网站所有者，而且一揽子许可还可以降低注册和维护网站注册的成本。因此，一揽子许可协议有利于促进版权目标的实现，因为它能够鼓励更多人注册网站，从而创作新作品。

有证据表明谷歌已经与一些新闻机构签订了复制和展示在线新闻文章的协议，这进一步支持了一揽子许可协议。[1]这些协议表明，谷歌将这些贡献归功于自己的搜索引擎，并相应地奖励相关网站和作者。

3. 网站所有者有权选择加入缓存链接

如前所述，由于多种原因，缓存链接对于网站所有者来说，可能弊大于利。因此，搜索引擎应该有一个选择加入标准，以显示指向网站副本的缓存链接。换句话说，所有网站最初选择默认退出搜索引擎，不同意对自己的网站发布缓存链接，但如果该网站所有者赞成搜索引擎显示指向自己网站的缓存链接，则可以选择加入搜索引擎的缓存链接。

该方案有如下优势：第一，缓存链接的选择加入模式默认保护版权，而不是允许黑客篡改注册或屏蔽访问者的来源，以使网站遭受损失。缓存链接对于促进信息的访问几乎没有作用，缓存链接还有许多其他缺点。因此，版权保护应该是最重要的优先事项，并且应该实施选择加入模式。

第二，谷歌和其他搜索引擎不应该害怕实施选择加入模式，因为它已经在多种情形下得到认可。谷歌打印，谷歌努力创建书籍索引，识别部分选择加入系统。网站所有者选择退出该流程的索引部分，但选择使用缓存链接显示其图书。[2]谷歌应该没有理由将书籍文本与网站文本区别对待。因此，对于真正

1　See Caroline McCarthy, Google reveals payment deal with AP, news.com（August 3, 2006）http：//news.com.com/2100-1038_3-1024234.html（last visited Nov. 2, 2006）.

2　See Posting of Danny Sullivan to Search Engine Watch Blog, Indexing Versus Caching & How Google Print Doesn't Reprint, http：//blog.searchenginewatch.com/blog/051021-113341（Oct. 21, 2005）.

希望将其网站存储并显示为缓存链接的网站所有者而言，应该选择加入缓存链接。

▶ 第二节　搜索引擎关键词广告的商标侵权问题

当今互联网时代，谷歌、百度等搜索引擎商极大地便利和改变了人们的信息获取方式，与此同时，搜索引擎服务的公正性也颇受质疑。有关搜索引擎服务商商标侵权责任问题，理论界和实务界存在分歧，甚至出现案件判决不一的现象，亟须理论界和实务界对此作出回答。

一、搜索引擎关键词广告的操作流程

搜索引擎关键词广告作为一种新型的网络广告形式，它能为广告主提供可量化的、可跟踪和效益可观的广告。搜索引擎关键词广告的运行流程是：在搜索引擎公司的网站中，有专门的内置促销系统，广告客户通过注册取得账户后，可以进入该系统设置一个或多个广告关键词，同时输入广告标题、产品或服务的描述、网站链接地址等信息储存在搜索引擎系统里。当用户输入的搜索字词与广告客户设置的某个广告关键字词相匹配时，该广告客户的网站链接会在搜索结果中排名第一或者单独在页面右侧的推广栏目出现，此结果也会被标注"推广""推广链接""广告"等字样。[1]搜索结果显示链接网页的标题、网页的简短描述或者内容摘要以及网页网址。互联网关键词推广是目前非常流行的一种网络广告类型，它是搜索引擎公司收入的主要来源。

广告客户通过与搜索引擎公司签订竞价排名服务合同的方式，购买与自己的产品或服务相关的关键词，同时，搜索引擎公司将广告与广告客户购买的关键词进行超链接。当网络用户输入关键字词时，它将触发出现在搜索结果页边沿或上、下方的赞助商链接或广告。搜索结果链接与广告中往往出现与关键词类似的商标，这可能给用户和消费者造成误认，误认为广告客户（特别是竞争对手）与原商标权人有关联。实际上，商标权人与广告客户没有从属或关联关系。

根据《暂行办法》的规定，在提供竞价排名服务时，搜索引擎公司必须把具有广告性质的竞价排名结果标注"广告"字样，以便区别于自然搜索结

1　陶乾："中欧搜索引擎关键词引发的商标侵权案件分析"，载《知识产权》2011年第4期，第85页。

果。[1]根据竞价排名规则，广告主可以根据自己的出价竞标自己在搜索结果中的排名。搜索引擎公司鼓励广告主竞标相关度最高的关键词。广告主希望用户点击自己的链接（非搜索结果页）寻找他们想要的东西。广告主竞标关键词的方法有两种：每次点击收费和每次印象收费。每次点击收费是指只要用户访问或点击搜索结果页的广告，广告主就必须付费。每次印象收费是指只要广告主的广告出现在搜索结果页，广告主就要付费，不管该广告是否被点击。大部分广告主喜欢每次点击收费这种广告付费模式。

另外，搜索引擎可以提供关键词选择工具，为客户推荐最合适的关键词，提高客户的搜索效率。如谷歌提供的"关键词工具"，它有助于广告主确定新的想要的关键词。当广告主发送关键词到"关键词工具"时，关键词工具会显示一系列相关的关键词供广告主做选择时参考。因此，广告主的网站链接会出现在相关的搜索结果页或这些结果页的广告栏目上。

二、搜索引擎关键词广告商标侵权之论争

（一）理论分歧

使用他人商标作为搜索关键词，搜索引擎服务商应否承担商标侵权责任？是直接责任，还是间接责任？理论界和司法实务界一直存在分歧。

（1）商标侵权说。在搜索引擎系统中将他人商标设置为搜索关键词，并将该关键词与搜索结果页中的广告进行超链接，只要客户输入该关键词，就能在搜索结果页中发现与该关键词有关的广告和网站。对这种行为如何定性？学界存在不同意见。许多学者认为，尽管将他人商标设置为搜索关键词，即使网络用户在搜索结果页上看不到商标图标，只要广告主设置商标关键词的目的是引导访问者进入相关网站，浏览自己商品与服务的信息，这就会让用户和消费者误认为广告客户与原商标权人有关联，从而使原商标权商誉下降，甚至遭受经济损失……可见关键词广告是网络环境中实现商标区分商品或服务来源的一种技术手段，具有识别来源、引导购买的作用，就构成商标侵权。[2]大部分学者认为，单纯将他人的商标作为关键词使用构成商标法意义上的商标使用，因为消费者可以在搜索结果页上简单地点击广告以购买商品或服务，从而使搜

---

1 Commercial Alert Complaint Requesting Investigation of Various Internet Search Engine Companies for Paid Placement and Paid Inclusion Programs, FTC Letter to Search Engine Companies FTC, June 27, 2002.

2 张今、郭斯伦：《电子商务中的商标使用及侵权责任研究》，知识产权出版社2014年版，第93页。

索引擎关键词广告成为一种能让广告客户比原商标权人获得更多经济优势的工具，会产生不正当竞争的后果。[1] 关于搜索引擎竞价排名服务的性质，学界一般认为它具有商业广告性质，因此，搜索引擎公司在提供竞价排名服务时，它扮演的角色其实是广告发布者，应对广告内容负有主动审查义务，若因未予审查或审查不严导致侵权发生，则搜索引擎公司的行为构成间接侵权。[2]

根据2016年7月我国原工商行政管理总局颁布的《暂行办法》第3条对互联网广告的定义，互联网广告是指通过网站、网页、互联网应用程序等互联网媒介，以文字、图片、音频、视频或者其他形式，直接或者间接地推销商品或者服务的广告。从类型上来看，链接广告、电子邮件广告、付费搜索广告和网络展示广告都属于互联网广告。因此，《暂行办法》颁布以后，有关互联网付费搜索服务性质"广告说"和"非广告说"的争论告一段落。学者们的分歧集中表现为搜索引擎公司作为互联网广告发布者应承担多大程度的审查义务。有的认为，搜索引擎公司应该对参与竞价排名的关键词审查承担"较低程度"的注意义务，即明知、应知、推定知道、有理由知道该关键词违法或侵权。[3] 有的认为搜索引擎公司应负"中等程度"的审查义务，即搜索引擎服务商应询问广告客户是否有权使用该关键词，并要求该客户提供相应的权属证明。还有的认为应负"较高程度"的审查义务标准，即主动审查义务。[4]

（2）非商标侵权说。广告主与搜索引擎公司认为，使用或者销售关键词是一般的商业做法，并不侵犯商标权人的权利。因为搜索引擎是从互联网上发现、搜集网页信息，建立信息索引库，并根据用户输入的查询关键词，将查询结果返回给用户的系统。搜索引擎系统设置的关键词能最大限度概括网页的主要内容，其功能是允许用户搜索与该关键词有关的网页。注册新网站后，广告客户自行选定关键词、撰写概括网页内容的链接标题，如果是竞价排名广告，广告客户还必须自行设定点击价格，以影响其网页在搜索结果中的排名。竞价排名实际上是搜索引擎公司为第三方网站提供的有偿搜索服务，但网站关键词

1　刘润涛："商标仅用作关键词推广不构成商标使用"，载《中国知识产权法学研究会2015年年会论文集》，第576页。

2　宋亚辉："竞价排名服务中的网络关键词审查义务研究"，载《法学家》2013年第4期，第87页。

3　宋亚辉："搜索引擎服务商审查义务的标准及其适用"，载《中国工商报》2014年8月20日。

4　宋亚辉："竞价排名服务中的网络关键词审查义务研究"，载《法学家》2013年第4期，第94页。

并不是由搜索引擎公司而是由广告客户自己设置的，因此，搜索引擎公司也无法控制被链接的网站标题内容，因此，一般情况下，搜索引擎竞价排名广告的关键词与特定的商品、服务或特定的经营者并没有必然联系，不会引起相关公众的混淆。广告客户将他人的商标用作搜索关键词的行为并不属于商标法意义上的使用。[1]因此，该观点认为，使用他人注册商标作为搜索关键词不构成商标侵权。

（二）司法实务分歧

1. 搜索引擎公司与广告商对商标侵权承担连带责任

原告台山港益电器有限公司（以下简称港益公司）享有中英文组合商标"绿岛风Nedfon"的专用权，被告广州第三电器厂（以下简称第三电器厂）向谷歌公司的代理商购买了"绿岛风"关键词广告。用户在谷歌搜索引擎网站输入关键词"绿岛风"三个字进行搜索可以发现，港益公司的名称及网页链接出现在搜索结果页第一页左栏第一项的显著位置，右栏赞助商链接排名第一的是"绿岛风——第三电器厂"及其网页链接，但是，用户点击右栏第一项赞助商链接进入第三电器厂网页，并没有出现"绿岛风"商标。因此，原告港益公司起诉第三电器厂和谷歌公司共同侵犯其注册商标专用权。一审法院判决被告第三电器厂侵犯了原告的注册商标专用权，但搜索引擎公司谷歌不承担共同侵权责任，理由是虽然被告第三电器厂使用原告港益公司的"绿岛风"商标作为关键词的行为会使消费者对第三电器厂与港益公司的商品来源产生混淆与误认，但是，搜索引擎公司谷歌对关键词广告信息不具有编辑控制能力，而且在诉讼过程中及时停止了涉嫌侵权的关键词广告服务。原告上诉以后，二审法院维持了一审法院关于第三电器厂侵犯原告商标专用权的认定，但是变更了搜索引擎公司谷歌公司不构成共同侵权的认定，认为谷歌公司的行为为第三电器厂的商标侵权行为提供了帮助和便利，故构成共同侵权。[2]

2. 广告商虽构成商标侵权，但搜索引擎公司不构成商标侵权

原告深圳市捷顺科技实业股份有限公司（以下简称捷顺公司）享有广东省著名商标"捷顺"的注册商标所有权，核定使用的商品为IC卡门锁、电动折叠门等第9类商品。2008年5月，深圳市九鼎智能技术有限公司（以下简称九鼎公司）向百度中国有限公司（以下简称百度公司）购买了搜索引擎竞价推广

---

1 林婉琼："关键词广告商标侵权问题初探"，载《科技与法律》2010年第6期，第82页。

2 徐可卉："互联网搜索引擎商的商标侵权行为之界定"，载《中国知识产权法学研究会2015年年会论文集》，第595页。

服务。九鼎公司将"捷顺停车场""捷顺停车场管理系统"设置为竞价排名的搜索关键词。用户在百度搜索栏输入"捷顺"两字，搜索结果页第一页第一项显示为"九鼎捷顺停车场管理系统全国联保"的链接，该链接右侧有"推广链接"字样，该链接指向九鼎公司网站；搜索结果页第一页第二项显示为捷顺公司的链接，链接右侧没有"推广链接"字样，该链接指向捷顺公司网址。原告捷顺公司起诉被告九鼎公司和百度公司，指控它们构成商标共同侵权。一审法院认为，用户输入"捷顺"关键词进行搜索时，首先看到的是被告九鼎公司的网站链接，紧挨着被告网站排名的是原告捷顺公司的网站链接，这样会使消费者认为原告捷顺公司与被告九鼎公司之间存在特定联系，从而给消费者造成混淆和误认，因此，九鼎公司侵犯了捷顺公司的注册商标专用权。百度公司作为搜索引擎竞价排名业务的经营者未对九鼎公司选定的关键词是否侵权进行认真审查，未尽到合理注意义务，客观上对九鼎公司的商标侵权行为起到了参与、帮助作用，构成共同侵权。被告百度公司上诉以后，二审法院依法改判上诉人百度公司不承担侵权责任，理由是百度公司仅仅是提供竞价排名服务提供的技术平台，百度公司对九鼎公司的侵权行为不存在明知或应知的过错，而且百度公司在接到侵权通知后立即删除了相关涉嫌侵权内容，根据"通知 + 移除规则"，百度公司不应承担侵权责任。[1]

三、搜索引擎竞价排名广告商标侵权构成要件分析

　　商标法的立法目的一方面是确保消费者可以根据商标的识别功能选择商品或服务，另一方面是保护商标权人的良好商业信誉，防止他人的假冒和仿冒行为。[2]我国商标法规定的商标侵权行为是指行为人未经商标权人的许可，在相同或者类似商品上擅自使用与他人注册商标相同或者近似的商标或者其他妨碍注册商标正常使用，并且可能造成用户或消费者对商品或服务的来源产生混淆的行为。一般而言，在商标侵权诉讼中，原告必须证明自己享有注册商标专用权，同时，被告在没有征得原告同意的情况下，对其注册商标进行与商品或服务有关的商业性使用。另外，原告还必须证明被告使用该商标很可能导致用户或消费者对商品或服务的来源产生混淆。当然，这些基本要求同样适用于搜索引擎关键词广告商标侵权案件。但是，本书只对搜索引擎关键词广告商标侵权案件两个最关键的要素进行分析，即"商业性使用"和"混淆可能"问题。

1　参见（2011）深中法民知终字第651号，广东法院网，访问日期：2013年4月3日。

2　王迁：《知识产权法教程》，中国人民大学出版社2019年版，第407页。

（一）商业性使用

商业性使用是商标侵权的主要构成要件，它是指在正常的贸易过程中善意的以营利为目的使用商标。以下两种情况一般认为是商业性使用：第一，商标必须出现在商品或包装上或者与商品相关的展览上，同时，商品必须进行商业性出售或运输。第二，将商标用于广告宣传及其他商业活动中。换句话说，商业性使用是指商标在商业活动中的使用，如在商品标签或广告中使用他人商标。只要商标能够发挥识别商品和服务来源的作用，就构成商业性使用。

1. 美国搜索引擎关键词广告商业性使用司法判例考察

美国早期的大多数判例认为，购买或者出售商标关键词确实构成了商业性使用。美国法院主要依据少数几个弹出广告和原标记案例认定关键词广告的"商业性使用"。

（1）弹出广告。弹出广告是互联网广告取得巨大成功的表现，但是它却给互联网用户带来了很大的麻烦。弹出广告自动打开一个个包含广告的新的浏览器窗口，强迫用户浏览，影响用户的上网速度。弹出广告诉讼往往涉及两个侵权者，即广告商和弹出广告经营者（通常也是广告发布者）。尽管弹出广告不同于搜索引擎关键词广告，但法院通常将弹出广告判例类推适用于关键词广告案例，并据此确定后者"商业性使用"的含义。在搜索引擎关键词广告诉讼中经常使用的三个相关判例是U-Haul，富国银行和1-800通讯录案，这三个案例的判决都认为，根据《美国兰哈姆法》的规定，内部使用商标以触发弹出广告不是商业性使用。弹出广告的触发装置不是商标本身，而是网站域名。在审理谷歌关键词广告的诉讼中，依赖弹出广告判例进行分析的法院认为，购买或者出售商标关键词不是商业性使用。纽约南部地区默克法院在判决书中指出，在搜索引擎语境下，被告既没有将Zocor商标粘贴在任何商品、容器、展览物或相关文件上，也没有以任何方式使用它们来标明来源或赞助。这种内部使用"Zocor"商标作为关键词以触发显示赞助商链接的行为，不是商标法意义上的使用商标行为。默克地区法院遵循并参考了1-800通讯录、富国银行和U-Haul三个涉及弹出广告的判例。[1]

另外，在Rescuecom Corp. v. Google, Inc.案[2]（以下简称Rescuecom案）中，纽约北区法院认为，根据《美国兰哈姆法》被告不构成商业性使用，

1　Kitsuron Sangsuvan, Trademark Infringement Rules in Google Keyword Advertising, University of Detroit Mercy Law Review, Winter, 2012, p.150.

2　Rescuecom Corp. v. Google Inc., 562 F.3d 123（2d Cir. 2009）.

因为购买或者出售商标作为搜索引擎关键词不属于商业性使用。最后，法院判决原告败诉，因为原告没有证明以下事实：①搜索结果中的任何链接显示了原告的商标，除了那些属于原告的链接之外；②被告的活动影响了原告网站的外观或功能；③被告将原告的商标放置在任何商品、展览、容器或广告上。[1]但是，这个判例后来被联邦巡回法院予以推翻。[2]

（2）元标记。元标记是由集成到网站中的HTML代码组成，它对网站访问者来说是不可见的，但是可以由搜索引擎读取。在20世纪90年代后期，搜索引擎常常依靠元标记中的关键词收集搜索结果并对它们进行排列。元标记的目的是迷惑用户并将用户的注意力转移到商标权人的赞助网站。由于商标权人怀疑被告未经授权就在元标记中使用了自己的商标，因此引发许多商标侵权诉讼。然而，今天的搜索引擎不再在搜索中使用关键词元标记，因为几乎所有的搜索引擎都已经从其关联算法中删除了关键词元标记。比如谷歌就没有在它的网络搜索排名中使用关键词元标记。相反，谷歌完全依靠自己的算法来查找网站。

元标记判例可以用来分析谷歌关键词广告案件的商业性使用。元标记案件类似于关键词广告案件，因为企业在自己网站的元标记中使用了竞争对手的商标。与谷歌关键词广告案件有关的最有影响的两个案例是Brookfield Communications, Inc. v. West Coast Entertainment Corp.案（以下简称Brookfield案）[3]和Playboy Enterprises, Inc. v. Netscape Communications Corp. 案（以下简称Playboy案）[4]。这两起案件都是原告指控被告在域名中侵犯原告的商标。审理这两起案件的法院都认为，在元标记中使用商标属于商业性使用。使用商标关键词触发显示竞争对手的广告，根据《美国兰哈姆法》的规定，构成商业性使用。法院试图将元标记判例的裁决和规则适用于谷歌搜索引擎案件。

在Edina Realty, Inc. v. TheMLSonline.com案[5]中，法院指出，根据《美国兰哈姆法》商业性使用的一般定义，购买包含原告商标的搜索词以创建

1　1–800 Contacts, Inc. v. WhenU.com, Inc., 414 F.3d 400, 409（2d Cir. 2005）.

2　Rescuecom Corp. v. Google Inc., 562 F.3d 123（2d Cir. 2009）.

3　Brookfield Commc'ns, Inc. v. W. Coast Entm't Corp., 174 F.3d 1036（9th Cir. 1999）.

4　Playboy Enters., Inc. v. Netscape Commc'ns Corp., 354 F.3d 1020（9th Cir. 2004）.

5　Edina Realty, Inc. v. Themlsonline.com, No. Civ. 04–4371JRTFLN, 2006 WL 737064, at 3（D. Minn. Mar. 20, 2006）.

赞助商链接构成商业性使用。法院以Brookfield案的判决为依据，认为互联网元标记构成商业性使用。另外，在Google v. American Blind & Wallpaper案[1]中，法院认为，作为被告的搜索引擎公司出售关键词广告构成了商标使用或商业性使用，被告与广告主一起盗用了原告商标的商誉，从而将互联网用户引导到原告竞争对手的网站，因此，可以对这种行为提起诉讼。法院不要求商业性使用必须在广告中出现商标标识。相反，谷歌的关键词销售满足商业性使用的条件。

（3）结论。美国法院并不要求商业性使用必须在广告中出现被侵权商标，侵权嫌疑人在内部软件程序或元标记中使用他人注册商标并不能豁免商标侵权指控，在自己的内部算法之外使用其他公司的商标，属于《美国兰哈姆法》规定的"商业性使用"。搜索引擎公司向广告用户展示、建议使用和出售他人注册商标的行为符合原告商标在侵权之前应该已经使用的法定要求。因此，使用他人注册商标作为搜索引擎关键词广告以触发显示原告竞争对手广告的行为属于《美国兰哈姆法》意义上的商业性使用。

2. 我国搜索引擎关键词广告商业性使用的判断

我国《商标法》第48条规定，商标的商业性使用是指在商品、商品包装或者容器以及商品交易文书上使用商标，或者在广告宣传、展览以及其他商业活动中使用商标。这一规定符合国际立法潮流。但是，如前所述，将他人注册商标做为关键词搜索是否构成商业性使用存在争议，有人认为搜索引擎服务提供商只提供搜索技术服务，无法控制关键词的内容，也与产品销售或商业活动没有直接关系，因此，不是商业性使用。另一部分人认为，以竞价方式将他人注册商标作为搜索引擎关键词广告进行设置，一旦互联网用户以他人商标做关键词进行搜索，则触发显示广告主的网站于搜索结果页中并引导用户进行访问，在这种情况下，作为关键词的商标就与特定商品相连，因此，属于商业性使用。

笔者认为，在判断将他人注册商标设置为搜索关键词是否属于商业性使用时，要分情况处理：（1）如果广告商与搜索引擎公司签订的合同是竞价排名服务合同，则广告商将他人注册商标设置为搜索关键词是典型的商业广告行为，属于典型的商业性使用；（2）即使商品生产者、经营者没有与搜索引擎公司签订竞价排名服务合同，但是，只要用户输入他人注册商标进行搜索，返

---

1 Google Inc. v. Am. Blind & Wallpaper, No. C 03-5340 JF（RS），2007 WL 1159950, at 6（N.D. Cal. Apr. 18, 2007）.

回的搜索结果页显示的是该生产者和经营者的商品或网站链接，并由此造成消费者对商品来源产生混淆，那么也可认定为商业性使用；（3）虽然将他人商标设置为搜索关键词，但是如果返回的搜索结果页显示的是新闻报道、政策法规、教育评论、科学知识等与商品来源无关的公共信息，则应认定为非商业性使用。[1]

（二）混淆可能性

"混淆可能性"是确定商标侵权责任的另一个要素。大多数国家的商标法规定：在相同或类似商品上使用与他人注册商标相同或类似商标都必须以"混淆可能性"作为直接侵犯商标权的条件。[2]例如，《欧盟指令》及《欧盟商标条例》均将"可能导致公众混淆"作为商标侵权在相同或类似商品上使用与他人注册商标相同或类似商标的必要条件。[3]依据商标法和反不正当竞争法救济的混淆不仅是有关商品来源的混淆，而且还包括从属关系或赞助关系的混淆。判断是否侵犯注册商标专用权的关键检测方法是：被告的使用行为是否可能造成混淆或引起误解或欺骗？拥有商标专用权的原告负有证明混淆可能性的举证责任。

一般而言，两个商标的相似性越小，混淆可能性也越小。另外，在判断混淆可能性时，法院还必须通过考虑用户使用商标的具体语境，包括分析冲突商标的发音、外观、含义和口头翻译情况。然而，在互联网关键词搜索的语境下，搜索引擎关键词广告程序或广告链接不会在搜索结果页上提供两个不同的商标。当互联网用户输入一家公司的商标作为搜索词时，他将会看到未显示任何公司商标的竞争对手的赞助商链接或广告。赞助商链接或广告中的关键词与搜索结果中的关键词没有区别且彼此分离。赞助商广告链接的设计与搜索结果相似但不相同。赞助商链接或广告不标识其来源，而是提供有关用户正在搜索的产品或服务的信息。因此，用户在市场上或搜索引擎中看不到两个不同的商标。

传统适用于互联网案件的混淆可能性分析同样适用于搜索引擎关键词广告。搜索引擎关键词广告案件涉及使用他人注册商标作为关键词来触发显示

---

1 阳东辉："论互联网关键词广告的商标侵权认定规则"，载《政治与法律》2016年第9期，第123页。

2 参见王迁：《知识产权法教程》，中国人民大学出版社2019年版，第501页。

3 See Directive（EU）to approximate the laws of the Member States relating to trade marks, Article 10（2）（b）；Regulation（EU）on the European Union trade mark, Article 9（2）（b）.

竞争对手的广告。分析搜索引擎关键词广告案件的混淆可能性不应该只关注相似的名称或外观，相反，还应该综合考虑是否存在消费者混淆的其他因素。例如，在美国的搜索引擎关键词广告案件中，法院还特别关注以下重要因素：（1）商标的独特程度，原告的商标越独特，被告侵权的可能性就越大；（2）商标的相似性，两个商标越相似，混淆可能性越大；（3）原告与被告商品的相似程度；（4）销售渠道是否相同或相似；（5）消费者的经验和关心程度；（6）被告是否具有不良动机；（7）是否有真实的混淆发生；（8）是否扩大业务范围并在相关商品上使用原告的商标；（9）广告的标识和外观以及显示结果页面的屏幕背景。[1]

（三）实际混淆

实际混淆不是证明混淆可能性的必要条件。理论界和实务界通常认为提供实际混淆证据是没有必要的；一种混淆可能性足矣。但是，即使不要求实际混淆，它也被赋予很大的权重，并成为证明混淆可能性的有力证据。如果相互竞争的两个商标在很长一段时间内同时使用，但是，没有给消费者造成实际的混淆，则可以确定这种混淆将来不会发生。

大多数互联网用户很容易理解和区分自然搜索结果和广告链接之间的区别。因此，一般的互联网用户并不会被欺骗，不会将自然搜索结果与赞助商链接相混淆，只有没有经验的互联网用户和从未上过网的人才可能不知道广告链接上的竞争对手广告并与之相混淆。当互联网用户在搜索引擎中输入单词或短语时，搜索引擎将通过显示网站的相关链接列表和赞助商链接上显示的上下文广告来响应搜索请求。

我们认为，搜索引擎关键词广告商标侵权案件的实际混淆应当以用户在搜索结果页显示屏幕上实际看到的内容和普通消费者的理解力为认定依据。换句话说，实际混淆分析取决于是否赞助商链接与自然搜索结果存在明显的区分度，即互联网用户是否能够区分赞助商链接与自然搜索结果，以及普通消费者在搜索引擎关键词广告背景下能否合理地相信搜索结果页面的内容。明确的标识可以消除关键词广告语境下初始利益混淆的可能性。如果没有标注"广告"字样，那么很可能使消费者产生混淆。必须指出，确定混淆可能性必须从总体上综合考虑广告的标识、外观和显示结果屏幕上的周边背景进行判断。[2]

----

1 参见李明德：《知识产权法》，法律出版社2008年版，第246页。

2 阳东辉："论互联网关键词广告的商标侵权认定规则"，载《政治与法律》2016年第9期，第124页。

四、搜索引擎服务商的共同侵权规则

（一）商标共同侵权的一般理论

根据共同侵权理论，共同侵权也被视为间接侵权，是指共同侵权人帮助或者促成直接侵权或者违法行为。商标共同侵权必须以直接侵权为前提。许多国家的商标法规定：引诱他人实施直接侵权行为，或在知晓他人准备或正在实施直接侵权行为时提供实质性帮助，构成间接侵权。[1]共同侵权理论扩大了商标侵权责任人的范围，商标侵权人不仅包括侵权商品生产者和销售者，还包括故意与非法侵权人合作的共同侵权人。我国《商标法》第57条列举的第六种侵权行为：故意为商标侵权行为提供便利条件以及帮助他人实施侵犯商标权行为，这两种行为均为共同侵权行为。

《美国兰哈姆法》虽然没有对共同侵权原理作出明确规定，但是在判例法中确立了这一规则。在Inwood Labs v. Ives Labs案[2]中，美国联邦最高法院确立了商标共同侵权的一般规则：商标共同侵权责任必须存在直接侵权，因为共同侵权人是帮助或鼓励直接侵权行为或违法行为。如果没有直接侵权行为，那么共同侵权也就不存在。根据共同侵权理论，以下两种经销商应承担共同侵权责任：（1）故意诱使他人侵犯商标专用权；（2）继续向明知购买人在从事商标侵权行为的当事人提供商品。

（二）我国搜索引擎公司共同侵权责任立法之不足

我国目前调整搜索引擎公司共同侵权的法律规范主要有《民法典》和《商标法》。《民法典》规定教唆、帮助他人实施侵权的，属于共同侵权行为，两人以上共同实施侵权行为要承担连带责任。网络用户利用网络服务实施侵权行为的，被侵权人有权通知网络服务提供者采取删除、屏蔽、断开链接等必要措施，若网络服务提供者知道网络用户利用其网络服务侵害他人民事权益，或者接到通知后未及时采取必要措施的，应对给网络用户造成的损失或损害的扩大部分与该网络用户承担连带责任，也就是按照"通知＋移除"规则确定网络服务提供者的责任。《商标法》规定故意为商标侵权行为提供便利条件，包括为侵权行为提供仓储、运输、邮寄、印制、隐匿、经营场所、网络商品交易平

1　王迁：《知识产权法教程》，中国人民大学出版社2019年版，第521页。

2　456 U.S. 844（1982）.

台等，帮助他人实施侵犯商标专用权行为的，也属于商标侵权行为。[1]另外，《暂行办法》明确规定：互联网广告可以通过广告需求方平台、媒介方平台以及广告信息交换平台等所提供的信息整合、数据分析服务等方式，以程序化购买广告的方式发布广告。广告需求方平台的经营者是互联网广告发布者、广告经营者。搜索引擎服务商的性质属于广告需求方平台，因此，它们要承担广告发布者、广告经营者对广告内容合法性的审查义务。如果搜索引擎服务商明知或者应知搜索引擎关键词广告虚假仍设计、制作、发布的，应当与广告商一起承担连带责任。

从上述法律规定可以看出，我国搜索引擎公司共同侵权责任缺乏专门立法，适用传统的侵权责任法和商标法认定搜索引擎服务商共同侵权问题存在针对性不强，缺乏可操作性的问题。譬如在搜索引擎关键词广告案件中，教唆、帮助他人实施广告侵权如何认定？举证责任如何承担？如何判断搜索引擎服务商明知或者应知搜索引擎关键词广告虚假，知情的程度和标准如何确定？均亟须法律作出明确规定。

（三）完善搜索引擎服务商共同侵权规则之构想

为了将传统的共同侵权理论适用于搜索引擎关键词广告案件，必须细化互联网环境下搜索引擎服务商教唆、帮助搜索引擎关键词广告主侵犯他人注册商标专用权的举证责任和明知、应知的判断标准。根据《现代汉语词典》的定义，教唆是指怂恿、指使别人做坏事。笔者认为教唆一词更适合于现实语境，而网络虚拟环境下用"故意引诱"一词更合适。具体而言，在搜索引擎关键词广告商标侵权案件中，原告要起诉搜索引擎服务商承担共同侵权责任，必须提供以下两方面的证据。

（1）关于故意引诱的证据。引诱是指怂恿或说服他人采取某一行动的行为或过程[2]，故意引诱是指明确建议或以本人行为暗示第三人进行商标侵权。商品的外观或者制造商或分销商的销售方式足以表明有意诱使他人进行侵权销售。在搜索引擎关键词广告案件中，法院必须分析三个可能的问题：①允许人们在用户搜索查询结果页面上推广其业务的关键词广告是否会引诱广告主侵犯他人商标权；②"关键词建议工具"是否建议或者暗示广告主去侵犯其他公司的商标；③显示结果页面屏幕上广告的标识和外观以及周边背景是否有引诱商

---

[1] 参见《商标法》第57条和《商标法实施条例》第75条规定。

[2] Black's Law Dictionary 845（9th ed. 2009）.

标侵权的意图。必须指出，仅仅作为帮助广告主优化关键词广告的工具，如谷歌的Adwords本身，不能证明具有诱使侵权的意图，因为关键词优化工具只是提供相关关键词列表供广告主选择，并确保广告主使用的关键词不违反任何法律规定，关键词的选择决定权掌握在广告主手中。

（2）有关继续支持商标侵权的证据。明知或应知存在商标侵权行为是认定共同侵权的必要条件。一般认为，一般性的知情不足以确定共同侵权责任。相反，对于次要责任，也需要具体了解买方正在从事商标侵权行为。更重要的是，法院应该考虑搜索引擎公司究竟是一般性地知道，还是具体了解第三人正在进行商标侵权行为。如果商标注册人通知搜索引擎公司自己的商标被侵权之后，搜索引擎公司立即从它的搜索结果页面上删除该关键词广告链接，那么这证明搜索引擎没有继续支持商标侵权行为。反之，搜索引擎公司接到通知后，未及时删除广告链接，则属于具体了解侵权行为，还继续提供支持的情形。如果搜索引擎公司只是一般性地了解关键词广告的侵权原理，但现实生活中并没有接到任何具体的侵权通知，那么搜索引擎公司不应该承担共同侵权责任。另外，如果搜索引擎公司能够监督和控制[1]第三方的广告侵权行为，那么搜索引擎公司也要承担共同侵权责任。

▶ 第三节　搜索引擎关键词广告的竞争法规制

一、搜索引擎广告概述

（一）搜索引擎广告的定义和类型

搜索引擎广告也称竞价排名，它是一种互联网营销服务，根据客户对关键词支付的费用多少，将购买同样关键词的客户网站链接在搜索结果中进行先后排序。[2]竞价排名这种营利模式最初由雅虎子公司Overnturn于1998年创立，现为全世界搜索引擎服务商广泛使用。使用搜索引擎进行搜索时，显示的页面中，包括自然搜索结果和付费搜索结果两种类型。自然搜索，也称有机搜索，是指用户使用搜索引擎找到与输入的关键词最相匹配的搜索结果页面的方法。这类结果一般显示在搜索引擎结果页面的左侧，因此，有人将其排名称为左侧排名。这种搜索不由广告控制，完全由搜索引擎的算法程序给

1　控制或监督是指管理、指导、限制、监管、规制或影响当事人的权力或职权。

2　严安："百度搜索满意度和忠诚度影响因素实证研究"，载《图书与情报》2013年第2期，第124—129页。

予自动排列。自然搜索是生成没有付费广告的结果。一些网络搜索引擎不显示广告，完全是出于利他主义而保留的——搜索工具作为公共服务无广告提供。

付费搜索，也称赞助搜索，一般出现在搜索引擎结果页面的顶部和右侧栏中。付费搜索引擎广告又称搜索引擎关键词广告，是指广告商根据自己的产品或服务的内容、特点等，自己撰写广告内容，在系统中设置相关的搜索关键词，并自主定价投放的广告。当用户搜索到广告商投放的关键词时，相应的广告就会在搜索结果中展示。[1]如果相同的关键词由多个用户购买时，则根据竞价排名规则，按付费多少在搜索结果页面中进行排列。搜索引擎广告通常在搜索结果页面边沿显示。最常见的是，这些广告是简短的两行或三行文本块，广告中包含链接广告主网站的超链接和各种广告标记。搜索引擎开发人员创建了复杂的投标算法，在选择要显示哪些所谓的"赞助商链接"时，对广告主的付款意愿与其广告的受欢迎程度进行平衡。[2]因此，广告主可以通过被列为搜索结果或者通过搜索引擎打广告来被用户找到。

搜索引擎使用以下三种常见的结算技术来销售广告：（1）每次显示付费模式，每次用户看到广告时，广告主都应向搜索引擎公司支付约定费用。（2）每次点击付费模式，在该模式下，每次用户不仅要看到广告，而且还要点击它，广告主才付费。（3）每次转换付费模式，该模式也称为按行动付费或按性能付费模式，广告主仅在用户进行购买或者采取类似行动表明对广告主的网站非常感兴趣时，才付费。每次转换付费与实际销售额的关系最密切，但是，它要求广告主将重要信息转交给搜索引擎，以便正确计价结算。每次点击付费最受欢迎。[3]一些搜索引擎试图通过分析用户搜索模式和销售聚合信息来赚钱。

（二）搜索引擎广告运行的基本步骤

以搜索引擎谷歌为例，搜索引擎广告运行基本上有五个主要步骤。第一步，谷歌的搜索引擎从一个爬行和索引过程开始，在该过程中，搜索超过六十万亿个单独页面，搜索过程类似于用户搜索查询单词或短语。

1　杨立钒主编：《网络广告理论与实务》，中国电力出版社2017年版，第164页。

2　John Battelle, The Search: How Google and Its Rivals Rewrote the Rules of Business and Transformed Our Culture（2005）, at 142.

3　Ben Elgin, The Vanishing Click-Fraud Case, BusinessWeek Online, Dec. 4, 2006, available at http://www.businessweek.com/print/technology/content/dec2006/tc20061204 923336.htm.

　　第二步，按所选择的相关页面内容和"其他因素"排序，例如，根据网站链接的响应性和网站相关链接的数量进行排序。所有这些信息都被编成索引，它的容量超过1亿千兆字节。按照内容排序，谷歌的算法会寻找线索，以了解用户想要查找的信息，然后提取最相关的网站。例如，在用户搜索狗床时，搜索引擎会从其程序中寻找关于用户在搜索狗床时通常寻找的信息的线索。该程序将认识到用户可能不是在搜索狗床的制作方式或狗床的历史，而是用于购买狗床。然后搜索引擎将利用其他因素来缩小显示的页面。例如，一个有15次链接中断的网站将被排除在外，即使它有关于狗床出售的信息。[1]

　　第三步，谷歌通过解释信号来确定页面是否值得信赖，声誉良好，或该主题的权威性，以再次缩小这些结果的范围。网页排名是谷歌进行这些信号评估的系统，它分析了每个页面的200多个因素。所有搜索引擎现在都有类似于网页排名的程序，其中包含上下文信号，如页面与他人共享链接的数量和重要性，但是没有一个能够复制谷歌的成功或技巧。例如，网页排名还会分析网页标题；"锚文本"，它是超链接到另一个页面的可见文本；"新鲜度"，这是网页的年龄；页面是否是专家的网站；以及对用户个人的各种因素，包括安全设置、语言、互联网历史和地理位置，以便有利于本地结果。其他搜索引擎在生成搜索结果时开始纳入一些个人因素，但网页排名继续占主导地位，因为谷歌有数十亿的谷歌搜索结果用于研究和使用以改进其算法。具体而言，谷歌巨大的数据库使该公司能够最好地确定与某些搜索查询相关的选择结果，以及如何调整搜索查询以查找所需内容。在网页排名过程结束时，每个网页都会根据数字系统进行评级，数字越高，网页质量越好。同时，搜索引擎将决定不同网页来源的声誉，因此，有三年时间没有更新的网页将被删除。

　　第四步，在最具争议的一步中，谷歌实施了它的通用搜索。谷歌的通用搜索"将相关内容（如图像、新闻、地图、视频和用户的个人内容）整合到一个统一的搜索结果页面中。"[2]通过这种方式，通用搜索将两种不同类型结构的搜索引擎（垂直和水平）的结果混合到一个结果页面中。

　　第五步，也是搜索引擎的最后一步，谷歌自动删除它认为"垃圾邮件"的内容。有几种不同类型的垃圾邮件，搜索引擎可能会以不同方式评估垃圾邮

1　Lisa Mays，The Consequences of Search Bias：How Application of the Essential Facilities Doctrine Remedies Google's Unrestricted Monopoly on Search in the United States and Europe，83 The George Washington Law Review，729（Feb，2015）.

2　See Franchise Tax Bd. of Cal. v. Constr. Laborers Vacation Trust for S. Cal.，463 U.S. 1，8–9（1983）.

件。谷歌会评估像隐藏文本这样的东西（在白色背景上使用白色文字，在图片后面定位文本或将字体大小设置为零）；关键词叠砌（在列表中上下文之外加载带有关键词的网页，以便操纵搜索结果）；和暂停域名（具有最少唯一内容的占位符网站）。[1]如果谷歌将某个网站归类为垃圾邮件，它会尝试与该网站的所有者联系，以允许所有者修复该网站，然后将更改提交给谷歌，以便考虑重新包含该站点。如果某网站本身不具有任何价值，只是"暂停域名"，则会从结果中排除。在整个复杂过程中，搜索引擎应该最终寻求显示用户所寻求的最相关的结果。然而，实际上，并非所有搜索引擎都以无偏见和中立的方式显示结果。

二、搜索引擎关键词广告引发的新问题

（一）搜索结果偏见

1. 搜索结果偏见的定义及产生动机

用户借助搜索引擎寻找有用的、高质量的信息，因此，他们希望搜索引擎能够为其提供高质量的搜索结果。当搜索引擎为一部分用户提供比其他用户更高质量的结果或者基于网络内容提供商的请求，偏袒其中的一个内容提供商而不是另一个内容提供商时，搜索偏见就会产生，用户可能会受到损害。Batya Friedman和Helen Nissenbaum将搜索偏见定义为"搜索引擎系统和不公平地歧视某些个人或群体以支持其他人的搜索情形。"[2]我国有学者认为，搜索偏见是指搜索引擎在响应搜索请求后，通过运算，返回的搜索结果带有一定的偏差和倾向，并不客观公正。[3]

通常，搜索引擎表现出搜索偏见的原因有三个。第一，一些搜索偏见是固有的，因为搜索算法必须区分搜索结果并对其予以显示。第二，搜索偏见背后的第二个动机是将网络搜索个性化到用户。搜索引擎用户希望与其他用户呈现相同的内容，但实际上，搜索结果是针对个别用户量身定制的。第三，搜索偏见的第三个动机发生在搜索引擎硬编码或手动编程时，将其自己的网站添加到页面顶部予以推广，公然无视最佳算法的自然搜索结果。与发生搜索偏见的其

1　Christianson v. Colt Indus. Operating Corp., 486 U.S. 800, 820（1988）.

2　Batya Friedman & Helen Nissenbaum, Bias in Computer Systems, 14 ACM Transactions on Info. Sys. 330, 332（1996）.

3　陈世华："搜索引擎偏见：合理性与不合理性——从百度竞价排名风波说起"，载《科学与管理》2009年第4期，第60页。

他两种情况不同，这种偏见是不必要的，因为搜索引擎仅为了支持自己的产品和增加收入而操纵结果，没有考虑搜索结果的质量。

2. 搜索引擎如何违反搜索中立原则

以谷歌为例，谷歌在两种情况下使用硬编码违反搜索中立原则，这两种情况都是出于自私的原因。首先，谷歌将其自己的内容编码到第一个搜索结果页面的榜首，以便推广自己的产品并增加自己的收入。例如，当用户进行"华盛顿特区"的搜索时，谷歌的地图、图像和新闻垂直搜索引擎会自动显示在第一页上，同时显示其他水平搜索结果。这些垂直搜索引擎排名位于其他更具相关性的搜索结果之上，如果谷歌算法未被人工操作，则它们将被排在谷歌页面之前的位置。在谷歌拥有谷歌财经之前，它"实际上是根据各种已发布的指标对链接进行排序"，但谷歌财经一推出，谷歌首先在搜索结果中显示它。[1]

其次，谷歌威胁并使用硬编码从搜索结果中删除某些网站，以损害这些竞争对手的利益并增加谷歌自身的收入。这种威胁是有效的，因为谷歌在横向搜索中占市场支配地位。由于网站流量急剧下降，从谷歌横向搜索中除名通常是网站的丧钟。例如，一家宠物供应网站在谷歌将其从横向搜索中除名后，网站流量减少了96%。[2]

这两种情形都是谷歌对搜索中立原则毋庸置疑的侵犯。从理论上讲，谷歌在其搜索结果中对网站降序的唯一原因应该是不相关性或者垃圾邮件。相反，谷歌对竞争对手Yelp的网站予以降级或威胁降级，其目的仅仅是因为Yelp威胁到其自身产品的竞争力。

3. 搜索偏见的负效应

众所周知，搜索结果排名是影响用户从搜索结果页面中选择链接网站的最重要因素。因此，对搜索结果排名的任何操纵都会直接损害消费者的利益，因为他们不再能够辨别哪些是最相关的结果，并且他们对被操纵的结果一无所知。

我们认为，搜索偏见的负效应非常明显，它是搜索引擎的一种自我推销和选择性惩罚行为，既属于搜索引擎经营者（如谷歌）滥用市场支配地位的垄断行为，也是严重剥夺竞争对手公平竞争机会的不正当竞争行为，同时，这种行为也对消费者具有欺骗性，因为谷歌等搜索引擎一直宣称其搜索结果是按照相关性大小进行排序的，而搜索偏见会干扰消费者获取最相关的信息。

----

1 Chamberlain Grp., Inc. v. Skylink Techs., Inc., 381 F.3d 1178（Fed. Cir. 2004）. at 1181-82.

2 Chamberlain Grp., Inc. v. Skylink Techs., Inc., 381 F.3d 1178（Fed. Cir. 2004）. at 1188-90.

（二）搜索引擎关键词广告点击欺诈

1. 搜索引擎关键词广告点击欺诈的定义和行为表现

当某人或某种计算机程序欺骗性地增加某个搜索引擎关键词广告的点击数时，这种行为被称为搜索引擎关键词广告的"点击欺诈"（Click Fraud）。"点击欺诈"的出现无疑大大增加了广告商的支出，却无法给广告商带来相应的收益。[1]点击欺诈的行为人主要来源于两类：第一类来自广告商的竞争者，因为每个广告商对于某个关键词广告支出都有一定的预算，而竞争对手的"点击欺诈"会使他们的支出远远超过其预算从而无法与竞争对手竞争更好的广告位置。第二类来自搜索引擎公司（广告发布商），因为广告发布商按点击次数收费，所以他们有充分的动机通过"点击欺诈"来增加其在网站上发布的关键词广告的点击次数，从而获得更多收入，事实上，这类"点击欺诈"占有较大份额。[2]

在点击欺诈中，用户如果对特定广告主不满或者与之竞争，则反复浏览和点击其广告以增加广告主的账单。当搜索引擎使用其广告服务基础设施以充当广告经纪人并在其他网站上投放广告时，关联欺诈成为可能；在那里，网站注册为关联公司以便在其网页上投放广告，然后，转过身，他们自己点击广告。他们掏了一些钱，账单却交给了广告主。点击欺诈的行为人既可以是自然人，也可以是法人；他们的行为动机既可以是基于自身利益，也可以是为了他人利益；客观表现为利用自动化脚本、计算机程序自动点击和雇佣自然人模仿正当用户恶意点击两种形式。

2. 点击欺诈的负效应和规制难点

搜索引擎关键词广告点击欺诈会产生广泛的负效应。一方面，点击欺诈直接涉及从广告主的口袋中掏出更多的钱来填补广告发布者的欲壑，直接损害广告主的经济利益。另一方面，搜索引擎为各种欺诈计划提供了一个主要的流量来源——毫无戒心的用户登录他们不想真正看到的页面，显示的可能是广告，欺骗其下载间谍软件或者骗取他们的钱财。为了获得搜索流量，黑帽搜索引擎优化[3]使用各种技术降低互联网的可用性。他们以欺骗手段注册了域名，向博

----

1 欧海鹰：《网络广告：运营机理与资源管理研究》，中国财政经济出版社2013年版，第27页。

2 参见欧海鹰：《网络广告：运营机理与资源管理研究》，中国财政经济出版社2013年版，第27—28页。

3 黑帽搜索引擎优化是指所有使用作弊或可疑手段优化网站的行为，如隐藏网页、关键词堆砌、垃圾邮件、桥页等。

客和讨论板发布链接填充评论，创建假网站和博客，劫持热门域名，在电子邮件、即时消息，甚至网页请求中发送超链接。[1]如果无法有效地识别和防止更多的"点击欺骗"行为，不可避免地会严重影响广告商对这一新兴在线营销工具的信心，从而影响整个搜索引擎行业的发展。

但是，规制点击欺诈面临诸多困难。首先，很难定义和跟踪点击欺诈行为，点击欺诈的操作方式并不困难，安装某些小软件就可以伪造IP地址，使搜索引擎服务商和广告客户很难查明和识别。其次，很难判定网民的点击是出于恶意还是善意。最后，交易行为是否不公平或欺诈？是根据一般"理性人"标准，还是根据成熟消费者标准进行判断？

（三）用户无法对误导性的搜索引擎寻求救济

关于付费搜索广告的性质，《暂行办法》第3条第2款已有明确规定，推销商品或服务的付费搜索广告应定性为互联网广告。既然性质为广告，那么搜索引擎公司作为广告的发布者，无疑负有《广告法》规定的广告发布者应承担的查验有关证明文件、核对广告内容的义务。如果搜索引擎公司发布虚假广告，欺骗、误导消费者，那么它还应当承当民事赔偿责任。就民事责任而言，根据我国《广告法》的规定，原则上发布虚假广告的民事责任由广告主承担；如果搜索引擎公司（广告发布者）不能提供广告主的真实名称、地址和有效联系方式的，消费者可以要求搜索引擎公司先行赔偿。关系消费者生命健康的商品或者服务的虚假广告，造成消费者损害的，广告经营者、广告发布者（搜索引擎公司）应当与广告主承担连带责任。发布其他商品或者服务的虚假广告，造成消费者损害的，广告经营者、广告发布者（搜索引擎公司）明知或者应知广告虚假的，应当与广告主承担连带责任。

由此可知，我国《暂行办法》尽管将付费搜索广告归入互联网广告之中，但是，搜索引擎公司究竟是属于广告经营者，还是广告发布者，现行法律并没有作出明确规定。因此，对于发布虚假的付费搜索广告，搜索引擎究竟应该承担何种民事责任尚处于不确定状态。即使根据学界的流行观点，认为搜索引擎公司属于广告发布者，也只对发布虚假的，造成消费者损害的付费搜索广告承担先赔责任或连带责任，对于那些违反搜索中立原则的搜索偏见和点击欺诈行为，由于广告本身不是虚假的或欺骗性的，而且也没有给消费者造成损害，但是，搜索结果排名明显不公，误导消费者对质量较差或相关性不强的广告网站进行点击和浏览，这既浪费了消费者的时间，也剥夺了商品或服务质量更优的

1　See Referer Log Spam，Metafilter（Oct. 24，2002），http：//www.metafilter.com/21063/.

竞争对手网站被点击和浏览的机会。遗憾的是，对于搜索偏见和关键词广告点击欺诈等性质恶劣的违法行为，根据我国现行法律规定，用户竟然无法要求搜索引擎承担责任。

搜索偏见和点击欺诈损害的往往是消费者的利益，因为出于经济动机的一方人为地将不太相关的搜索结果提高到排名榜首，消费者无法找到满足自己需求的最相关的信息，因此，是消费者而不是广告主被虚假排名欺骗和混淆。此外，消费者没有任何追索权，因为他们凭借混淆的特性，他们不知道自己没有得到最相关的搜索结果。因此，消费者无法采取法律行动来保护自己，因为他们不知道自己被误导了。[1]

三、搜索引擎关键词广告反垄断的法理基础

（一）转换成本经济学

1. 转换成本的定义

转换成本经济学是确定搜索引擎经营商是否具有市场支配地位的一种重要理论基础。转换成本是指从特定商品或服务的一个供应商转换到另一个供应商时发生的成本，包括货币成本和用户时间成本。货币成本又分为兼容性成本、合同成本、交易成本、搜索成本、学习成本、不确定性成本和购物成本。因为转换成本通常会阻止消费者从一个供应商切换到另一个供应商，所以，另一个供应商通常会隐性或显性地补贴转换成本，例如，向用户提供大量折扣或向新用户提供免费培训。如果转换成本非常高，以至于用户留在当前的供应商而不是转向他们认为其产品更好的供应商，或者，用户转换供应商的成本超过了转换收益，则用户会被"锁定"。

高转换成本可能导致市场定义狭窄，从而导致被告市场份额高。高转换成本也可能导致进入壁垒和竞争对手扩张障碍。高市场份额的被告与遭遇进入壁垒和扩张的竞争对手相结合将经常导致市场支配力的裁决。

虽然一些供应商认为增加转换成本符合他们的利益，但这种活动可能会产生相关后果，因为消费者通常更愿意从转换成本较低的供应商那里购买产品或服务。另外，一些供应商通常通过行业标准来实现战略目标，将转换成本降低到非常低的水平，以便通过吸引客户知道他们可以从各个供应商"混合搭配"来扩大市场（其中一个很好的例子是音频-视频系统）。在这些情况下，供应

---

1 See Consumer WebWatch, A Matter of Trust: What Users Want From Web Sites, 17 （Apr. 16, 2002）, at http://consumerwebwatch.com/news/report1.pdf.

商可能采取战略措施来降低转换成本。

2. 转换成本在评估市场支配力中的作用

高转换成本的存在导致法院狭隘地定义市场。如果市场足够狭窄，那么被告将倾向于拥有较高的市场份额，这可以用来证明推断市场支配力的合理性。当然，高市场份额并不一定意味着拥有市场支配力。如果扩大剩余供应商或新的进入很容易，那么即使是市场份额较高的公司也可能只有有限的提高价格的权力。同样，转换成本也起着重要作用。高转换成本将限制新的进入并阻碍竞争对手的扩张，因此，具有高市场份额的公司可以有力地提高价格。因此，高转换成本使得高市场份额和市场力量之间的联系更具说服力。

谷歌等搜索在开放的互联网平台（万维网）上运行。通常，谷歌和其他通用搜索引擎通过提供免费搜索服务（"自然"或"有机"搜索结果）吸引用户，并且每当用户点击"赞助"搜索结果时向广告主收费。但是，与Windows相比，所有使用任何操作系统和任何网络浏览器的计算机或移动设备都可以在计算机连接到网络后访问任何搜索引擎。因此，对于搜索的用户方而言，网络是平台：通过一系列行业标准 [如超文本传输协议（HTTP）和超文本标记语言（HTML）] 促进互连性和互操作性的开放系统。网络是终端的兼容性平台；事实上，极高的兼容性是互联网爆炸式增长的主要原因。

因此，虽然任何特定用户每台计算机通常只有一个操作系统，但任何用户都可以访问无限数量的网站，并且可以通过搜索通用或专用搜索引擎，通过无限数量的路径到达这些网站，方法是手动输入网址，或者点击其他网站或电子邮件中的书签或链接。虽然计算机制造商（OEM）也可能通过合同将必应或微软设置为计算机或智能手机上的默认搜索引擎，但将默认设置更改为其他搜索引擎只需要几个简单的步骤。因此，与计算机制造商的默认搜索引擎合同不会产生巨大的转换成本。由于转换成本低，谷歌等搜索引擎很容易受到现有竞争对手和新的市场进入者的影响。

3. 搜索引擎之间切换实证分析——以谷歌为例

一般而言，用户搜索特定类型的信息的频率越高，用户就越有可能培养出对特殊目的网站的偏好，并通过回忆、书签或应用程序"直接"抵达那里。不同搜索引擎之间的转换成本越低，观察到的切换概率就越大，从更大范围定义相关市场的观点就越有说服力。

高转换率几乎肯定表明低转换成本，但低转换率并不一定意味着高转换成本。根据英国公平贸易办公室的一份报告，人们不应该"只关注转换率"，因为相对较低的转换率可能只是反映了消费者对产品之间的偏好是稳定的这一事实。据美国加州大学伯克利分校教授Aaron S. Edlin和& Robert G. Harris抽样统计，在1 420万用户中，有1 030万用户（72.6％）在六个月的日志期间使用了多个引擎，710万用户（50.0％）在搜索过程中至少有一次切换引擎，以及960万用户（67.6％）在不同的检索屏幕（即进行检索屏幕间的切换）使用不同的引擎。此外，有60万用户（4.4％）从一个搜索引擎"叛逃"到另一个搜索引擎并且从未返回到之前的引擎。[1]

微软研究院发现对搜索结果的不满是搜索者切换引擎的主要原因：据报道，40.4％的受试者从一个搜索引擎叛逃到另一个搜索引擎，并且从未或很少返回到切换前（初始）引擎。82.7％的受试者表示他们对自己的叛逃决定感到满意。叛逃的主要原因是对原始引擎的许多不满意的体验（43.9％），一种对原来引擎特别不满意的体验（7.9％），其他搜索引擎的结果更相关（20.1％），或者新的进入点，如浏览器搜索框或可选浏览器工具栏（28.1％）。[2]

使用搜索引擎可以轻松地导航到其他站点，这几乎消除了切换到另一个通用搜索引擎、垂直搜索引擎或其他站点的成本。同样明显的是，搜索引擎面临来自移动应用程序和"搜索中介"（如苹果的Siri）的日益激烈的竞争。社交网络和博客消耗了近1/4的美国用户在线时间。相比之下，只有4％的美国用户时间花在搜索上。搜索广告业务的增长正在放缓，广告主将更多有限的资金投入拥有8亿用户的脸书（Facebook），其中许多人在脸书上花费的时间比在任何其他网站上多。

低转换成本意味着用户可以在方便的时候在垂直搜索引擎或其他搜索应用程序组合之间切换。尽管谷歌目前很受欢迎，但如果市场支配力在传统意义上被理解为能够将价格提升到竞争水平之上，那么谷歌在搜索用户方面具有市场支配力是值得怀疑的。低转换成本的最终和最重要的含义是，如果谷歌希望保持其作为最常用的通用搜索引擎的地位，那么它必须继续创新并保持领先于其他搜索引擎。谷歌很容易受到其他更具有竞争力的搜索引擎的影响，因为用户

1　Aaron S. Edlin & Robert G. Harris, The Role of Switching Costs in Antitrust Analysis: A Comparison of Microsoft and Google, 15 Yale Journal of Law & Technology, 201（Win, 2012–2013）.

2　Ryen W. White & Susan T. Dumais, Characterizing and Predicting Search Engine Switching Behavior, Microsoft Res. 1, 4（2009）, http://research.microsoft.com/en-us/um/people/sdumais/CIKM2009-Switching-fp1012-white.pdf.

切换到其他搜索引擎的成本非常低。

（二）搜索中立理论

1. 搜索中立的定义

搜索中立是指搜索引擎向互联网用户生成最有用的结果，并按照最佳质量的顺序显示它们，而非手动篡改的结果。例如，想要在线购买新鞋的运动员在搜索引擎中输入"越野跑鞋"，他希望搜索结果中包含与越野跑鞋有关全部网站。此外，他还希望第一个结果页面上的网站是最好的或最相关的，并且页面顶部的结果质量比底部的结果质量更好。这种搜索结果排名被认为是中立的，因为它不带有任何倾向和利益关系。在搜索中立的情况下，搜索引擎算法主要关注客观标准，如关键词、页面的可信度和链接。

搜索引擎有两种结构不同的类型：水平和垂直。横向搜索引擎包括谷歌、必应和雅虎。当用户在水平搜索引擎中输入搜索词时，它会搜索整个互联网。截至2015年1月，谷歌在横向搜索方面占据支配地位，占美国市场份额的64.4％，占欧洲市场份额的约90％。[1]

相比之下，垂直搜索引擎是"专用的"，因为它只搜索一个区域。例如，亚马逊是一个垂直搜索引擎，用于搜索互联网用户可以购买的商品，而Yelp是一个用于搜索餐馆评论的垂直搜索引擎。一些大型水平搜索引擎，如谷歌和雅虎，都有垂直搜索引擎子集，如谷歌购物和雅虎购物。

最近，垂直搜索引擎的使用已经上升，因为Yelp、亚马逊、Kayak和eBay变得越来越受欢迎。2010年7月，互联网用户进行了102亿次垂直搜索和152亿次水平搜索。[2]垂直搜索引擎上的广告空间对于广告客户而言比水平搜索引擎更有价值，因为受众群体是特定的，它让广告客户能够更轻松地确定哪些广告是相关的，并有效地进行促销。

2. 搜索中立之论争

（1）反对说。搜索引擎公司的利益代理人对搜索中立持反对意见，他们认为，搜索中立是不现实的，原因如下：第一，搜索引擎利用算法和方程式在互联网上生成序列和内容，这些算法决定哪条信息是最佳规则，以及如何对其进行度量。显然，确定最佳产品和服务的过程是主观的。第二，在政治色彩、经济利益因素影响下的搜索结果，即使出现异常也是正常的，这是技术原因，

---

1 See Gentry Crook McLean，Note，Vornado Hits the Midwest： Federal Circuit Jurisdiction in Patent and Antitrust Cases After Holmes v. Vornado，82 Tex. L. Rev. 1091，1109（2004）.

2 See S. Rep. No. 97-275，at 7，19.

是搜索引擎发展的必然结果。第三，若引入一套新的规则，由政府来管理搜索结果，以确保搜索结果的公平和中立，这在实践中将面临巨大的挑战。如何排序才算公平？没有搜索引擎公司之间的竞争和实验，必将抑制搜索引擎相关科学技术的进步。[1]

另有学者认为，对搜索引擎偏见的事前监管限制或对搜索引擎（如谷歌）施加反托拉斯"交易义务"都不会使消费者受益。因为搜索偏见并不是谷歌在整体搜索中所占份额很大的原因，相反，它是搜索引擎市场竞争的一个特征。对纵向整合进行监管限制对消费者而言是代价昂贵的，因为它阻碍了创新。因此，无论是对搜索偏见进行监管，还是进行反托拉斯干预，都不能证明其具有经济正当性。[2]

还有持反对观点的学者认为，搜索中立性带来的意想不到的后果是，通过使搜索引擎结果保持一致，竞争对手将不再有动机在消费者所看重的利润率上区分自己和对方。反对"中立搜索"规则的最有力的论据是，搜索中立将使每个搜索引擎上的结果排名相似，从而为每家公司寻找新的、创新的方法，在日益复杂的网络上寻找最佳答案创造了一个强有力的抑制因素。搜索中立强制实施标准化结果消除了创新的潜力，并将搜索转化为商品，削减了消费者的福利。[3]

（2）支持说。法学家、互联网企业和消费者团体大都支持搜索中立，认为搜索结果应该是自然计算的结果，几乎不需要人工干预，或者人工干预可以忽略不计。搜索中立表现为搜索引擎不应区别对待各个网站，只能区分正确的结果，搜索引擎不应该排除依靠访客浏览量生存的网站，搜索引擎应仅根据一般规则对网站进行排名，而不应根据个人标准对网站排名进行升级和降级，搜索结果应最大限度满足客户的需求。[4]搜索偏见会导致专业搜索市场竞争对手用户流量流失，因此产生市场封锁效应。在搜索免费的情况下，搜索偏见会降

---

1 梅里莎·梅尔："网络搜索中立"，百度百科，访问日期：2019年5月28日。

2 Geoffrey A. Manne, Joshua D. Wright, If Search Neutrality Is the Answer, What's the Question?, 2012 COLUM. BUS. L. REV. 152.

3 Marissa Mayer, Do Not Neutralise the Web's Endless Search, Fin. Times, July 14, 2010, available at http://googlepublicpolicy.blogspot.com/ 2010/07/our-op-ed-regulating-what-is-best-in. html.

4 ［美］凯文·凯利：搜索引擎的中立原则，科学网，访问日期：2019年5月28日。

低搜索结果的相关性，从而降低搜索质量，损害消费者福利。[1]目前，肯定说应为主流学说，它有利于维护消费者和互联网商家的利益。

我们支持搜索中立理论，即使搜索偏见存在竞争效应，尤其是纵向整合可以减轻"双重边缘化"，通过避免支付中介费用来降低价格，促进品牌之间的竞争，但是，与搜索偏见给消费者造成混淆和误解，严重损害消费者福利以及滥用市场支配地位排挤对手，损害竞争秩序的负效应相比，搜索偏见这点竞争效应微不足道。在"劫持"场景下，搜索引擎可以降低在自然搜索中出现的潜在广告主的排名，以迫使企业使用搜索引擎做广告。广告主会竞标关键词，以吸引观众的注意力。因此，确立搜索中立原则，对于规范搜索市场和搜索广告市场而言，具有非常重要的意义。

3. 确立搜索中立原则的意义

（1）搜索中立可以成为判断搜索引擎是否滥用市场支配地位的准绳。具有市场支配地位的搜索引擎（如谷歌）具有维持搜索中立和确保市场竞争的重大责任，若偏袒自己或他人的服务，也就是说，存在搜索偏见，则很可能认定为滥用市场支配地位，据此承担反垄断法方面的责任。例如，2017年6月29日，欧盟裁定谷歌滥用其在搜索领域的垄断地位，并在搜索结果中偏爱自家服务，因为"谷歌购物"不受标准算法的影响，其排名位于搜索结果前列，违反了反垄断法，因此，欧盟委员会向谷歌开出了创纪录的27亿美元的巨额罚款。[2]

（2）搜索中立有利于互联网企业之间公平竞争。搜索引擎是互联网用户访问在线服务，查找海量信息的入口。"它们是图书管理员，它们为混乱的在线信息积累带来秩序"。[3]确立搜索中立原则，可以确保搜索引擎公平对待一切流量和应用，包括对竞争对手都一视同仁，防止占市场支配地位的搜索引擎排挤竞争对手，人为操纵搜索结果，从而维护公平竞争的市场秩序，发挥搜索引擎信息入口看门人的作用。

（3）搜索中立可成为搜索引擎责任豁免的理由。由于搜索引擎是定位网页的主要方式，因此，它们必须以无偏见的方式来获取这些信息。搜索引擎公

- - - - - - - - - - - - - - - - - -

1　唐要家、杨越："支配搜索引擎偏见行为的市场封锁效应"，载《产业经济评论》2019年第6期，第71页。

2　崔睿责编："谷歌的27亿美元罚款突出了'搜索中立'和防范守门人的重要性"，TechWeb. com.cn，访问日期：2019年5月28日。

3　Christianson，486 U.S. at 807.

司往往以"搜索中立"的幌子为自己披上圣洁的道德外衣,以便在信息中介的意义上最大限度地获得责任豁免,如同侵权责任法中的避风港原则。其理由是,搜索引擎对网页的自动收录、抓取和排序是通过某种算法自动实现的。[1]因此,搜索结果排名靠后的网站不是搜索引擎有意对其排斥的结果,只不过是搜索引擎对这种网络秩序进行确认而已。

（三）质量退化理论

1.搜索引擎质量退化的定义和动机

搜索引擎之间的竞争主要是搜索质量的竞争。如果一家搜索引擎公司通过降低免费端的搜索服务质量可以在付费端增加其利润或增强其在付费市场的市场支配力,则该搜索引擎具有降低搜索服务质量的动机并会采取实际行动。例如,报纸虽然竞争激烈,但通过自我审查来扭曲新闻报道,可以避免冒犯某类重要的广告客户。商业广播电台可能不成比例地播放某些歌曲以换取唱片公司的付款。娱乐制作人可以虚构节目的故事情节,以牺牲艺术品质为代价来突出赞助商的产品。在这些情况下,客户不仅仅是产品或服务的接收者——客户成了交易市场另一边的商品。当产品或服务免费提供给客户时,搜索引擎公司的焦点转移到了市场另一边赚取利润。因此,如果降低免费产品的质量可以使市场另一边的利润最大化,则生产者可能优先考虑后者。质量下降的程度取决于竞争程度和消费者识别和评估质量变化的能力。

搜索引擎之间的质量竞争包括其响应搜索查询快速提供最相关结果的能力。如前所述,搜索引擎市场的转换成本很低,其他小型搜索引擎进入市场也很容易,那么为什么大型搜索引擎公司还可以通过降低搜索服务的质量来获利呢?难道它们不怕消费者用脚投票,选择其他能够提供更佳服务质量的搜索引擎公司吗?要回答这个问题,就必然涉及搜索引擎公司在市场免费端(即搜索结果)故意降低质量的能力和动机。具体来讲,以下三个变量影响搜索引擎公司降低质量的动机。

（1）网络效应。当消费者使用产品的效用随其他消费者对该产品的使用而增加时,就会产生网络效应。一个典型的例子就是电话。随着越来越多的人购买电话机,打电话的人可以联系的人数增加,从而提高了电话的效用。当越来越多的人使用某种产品或技术（如软件平台）,从而导致其改进时,间接网络效应就产生了。在线多边市场也可能具有网络效应。搜索引擎的网络效应表

1　杨晖:"论网络搜索服务中知识产权间接侵权的司法认定——兼评网络搜索的中立性",中国民商法律网,访问日期:2019年5月28日。

现在以下三个方面。

第一，大型搜索引擎拥有更多的试错经验。第一个潜在的网络效应与搜索引擎处理的搜索查询的规模有关。搜索引擎可以记录用户实际选择的链接。如果用户选择最初在结果页的第三或第四页上提供的链接，则搜索引擎的算法可以利用该信息将该链接向上移动，并给选择频率较低的链接予以降级。随着更多搜索运行，搜索引擎获得更多试验，生成预测消费者偏好的必要信息。每个用户向搜索引擎提供有关任何错误的反馈。搜索引擎将通过快速重新校准其产品来作出响应。增加的流量因此改善了搜索结果。虽然新进入者可以聘请技术人才，但仍然缺乏这种反复试验所需的规模。由于试验较少，新进入者预测搜索词、观察后续错误及感知趋势（用户有关热门话题的搜索词）的机会较少。新进入者识别消费者喜欢的网站的能力可能仍然比较弱小，使得新进入者在吸引消费者和广告主方面处于竞争劣势。认识到这一点，较小的搜索引擎可能会专注于特定功能，如旅行专用网站（如Kayak和Expedia）上的旅行和航班选项。随着大型搜索引擎进行更多的反复试错，其更优的结果可能会吸引其他人使用搜索引擎，从而产生积极的正反馈循环。

第二，大型搜索引擎具有更多的数据存储。第二种潜在的网络效应涉及用户的数据范围。搜索引擎使用来自用户的各种个人数据来改善结果。搜索引擎在收集用户的地理位置数据时，知道其用户通常在一周内走路或开车的位置。当用户搜索餐馆时，搜索引擎可以使用地理位置数据来推荐附近的餐馆。而且搜索引擎还可以利用其他个人数据来推荐用户价格范围内（基于用户居住和购物的位置的推断），以及用户可能会喜欢的（基于用户的朋友在用户的社交网络中推荐的内容）的餐馆。随着平台上的用户更忠诚，搜索引擎能够更好地了解用户偏好，从而提高其搜索结果的相关性和质量。

第三，大型搜索引擎具有溢出效应和雪球效应。免费端的网络效应可能会溢出到付费端，每一端都可以强化另一端。"数据的重复使用在规模和范围上产生了巨大的回报，这导致了正反馈循环，有利于市场一侧的业务，反过来又加强了市场另一侧的成功。"[1]通过在服务平台的免费端吸引更多用户，公司可以收集更多的个人数据以开发用户配置文件。搜索平台可以利用流入的个人数据，在用户作出购买决定之前的瞬间，在其免费服务平台（如赞助搜索结果，电子邮件中的广告和视频中的展示广告）上，通过特定的有针对性的广

1　Org. For Econ. Co-operation and Dev., Data-driven Innovation for Growth and well-Being: Interim Synthesis Report 29（2014）.

告，更好地定位消费者。通过用更相关的广告定位用户，搜索引擎可以增加其广告收入和利润。因此，上述网络效应可能会产生雪球效应：随着搜索引擎产生更多的广告收入，它可以提供更多的免费服务，这促使消费者在公司平台上花费更多时间，从而搜索引擎公司可以"收集更多有价值的"有关消费者行为的数据，以及进一步为（新）消费者和广告主（市场两侧）改进服务。

（2）搜索引擎公司的能力与降低搜索质量的动机。搜索引擎可以通过提供更少、排名更低、更少相关性的自然搜索结果来有意降低质量。为了激励用户点击赞助广告或其关联企业的结果，搜索引擎可以提高赞助结果的排名以及降低更具相关性的自然结果的排名。搜索引擎在提供相关自然结果和付费结果的动机之间进行平衡。也就是说，优先考虑自然搜索结果可能会导致搜索引擎在广告方面失去收入（即广告点击次数减少），因为用户主要是点击自然搜索结果（特别是如果两种类型的点击都能带给用户相同的信息）。

在"劫持"场景下，搜索引擎可以降低在自然搜索中出现的潜在广告主的排名，以迫使企业使用搜索引擎做广告。广告主会竞标关键词，以吸引观众的注意力。随着搜索引擎扩展到其他服务，如提供购物或餐馆评论的垂直搜索，它可能"改变自然搜索结果的排名，从用户的角度来看，广告主的竞争对手在自然搜索结果中的排名肯定会下降"。这种有意降低自然搜索结果排名的行为可能会增加用户的搜索成本，因为用户不得不花费更多时间来查找相关结果，最终损害消费者利益。

即使有多个竞争对手，最大的搜索引擎也可以利用其在规模和范围上的显著优势来降低免费端的质量并增加其市场支配力或利润。较大的搜索引擎可能会故意使搜索结果的质量降低一点点，但由于网络效应的原因，仍会比较小的竞争对手产生更好的搜索结果。因此，搜索引擎降低质量的动机和能力将取决于该公司与其他搜索引擎相比是否处于相对优势或劣势。

2. 质量下降的抑制因素

（1）搜索引擎规模的大小与质量下降的抑制力成反比。占支配地位的搜索引擎有经济实力在面对竞争时降低质量。与其较小的搜索引擎竞争对手相比，占支配地位的搜索引擎在网络效应方面具有相对质量优势。尽管过度降低质量会带来潜在的不良后果，但某种程度的质量下降实际上可能会导致占支配地位的搜索引擎的利润和市场支配力增强。但是，即使是占支配地位的搜索引擎也负担不起提供太多不相关的赞助广告；如果用户没有点击广告，则该搜索引擎不会产生收入。由于搜索引擎提供了更多不相关的赞助结果，它有可能使消费者忽视赞助商广告，或促使他们切换到其他搜索引擎。

相反，较小的搜索引擎很少有降低质量的动机（或能力）。考虑到它们的运营规模、收集的数据范围以及广告客户的数量和多样性，它们的搜索结果质量相对较差。进一步降低搜索结果质量的风险是逐渐失去客户。除非较小的搜索引擎将其服务区分到不再依据搜索结果的质量进行竞争的程度，否则较小的搜索引擎就不会具有故意降低质量的动机和能力。因此，我们可以得出结论：搜索引擎规模的大小与搜索质量下降的抑制力成反比。

（2）消费者具有准确评估质量差异的能力能有效抑制搜索质量下降。搜索引擎用户能力大小不一样，对搜索结果质量下降的感知力也存在差异。但是，由于以下几种原因，消费者往往能够感知搜索质量的下降：第一，搜索引擎用户对明显的质量下降肯定会有感觉，如完全不相关的结果（搜索网球鞋时出现的电话信息）以及直接的事实查询（搜索查询一英里等于多少公里）出现不准确的结果 。第二，当搜索引擎人为地将流量从他们的网站转移出去时，他们也能立即感受到流量下降和业务损失。第三，因搜索质量下降而受到损害的企业和搜索引擎竞争对手都有动机提醒消费者注意质量下降的问题。总之，如果消费者具有感知搜索结果质量下降的能力，那么即使搜索引擎具有降低搜索结果质量的能力和经济动机，它们也不会这样做，因为消费者很容易切换到竞争对手的平台来惩罚该搜索引擎公司。

3. 质量退化理论的意义

（1）质量退化理论可以成为政府干预的依据。质量退化到什么程度才违反了竞争法并值得政府和监管机构进行干预？搜索引擎市场是否具有自我纠正的能力以及如何采取补救措施？即使有人支持干预，如何确定干预的触发点和评估补救措施的有效性也是一个棘手的问题。质量退化理论既可以解决政府干预的正当性问题，也可以用来解决法律干预的适当性和有效性问题。例如，两个搜索引擎之间的合并可能会导致搜索质量微小但长期退化，从而大大减少竞争，那么能否根据反垄断法禁止这两家搜索引擎公司合并？如果一家公司系统性地降低其搜索结果的质量以实现或维持垄断，但由于网络效应，其质量仍优于竞争对手。竞争政策是否应该谴责这种相对退化？如果是这样，如何确定最佳干预位置？这些问题亟须质量退化理论予以指导和解决。

（2）质量退化理论有利于促使搜索引擎公司全面提高搜索服务质量。质量是竞争的一个基本方面，也是消费者决策中的关键非价格考虑因素。质量将成为影响免费商品使用的主要变量，包括搜索引擎。在一家公司寻求获得垄断地位的情况下，政府应该进行干预，特别是在质量下降是搜索程序的一部分时，很容易对消费者造成损害。搜索质量是搜索引擎公司产品的生命，也是搜索引擎公司之间竞争的核心。在同等条件下，哪家搜索引擎公司提供的搜索结果更具相关性，该公司就能在竞争中获胜。消费者最关心的就是搜索结果的质量，也就是通过搜索引擎寻找到最有价值的信息。因此，质量退化理论有利于促使搜索引擎公司全面提高服务质量，提升自己的核心竞争力，防止搜索结果质量退化，从而真正让消费者受益。

（四）必要设施理论

1. 必要设施理论的定义

必要设施理论认为，互联网相当于今天的电力。消费者依靠互联网进行社交、教育、工作、娱乐和新闻报道。因此，类似于消费者应该获得公平的电力供应，消费者同样应该能够访问互联网上提供的信息。必要设施理论要求，当垄断者对设施或资源拥有独占控制权时，只要允许使用是切实可行的，就必须共享使用权。例如，命令铁路公司共享轨道的使用，命令电信公司共享有线网络的使用等。搜索引擎已符合必要设施要求，因为它们提供对互联网的访问，而谷歌凭借其对互联网搜索的垄断，实际上是控制互联网访问的唯一必要设施。谷歌本可轻松地与其他搜索引擎共享访问权，但却选择使用掠夺行为来推销自己的产品，并以违反反托拉斯法的方式降级竞争对手的产品。例如，谷歌威胁说，除非Yelp允许谷歌将Yelp用户对地点的评论复制到谷歌Plus上，否则将把Yelp除名。谷歌能够以这种掠夺性的方式行事，因为它垄断了互联网搜索。尽管这种掠夺行为伤害了消费者，但美国和欧盟的反托拉斯执法机构没有进行有效干预。

因此，必须根据必要设施原则，命令谷歌分享其资源的使用权，公平地允许谷歌搜索引擎根据网站的优点对其进行排名，而不是根据它们是否与谷歌竞争进行排名。这将允许消费者访问在线信息，并防止谷歌损害竞争。

2. 搜索引擎反垄断能否适用必要设施理论之争

占市场支配地位的搜索引擎屏蔽竞争对手网站或通过人工编辑降低竞争对手的搜索结果排名，是否应根据必要设施原则进行反垄断法规制，学界存在肯定说和否定说两种观点。

（1）肯定说。该说认为谷歌在横向搜索领域处于垄断地位，竞争对手无法复制谷歌的资源，谷歌有能力向其竞争对手提供合理的设施使用权，但是，谷歌通过在搜索结果页上对自己的产品进行硬编码升序以及将其他竞争对手的产品降序的方式，拒绝将其设施让竞争对手使用。因此，反托拉斯机构应该更严格地执行搜索中立，并应根据必要设施原则对谷歌等具有市场支配地位的搜索引擎进行监管，以阻止其利用市场支配力来破坏竞争。必要设施原则要求对共同使用的基础设施或资源进行垄断控制，除非有更大的竞争理由支持这种行为。此原则适用于谷歌，因为它的搜索引擎已经达到了网络搜索的必要设施要求。[1]

该观点认为，占支配地位的搜索引擎（尤其是谷歌）已经成为消费者访问网站的"瓶颈"。当垄断者控制特定市场中必不可少的竞争资源时，如果该资源无法复制，尽管可以与竞争对手共享该资源，但垄断者拒绝竞争对手使用该设施，则可能导致反托拉斯责任。[2] 必要设施理论假定占支配地位的搜索引擎（如谷歌）是互联网的瓶颈：谷歌可以有效地确定哪些网站最终成功和哪些网站失败。[3]

在反垄断执法实践中，欧盟委员会通常先审查涉嫌滥用市场支配地位行为是否违反必要设施原则，在确认涉嫌行为不违反必要设施原则可能性后，再审查该行为主体是否通过施加不公平贸易条件、歧视经营对手以及强加合同义务等形式滥用市场支配地位。[4]

（2）否定说。该学说认为基础设施理论不适合于搜索引擎，因为：第一，基础设施必须具有垄断性，而谷歌缺乏反托拉斯意义上的垄断力量，它要面临诸如脸书、苹果、亚马逊和其他竞争对手的竞争。第二，垄断者控制的"设施"必须是必不可少的，实际上不可能复制，而且在该设施能够共享的情况下，垄断者必须拒绝竞争对手对其进行使用。谷歌的搜索引擎很难被认为是"必需的"。因为还有其他类似的搜索引擎，著名的有必应和雅虎，以及新出现的搜索引擎，如 DuckDuckGo 和 Blekko，用户可以轻松地进行切换而不会产生任何费用，通过使用其他搜索引擎，网站可以轻易接触到潜在的客户。[5]第三，必要设施必须具有非竞争性或共享性，而谷歌等搜索引擎的结果排名具有竞争性。有学者认为，应当对简单地偏好自己的产品和服务与妨碍竞争过程的不合理积极行为进行区分。前者仅仅反映了一家综合公司从不同的生产活动

1　Lisa Mays, The Consequences of Search Bias: How Application of the Essential Facilities Doctrine Remedies Google's Unrestricted Monopoly on Search in the United States and Europe, 83 The George Washington Law Review, 756（Feb, 2015）.

2　Thomas F. Cotter, The Essential Facilities Doctrine, Antitrust Law and Economics 1–2（Keith N. Hylton ed., 2008）.

3　See Frank Pasquale, Dominant Search Engines: An Essential Cultural & Political Facility, in The Next Digital Decade 401, 402（Berin Szoka & Adam Marcus eds., 2010）.

4　Körber, Google im Fokus des Kartellrechts, , WRP, Juli, 2012, 761, 766 ff.

5　See Chas. Wolff Packing Co. v. Court of Indus. Relations, 262 U.S. 522, 538–39（1923）.

中获得竞争利益所做的努力。它本身并不是应该禁止的非法行使垄断权力的行为。搜索结果排名不具有基础设施的"非竞争性",因为谷歌也没有法定义务将其不可共享的财产——在其结果页上的主要位置——让给竞争对手,强迫垄断者与竞争对手分享其优势会阻止它充分占有自己的投资回报,导致垄断者减少投资,并导致创新减少。[1]

我们认为,尽管对必要设施理论能否适用于操纵搜索结果的反垄断行为还存在争议,但是,由于大型搜索引擎拥有更多的数据存储、更多的试错经验和存在溢出效应,因此,较小的、新成立的搜索引擎公司很难与谷歌等大型搜索引擎公司竞争,甚至存在进入壁垒。现在的搜索引擎市场可以说是寡头垄断市场,任何一个搜索广告客户都不愿意放弃这么大一个市场,也不会想切换到其他小型搜索引擎,甚至是专业搜索引擎。就我国范围来说,在谷歌退出中国市场之后,现在的搜索引擎市场只剩下百度一家独大,若百度以屏蔽网站或人为降低搜索结果排名的方式操纵搜索结果,则搜索广告客户和百度下游产品竞争对手只能被排挤出市场。因此,根据必要设施理论,强制百度等搜索引擎巨头以公平的方式,开放搜索结果资源,具有反垄断法上的重要意义。

3. 必要设施理论的意义

(1)必要设施的共享性有利于抑制大型搜索引擎针对竞争对手的排斥行为。《美国谢尔曼法》第2条和《欧洲联盟运作条约》第102条规定的必要设施原则为滥用垄断权的行为提供了一种有效的救济手段。该学说最初提出并适用于铁路桥梁的垄断,要求公司共享铁路轨道的使用权。该学说后来扩展并应用于其他基础设施,包括输电线路、足球场、联合开发的滑雪设施和天然气管道。根据定义,必要设施原则仅适用于垄断行为。谷歌在横向搜索领域处于垄断地位。像Yelp这样的垂直搜索引擎需要访问谷歌的横向搜索才能接触用户。例如,一家宠物供应网站最近在谷歌将其从横向搜索中删除后,网站流量减少了96%。[2]因此,谷歌的横向搜索对于网站接触消费者至关重要。如果无法在全球最常用的搜索引擎(谷歌)中获得公平排名,则其他网站无法与谷歌竞争,因为他们无法访问相同的受众群体。

我们认为,谷歌等占市场支配地位的搜索引擎有能力和责任向其竞争对手

1　Marina Lao, Search, Essential Facilities, and the Antitrust Duty to Deal, 11 Nw. J. Tech. & Intell. Prop. 275, April, 2013, at 299–304.

2　Chamberlain Grp., Inc. v. Skylink Techs., Inc., 381 F.3d 1178 (Fed. Cir. 2004). at 1188–90.

提供合理的设施使用权。根据必要设施理论，谷歌应停止在其搜索结果页上将自己的产品硬编码列为榜首以及再硬编码将其他网站降序等行为。必要设施理论要求谷歌"将所有服务（包括自己的服务），保持在完全相同的标准上，使用完全相同的爬行、索引、排名、显示和惩罚算法。"这种解决方案是完全可行的，也是监管成本最低的。在互联网时代，如果竞争对手能够在谷歌的横向搜索中得到正确排序，根本不用担心谷歌优先考虑自己产品的问题，完全按照质量对搜索结果进行排名，实行搜索中立，则授予准入权就足够了。简言之，在搜索语境下，"共享使用"意味着，搜索引擎必须找到一种中立的方法来确定哪些内容（自己的或竞争对手的）应该在结果中优先考虑。因此，基础设施的共享性有利于制止占市场支配地位的搜索引擎公司违反搜索中立原则，排斥竞争对手。

（2）必要设施原则有利于保护消费者和内容提供商的利益。尽管在美国和欧盟谷歌搜索占据主导地位，但一旦竞争对手有机会与谷歌竞争，创新将大幅增加。而必要设施原则恰恰不允许占市场支配地位的搜索引擎公司独占搜索市场，让其他搜索引擎也有机会共享搜索结果资源，公平竞争，这将极大地使消费者受益。必要设施理论作为反垄断的有力武器，将迫使谷歌公平竞争，不得将其搜索引擎作为展示自己产品的橱窗，而必须将它作为用户寻找最相关信息的实际入口。总之，必要设施理论能确保搜索市场保持开放竞争的姿态，有利于保护消费者和内容提供商各方的利益。

四、美国和欧盟有关搜索结果操纵的反垄断执法考察

（一）美国有关搜索结果操纵的判例和联邦贸易委员会的立场

1.美国有关谷歌操纵搜索结果的三个典型判例

（1）Search King, Inc. v. Google Technology, Inc.案。美国涉及操纵搜索结果的第一个案例是Search King, Inc. v. Google Technology, Inc.一案[1]。在该案中，原告Search King起诉被告谷歌，认为被告干涉其合同自由，原因是谷歌将其网页排名从第4名下降到第8名，并且Search King在自己排名靠前的网站刊登广告后，谷歌将原告公司的联盟会员得分归零。法院认为谷歌的网页排名不包含"可证明的错误信息"，因为网页排名是一种意见或表达，而非事实，因此，谷歌有权根据第一修正案获得"全面的宪法保护"。

（2）KinderStart.com, LLC v. Google, Inc.案。美国与搜索引擎操纵

----

[1] See Holmes Grp., Inc., 535 U.S. at 833-34.

搜索结果有关的第二个重要案例发生在四年之后，即KinderStart.com，LLC v. Google，Inc.一案[1]。在该案中，原告KinderStart是一家有关幼儿信息的垂直搜索引擎，指控谷歌在停止将KinderStart网站列入搜索结果后，违反了《美国谢尔曼法》第2条，因为谷歌垄断了搜索和搜索广告市场。谷歌没有将原告网站除名的情况通知原告，这导致原告网页的浏览量和流量减少了70%以上，同时，原告的广告收入减少了80%。KinderStart声称它没有违反谷歌的网络管理建议，谷歌"根据与网页排名算法无关的事件、因素、印象和意见，人为地操纵和升降网页排名"。法院认为，原告KinderStart没有正确定义相关市场，而定义相关市场这是认定企图垄断的第一步。法院认为，搜索市场不是一个"市场"，依据Rebel Oil Co. v. Atlantic Richfield Co.案[2]的判例规则，将"市场"狭隘地定义为"任何交易性质的场所"，但它不包括搜索市场，因为搜索引擎提供的是免费搜索服务。法院还认为，搜索广告市场与互联网上的其他形式的广告没有区别，因此，该市场定义比KinderStart所说的范围更广泛，这意味着谷歌的市场份额不足以构成一般广告市场中的垄断，明显不同于范围较窄的搜索广告市场。最后，法院判决驳回原告KinderStart的起诉。

（3）Google，Inc. v. myTriggers.com，Inc.案。在Google，Inc. v. myTriggers.com，Inc.一案[3]中，谷歌再次逃脱了违反搜索中立原则应承担的责任，在此之前，美国联邦贸易委员会和欧盟欧洲委员会对谷歌展开了调查。MyTriggers.com是一家专注于购物的垂直搜索引擎，在谷歌起诉寻求收取广告服务费后提起反诉。MyTriggers.com反诉称，谷歌在搜索广告市场上使用非法协议和其他反竞争限制措施给自己和其他垂直搜索引擎提供排名优惠。然而，法院认为myTriggers.com没有声称对竞争造成伤害（而非仅仅对自己的损害），因此，这种损害不足以提起诉讼。

2.美国联邦贸易委员会对谷歌涉嫌违反搜索中立指控的立场及其不足

（1）美国联邦贸易委员会未能认识到谷歌操纵搜索结果的反竞争效应。美国联邦贸易委员会于2010年首次开始调查谷歌，以确定谷歌是否通过操纵

---

1 See Paul M. Janicke，Two Unsettled Aspects of the Federal Circuit's Patent Jurisdiction，11 Va. J.L. & Tech. 3，16-17（2006）.

2 See 28 U.S.C. § 1367.

3 See Jurisdiction and Removal Act of 1875，18 Stat. 470（codified as amended in 28 U.S.C. § 1331）.

其搜索算法来损害其他垂直搜索引擎，同时不公平地推广自己，从而证明存在搜索偏见。调查集中在谷歌的"通用搜索"上，这是一种在单个页面上显示所有结果的搜索机制，其搜索结果总是包含谷歌的几家垂直搜索引擎。联邦贸易委员会调查了这种行为是否违反了《美国联邦贸易委员会法》第5条的禁止不公平的竞争方法和可能对竞争造成重大损害的行为（如《美国谢尔曼法》第2条规定的垄断）。联邦贸易委员会认定不公平竞争的关键是确定谷歌排除某些结果究竟是为了损害竞争对手，还是为了提高其搜索和用户体验的质量。

联邦贸易委员会主席Jon Leibowitz于2013年1月3日得出结论认为，联邦贸易委员会不会对谷歌提起诉讼，因为有证据支持谷歌"可能通过在其搜索结果上突出显示自己的下游产品内容而使消费者受益"。[1]尽管谷歌显示自己的垂直搜索结果具有推动其他结果"不可见"的效果，但联邦贸易委员会一致认为，谷歌引用自己内容的主要目的是更快地响应用户的搜索查询，提高用户的满意度。尽管Jon Leibowitz承认"有些证据表明谷歌试图消除竞争，但联邦贸易委员会拒绝起诉谷歌"。[2]

为了换取联邦贸易委员会的不起诉，谷歌开发高级副总裁兼首席法务官向美国联邦贸易委员会主席提交了一份长达三页的承诺书。该承诺书包括几项承诺，以消除联邦贸易委员会起初对于它盗用其他垂直网站（如Yelp）内容的一些担心，并指出违反这些承诺将导致根据《美国联邦贸易委员会法》第5条提出的指控。[3]此外，当某网站选择退出谷歌时，不允许谷歌将该网站从其横向搜索结果中删除或威胁删除。值得注意的是，没有任何承诺影响谷歌偏爱自己的产品。谷歌向互联网用户表明，自己是获取互联网上海量信息的不偏不倚的门户，实际上，它使用欺骗性做法并过滤搜索结果以支持其自己的产品和服务。

（2）联邦贸易委员会解决方案之不足。联邦贸易委员会的上述解决方案存在一些问题。首先，谷歌对自己产品的偏好是为了自己的利益，而不是消费者的利益。如前所述，谷歌公司副总裁的声明直接证明谷歌自动将其产品放在首位，而不测试最适合消费者的产品是什么。谷歌自动将其产品放在搜索结果页榜首，众所周知，网页的展示位置是用户点击量的决定性因素。因此，即使

---

1 See Holmes Grp., Inc., 535 U.S. at 833-34.

2 See Chamberlain Grp., Inc., 381 F.3d at 1188-90.

3 Chamberlain Grp., Inc., 381 F.3d at 1189-90.

不是榜首，谷歌也会将自己的产品放在搜索结果页前列，以获得更多点击，最终获得更多收入。由于谷歌表示排名榜首的结果将是最相关的，因此，该公司的实际策略是反竞争和欺骗性的。

其次，虽然FTC承认谷歌显示自己的垂直搜索结果会将其他结果的排序降级，但它没有考虑到允许搜索偏见对消费者的长期影响。由于谷歌的产品和服务获得了本应流向竞争对手的流量，即使谷歌使用不带偏见的搜索显示方法，创新也会被扼杀。此外，联邦贸易委员会未能认识到，在将其他人的结果降级时，即使谷歌对自己的结果作出标记，也不能有效地纠正最相关结果的误导，因为消费者在很大程度上不考虑标签，只考虑位置。

最后，联邦贸易委员会未能充分谴责谷歌使用其横向搜索优势来压制其他垂直搜索引擎的这种行为。这种温和的警告不会构成对谷歌或未来新公司的威慑。因此，不严格执行搜索中立原则，反托拉斯机构实际上正在损害技术进步，并在消费者最需要保护的领域中减损消费者的相关利益。

（二）欧盟规制谷歌操纵搜索结果的执法实践

从2010年起，德国报纸、出版社、协会等若干企业向欧盟指控谷歌滥用搜索市场垄断地位操纵搜索排名，优先显示谷歌自身服务，故意压低竞争对手排名，打压竞争对手。从2010年下半年开始，欧盟展开对于谷歌公司涉嫌垄断的调查。2013年3月，欧盟委员会向谷歌发出的通告中指出，谷歌涉嫌构成违反《欧盟运作条约》第102条的滥用市场支配地位垄断行为。[1]欧盟委员会同时向谷歌提出了"作出义务性承诺"的要求。欧盟的欧洲委员会（EC）和竞争总局（DG）还对谷歌的指控进行了调查，包括在横向搜索中滥用市场支配地位以获取垂直搜索方面的支配力，以及未经其他网站允许不适当地显示复制的内容。然而，与美国联邦贸易委员会的承诺函相反，欧盟委员会要求，只有在提出几项建议并对这些建议进行市场测试之后，才能达成和解。欧洲委员会对与谷歌达成的承诺感到满意——谷歌允许其他网站享有退出自己搜索结果的选择权，而且在确定其通用搜索结果排名时，谷歌不应考虑该网站是否已经选择退出。

欧洲委员会最近的解决方案认为，如果谷歌显示自己的垂直内容，它必须：（1）清楚地给内容贴上标签，表明这是谷歌的专属结果；（2）向用户显示在哪里可以找到非谷歌替代品；（3）将谷歌搜索结果与通用搜索结

1　Kommission，Kartellrecht：Kommission bittet um Stellungnahme zu den Verpflichtungszusagen von Google zur Ausräumung wettbewerbsrechtlicher Bedenken，25. 04.2013.

果显示进行区分；（4）以清晰的方式提供三个指向竞争对手服务的链接。谷歌将从垂直搜索引擎申请加入的垂直站点池程序中选择三个竞争对手的链接。[1]

　　选择过程在和解协议（解决方案）中有明确定义。对于非付费广告的搜索，谷歌必须使用客观标准对网站进行排序，包括网站是否欺骗消费者、违反安全规程或任何实体法、缺乏链接响应或整体用户体验质量较差等。然后，谷歌将选择搜索排名前三的网站。谷歌还必须监控消费者体验的质量，如果三个网站中的任何一个网站显示降级，则谷歌必须在删除或者联系该网站之前，与监控受托人和欧洲委员会联系。在显示其他付费搜索结果时，谷歌必须再次显示三个竞争对手网站的链接，但谷歌可以向网站收取每次点击费用。这三个网站可以通过拍卖系统确定，或从一个中标网站池中随机确定。[2]

　　该解决方案令人信服，因为它至少解决了搜索偏见问题，并特别强制要求谷歌必须如何指定一个独立团队来监控谷歌对这些承诺的实施，这些承诺限制了谷歌完全偏好自己的产品。

　　然而，该解决方案也存在一些不足。首先，和解协议犯了一个致命的错误，就是继续允许谷歌将其结果放在榜首或最重要的位置。尽管和解协议要求谷歌将这些结果标记为自己的；但是，标记与用户无关，而位置则是用户点击的决定性因素。其次，该和解协议实际上增加了谷歌的主导地位并削弱了竞争对手，因为他们必须支付与谷歌内容相同的显示费用，而不管他们是否提供更优或与谷歌同等质量的内容。虽然每次点击费用相对较低，但累积起来数额不小。此外，这些费用对竞争对手的网站构成了惩罚，这些网站没有任何错误，并且给谷歌带来了好处，但是，谷歌却收费将其搜索结果排在自己后面。最后，接受和解不受市场测试的影响，这尤其令人担忧，因为之前的两项建议就是在市场测试后被拒绝，这很快就暴露了它们的不足之处。消费者应该得到的不仅仅是匆忙达成协议，以保护他们在反托拉斯法下的权利。Almunia最近将和解协议描述为相当成功，因为"没有其他反垄断机构能够从谷歌那里获得这

1　Lisa Mays，The Consequences of Search Bias：How Application of the Essential Facilities Doctrine Remedies Google's Unrestricted Monopoly on Search in the United States and Europe，83 The George Washington Law Review，745（Feb，2015）.

2　See，e.g.，Zenith Elecs. Corp. v. Exzec，Inc.，182 F.3d 1340（Fed. Cir. 1999）.

样的让步。"[1] 与其他机构未能规制谷歌的搜索偏见相比，Almunia宣布成功的依据是欧洲委员会相对严厉的协议。然而，是否成功的判断标准应该以消费者受到保护的程度来衡量，而欧洲委员会的解决方案无法保护消费者免受谷歌搜索偏见的影响。

总而言之，过去四年的严厉调查表明，欧共体未能充分保护消费者免受谷歌违反搜索中立原则所造成的损害，可以预见，欧盟不太可能在不久的将来采取足够强硬的行动来保护消费者。

（三）对美国和欧盟有关谷歌反垄断执法的述评

1. 美国联邦贸易委员会和欧洲委员会未能充分认识到谷歌的市场支配力

正如前文所述，为了确定垄断责任，首先，必须证明谷歌具有相当大的市场支配力。其次，谷歌必须表现为不正当地获得或维持市场支配力。有直接证据和间接证据表明，谷歌在横向搜索引擎市场拥有强大的市场支配力。直接证据包括谷歌的所有行为，这些行为允许其严重违反搜索中立原则，删除网站，并在其搜索结果上偏好自己的产品。如果谷歌没有垄断地位，则用户可能转向其他搜索引擎，因为用户不会使用不能产生最佳结果的搜索引擎。间接证据表明，谷歌拥有近70%的美国市场和90%的欧洲市场的搜索市场份额。[2] 在评估市场力量时，美国法院经常裁决，40%~70%的市场份额可能构成垄断，而70%以上通常是垄断；同时，欧洲法院认为市场份额超过40%构成垄断。[3] 此外，谷歌主导搜索的年限也支持滥用垄断权力的裁决。因此，直接和间接的证据都支持谷歌具有垄断地位。但是，美国和欧盟的执法机构对谷歌的市场支配力未能有清醒的认识，导致处罚结果失之于宽。

2. 美国法院没有充分肯定搜索市场的双边市场属性

虽然加利福尼亚州北区地区法院在KinderStart案中裁决搜索不是一个市场，但它对市场的定义实在太狭窄了。法院作出了一项结论性的裁决，即由于KinderStart未能主张搜索市场具有"交易属性"，因此，搜索市场不能成为反托拉斯法所规定的市场。[4] 但是，我们认为，互联网搜索市场属于提供购买

---

1 Lisa Mays, The Consequences of Search Bias: How Application of the Essential Facilities Doctrine Remedies Google's Unrestricted Monopoly on Search in the United States and Europe, 83 The George Washington Law Review, 747（Feb, 2015）.

2 See Chamberlain Grp., Inc. v. Skylink Techs., Inc., 381 F.3d 1178, 1188（Fed. Cir. 2004）.

3 Douglas Y'Barbo, On the Patent Jurisdiction of the Federal Circuit: A Few Simple Rules, 79 J. Pat. & Trademark Off. Soc'y 651, 670（1997）.

4 Kennedy v. Wright, 851 F.2d 963, 966（7th Cir. 1988）.

和销售服务的市场。虽然用户每次搜索都不会直接向谷歌付费，但广告主会向搜索引擎付费以访问用户。通过这种方式，搜索引擎将用户和广告主聚集在一起，类似于报纸如何将读者和广告主聚集在一起。搜索引擎和报纸都是双边平台，尽管有多个部分，但它们构成了一个单一的市场。否认这种捆绑服务构成了一个市场，本质上就是不同意美国第九巡回法院的意见，因为第九巡回法院认为报纸是一个市场。[1]此外，审理KinderStart案的法院没有认定互联网搜索不能成为一个市场，而是发现原告在该案中未能充分说明互联网搜索符合市场的定义。如果考虑搜索引擎的广告属性和搜索元素，则很容易得出搜索符合市场定义的结论。

3. 美国和欧盟执法机构未能充分认识到搜索偏见对公平竞争的危害性

谷歌一直违反搜索中立原则，并将竞争对手排除在有意义的竞争之外。正如前文讨论的那样，谷歌将自己的产品硬编码到第一个搜索结果页面的榜首，如果其他网站没有参加能增强谷歌垄断权力的行为，则将它们除名或将它们硬编码到搜索结果页的底部。谷歌以循环方式利用其垄断力量确保自己保持垄断地位。谷歌的行为是有争议的，因为它拥有世界上使用范围最广的横向搜索引擎，但其垂直搜索引擎则远远落后。因此，当谷歌利用其横向搜索优势在其搜索结果中偏好自己的垂直搜索引擎，歧视所有其他竞争对手的搜索引擎时，它会阻止用户以正确的顺序看到最相关的结果，从而损害竞争对手和消费者利益。这种滥用垄断权力以确保谷歌的竞争对手无法进行有效竞争的行为，严重违背了公平竞争原则。

在今天依赖互联网的时代，互联网用户希望他们的在线搜索能够产生"中性"结果，或者是纯粹的，而不是手动篡改的结果。例如，谷歌经常将某些网站降级并从结果中删除一些网站，实际上，这种搜索偏见行为有时可能永远不会被发现。谷歌能够在一个不占市场支配地位的市场中（如在旅游、购物等在线市场）宣称自己偏好自己的服务，是因为它在通用搜索市场占支配地位。这实际上违反了反托拉斯法。

总之，迄今为止，美国和欧盟执法机构未能充分认识到谷歌操纵搜索结果对公平竞争造成的严重危害。

---

[1] Kennedy v. Wright, 851 F.2d 963, 967-68（7th Cir. 1988）.

五、我国搜索引擎关键词广告的竞争法规制

（一）搜索引擎关键词广告的反垄断法规制

1. 搜索引擎关键词广告反垄断之争

谷歌和百度等占支配地位的搜索引擎在搜索结果排名中偏好自己的产品或以硬编码的方式偏好特定广告客户的网站，使消费者对搜索结果排名产生误导，同时，使竞争对手的产品在搜索结果中处于不利位置，这种搜索偏好或搜索结果欺诈行为是否违反反垄断法，构成滥用市场支配地位的行为，理论界和实务界存在两种不同的观点。

（1）认为不构成垄断。确定一家公司是否滥用其垄断权力是一个复杂的过程，需要两个基本步骤。首先，公司必须具有相当大的市场力量；其次，公司必须行为不当地获得或维持其市场力量。要确定企业是否拥有相当大的市场力量，必须界定相关市场。然后使用直接证据和间接证据来证明该公司拥有巨大的市场力量。一旦定义了相关产品市场，就必须计算市场份额。一般来说，不到40%的市场份额表明没有非法垄断； 市场份额在40%~70%意味着可能存在非法垄断，其后，需要进一步分析公司行为是否表现不当； 市场份额超过70%可能意味着存在非法垄断； 超过90%的市场份额几乎肯定是非法垄断。[1] 公司占有市场份额的时间越长，非法垄断的可能性就越大。

证明非法垄断的第二步是证明该公司行为不当地获得或维持其市场力量。比如，掠夺性定价、捆绑、拒绝交易和不兼容等。总之，依据理性原则认定反托拉斯责任，法院必须确定所谓的排他性商业做法具有反竞争效果，而且这种反竞争效果不能为其竞争性利益所抵消。

具体就谷歌等搜索引擎公司而言，尽管谷歌处理了大约2/3的美国普通搜索查询业务，并获得了大约3/4的美国全部搜索广告费用。[2]但是，并不能得出谷歌在通用搜索引擎市场和搜索广告市场占市场支配地位的结论。因为用户和广告主对他们需要的普通搜索引擎都有合理的替代品。对特定类别内容感兴趣的用户经常转向专门的网站获取信息，绕过普通搜索引擎。研究表明，搜索包括亚马逊、易趣和脸书在内的这些专业网站现在占所有网络搜索的1/3以上。

1　See generally Joe Matal, A Guide to the Legislative History of the America Invents Act： Part II of II, 21 Fed. Cir. B.J. 539, 540 （2012）.

2　See Brian Womack, Google Increases U.S. Search Market Share as Yahoo Slips, ComScore Says, Bloomberg （NOV. 9, 2011, 6：17 PM）, http：//www.bloomberg.com/news/2011-11-09/google-gains-u-s-search-market-share-in-october-comscore-says.html.

仅亚马逊和易趣的产品搜索流量就是谷歌的10倍以上。[1]社交网络，如脸书和推特，在某些情况下表现为普通搜索引擎的另一种替代品。对于大部分互联网用户而言，手机应用程序也被视为搜索的替代品。如果展示广告包含在以搜索广告为主的相关市场中，则谷歌没有足够的市场份额可被视为垄断者。脸书目前在展示广告类别中居领先地位，占大约30%的市场份额，而谷歌的市场份额则低于5%。[2]将相关市场（在搜索引擎的广告主一侧）限制在搜索广告市场明显与竞争现实脱节。

　　这表明，尽管谷歌目前在一般搜索中占有很高的市场份额，但它并没有反托拉斯意义上的很大市场力量，因为谷歌的反竞争行为能力受到竞争的限制。[3]总之，无论用户或广告客户方面如何定义搜索引擎市场，谷歌目前的巨大市场份额不太可能赋予它持久的垄断力量。谷歌在开放和动态的互联网信息市场上竞争使其无法有效行使垄断力量。

　　根据正望咨询公司的数据，我国搜索引擎巨头百度目前在中国大陆地区搜索引擎市场占有65.8%的份额，排在第一位，排在第二位的是谷歌，市场份额为27%，排在第三位的为搜狗，市场份额为3.1%，排在第四位的为雅虎，市场份额为2.4%。[4]百度在中国大陆地区的搜索引擎市场上是绝对的老大，市场份额远远超过我国《反垄断法》和国家市场监督管理总局公布的《禁止滥用市场支配地位行为暂行规定》推定单一企业具有市场支配地位所要求的50%的比例。但是，我国有不少学者认为，在处理百度案时，相关市场不应当界定在"搜索引擎"这样狭窄的市场范围内。因为搜索引擎服务仅仅是互联网应用的一部分。十大互联网应用中，即时通信、搜索引擎和电子邮件均榜上有名，使用率均超过60%，在这种情况下，百度在整个互联网应用市场上不可能构成支配地位。当百度不具有市场支配地位时，也就无所谓"滥用"，当然，也就不需要承担反垄断法上的责任。[5]

1　See Jacques Bughin et al., The Impact of Internet Technologies： Search, Mckinsey & Co.（July, 2011），http：//www.gstatic.com/ads/research/en/2011_Impact_of_Search.pdf.

2　ClickZ, ComScore： Facebook's Share of Display Ads Reaches 28%, Mashable （Jan. 31, 2012），http：//mashable.com/2012/01/31/comscore-facebooks-share-ads/.

3　Marina Lao, Search, Essential Facilities, and the Antitrust Duty to Deal, 11 Nw. J. Tech. & Intell. Prop. 275, April, 2013, at 297.

4　参见王惠："竞价排名颠覆传统广告模式"，载《中国经营报》2005年10月24日，第3版。

5　参见李剑："百度'竞价排名'非滥用市场支配地位行为"，载《法学》2009年第3期，第60—61页。

（2）认为构成垄断。一些谷歌的竞争者认为，谷歌在水平搜索领域处于垄断地位，谷歌拥有近70％的美国市场和90％的欧洲市场的搜索市场份额，竞争对手无法复制谷歌的资源。谷歌通过在搜索结果页上对自己的产品进行硬编码升序以及将竞争对手产品降序的方式，违反了搜索中立原则，剥夺了其竞争对手在辅助市场上的用户流量，从而阻止他们在这些市场上竞争。例如，英国购物比较网站Foundem声称，谷歌对其网站实施算法惩罚，因为它在英国的产品搜索中与谷歌竞争。[1]

我国有学者认为，"不竞价就封站"的恶意性和垄断性比较明显。首先，涉嫌强迫交易。搜索引擎已成为最重要和最受欢迎的在线营销服务，百度已成为中国最大的网络营销平台之一。[2]被百度屏蔽或拒绝收录无异于被剥夺进入市场的资格。"不竞价就封站"的做法实质上是滥用市场支配地位，变相强迫交易，属于我国《反垄断法》第17条规定的"其他滥用市场支配地位的行为"。其次，涉嫌不公平待遇。因为并没有对所有未参与竞价排名的网站均实施封杀，而只选择了部分网站，迫使其付费交易，这显然构成歧视待遇，属于《反垄断法》第17条第（6）项规定的"没有正当理由，对条件相同的交易相对人在交易价格等交易条件上实行差别待遇"。再次，涉嫌对竞争的限制。"不竞价就封站"的恶意屏蔽行为无异于直接剥夺某些市场主体入市参与竞争的机会，限制了市场的公平竞争。最后，损害消费者利益。恶意屏蔽等人工干预搜索结果的行为客观上造成了误导消费者的后果。[3]

2. 搜索引擎关键词广告反垄断规制面临的问题

（1）反垄断法的指导理论滞后。随着搜索引擎等互联网新兴技术的发展，如何规制搜索引擎操纵搜索结果等新型限制竞争行为，美国等西方国家提出了一系列与时俱进的反垄断法理论。首先，要证明被告搜索引擎运营商滥用市场支配地位，必须确定其具有市场支配地位，为此必须界定相关市场。针对相关市场的界定问题，美国提出了转换成本理论。如果转换成本很低，就可以认定为同一个市场；若转换成本太高，则往往属于两个不同的市场。其次，对于搜索引擎人为降低竞争对手或客户搜索结果排名之类的操纵搜索结果行为是

1　See Adam Raff, Op-Ed., Search, But You May Not Find, N.Y. TIMES, Dec. 27, 2009, http://www.nytimes.com/2009/12/28/opinion/28raff.html.

2　参见http://tech.sina.com.cn/roll/2005-05-28/1059620537.shtml.

3　董慧娟："对我国网络领域反垄断第一案的再思考"，载《河北法学》2011年第1期，第26—27页。

否属于滥用市场支配地位呢？判断这种行为违法性的依据是什么呢？针对这种新情况，美国等国又适时地提出了搜索中立原则，很好地解决了操纵搜索结果的违法性问题。最后，在操纵搜索结果过程中还存在一种情节严重的行为，即屏蔽竞争对手或客户网站，将它们完全逐出搜索市场。对这种恶性竞争行为如何救济呢？美国等国又提出了必要设施原则，根据该理论可以强制谷歌等占市场支配地位的搜索引擎共享搜索资源，恢复竞争对手正常的搜索结果排名。上述三个基本理论：转换成本理论、搜索中立理论和必要设施理论互为补充，环环相扣，共同构成了一个完整的反垄断法理论体系。

　　反观我国的反垄断法立法，仅在2019年国家市场监督管理总局发布的《禁止滥用市场支配地位行为暂行规定》（以下简称《暂行规定》）第10条提到"确定其他经营者进入相关市场的难易程度，可以考虑……用户转换成本……等因素。"[1]《暂行规定》第16条还规定了交易相对人可以使用具有市场支配地位经营者的"必要设施"问题，即"禁止具有市场支配地位的经营者……拒绝交易相对人在生产经营活动中，以合理条件使用其必需设施。"[2]另外，可喜的是，2021年3月国务院反垄断委员会新颁布的《关于平台经济领域的反垄断指南》（以下简称《指南》）第14条明确规定将必要设施原则作为拒绝交易行为违法性认定的一个重要考量因素，即控制平台经济领域必要设施的经营者拒绝与交易相对人以合理方式进行交易可认定为拒绝交易行为。但是，《指南》仅是行政规章，其法律位阶和权威性不够。由上观之，我国反垄断法的指导理论比较滞后：第一，反垄断法中基础理论的地位太低，没有在《反垄断法》总论部分将转换成本理论、搜索中立理论和必要设施理论作为指导思想和

1　《禁止滥用市场支配地位行为暂行规定》第10条规定，根据反垄断法第十八条第五项，确定其他经营者进入相关市场的难易程度，可以考虑市场准入、获取必要资源的难度、采购和销售渠道的控制情况、资金投入规模、技术壁垒、品牌依赖、用户转换成本、消费习惯等因素。

2　《禁止滥用市场支配地位行为暂行规定》第16条规定，禁止具有市场支配地位的经营者没有正当理由，通过下列方式拒绝与交易相对人进行交易：

　（一）实质性削减与交易相对人的现有交易数量；

　（二）拖延、中断与交易相对人的现有交易；

　（三）拒绝与交易相对人进行新的交易；

　（四）设置限制性条件，使交易相对人难以与其进行交易；

　（五）拒绝交易相对人在生产经营活动中，以合理条件使用其必需设施。

　　在依据前款第五项认定经营者滥用市场支配地位时，应当综合考虑以合理的投入另行投资建设或者另行开发建造该设施的可行性、交易相对人有效开展生产经营活动对该设施的依赖程度、该经营者提供该设施的可能性以及对自身生产经营活动造成的影响等因素。

总的原则予以规定，导致位阶不高，难以发挥它们在反垄断法中的宏观理论指导作用。第二，立法零散、不周延，对搜索中立等具有鲜明时代特征的反垄断法理论在我国立法中没有予以回应和体现。第三，缺乏将必要设施理论、转换成本理论细化的可操作性规则，导致司法实践中适用不能。

（2）双边市场界定细则缺失。百度和谷歌两家搜索引擎巨头恶意屏蔽或者降低某些网站的搜索结果排名是否构成《反垄断法》上的滥用市场支配地位，首要的关键问题是界定搜索引擎市场和搜索广告市场是两个独立的产品市场，还是统一的双边市场？对此，学界和实务界的认识和做法不一：有人认为搜索引擎提供的是免费服务，不符合相关市场的定义要求。[1] 也有人认为专业网站、社交网络和手机应用程序也可以成为搜索服务的替代品，因此，应将整个互联网应用程序作为相关市场，因为搜索引擎服务仅仅是互联网应用的一部分，十大互联网应用中，即时通信、搜索引擎和电子邮件均榜上有名，使用率均超过60%，在这种情况下，百度在整个互联网应用市场上不构成支配地位。当然，也就不需要承担反垄断法上的责任。[2] 还有学者认为，就搜索引擎而言，运营商绝大部分利润来源于广告业务，其与直接竞争者争夺的必然是广告业务资源，因此，将整个广告市场界定为相关市场较为适宜。[3] 美国联邦贸易委员会认为"搜索广告"构成独立的相关市场。[4] 我国还有学者认为搜索服务市场有着明确的服务范围和空间范围，已经形成了法律意义上的相关市场。[5]

诚然，双边市场最显著的特点是具有"交叉网络外部性"，即双边市场的网络外部性不仅取决于交易平台一边的用户数量，而且更取决于交易平台的另一边的用户数量，是一种具有"交叉"性质的网络外部性。[6] 只有这两种类型的消费群体同时出现在平台中，并同时对该平台提供的产品或服务有需求

---

1 佟姝："百度被诉垄断案背后的思考——唐山市人人信息服务有限公司诉北京百度网讯科技有限公司垄断纠纷案评析"，载《中国专利与商标》2010年第1期。

2 参见李剑："百度'竞价排名'非滥用市场支配地位行为"，载《法学》2009年第3期。

3 参见蒋岩波："互联网产业中相关市场界定的司法困境与出路——基于双边市场条件"，载《法学家》2012年第6期。

4 See Statement of Federal Trade Commission："Concerning Google/DoubleClick" FTC File No. 071-0170.

5 翟巍："欧盟谷歌反垄断案"，载《网络法律评论》，法律出版社2015年版，第297页。

6 Roberto Roson, Two-sided Market: a Tentative Survey, 4 Rev. Network Econ., at 142 （2005）.

时，平台的产品或服务才真正有价值。[1]搜索服务市场和搜索广告市场就属于这种相互依存的双边市场。百度公司对用户的免费使用模式是为了在用户规模上获得优势，由于具有相当数量的用户规模，才会吸引企业付费在百度上投放广告。所以根据经济学的双边市场理论分析可知，既不存在单独的搜索引擎市场，也不存在单独的广告市场，二者共同构成了典型的双边市场。[2]尽管我国《反垄断法》未对双边市场的界定作出明确规定，但是，新出台的《指南》第4条针对平台经济的特点，在这方面已作出了具有突破意义的概括性规定，即可以根据平台一边的商品界定相关商品市场；也可以根据平台所涉及的多边商品，分别界定多个相关商品市场；还可以考虑跨平台效应，将该平台整体界定为相关商品市场。但是，必须指出，上述规定过于原则和抽象，没有具体的操作性标准，在司法实践中法官难以具体适用。譬如，究竟什么情况下双边平台应分别界定为两个市场？什么情况下应将双边平台整体界定为一个市场？交易性双边市场与非交易性双边市场在相关商品市场界定方面有何不同？免费的注意力市场是界定为单边市场还是与平台的另一边（互联网广告市场）合并界定为一个整体市场？对上述问题，《指南》语焉不详，由此导致双边市场中相关商品市场界定标准缺失，司法实践观点不一，法律适用无所依归。

（3）滥用市场支配地位行为枚举存在遗漏。我国《反垄断法》第17条明确列举的六种滥用市场支配地位行为并没有包含搜索引擎操纵搜索结果这种新型的垄断行为。[3]但《指南》对规制搜索降权行为已有所涉猎，《指南》第15条和第16条将平台经营者通过"屏蔽店铺、搜索降权、流量限制……等惩罚

1　李剑："双边市场下的反垄断法相关市场界定——'百度案'中的法和经济学"，载《中国法学会经济法学研究会2010年年会暨第十八届全国经济法学理论研讨会论文集（上）》，第315页。

2　王先林：《中国反垄断法实施热点问题研究》，法律出版社2011年版，第114页。

3　《反垄断法》第17条第1款规定，禁止具有市场支配地位的经营者从事下列滥用市场支配地位的行为：

（一）以不公平的高价销售商品或者以不公平的低价购买商品；

（二）没有正当理由，以低于成本的价格销售商品；

（三）没有正当理由，拒绝与交易相对人进行交易；

（四）没有正当理由，限定交易相对人只能与其进行交易或者只能与其指定的经营者进行交易；

（五）没有正当理由搭售商品，或者在交易时附加其他不合理的交易条件；

（六）没有正当理由，对条件相同的交易相对人在交易价格等交易条件上实行差别待遇；

（七）国务院反垄断执法机构认定的其他滥用市场支配地位的行为。

性措施"，对交易相对人实施限制，强迫交易相对人接受其商品或服务可作为分析认定"限定交易"和"搭售或者附加不合理交易条件"的一个参考因素。我国有学者认为，"不竞价就封站"等操纵搜索结果行为的恶意性和垄断性比较明显，百度选择对部分网站实施封杀，迫使其付费交易，这显然构成歧视待遇，属于《反垄断法》第17条第1款第6项规定的"歧视交易"行为。[1]令人不解的是，《指南》第17条并没有将"屏蔽店铺、搜索降权、流量限制……"等歧视性行为纳入"差别待遇"的认定因素之中，这或许是立法者的一个疏漏。

笔者认为，无论是"限制交易""差别待遇"，还是"搭售或者附加不合理交易条件"，均无法囊括搜索引擎操纵搜索结果的所有行为样态。因为屏蔽网站或者给竞争对手的搜索结果降权，以及给自己或关系人的搜索结果升级与优待，不一定有交易行为发生，很多时候，是通过牺牲短期交易利益，将竞争对手排挤出市场的方式，来换取长期的市场垄断利益，还有的时候，滥用优势地位对下游企业和用户实施惩罚或优待的目的是以权谋私、恃强凌弱。但是，屏蔽网站、自我优待和搜索降权等操纵搜索结果的行为不仅直接剥夺某些市场主体入市参与竞争的机会，而且破坏了市场的公平竞争秩序，更造成了误导消费者的严重后果，因此，必须在反垄断法中严厉禁止。可惜的是，我国反垄断法制定之时，互联网搜索结果操纵的危害性尚未充分暴露，所以我国当时的《反垄断法》未将搜索引擎操纵搜索结果作为典型的滥用市场支配地位行为予以枚举，新颁布的《指南》虽然对规制屏蔽店铺、搜索降权等操纵搜索结果行为有所涉猎，但其概念不太周延，没有将平台给自己或关系人优待作为操纵搜索结果的行为表现予以枚举，也没有涵盖搜索引擎针对非竞争对手、用户等主体的搜索偏见行为，导致我国现行反垄断立法无法对搜索引擎无正当理由操纵搜索结果的所有行为进行无缝式规制。

（4）专业的搜索中立监测机构缺位。搜索引擎操纵者靠逆向工程搜索算法来谋生。为了维护搜索中立原则，防止占市场支配地位的搜索引擎操纵搜索结果，应当要求搜索引擎披露其运行方式以及对结果进行排名的方法，有些甚至要求全面、真实地披露控制索引、搜索和优先级排序的基础规则（或算法）。由于算法涉及很强的专业技术性，而且受商业秘密法的保护，因此，不宜向普通搜索广告客户和竞争对手披露，最佳方案是向具有丰富专业知识的中立第三方披露。

另外，根据2012年6月生效的《最高人民法院关于审理因垄断行为引发的

---

1 董慧娟："对我国网络领域反垄断第一案的再思考"，载《河北法学》2011年第1期。

民事纠纷案件应用法律若干问题的规定》第8条的规定，在滥用市场支配地位的反垄断诉讼中，由原告承担被告在相关市场内具有市场支配地位和其滥用市场支配地位的举证责任。该规定无疑加重了原告的举证责任，因为在与搜索引擎有关的反垄断案中，由于与搜索有关的技术优势、算法规制及处罚规则等重要信息几乎全部掌握在搜索引擎公司手里，且该信息往往是不公开的，搜索引擎公司拥有对被搜索网站实施降权、屏蔽、封杀、减少收录等惩罚措施的技术权力。因此，被封杀网站很难掌握相关信息和证据以证明搜索引擎公司的市场支配地位及其滥用行为。[1]故此，传统的"谁主张，谁举证"原则对原告极其不利，严重影响了这类案件的立案和公正处理。所以，美国学者埃德尔曼（Edelman）建议，应该成立专门的搜索中立监测机构，负责认定和调查搜索引擎是否违反搜索中立原则，从事操纵搜索结果之类的垄断行为。同时，搜索引擎应该向该专业机构的特殊专家披露所有人工调整的自然结果，以便有足够的信息来辨别是否发生了偏见。[2]可惜的是，我国《反垄断法》和相关立法并没有成立这类互联网专业监测机构的任何规定，甚至连成立该机构的规划和设想都没有，这给搜索引擎操纵搜索结果的反垄断执法带来了很大的障碍。

　　3. 完善搜索引擎关键词广告反垄断法规制的设想

　　（1）明确规定我国反垄断法适用的理论依据和适用条件。为了加强理论的指导作用和统领力，笔者建议我国在未来修订《反垄断法》时，将转换成本理论、搜索中立理论和必要设施理论纳入总则条文之中，并将其适用条件具体化。具体构想如下：第一，转换成本理论可作为认定相关市场的理论依据，假定被告在一段时间内小幅提高商品价格，如果需求者转向购买其他商品，则可认定转换成本较低，两种产品构成同一相关市场；反之，则可认定两种产品为两个不同市场。第二，明确规定搜索中立作为互联网领域反垄断的基本原则，任何操纵搜索结果，排挤竞争对手，欺骗、误导消费者的行为均为非法。第三，将必要设施理论引入具有网络效应的互联网反垄断领域，并明确规定必要设施理论的适用条件，即原告必须证明：（1）垄断者对设施的控制具有消除下游市场竞争的能力；（2）竞争对手不能合理地复制该设施；（3）垄断者拒绝将该设施交给竞争对手使用；（4）与垄断者共享使用权是可行的。

　　（2）应在《反垄断法》中明确双边市场的界定标准。为了增强可操作

----

1 董慧娟："对我国网络领域反垄断第一案的再思考"，载《河北法学》2011年第1期。

2 Ben Edelman, Remedies for Search Bias（Feb. 22, 2011）, http：//www.benedelman.org/news/022211-1.html.

性，笔者建议应将学界有关双边市场认定的最新成果引入《反垄断法》的修订之中，明确双边市场认定的基本规则。对于交易型双边市场，如银行卡市场，由于平台起到交易中介的作用，利用其信息资源将两边客户的需求连接在一起，平台的利润来自向双边用户收取的总费用，两边用户（持卡人和商家）实际上处于同一个产品或服务市场，[1]因此，应根据产品功能替代法，将平台整体界定为一个市场。对于非交易型双边市场，应根据不同的情况分别予以处理：对于只有一边存在网络效应的非交易型双边市场，通常对于具有网络效应的一边采取低价或者免费策略，因此，应在不存在网络效应的一边（如竞价排名的搜索广告市场）界定相关市场，因为不具有网络效应的一边是双边市场平台企业的利润来源，这与欧盟采取的以利润来源市场界定相关市场[2]的习惯做法保持一致。在非交易型双边市场中，免费一边的平台企业（如搜索引擎运营商）是通过提高免费服务的质量来吸引用户的注意力，由于该免费平台企业也存在同类企业的竞争压力，若争端发生在免费平台企业一边，则可采用功能替代法（SSNDQ）[3]界定相关市场。

（3）在滥用市场支配地位中明确列举搜索引擎操纵搜索结果的行为类型和样态。由于我国《反垄断法》第17条没有将搜索引擎操纵搜索结果行为列为滥用市场支配地位的垄断行为之一，导致对此类行为的反垄断法规制失之于据。因此，我们建议，为了增加法律适用的可预期性和可操作性，应在未来修订《反垄断法》时，明确将占市场支配地位的搜索引擎操纵搜索结果的行为定性为滥用市场支配地位行为，并将此类搜索结果操纵行为进一步细化为以下三种基本样态：（a）搜索结果优待，即搜索引擎在搜索结果页上违背公平原则，将自己或第三人（关系人）的产品进行硬编码升序；（b）搜索结果降权，是指搜索引擎无正当理由将竞争对手或第三人的产品或服务在搜索结果中予以降序；（c）屏蔽搜索结果，是指搜索引擎无正当理由屏蔽竞争对手或客户的网站。

（4）对滥用市场支配地位实施有限的举证责任倒置。考虑到被搜索网站和搜索引擎公司双方之间信息和技术的不对等，在滥用市场支配地位的举证责

1　宁立至、王少男："双边市场条件下相关市场界定的困境和出路"，载《政法论丛》2016年第6期。

2　吕明瑜："网络产业中市场支配地位认定面临的新问题"，载《政法论丛》2011年第5期。

3　SSNDQ是假设性垄断测试的一种变体，以假设性的"微小但显著且非短暂的质量下降"为依据来界定相关市场。

任方面，笔者认为，可以打破传统的"谁主张，谁举证"原则，实行有限的举证责任倒置原则。具体来讲，即原告提出被告具有市场支配地位和滥用市场支配地位的初步证据，然后，举证责任发生转移，由被告证明自己没有市场支配地位和自己行为的合法性与正当性，否则，不能免除被告的责任。另外，在滥用市场支配地位的民事诉讼中，涉及搜索引擎公司掌握的信息和技术，包括进行屏蔽、封杀、降权的正当性，应当由搜索引擎公司承担证明自己不存在此类行为，或者自己的屏蔽、封杀、降权行为具有正当性的举证责任。而原告只需证明受到了降权、封杀、屏蔽等不公正待遇即可。

（5）成立专业的搜索服务监测机构。由于搜索引擎操纵搜索结果案件涉及市场界定、竞争分析等内容，不仅需要大量的专业知识和搜索算法等技术手段，还涉及企业商业秘密保护问题，原告很难接触到此类证据，因此，需要成立由专家组成的中立的第三方监测机构来承担这一任务。为了保证新成立的搜索服务监测机构能够顺利行使监测职权，我们建议以立法方式赋予专业搜索服务监测机构一定的调查取证权，该机构有权进入搜索引擎公司的数据库，调取相关资料和数据，有权获取搜索算法及相关保密材料，但负有保密义务。同时，还应以立法方式承认专业搜索服务监测机构发布的信息的证明力，扩大有效证据的范围，为原告收集证据提供便利。[1]总之，成立专业的搜索服务监测机构有利于贯彻落实搜索中立原则，有利于搜索结果操纵反垄断案件的证据收集和日常监管，克服信息不对称的局限。

（二）搜索引擎竞价排名的反不正当竞争法规制

若适用反垄断法来规制搜索引擎竞价排名行为，将因许多问题尚未达成共识和司法适用的困境而面临更多的不确定性，当事人或执法机构将陷入烦琐论证或举证不能的泥沼之中，诸多理论分析难以转化为有效的具体规制措施。[2]尤其是证明搜索引擎具有市场支配地位和滥用市场支配地位面临很大的举证困难，因此，从反不正当竞争法的角度来规制搜索引擎竞价排名不失为一条有效路径。

1.搜索引擎竞价排名是否具有不正当竞争性之争

（1）否定说：竞价排名是一种不正当竞争行为。搜索查询的理想模式应

---

1 袁亚晴：《滥用市场支配地位纠纷中的举证责任研究》，西南政法大学2017年硕士学位论文，第22页。

2 董笃笃："搜索引擎竞价排名中消费者知情权的保护对策"，载《消费经济》2013年第3期，第83页。

该是搜索引擎向互联网用户生成最有用的结果，并按照质量优劣进行排序，也就是按查询主题相关性的大小进行排序，无须进行人为调整。无偏见搜索被认为是自然搜索，因为结果是"在没有篡改的情况下产生"，搜索算法主要关注客观标准，如关键词、页面的可信度和链接。相反，竞价排名之类的搜索偏见是指搜索引擎通过硬编码或手动编程的方式，将自己的网站或利害关系人的网站添加到结果页面顶部予以推广，公然无视已经为消费者确定最佳结果的算法。搜索偏见是不必要的，因为搜索引擎仅仅为了支持自己的产品和增加收入而操纵结果，没有考虑结果的质量。研究表明，结果排序是影响用户从搜索引擎结果页面中选择链接方式的最重要因素。因此，不管搜索引擎公司是否具有市场支配地位，对搜索结果顺序的任何操纵行为都直接损害了消费者利益，会将竞争对手排挤出市场，因此，搜索偏见违反了公平竞争的理念，属于一种不正当竞争行为。[1]

（2）肯定说：竞价排名是企业的一种合法竞争手段。搜索引擎公司通过出售搜索结果页面上的广告空间来营利，通过改进搜索结果质量来占领市场。搜索引擎是双边平台，因为它们通过这种有针对性的广告把广告主和互联网用户联系起来。广告产生了巨大的利润，是包括谷歌在内的大多数搜索引擎的主要收入来源。如果没有竞价排名这种营利方式，搜索引擎公司将没有足够的经济实力来改进搜索结果的质量，从而损害消费者利益。搜索引擎表现出搜索偏见是正常的，因为搜索算法必须搜索结果并区分它们以选择要显示的页面；另外，搜索引擎必须为不同的用户提供个性化的服务，因此，搜索偏见是搜索引擎的固有属性，此做法的动机仍然是为消费者提供最佳或最理想的结果。[2]因此，搜索引擎竞价排名是不同搜索引擎之间的一种正常的竞争手段。

2.搜索引擎竞价排名反不正当竞争法规制存在的问题

（1）规制搜索引擎竞价排名的基本原则缺失。法律原则是可以作为众多法律规则之基础或本源的综合性、稳定性的原理和准则。[3]法律原则既可以指导法律解释和法律推理，还可以补充法律漏洞，限制法官的自由裁量权。搜索

1　See Lisa Mays，Note：The Consequences of Search Bias：How Application of the Essential Facilities Doctrine Remedies Google's Unrestricted Monopoly on Search in the United States and Europe，83 The George Washington Law Review，734（Feb，2015）.

2　See Atari，Inc.，747 F.2d at 1430-31，1440.

3　张文显主编：《法理学》，法律出版社1998年版，第71页。

引擎将自己的产品或服务以及付费最高的广告主的产品或服务置于搜索结果页的榜首，而将竞争对手的网站和不付费客户的网站予以屏蔽和封杀，完全剥夺了竞争对手的公平竞争机会，同时，也严重误导消费者。搜索引擎竞价排名如何规制？亟须法律理念作指导。遗憾的是，我国现行立法对此未作规定，学界研究成果寥寥。

（2）虚假宣传无法涵盖大部分点击欺诈行为。我国《反不正当竞争法》对搜索引擎竞价排名有两条规制路径：一是作为虚假宣传行为进行规制，根据《反不正当竞争法》第8条的规定，经营者不得对自己商品的性能、功能、质量、用户评价、曾获荣誉等作虚假或者引人误解的商业宣传，也不得通过组织虚假交易等方式，帮助其他经营者进行虚假或者引人误解的商业宣传，欺骗和误导消费者。二是一般条款的规制，《反不正当竞争法》第2条确立了规制市场竞争活动的一般原则，即经营者应遵循自愿、平等、公平、诚信的原则，遵守法律和商业道德。由于搜索引擎竞价排名有误导消费者之嫌，据此可直接认定该行为违反了诚信原则和商业道德。[1]

判断搜索引擎竞价排名广告是否构成虚假宣传，需要考虑在网页中所显示的内容是否虚假并且达到引人误解的程度。《关于审理不正当竞争民事案件应用法律若干问题的解释》第8条[2]进一步细化了引人误解的虚假宣传的认定。但是，点击欺诈与虚假宣传的概念并不完全相同。点击欺诈是因为搜索引擎关键词广告的点击量越大，收取的广告费越多，因此，有的搜索引擎公司和广告主的竞争对手专门雇人或通过自动操作软件不停点击搜索引擎关键词出价高的网站，这样点击率上升，搜索引擎公司收取的广告费也增加，同时，广告主的竞争对手也可以通过这种方式来增加广告主的成本，从而打垮竞争对手。笔者

1　董笃笃："搜索引擎竞价排名中消费者知情权的保护对策"，载《消费经济》2013年第3期，第84页。

2　最高人民法院《关于审理不正当竞争民事案件应用法律若干问题的解释》第8条规定，经营者具有下列行为之一，足以造成相关公众误解的，可以认定为反不正当竞争法第九条第一款规定的引人误解的虚假宣传行为：

（一）对商品作片面的宣传或者对比的；

（二）将科学上未定论的观点、现象等当作定论的事实用于商品宣传的；

（三）以歧义性语言或者其他引人误解的方式进行商品宣传的。

以明显的夸张方式宣传商品，不足以造成相关公众误解的，不属于引人误解的虚假宣传行为。

人民法院应当根据日常生活经验、相关公众一般注意力、发生误解的事实和宣传对象的实际情况等因素，对引人误解的虚假宣传行为进行认定。

认为，虚假宣传与点击欺诈至少存在以下几点不同：第一，虚假宣传的主体是经营者，在搜索引擎竞价排名语境下，一般是指广告主，而点击欺诈的主体既可以是搜索服务的提供者——搜索引擎公司，也可以是广告主的竞争对手，还可以是被搜索引擎公司和广告主的竞争对手雇佣的第三人。第二，客观表现不同，虚假宣传是对其商品的性能、功能、质量、销售状况、用户评价、曾获荣誉等作虚假或者引人误解的商业宣传，而点击欺诈是雇人或通过软件程序点击竞价排名的网站，虚增点击量。第三，目的不同，虚假宣传的目的是夸大产品功效，吸引消费者，而点击欺诈的目的是让广告主多支付广告费。

因此，如果广告主没有对搜索结果网站的内容进行虚假宣传，而是搜索引擎和广告主的竞争对手自己或雇佣第三人虚增点击量，进行点击欺诈，显然是无法按照《反不正当竞争法》第8条规定的虚假宣传来进行处罚的。而且我国现行反不正当竞争法规定的7种不正当竞争行为并没有包含点击欺诈行为，因此，根据我国现行《反不正当竞争法》的规定，无法对点击欺诈行为进行有效规制。可喜的是，我国《暂行办法》第8条第2款禁止以欺骗方式诱使用户点击广告内容。《暂行办法》第16条禁止互联网广告活动中利用虚假的统计数据、传播效果或者互联网媒介价值，诱导错误报价，谋取不正当利益或者损害他人利益。笔者认为，以欺骗方式诱使用户点击广告内容与点击欺诈这两个概念尽管存在一定的交叉关系，但二者的内涵并不完全相同，前者的用户是无辜的，用户是在不知情的情况下点击广告内容，而后者的用户既包括知情的情形，即与搜索引擎或广告主的竞争对手共谋点击欺诈以获利之情形，也包括不知情而被他人利用之情形。当然，以欺诈方式诱使用户点击广告内容，还存在一种特别罕见的情形：即尽管最开始点击广告是被诱骗的，但用户看了广告内容后对该产品产生了兴趣，最后与广告主签订了交易合同，这种情形可不按违法行为处罚。因此，诱骗用户点击广告与点击欺诈两个概念之间存在交叉关系。

另外，《暂行办法》第16条规定的"禁止利用虚假的统计数据……谋取不正当利益"是否等同于"点击欺诈"行为呢？笔者认为，这两个概念的外延存在大部分重合的情形，因为点击欺诈的目的主要是增加广告收入，可以认定为"谋取不正当利益"，一方面，虚增点击量也造成了数据虚假，但是，利用虚假的统计数据谋取不正当利益或损害他人利益的主体只能是搜索引擎公司和广告主的竞争对手，很难将被雇佣进行虚假点击的第三人包括进来。另一方面，搜索引擎关键词广告上出现虚假的统计数据，应属于《反不正当竞争法》第8条规定的虚假宣传行为，也不属于点击欺诈情形。必须特别指出；"利用"不等同于"制造"，因此，点击欺诈的制造者——雇佣进行虚假点击的第三人和点击欺诈软件的操纵者游离于法网之外，因此，《暂行办法》第16条的规定也不能无缝式规制点击欺诈行为。

但点击欺诈明显增加了广告主的成本，让其竞争对手居于有利地位，按其性质理应纳入《反不正当竞争法》的规制范畴。其他带有个人恩怨的恶意点击行为，由于点击者不是经营者，双方不具有竞争关系，如果进行点击欺诈，可以根据规模和情节，依据《民法典》追究侵权责任，甚至依据《刑法》追究刑事责任。

（3）搜索服务过程中的新型不正当竞争行为亟须规制。①搜索偏见。居于前列的搜索结果排名具有巨大的价值。用户更可能点击第一个结果而不是第二个结果，点击第二个而不是第三个，依此类推。你如果没有出现在结果的前几页，你可能就不存在。搜索引擎通过对搜索结果的人为操纵使网站经营者之间处于不公平的优先排序或劣后排序状况，严重违背公平竞争原则，甚至误导消费者。譬如，用户在百度输入"肿瘤"关键词进行搜索，搜索结果页排名第一位的是一家名为中国抗癌网的网站，在其首页推荐的医学专家为白某和教授，拥有中国中医科学院肿瘤学首席专家等多个头衔，但是，经过调查，中国中医科学院和中华医学会均没有该教授。[1]对此搜索偏见行为，具有严重的误导性，亟须法律予以规制。

②恶意屏蔽。与搜索偏见相比，此种行为对网站经营者的影响更大，因为它直接剥夺了网站在搜索结果中显示的机会。搜索引擎公司恶意屏蔽有两种方式：一种是屏蔽坏的消息，对竞价排名中出价高的企业，搜索引擎公司会利用网络技术设置自动程序，屏蔽掉与其相关的负面消息，使得顾客只能收集到对该企业有利的消息，从而增加点击率。二是屏蔽掉好的消息，迫使企业进行广告交易。比如，百度屏蔽365数码网公司，迫使其继续做竞价排名广告，这是明显的"强迫交易行为"。[2]一般的搜索引擎公司不具有市场支配地位，因而无法适用《反垄断法》的滥用市场支配地位予以规制，对其恶意屏蔽行为只能适用《反不正当竞争法》处理。

③黑帽搜索引擎优化。黑帽搜索引擎优化是指采用搜索引擎禁止的方式优化网站，它属于以作弊手段进行关键词排名，比如，域名群建、关键词叠加、链接工厂、桥页、跳页、网页劫持等。譬如"谷歌炸弹"：使用特定短语创

---

1 胡丹："'搜索引擎竞价排名'的法律规制"，载《中国邮电大学学报》（社会科学版）2009年第6期，第25页。

2 许浩："百度'点击欺诈'各方说法不一"，载《经济与法》2006年第34期。

建超链接并指向特定页面的过程，其目的是说服搜索引擎在查询该短语时返回该页面。最著名的谷歌炸弹——George W. Bush "悲惨的失败"、Andy Pressman "无能的破解"——一直是自下而上的企图诋毁别人的声誉（谷歌此后改变了算法，使谷歌炸弹更难以实现）。[1] 强大的市场激励迫使搜索引擎对抗黑帽搜索引擎优化，因为通过这样做，搜索引擎可以为用户提供更好的结果。其结果是发动机与操作手之间的技术军备竞赛。搜索引擎小心翼翼地保护他们的排名算法，以此作为在这场竞赛中保持优势的一种方式。[2]

黑帽搜索引擎优化能够快速带来一定的排名和用户量，但随时可能因为搜索引擎算法的改变而面临惩罚。但是，搜索引擎要发现黑帽搜索引擎优化往往要经过一段较长的时间，难以及时处理，而在这很短的时间内，黑帽SEO却能获得排名、流量、盈利颇丰。黑帽搜索引擎优化严重影响网站排名的客观和公正性，特别是利用黑帽SEO传播病毒的，更是危害网络安全，甚至降低银行卡和网络的安全性。

3. 完善搜索引擎关键词广告反不正当竞争法规制的建议

（1）明确搜索服务的基本原则。笔者认为，要保证搜索引擎搜索结果的质量，必须坚持以下三个基本原则：第一，搜索结果排名必须客观、真实，不得具有误导性原则。搜索引擎带有偏见的算法和排列规则，使部分搜索结果不公正地居于排名前列，而其他链接则居于劣后位置，事实上，排名靠后的链接可能更加满足用户的搜索需求。用户很难获得最相关的链接，这既影响了用户的搜索体验，又损害了用户了解最相关信息的知情权，严重误导了消费者。[3] 第二，必须坚持搜索结果中性原则，不得带有搜索偏见。明确搜索中立原则能够规范搜索服务行为，极大地使消费者受益。搜索引擎将自己的产品或服务以及付费最高的广告主的产品或服务置于搜索结果页的榜首，而将竞争对手的网站和不付费客户的网站予以屏蔽和封杀，完全剥夺了竞争对手的公平竞争机会，同时，也严重误导消费者。第三，自然搜索结果与付费搜索结果显著区分原则。搜索引擎混淆赞助商链接和自然搜索结果排名既误导消费者，又破坏网

1　See, e.g., Matt Cutts et al., A Quick Word About Googlebombs, Official Google Webmaster Central Blog（Jan. 25, 2007）, http://googlewebmastercentral.blogspot.com/2007/01/quick-word-about-googlebombs.html.

2　See, e.g., Matt Cutts, Notifying Webmasters of Penalties, Gadgets, Google, and SEO（Apr. 26, 2006）, http://www.mattcutts.com/blog/notifying-webmasters-of-penalties/.

3　陈世华："搜索引擎偏见：合理性与不合理性——从百度竞价排名风波说起"，载《科学与管理》2009年第4期，第61页。

站之间的公平竞争秩序。

（2）将点击欺诈、搜索偏见作为新型网络不正当竞争行为予以规制。虽然《反不正当竞争法》第12条[1]规定了强制目标跳转、强制用户卸载网络产品、恶意不兼容和其他妨碍网络产品正常运行四种互联网不正当竞争行为，但没有包含搜索引擎搜索服务过程中的不正当竞争行为，可能导致司法机关在审理案件时因缺少明确依据而持保守态度，无法制止搜索偏见、点击欺诈、黑帽搜索引擎优化、恶意屏蔽等新型网络不正当竞争行为。因此，笔者建议，可以在下次《反不正当竞争法》修订过程中，以列举的方式将搜索偏见、点击欺诈、黑帽搜索引擎优化、恶意屏蔽四种新型互联网不正当竞争行为纳入该法第12条的规制范畴，从而维护搜索服务市场的竞争秩序，增加法律的可预期性和可操作性。

（3）成立网络广告点击监测机构。为了增加网络广告行业的透明度，可以在网络广告市场，引入专业的第三方监测机构来记录和监视网络广告的点击行为。该第三方监测机构必须具有中立性和权威性，最好由广告商、网络广告发布者和企业以自律方式民主选举产生。第三方的数据监测可以有效地跟踪、分析和核查各种点击行为，并为确定点击欺诈和赔偿金额提供客观公正的标准和依据。但是，要实现此目标，必须要保证第三方监测机构的中立性和独立性。对点击次数和反欺诈计划进行独立审计可能是未来的潮流。

（4）加强网络广告业的行业自律。为了解决日益猖獗的点击欺诈问题，2006年8月2日，雅虎、谷歌、微软等相关机构在美国联合成立了"反点击欺诈联盟"，以制定行业标准。[2]在搜索引擎竞价排名广告中，搜索引擎有义务防止点击欺诈行为：第一，搜索引擎公司有义务采用一定的技术手段来预防点击欺诈行为；第二，搜索引擎公司有义务协助广告商做好点击欺诈的取证和公证工作。第三，搜索引擎公司在知晓点击欺诈行为后，应就广告主多付的广告

---

1 《反不正当竞争法》第12条规定，经营者利用网络从事生产经营活动，应当遵守本法的各项规定。

经营者不得利用技术手段，通过影响用户选择或者其他方式，实施下列妨碍、破坏其他经营者合法提供的网络产品或者服务正常运行的行为：

（一）未经其他经营者同意，在其合法提供的网络产品或者服务中，插入链接、强制进行目标跳转；

（二）误导、欺骗、强迫用户修改、关闭、卸载其他经营者合法提供的网络产品或者服务；

（三）恶意对其他经营者合法提供的网络产品或者服务实施不兼容；

（四）其他妨碍、破坏其他经营者合法提供的网络产品或者服务正常运行的行为。

2 唐守廉主编：《互联网及其治理》，北京邮电大学出版社2008年版，第137—138页。

费用进行清退。[1]因此,在相关立法尚不完善的情况下,通过网络广告行业自律组织采用新技术和制定行业自律规范是一种有效的规制手段。

六、搜索引擎关键词广告的广告法规制

(一)既有广告法规范之概观

我国《广告法》未对搜索引擎关键词广告作出专门规定,但是,该法确定的广告应当真实、合法、健康、不得引人误解、广告主应对广告内容的真实性负责等广告法基本原则适用于包括搜索引擎关键词广告在内的一切广告。《暂行办法》第3条首次明确了竞价排名的广告属性,即互联网广告包括推销商品或者服务的付费搜索广告。《暂行办法》第7条规定互联网广告应当与其他广告一样具有可识别性,必须显著标明"广告"字样。另外,《暂行办法》还对付费搜索广告的特殊标识要求作了规定,即"付费搜索广告应当与自然搜索结果明显区分"。但是,如何将付费搜索广告与自然搜索广告进行区分?《暂行办法》未作详细规定。

国家互联网信息办公室于2016年6月发布的《互联网信息搜索服务管理规定》(以下简称《管理规定》)对互联网信息搜索服务的基本要求,包括搜索服务提供者及其从业人员的义务、搜索结果的要求、付费搜索信息的比例上限都作了更详细和明确的规定。《管理规定》第9条禁止互联网信息搜索服务提供者及其从业人员通过断开相关链接或者提供含有虚假信息的搜索结果等手段,牟取不正当利益。《管理规定》第10条确定了搜索结果应该客观、公正、权威的原则。[2]特别值得一提的是,《管理规定》第11条引入了结构性规制规则,明确了商业推广信息的比例,即必须明确付费搜索信息页面比例上限。例如,在魏某西事件之后,监管部门明确要求百度每页面商业推广信息的比例不得超过30%。[3]结构性规制规则的确立无疑可将付费搜索广告的负面影响限制在一定程度内,这也是互联网广告立法的一个重大进步。

《管理规定》对互联网信息搜索服务的基本要求做了更详细的规定。《管理规定》第9条规定:"互联网信息搜索服务提供者及其从业人员,不得通过

---

1 齐爱民、徐亮:《电子商务法原理与实务》,武汉大学出版社2009年版,第49页。

2 《互联网信息搜索服务管理规定》第10条规定,互联网信息搜索服务提供者应当提供客观、公正、权威的搜索结果,不得损害国家利益、公共利益,以及公民、法人和其他组织的合法权益。

3 赵鹏:"搜索引擎对信息传播的影响及其法律规制",载《比较法研究》2018年第4期,第198页。

断开相关链接或提供含有虚假信息的搜索结果等手段，牟取不正当利益。"

此外，我国还有相关法律法规和司法解释对网络侵权责任问题作出了专门规定，这在一定条件下也可以适用于搜索引擎关键词广告相关主体的责任确定。我国《民法典》第1195条明确了网络服务提供者承担侵权责任的通知+删除规则。《信息网络传播权保护条例》第14条进一步对通知的形式、通知的内容以及权利人的义务作了细化规定。[1] 最高人民法院《关于审理涉及计算机网络著作权纠纷案件适用法律若干问题的解释》第6条对网络服务提供者也规定了类似的"明知"侵权责任规则。[2]

（二）《广告法》在规制搜索引擎关键词广告方面存在的不足

1. 竞价排名结果的标识方法缺乏统一标准

在很多情况下，在返回的搜索结果页面上通常内容的一半为广告信息，有些甚至覆盖整个网页。这种"软广告"的植入，很容易让消费者错误地认为是自然搜索的结果，将广告信息与正常信息相混淆。[3] 例如，百度给出的标识位置不明显，背景颜色也时有时无，在互联网搜索引擎行业内对于竞价排名搜索结果的标识方法缺乏统一的标准，同时，行业自律性不足，轻视标识义务的重要性，不能让消费者快速、准确地区分自然搜索结果和竞价排名搜索结果。

2. 搜索引擎公司主体身份模糊

广告经营者是指具有广告设计、制作、代理资格的企业，如果广告是由广告经营者接受广告主的全权委托制作的，则它应作为第一责任人，就广告的真

---

1 《信息网络传播权保护条例》第14条规定，对提供信息存储空间或者提供搜索、链接服务的网络服务提供者，权利人认为其服务所涉及的作品、表演、录音录像制品，侵犯自己的信息网络传播权或者被删除、改变了自己的权利管理电子信息的，可以向该网络服务提供者提交书面通知，要求网络服务提供者删除该作品、表演、录音录像制品，或者断开与该作品、表演、录音录像制品的链接。通知书应当包含下列内容：
　（一）权利人的姓名（名称）、联系方式和地址；
　（二）要求删除或者断开链接的侵权作品、表演、录音录像制品的名称和网络地址；
　（三）构成侵权的初步证明材料。
　权利人应当对通知书的真实性负责。

2 最高人民法院《关于审理涉及计算机网络著作权纠纷案件适用法律若干问题的解释》第6条规定，网络服务提供者明知专用于故意避开或者破坏他人著作权技术保护措施的方法、设备或者材料，而上载、传播、提供的，人民法院应当根据当事人的诉讼请求和具体案情，依照著作权法第四十七条第（六）项的规定，追究网络服务提供者的民事侵权责任。

3 徐敬宏、吴敏："论搜索引擎竞价排名的广告属性及其法律规制"，载《学习与实践》2015年第8期，第73页。

实性和合法性全面负责；若广告的全部数据和文字资料是由广告主提供的，广告经营者仅负责图像制作和技术加工，则广告经营者仅负形式审查义务，这种情况下，广告主应作为第一责任人承担虚假广告的民事责任，广告经营者承担连带或补充民事赔偿责任。广告发布者是指直接发布广告的媒介，它不直接设计制作广告，因此，它对广告内容的真实性与合法性不承担直接责任，它只对广告内容承担形式审查的义务，一般广告发布者只在明知或应知广告虚假的情况下，才承担连带或补充赔偿责任。由于搜索引擎服务提供商究竟属于广告发布者，还是属于广告经营者，抑或是提供搜索或链接服务的网络服务提供者？目前法律没有作出明确规定，由此导致搜索行业成为虚假广告的重灾区。据有关部门统计，在常用的搜索引擎上，有40%的三甲医院在网上被冒用，近70%的医疗广告涉嫌违法。如果搜索引擎公司能够作为广告发布者承担一定的广告审查责任，则会大大减少虚假广告的发生。

3. 搜索引擎公司法律责任不明

对竞价排名提供者即搜索引擎公司应当承担何种责任在司法实践中存在两种观点。一种观点认为，搜索引擎作为技术提供商，是网络服务提供商，以购买竞价排名企业侵权成立为前提，承担间接侵权的责任。他们认为，搜索引擎关键词广告的内容设定由竞价排名的客户自行撰写链接标题和网站推广信息，从而来影响关键词与竞价排名用户网站网页的技术关联度。搜索引擎商对此并没有参与任何编辑或修改工作。因此，从其技术特征来看，本质上仍属根据关键词利用互联网技术进行信息定位搜索的网络服务商范畴。[1] 由于搜索引擎在性质上属于网络服务提供者，因此，应当根据原《民法典》第1195条和《信息网络传播权保护条例》第23条来确定其责任，也就是根据"通知＋删除"规则确定网络服务提供者的责任，只要网络服务提供者在接到权利人的通知后，及时删除、屏蔽、断开侵权链接，则不承担责任。若采取必要措施不及时，对损害的扩大部分应与直接侵权人承担连带责任。若网络服务提供者明知或应知他人侵权而未采取必要措施的，也应与侵权人承担连带责任。

另一种观点则认为，搜索引擎公司作为广告发布者，应当根据《广告法》第38条之规定，对发布的广告承担严格的审查义务。因为我国《暂行办法》第3条明确规定推销商品或者服务的付费搜索广告为互联网广告；而且搜索引擎拥有决定何者被收录、何者被排除、如何排序的权力，就可以在相当程度上确

1　徐可青："互联网搜索引擎商的商标侵权行为之界定"，载《中国知识产权论坛（2015）暨中国知识产权法学研究会年会论文集》，第601页。

保哪些内容会成为公众的永久记忆，哪些内容只是转瞬即逝的插曲。[1]少数搜索引擎公司拥有影响甚至支配信息流通、凸显或者遮蔽某些信息的巨大能力，而市场竞争对这一力量并不能提供有效的约束。[2]若发布虚假的搜索引擎关键词广告，给用户造成损害的，根据《广告法》第56条的规定，搜索引擎公司（广告发布者）不能提供广告主的真实名称、地址和有效联系方式的，消费者可以要求搜索引擎公司先行赔偿。关系消费者生命健康的商品或者服务的虚假广告（如医疗、药品广告），造成消费者损害的，搜索引擎公司应当与广告主承担连带责任。造成消费者其他损害的，搜索引擎公司明知或者应知关键词广告虚假仍发布的，应当与广告主承担连带责任。

由此可知，我国司法实践中的这两种观点是与前述提供竞价排名服务的定性（广告还是搜索服务）密切相关，而且我国现行立法并没有对搜索引擎的法律主体地位作出明确规定，也就是说，搜索引擎公司究竟属于普通的网络服务提供者，还是属于广告发布者或广告经营者，法律没有明文规定，由此导致搜索引擎公司在关键词广告纠纷中的法律责任不明。

（三）明确规定搜索引擎关键词广告的具体准则

1. 竞价排名应该包含诸如"竞价排名"等识别语

如前所述，我国《暂行办法》尽管规定了付费搜索广告应当与自然搜索结果明显区分原则，但是，并未就这两种广告类型如何区分作出明确而详细的规定，以至于实践中无法可依。因此，可借鉴美国联邦贸易委员会的具体做法，美国联邦贸易委员会致搜索引擎公司的信函建议，搜索引擎网站的所有者应当确保他们的网站用"清晰和明显的披露"将竞价与非竞价排名区分开来。[3]通过要求在任何人为地提高相关排名的搜索结果旁边标明特定识别语，如"竞价排名""赞助排名"等字样，提醒消费者注意：该链接是付费搜索广告而非实际上最相关的结果。搜索引擎的其他客观算法中的任何人为安排都需要披露。为了避免消费者混淆，识别语应当在各网站之间保持一致。

2. 竞价排名与非竞价排名应当在空间与色彩方面进行区分

为了避免消费者混淆竞价排名与自然搜索结果，应当以立法的方式明确要

---

1 Alexander Halavais，Search Engine Society 1（Polity Press 2008）.

2 赵鹏："搜索引擎对信息传播的影响及其法律规制"，载《比较法研究》2018年第4期，第190页。

3 Letter from Heather Hippsley, Acting Associate Dir., F.T.C. Division of Advertising Practices, to Gary Ruskin, Executive Director, Commercial Alert,（June 27, 2002），available at http：//www.commercialalert.org/PDFs/ftcresponse.pdf.

求竞价排名与自然搜索结果在空间和色彩方面进行区分。例如，在字体大小、缩进、网站内容之间的垂直距离、文本和背景颜色等方面应有明显差异。对竞价排名与自然搜索结果之间空间和颜色的差异要求，将确保所有类型的用户能够快速地将广告排名与自然搜索生成的排名予以区分。[1]立法的目的和任务就是将区分要求进一步明确和细化。

3.搜索引擎必须给自己的内容贴上专属标签并分开显示

由于搜索引擎在搜索结果中都有偏好自己产品的行为和动机，因此，为了将搜索引擎自己的专属内容与其他通用搜索结果相区分，可以借鉴欧盟委员会与谷歌达成的和解协议内容的做法，在立法中明确规定：搜索引擎显示自己的垂直内容，必须清楚地给内容贴上标签，表明这是该搜索引擎的专属结果，并将该搜索结果显示在与通用搜索结果相分开的区域中。

4.明确规定能够审核、决定广告内容的搜索引擎公司属于广告发布者

搜索引擎竞价排名已不再只是简单的提供连接的行为，它以人工干预的方式影响了消费者的认知和行为，使得出价高的产品或服务排名靠前，提高了它们的流量，从而起到宣传和推广的作用。[2]正因为搜索引擎竞价排名的广告属性，搜索引擎实质上就是一个广告发布的平台。根据我国《暂行办法》第11条的规定，"为广告主或者广告经营者推送或者展示互联网广告，并能够核对广告内容、决定广告发布"的自然人、法人或其他组织（搜索引擎公司当然包含在内）应定性为互联网广告的发布者。但是，《暂行办法》是由原国家工商行政管理总局颁布的，其法律位阶仅为部门规章，在法院审理案件时仅能作为参考。因此，笔者建议，通过修改《广告法》的方式，明确区分两类不同性质的搜索引擎公司，即第一类是承担广告内容审核，并有权决定广告发布的搜索引擎公司，应将其明确定性为网络广告发布者，对于虚假广告，应与广告主承担连带责任；第二类是承担信息传递、广告投放和优化服务，但广告内容由广告主自己选择决定的搜索引擎公司，应将其明确定性为互联网服务提供商，根据通知+删除规则享有豁免权，只在明知或应知广告虚假的情况下，才与广告主承担连带责任。

1　See Danny Sullivan, Paid Content Disclosure Ratings: June 2002, at http://searchenginewatch.com/sereport/02/07-disclosure.html（last updated July 2, 2002）.

2　徐敬宏、吴敏："论搜索引擎竞价排名的广告属性及其法律规制"，载《学习与实践》2015年第8期，第73页。

第九章

特殊产品与行业网络广告的**法律规制**

由于律师和医疗这两个行业具有很强的专业性，律师和医生在法律服务和医疗服务过程中具有专业和信息优势，而当事人和患者则处于信息弱势地位。为了克服信息不对称，保护当事人和患者的合法权益，世界各国的立法均对律师和医疗网络广告有特殊规定。因此，本章将律师和医疗这两个行业的网络广告法律规制合并为一章进行研究，以探寻其特殊网络广告准则。

▶ 第一节　律师网络广告准则

一、律师网络广告准则概述

（一）律师广告的缘起

美国人对广告的态度真正来源于18世纪末和19世纪初英国律师的风俗和习惯。[1] 当时的法律职业成员由专门的独立精英阶层组成，这意味着其成员憎恶"唯利是图"或"职业经商"的思想。而且，由于法律职业被视为一种比自我维持更具公共性的服务，因此，广告不仅是"缺乏教养的"，而且是毫无意义的。客户希望根据声誉选择律师，在一个很小的法律圈子内，很容易通过询问他人予以确定。由于早期美国法律受英国的影响较大，因此，这些观点最终被接受，并成为美国法律的一部分。

1977年，在贝茨诉亚利桑那州律师协会一案[2]（以下简称贝茨案）中，美国联邦最高法院取消了常规法律服务的律师广告禁令。在贝茨案中，贝茨认为，禁止律师广告是没有必要的。法律服务也是商品之一，委托人类似于商品购买人。对商品和服务进行多种形式的宣传、推广，是消费者充分行使选择权

1　H. Drinker, Legal Ethics 5, 210（1953）；Zimroth, Group Legal Services and the Constitution, 76 Yale L.J. 966, 977（1967）；Note, Controlling Lawyers by Bar Associations and Courts, 5 Harv. C.R.–C.L. L. Rev. 301, 303–05（1970）.

2　433 U.S. 350（1977）.

的重要手段，可以促进商品供应者和服务提供者之间展开竞争。[1]法院认为，"为个人和社会利益服务，确保知情和可靠决策的"商业言论有权获得第一修正案保护。

在贝茨案判决之后，律师广告成为商业言论的一种形式，美国各州可以对律师广告进行法律规制，以保护消费者免受虚假和误导性广告的侵扰，但并不能禁止律师广告，只能对律师广告进行一定的限制和严格规范。

（二）律师广告的特殊准则

根据《现代汉语词典·第5版》[2]的解释，准则是指"言论、行动等所依据的原则"。广告准则是指发布广告应遵循的一般原则和限制，是决定广告合法与否的依据。律师是为当事人提供法律服务的专业人士，是维护当事人合法利益的正义化身。律师身份的特殊性，使得律师不能发布有关质量和价格方面的非信息性广告，律师广告需要更多约束以避免在委托人与律师之间法律知识明显不对称的情况下造成对委托人的误导。因此，律师广告除遵守普通广告的真实性、禁止虚假广告等一般准则之外，还需要受到律师广告的一些特殊规则的约束。

1. 律师推广业务的方式

根据《中华全国律师协会律师业务推广行为规则（试行）》（以下简称《行为规则》）第2条的规定，律师可以通过以下几种方式宣传自己的业务：发布律师个人和律师事务所广告；使用网站、博客、微信公众号、领英等互联网媒介；印制和使用名片、宣传册；出版书籍、发表文章；举办、参加、资助会议、评比、评选活动；参加公益诉讼、法律援助、义务法律咨询等公益活动。

2. 律师可以广告方式宣传的信息内容

根据我国目前生效的《律师执业行为规范》（以下简称《行为规范》）和《行为规则》的相关规定，律师个人和律师事务所都可以以广告方式宣传自己的业务领域和专业特长。根据《行为规范》第28条和第29条以及《行为规则》第6条和第7条的规定，律师个人和律师事务所可以宣传的广告内容，包括应当醒目标示和可以标示两种方面的内容：（1）应当醒目标示的内容。律师个人发布的业务推广信息应当醒目标示律师姓名、律师执业证号、所任职律师事

1　[日]河合弘之："律师的广告与宣传"，载《律师职业》，三一书房1982年版，第49页。

2　中国社会科学院语言研究所词典编辑室编：《现代汉语词典·第5版》，商务印书馆2005年版，第1797—1798页。

务所名称；律师事务所所发布的业务推广信息应当醒目标示律师事务所名称、执业许可证号。（2）可以标示的内容，主要是律师的个人信息、履历、荣誉称号、法律服务业务范围以及律师事务所的地址、电话、传真等办公和业务信息，具体包括律师本人的肖像、年龄、性别、学历、学位、专业、执业年限、律师职称、荣誉称号、联系方式、法律服务业务范围、专业领域、专业资格以及律师事务所的住所、电话号码、传真号码、邮政编码、电子信箱、网址、所属律师协会、联系方法、收费标准等信息。

（三）律师网络广告的主要方式

1.律师博客宣传

"博客"已经成为一种新的营销方式。很多律师已经熟练地掌握了博客这种新媒体工具，通过建立自己的博客，将自己的办案经历、典型案例、代理词、辩护词、法律咨询意见撰写成博客，通过博文推广，推销和宣传自己。通过写点时事评论文章，展示自己的文采和专业能力，通过客户的浏览和传播来提高自己的知名度和达到吸引客户的目的。对于许多律师来说，利用博客进行推广是一种成本低、效果好的营销手段。

2.律师网站推广

律师网站推广是指律师个人和律师事务所通过建设自己的网站、以网站为阵地进行业务推广和宣传，扩大自己的知名度，吸引粉丝和客户。许多知名律师事务所都建立了自己的网站，通过对网站内容和设计进行精心包装和策划，全力包装推出本所执业律师的"高、大、上"形象。通过建立网友留言区、交流区，帮助网民解决法律难题，探讨法律热点问题，同时，向客户提供法律、法规和典型案例，吸引客户访问，提高自己的知名度和客户黏性。

二、对美国规范律师网络广告行为法律制度的考察

美国在联邦、各州及地方层面都有大量与广告监管相关的立法，但是，专门的统一广告立法处于缺位状态，有关广告的法律规则散见于联邦和州的不同法律中。[1]目前美国没有专门规范律师网络广告行为的统一立法和准则。每个州的立法机构和各个联邦地区法院都有权制定适合本州州情的律师职业伦理准则和行为规范或者选择不制定规范律师职业行为的任何地方准则。

（一）美国联邦最高法院禁止律师进行现场劝诱

虽然美国联邦最高法院没有明确禁止律师通信，但是，在奥里利克诉俄

1　周辉："美国网络广告的法律治理"，载《环球法律评论》2017年第5期，第144页。

亥俄州律师协会案（以下简称奥里利克案）[1] 中涉及现场劝诱问题时，它确实是明确禁止的。法院在贝茨案之后一年对奥里利克案作出判决，将现场劝诱与《第一修正案》保护传统的言论自由区别开来，声称现场劝诱"不同于"广告。

在该案中，俄亥俄州律师奥里利克多次前往医院探望一位在交通事故中受伤的司机，并将该司机注册为客户，经过多次拜访和现场推销，终于说服该司机与其签订了代理索赔协议。根据协议规定，奥里利克将获得所有赔偿的1/3。但当事人随后反悔，并向吉奥格县律师协会进行投诉。俄亥俄州最高法院冤情和纪律委员会复审了该案，认为律师奥里利克违反了《俄亥俄州职业责任守则纪律规则》。俄亥俄州最高法院同意了该委员会的裁决，而且将该委员会公开谴责之制裁增加到无限期停止该律师执业。奥里利克上诉到联邦最高法院。美国联邦最高法院的判决意见高度一致，认为：各州制裁律师的现场劝诱行为是合宪的；现场劝诱行为明显不同于常规法律服务广告；现场劝诱让客户遭受严重的心理压力和负担，剥夺了客户思考和反复比较的机会，容易对非专业客户进行操纵和施加不当影响，因此，必须予以禁止。

在佛罗里达州律师协会诉为你服务公司案[2] 中，联邦最高法院支持对事故受害者及其家属的直邮劝诱行为实施为期30天的禁止期限。主张将一些监管权力返还给该州，佛罗里达州律师协会制定了一种很有吸引力的规则，即保护受伤的佛罗里达州人免受律师行为的侵扰，防止这种反复的侵扰瓦解行业信心。因此，实施30天禁令规则的目的是防止在灾难发生后有人立即从事劝诱行为，从而引起公众对法律职业的愤怒。

（二）律师参加实时电子通信类似于现场劝诱

美国律师协会《伦理2000报告》建议修改《职业行为示范准则7.3规则》，明确禁止律师在实时通信场合进行职业劝诱，除非潜在客户是律师或者与律师具有亲属关系或雇佣关系。因为律师与潜在客户之间的实时电子通信更像现场的电话交谈，而且"充满了不必要的影响、恐吓和过度干预的可能"。[3]

1　436 U.S. 447（1978）.

2　115 S. Ct. 2371, 2381（1995）.

3　ABA Ethics 2000 Report, supra note 1, at 370. See also Model Rules of Prof'l Conduct R. 7.3 cmt. 1（Proposed Amendments 2000）, available at http://www.abanet.org/cpr/e2k-wholereport_home.html（last visited Feb. 1, 2002）.

　　密歇根州律师协会认为，律师在无邀请的情况下发起的实时交互式网络通信构成非法现场劝诱。因为更多互动性的网站与电话和面对面交谈具有很强的相似性，如果禁止非电子形式的接触，那么电子形式的接触也应该被禁止。此外，佛罗里达州律师协会广告常设委员会认为："律师不得通过网络聊天室劝诱潜在客户，网络聊天室被定义为计算机用户之间的实时通信。"[1]

　　虽然网络聊天室的律师通信不是劝诱。但是，这种谈话可能演变成劝诱。费城律师协会建议参加聊天室通信的律师必须表明他们的律师身份。费城律师协会还认为，律师必须遵守规范劝诱、律师非法执业和与潜在客户通信的州伦理准则。[2]

　　（三）律师和律师事务所网站和网页所宣传的法律服务信息一般构成广告

　　在大多数情况下，律师和律师事务所网站传播的律师或其法律服务的信息构成广告，因为这些网站实际上是向潜在客户推荐商业交易。因此，这些通信构成广告。美国各州可以对商业言论，包括律师广告的时间、地点和方式实施合理的限制。

　　在美国，人们普遍认为，规制广告和劝诱的律师行为准则同样适用于律师和律师事务所网站。即律师和律师事务所网站应遵守各州的广告准则。律师与需要法律服务的潜在客户直接进行电子邮件接触应受规范劝诱行为的规则调整。

　　加利福尼亚州律师协会职业责任和行为常务委员会认为，向公众提供有关律师职业工作有用性信息的律师网页构成受《职业行为准则》规范的"通信"和受《商业与职业守则》约束的广告。伊利诺伊州律师协会认为，律师事务所网站可以与电话黄页目录中的广告相媲美。伊利诺伊州律师若参加聊天室讨论，张贴公告板，或者使用类似媒体，则应受规范劝诱行为的伦理准则的约束。[3]然而，爱荷华州允许电子媒体广告只能出现在律师拥有办公场所或者律师大部分客户所在之地的地理区域。爱荷华州的律师和律师事务所应该维护自己的网站。在律师和律师事务所没有为他们位于州内和州外的办公室进行链接的

1　Vanessa S. Browne-Barbour, Lawyer and Law Firm Web Pages as Advertising: Proposed Guidelines, Rutgers Computer and Technology Law Journal, 2002, p.315.

2　Philadelphia Bar Ass'n Prof'l Guidance Comm., Op. 98-6（1998）.

3　See Ill. State Bar Ass'n, Advisory Opinion on Prof'l Conduct 96-10（1997）, available at http: // www.illinoisbar.org/courtsw11/ethicsopinions/96-10.asp（last visited Dec. 3, 2001）.

情况下，律师网页在肯塔基州也构成广告。[1]马里兰州、马萨诸塞州和密歇根州律师协会还将律师或律师事务所维护的网站归类为广告。马萨诸塞州已经考虑将律师广告准则扩展到在线会员目录，并与马萨诸塞州律师协会的会员主页链接。密歇根州将禁止直接劝诱规则适用于律师参与的网络聊天室。北卡罗来纳州律师协会还指出，律师可以参加律师电子目录，只要该目录中包含的信息是真实的。律师事务所网站必须包含他们主要办公地点的信息。另外，律师必须保留网站中包含的所有屏幕的硬拷贝，包括网站材料的更改和网站使用的时间和地点。北卡罗来纳州的律师协会意见建议，在互联网目录中列出的律师，除其他事项外，应该包括他们被允许执业的司法管辖区、主要办事处的地理位置和集中执业的区域。[2]田纳西州律师协会还确定州广告准则适用于律师网页，但是，一般不适用于互联网上公布的律师对私人电子邮件法律咨询问题的回复。[3]

佛蒙特州律师协会采取的立场是：（1）律师和律师事务所网页应该遵守规范律师广告的"精确的记录保留规定"；（2）律师和律师事务所网页构成"间接接触"，类似于电话黄页，因为潜在客户可以寻找网页上的律师信息；（3）仅仅在律师网站上张贴信息和发布日常法律问题的答案并不构成直接劝诱，因此，不要求网站的每个网页页面包含提醒用语"广告材料"字样；（4）律师应该使用措辞谨慎的披露和免责声明以明确目标和网站信息的价值，并用电子邮件对客户提出的问题作出回应；（5）在实时聊天室进行通信的律师必须遵守有关禁止劝诱和现场通信的限制。[4]

（四）律师和律师事务所网站与主页须遵守信息披露要求

美国律师协会《职业行为规范》和最新举措没有为各州统一网络广告规则提供范本，因此，各州被迫制定自己的网络广告规则。《路易斯安那州职业行为守则》（以下简称路易斯安那州规则）和《佛罗里达州律协规则》规则4-7.6（以下简称佛罗里达州规则）是专门为计算机访问信息制定的，这两个规则反映了美国网络广告的最新立法进展。2008年7月3日，路易斯安那州最高法院采纳了路易斯安那州规则，该规则于2008年12月1日生效。[5]

1　See Iowa Sup. Ct. Bd. of Prof'l Ethics & Conduct，Op. 96-14（1996）.

2　N.C. State Bar Ass'n，Ethics Comm.，Op. RPC 241（1996）.

3　See Tenn. Bar Ass'n，Ethics Op. 95-A-576（1995）.

4　See Law Firm Web Sites：Hey - Watch Your Language!，Vt. B. J. 29，31（Dec. 2000）.

5　Pub. Citizen，642 F. Supp. 2d at 540.

　　路易斯安那州规则7.6位于标题为"法律服务信息"的路易斯安那州规则之下。该规则定义了计算机访问信息，并设置了将包含在同一节中的其他规则适用于这种信息的参数，特别是涉及律师事务所网站和电子邮件信息方面。

　　（a）款定义了计算机访问信息，广义上包括通过计算机传输的所有法律服务信息。它明确地包括主页、网站、不请自来的电子邮件和出现在搜索引擎中的信息，但并不局限于这些特殊信息。该定义的适用范围很广，包括在互联网上"其他地方"出现的法律服务信息。

　　（b）款标题为"互联网营销"，规范律师或律师事务所控制、设链或授权并包含法律服务信息的主页和网站。它要求披露司法管辖区和办公地址，而且要求根据提供的信息对律师事务所网站进行分类，让它们遵守规则7.9的要求。反过来，规则7.9要求律师事务所遵守规则7.2，即路易斯安那州一般的律师广告准则，但是，该规则允许非"虚假的、误导性或欺骗性的""有关过去结果的事实上可核实的陈述"。[1]因此，根据规则7.2，律师事务所的主页和网站既要遵守所有的实体广告准则，还有要遵守相关的信息披露要求，如披露执业管辖区、执业资格证书等信息。

　　1999年佛罗里达州最高法院采纳了佛罗里达州规则4-7.6以处理计算机访问信息。由此，佛罗里达州成了第一个制定了专门规范计算机访问信息和互联网通信规则的州。[2]佛罗里达州规则4-7.6（b）将律师事务所网站分为两种类型：主页和网站其余部分，并对每种类型适用不同的规则。根据该规则的规定，律师事务所主页和网站都要遵守所有的实体性律师广告准则，但文件、附录、表格和网站超出主页的其余部分可以豁免广告准则的适用，但是这些材料同样不能具有误导性。[3]

三、我国律师网络广告行为法律规制的现状与不足

　　（一）我国律师网络广告行为的法律规制现状

　　我国目前没有规制律师网络广告行为的系统和专门的立法，调整律师网络广告行为的规定零散见于相关规范性文件之中。比如，《中华人民共和国广告

1　Graham H. Ryan, What Went Wrong on the World Wide Web: The Crossroads of Emerging Internet Technologies and Attorney Advertising in Louisiana, Louisiana Law Review, Winter, 2011, at 767.

2　Rules Regulating the FLA. BAR R. 4-7.6（2010）.

3　Petition to Amend the Rules Regulating the Florida BAR--RULE 4-7.6, Computer Accessed Communications, Appendix C（2008）.

法》规定了广告的一般准则；2021年施行的《民法典》规定了网络侵权的法律责任。另外，2000年施行的《电信条例》《互联网信息服务管理办法》《关于维护互联网安全的决定》；2002年实施的《计算机软件保护条例》；2005年实施的《非经营性互联网信息服务备案管理办法》；2006年实施的《管理办法》也从不同角度对律师网络广告进行规范，为律师网络广告的规制提供了法律依据。

必须指出，我国的律师网络广告行为除了遵守我国广告法的一般准则之外，还要遵守相关法律法规有关网络广告和律师广告的特殊准则。

1. 关于互联网广告的特殊准则

我国广告法是制定广告准则的基本法，该法更多的是从广告监督的角度，对广告主体的广告行为进行监管，属于市场规制法的范畴，它旨在赋予广告管理机关权力，调整失衡的广告利益关系。[1]广告准则是指在广告活动中一切广告都应当遵循的标准和具体规定，也是判断广告能否发布的依据。[2]我国2015年修订的《广告法》第44条确立了互联网广告的两个基本准则，即不得影响用户正常使用网络原则和确保一键关闭原则。[3]《暂行办法》第7条和第8条在重申了以上两个准则之外，还增加了三项互联网广告准则：（1）互联网广告可识别性原则；（2）付费搜索广告与自然搜索结果区分原则；（3）未经允许，不得在用户发送的电子邮件中附加广告或者广告链接原则。[4]《暂行办法》第16条还对以下三种互联网广告行为予以禁止：（1）提供或者利用应用程序拦截、过滤、覆盖、快进他人正常经营的广告；（2）破坏正常的广告数据传输，篡改或者屏蔽他人的合法经营广告，擅自加载广告；（3）利用虚假的统计数据来诱导错误报价，谋取不正当利益或者损害他人利益。

1　王岩："植入式广告及其法律监管制度研究"，载《行政与法》2011年第10期，第103页。

2　崔银河编著：《广告法规与广告伦理》，中国传媒大学出版社2017年版，第25页。

3　《广告法》第44条规定，利用互联网从事广告活动，适用本法的各项规定。
　　利用互联网发布、发送广告，不得影响用户正常使用网络。在互联网页面以弹出等形式发布的广告，应当显著标明关闭标志，确保一键关闭。

4　《暂行办法》第7条规定，互联网广告应当具有可识别性，显著标明"广告"，使消费者能够辨明其为广告。
　　付费搜索广告应当与自然搜索结果明显区分。
　　第8条规定，利用互联网发布、发送广告，不得影响用户正常使用网络。在互联网页面以弹出等形式发布的广告，应当显著标明关闭标志，确保一键关闭。
　　不得以欺骗方式诱使用户点击广告内容。
　　未经允许，不得在用户发送的电子邮件中附加广告或者广告链接。

2.关于律师广告的特殊准则

我国规范律师广告的特殊准则一般由律师协会制定的行业自律规则予以调整。《行为规范》对律师广告的内容限制有所放宽，允许对律师个人和律师事务所的基本信息、收费标准、执业业绩和业务范围进行广告宣传。上述规定之所以放宽对律师广告内容的限制，主要是便于当事人实现知情权和对法律服务的自主选择权。

《行为规则》与《行为规范》的立法精神基本保持一致，采取宽松式的业务推广管理模式，允许律师个人和律师事务所进行广告宣传，但是，律师业务推广应遵守守法、公平、真实、严谨和得体的基本原则，在对业务推广方式的规定上，《行为规则》顺应信息技术的发展，将网站、博客、微信公众号、领英等互联网媒介列入律师业务推广的定义之中。[1]《行为规则》还规定了律师广告的特殊准则：一是公司律师和公职律师不得发布律师服务广告，因为根据相关规定，这两类律师不得办理本单位以外的诉讼和非诉讼业务。另外，还禁止未参加年度考核的律师和处于停止执业或停业整顿处罚期间的律师发布律师服务广告。二是规定了荣誉称号的具体标示要求，即必须明确荣誉称号的授予时间和授予机构，律师个人和律师事务所不得自我宣称为专家或专家单位。三是规定律师个人、律师事务所应对其网络广告内容承担监督管理责任。

（二）我国律师网络广告行为法律规制之不足

1.缺乏针对律师网络广告行为的专门条款与系统性法律规范

从我国《广告法》《暂行办法》《行为规范》等法律法规和行业自律规范的内容来看，存在的主要问题是：第一，相关规定立法位阶不高。目前法律位阶较高的《广告法》并未对律师广告问题作出专门规定，而对律师广告问题作出较为明确规定的仅有《行为规范》，而该规范从法律位阶来说，只是由全国律师协会常务理事会制定的行业自律规范，其法律的权威性和执行力大打折扣。另外，规范互联网广告的《暂行办法》是由原国家工商行政管理总局发布的，其法律位阶仅为行政规章，在法院审理案件时仅具参考价值。因此，迫切需要在法律位阶较高的《广告法》中对律师网络广告问题作出专门规定。第二，立法不周延，未建立规范律师网络广告行为的无缝式覆盖体系。我国对律师网络广告的法律规范目前仅仅局限于互联网广告准则、律师广告的原则[2]、

---

[1] 吴晨："律师业务推广行为规则剖析"，载《中国司法》2018年第3期，第56页。

[2] 《行为规范》第24条规定，律师发布广告应当遵守国家法律、法规、章程和本规范。第25条规定，律师发布广告应当具有可识别性，应当能够使社会公众辨明是律师广告。

律师广告的主体（即律师个人和律师事务所）、内容和违法律师广告的处罚[1]
几个方面，缺乏针对律师网络广告的特别法律规范。现行规定过于笼统，所限
定的网络广告的外延以及监管对象褊狭，缺乏可操作性。[2]也就是说，我国的
律师广告规范没有升级至"网络版"。[3]由于网络传播的特殊性，现行广告法
律规范对一些新型的律师网络广告不当行为显得束手无策，比如律师利用微
信、QQ等实时聊天工具对客户进行现场劝诱以招揽业务是否合法？律师与律
师事务所网站、网页的性质是否类似于广告及对其如何规范等问题尚处于法律
盲区。第三，相关规范性文件之间存在冲突。如北京市律师协会2000年颁布实
行的《北京市律师事务所执业广告管理办法（试行）》规定律师事务所是唯一
的广告主体，律师个人不得打广告，这与全国律师协会制定的《行为规范》第
23条规定律师和律师事务所可以"发布使社会公众了解律师个人和律师事务所
法律服务业务信息的广告"之规定相矛盾，而上海则允许律师个人做广告[4]，
因此，需要上位法对这些基本问题作出明确规定。

2. 禁止现场劝诱规则缺位

我国《律师法》对律师和律师事务所的不正当竞争行为作出了禁止性的原
则规定，即律师事务所和律师个人不得以诋毁竞争对手或者支付介绍费等不
正当手段承揽业务。2010年司法部颁布的《律师和律师事务所违法行为处罚
办法》第6条将"以不正当手段承揽业务"的违法行为进行了列举，具体包括
以利诱、误导、威胁或者作虚假承诺等方式承揽业务，以支付介绍费、给予回
扣、许诺提供利益等方式承揽业务的，诋毁竞争对手声誉承揽业务，在律师事
务所住所以外设立办公室、接待室承揽业务四种情形。由上观之，我国《律师
法》规定的不正当手段承揽业务行为并不包括律师现场劝诱行为，也就是说，
我国现行调整律师广告的法律法规没有禁止律师现场劝诱的任何规定。

如前所述，在美国的立法和司法实践中是明确禁止现场劝诱的。因为现场
劝诱是一种危害性较大的广告行为，它与普通的公共广告不同。普通的公共
广告只是被动地向潜在客户传递相关信息，而现场劝诱是直接给客户施加压

----

1 《广告法》第62条第2款规定了违反上述网络广告准则的法律责任，违反本法第四十四条第二
   款规定，利用互联网发布广告，未显著标明关闭标志，确保一键关闭的，由市场监督管理部
   门责令改正，对广告主处五千元以上三万元以下的罚款。

2 邓小兵、冯渊源：《网络广告行政监管研究》，人民出版社2014年版，第29页。

3 金竞：《律师网络广告规则研究》，中国政法大学2011届硕士学位论文，第14页。

4 李江婧："我国'律师广告'规范的现状与立法对策"，载《云南电大学报》2009年第1期。

力，让客户在根本没有时间对法律服务价格和质量进行比较的情况下仓促作出决定。由于律师都是经过职业训练、具有良好口才和说理能力的专业人才，因此，很容易利用自己的业务专长对外行客户进行操纵和施加不正影响。同时，在现场劝诱场合由于没有第三人和律师协会等组织现场监督，更容易发生风险。在互联网时代，出现了许多实时互动式通信工具，如微信、微博、QQ聊天室等，这是一种互动式网络广告类型，与传统的印刷广告和书面通信相比，它发生越权和产生不当影响的风险更大，因为传统的印刷广告和书面通信客户享有充足的比较和思考时间，有时甚至可以将其往后推迟考虑，忽略或丢弃。[1]随着互联网时代的到来，许多律师利用微信、微博和QQ等实时通信工具，劝诱客户接受其提供的法律服务，这既贬低了律师的公众形象，还往往导致客户受到伤害，甚至还被认为是一种对客户的骚扰行为，因此，亟须立法对网络现场劝诱行为作出调整和规范。

3.规范律师事务所网站与主页内容的广告准则缺失

网络时代，许多律师和律师事务所通过律师联盟类网站和律师事务所主页进行网络营销和推广，以打造品牌和获取案源，目前，网络营销已成为律师竞争的一种重要手段。为了吸引客户，许多律师和律师事务所网站也是绞尽脑汁，花样翻新，不惜夸大其词，甚至虚假宣传。许多律师事务所网站和主页上的信息包罗万象，不遗余力地列举各位律师和本律师事务所的各种奖励和荣誉称号、学术头衔、社会兼职以及与政府之间的关系，甚至贬低同行，尽一切可能增强自己的吸睛能力。客户一旦进入该网站，各种插播视频、弹出广告、对话框等就自动弹出，甚至在客户没有点击图标的情况下，就误入了律师事务所的法律服务推销网页。这些律师与律师事务所网站和主页的内容既可能涉嫌虚假广告宣传，也可能涉嫌不正当竞争，还可能耗费访问该网站客户的时间，影响客户的情绪。

遗憾的是，互联网是一个尚未形成基本自治规则的社会。[2]我国现行法律对律师与律师事务所网站和主页的内容属于什么性质，应该如何规范和调整没有明确规定，由此导致实践中乱象丛生。在网络环境下，对律师和律师事务所网站与主页内容进行法律规制必须解决两个基本问题：（1）律师和律师事务所网站与主页是否属于广告？（2）网站主页与网站其余部分（包括附件及相

1　参见李定娓："网络广告及其监管：问题与法律规制的完善"，载《哈尔滨师范大学社会科学学报》2015年第3期，第44页。

2　G. Burgess Allison, The Lawyer's Guide to the Internet（1995），at 43.

关表格）对广告准则的适用是否一视同仁？如有不同，区别是什么？

4. 传统广告准则无法规制律师点击付费网络广告

传统的广告准则没有考虑到新兴的网络广告形式与律师事务所网站的相互关系。如律师点击付费广告（PPC），它是指只有在客户实际上点击广告以访问律师和律师事务所的网站时，才需要支付费用的网络广告形式。点击付费广告的针对性较强，是性价比较高的搜索推广方式。[1]律师和律师事务所作为广告主可以竞标自己选定的搜索关键词，当客户在百度或Google等搜索引擎上输入匹配的关键词查询相关的法律服务信息时，该律师和律师事务所投放的广告就会自动显示。该链接被称为"赞助链接"或者"赞助广告"。点击付费广告中包含的链接会重新引导潜在客户进入律师事务所网站。因此，广告的内容对客户是否会点击该广告以及是否浏览该律师事务所网站会产生重大影响。

但是，传统的广告准则无法适用于点击付费广告，因为网络广告包含严格的字符限制，例如，在谷歌关键词广告情况下，它是每行25到35个字符；再如，亚马逊产品信息检索后台关键词填写的最大字符限制为250个字符；百度推广标题不能超过50个字符。[2]因此，如此有限的字符数量无法履行传统广告准则的信息披露要求。我国《广告法》第8条规定了广告的信息披露要求：即广告中对商品或者服务的基本信息有表示的，应当准确、清楚、明白，商品的基本信息包括产品的性能、功能、产地、用途、质量、成分、价格、生产者、有效期限、允诺等，服务的基本信息包括服务的内容、提供者、形式、质量、价格、允诺等。广告有附带赠送表示的，应当明示所附带赠送商品或者服务的品种、规格、数量、期限和方式。点击付费广告作为一种新兴的网络广告形式无疑对律师业务推广具有重大价值和意义，但是，它也存在误导和欺诈客户的风险，因此，信息披露要求能够有效地阻止律师通过点击付费形式大规模地刊登欺诈或不合规广告的违法风险。但是，遵守传统广告的信息披露要求，又与现行技术条件下点击付费广告的字符限制相冲突，因此，如何解决这一对矛盾是一个亟待法学界解决的棘手难题。

1　莫凡编著：《网络广告》，河南大学出版社2017年版，第113页。

2　Graham H. Ryan, What Went Wrong on the World Wide Web: The Crossroads of Emerging Internet Technologies and Attorney Advertising in Louisiana, Louisiana Law Review, Winter, 2011. at 757.

四、完善我国律师网络广告法律规制的设想

（一）建立层次分明、体系完整的律师网络广告行为法律规制体系

所谓层次分明是指调整律师网络广告行为的法律规范位阶清晰，形成以法律位阶较高的《广告法》和《律师法》为核心和骨干，以《互联网信息管理办法》和《电信条例》等国务院制定的行政法规为补充，以原国家工商行政管理总局《暂行办法》、司法部《律师和律师事务所违法行为处罚办法》、信息产业部单独或会同有关部门制定的《互联网电子公告服务管理规定》《互联网信息搜索服务管理规定》等行政规章为具体操作依据，以地方行政规定为实际针对性措施，以行业自律规则《律师业务推广行为规则（试行）》为司法行政措施的重要补充的多层次的法律体系。[1]目前我国调整律师网络广告行为的法律规范较为零散，缺乏系统性，尤其是《广告法》和《律师法》这两部由全国人大常委会制定的基本法没有对律师网络广告行为作出专门规定，导致顶层立法设计存在缺失，因此，笔者认为，首先，立法机关必须在《广告法》中对律师网络广告准则作出原则性规定；其次，修改《律师法》，对律师网络广告不正当竞争行为作出具体规定；最后，通过修改和完善《暂行办法》《律师和律师事务所违法行为处罚办法》等行政规章和《行为规范》《行为规则》等行业自律规则，将律师网络广告准则具体化，增强其可操作性。

体系完整是指调整律师网络广告行为的法律规范必须门类齐全，内容全覆盖，无死角和盲区。从具体内容来讲，就是要建立覆盖点击付费广告、社交网络广告、律师和律师事务所网站广告、电子邮件广告、弹出广告、链接广告等全部网络广告形式的律师网络广告行为准则。

（二）禁止律师与潜在客户在实时电子通信场合进行现场劝诱

律师现场劝诱可能是一种片面的陈述，要求当事人迅速和不知情地作出决定，没有给他们提供充分比较与思考的机会，会给当事人带来很大的压力。另外，现场劝诱是看不见的，而且不受公众监督，很难证明现场实际发生了什么。[2]因此，美国立法对律师现场劝诱予以禁止。由于实时电子通信（如网络聊天室）与现场电话联络存在同样的风险，律师主动发起的实时电子通信往往具有明显的劝诱动机，所以为了避免对潜在客户造成不必要的影响和过度干

1　国家工商行政管理局广告监督管理司：《广告法律理解与适用》，工商出版社1998年版，第5页。

2　Shapero，486 U.S. at 476.

扰客户的正常生活与业务判断能力，我国法律应当对此予以禁止。但是，对于客户主动发起的电子实时通信（如添加微信或QQ好友），由于其往往具有法律咨询的目的，对此，法律应当网开一面，不予禁止，但是，必须防止律师利用此机会进行实时劝诱。因此，笔者建议，我国应该修改《广告法》和《律师法》，明确规定：律师不应该主动发起与潜在客户的实时电子通信，除非潜在客户与该律师具有亲密朋友、亲戚或个人关系，或者与该律师事务所具有雇佣关系。对于由客户主动发起的实时电子通信，律师可以应答与回复，但是不得利用此机会进行现场劝诱。具体可借鉴美国律师协会《职业行为示范准则》规则7.3[1]，明确规定：律师不应该以亲临现场、现场电话或者实时电子通信的方式向潜在客户进行业务劝诱，只要律师这样做的主要动机是为了经济利益。

（三）明确规定律师和律师事务所网站应当遵守的实体广告准则

笔者认为，律师与律师事务所网站与主页是律师和律师事务所推广其法律业务的主要方式，因此，就其性质而言，应该属于广告。如前所述，律师与律师事务所网站的这种性质在美国的立法和司法实践中早有定论，因此，我国立法应明确规定律师与律师事务所网站应遵守的广告法基本准则。结合律师网络广告的特点，具体准则如下。

1.律师和律师事务所网站信息必须真实

律师和律师事务所网站只能包含与律师或律师事务所服务有关的真实信息。真实信息是指没有包含事实或法律存在重大失实陈述的信息。如果网站包含的信息对律师或律师事务所可能实现的结果产生任何不合理的预期，那么该律师和律师事务所网站就是虚假的和误导性的。信息披露义务人在信息披露文件中或者通过其他信息发布渠道、载体，作出不完整、不准确陈述，致使客户发生错误判断的，应认定为误导性陈述。[2]律师和律师事务所不可以使用具有误导性或包含重大不实陈述的元标记或其他编码装置。

2. 律师和律师事务所网站不得提供任何比较信息

律师与律师事务所网站不得拿一位律师或一家律师事务所的法律服务与另一位律师或另一家律师事务所提供的服务进行比较，因为比较的一方总是突出自己的优势，隐瞒自己的劣势，对竞争对手则反其道而行之，很容易误导客户，因此，在律师个人和律师事务所在网站上进行业务比较是一种不正当竞争

1　Model Rules of Prof'l Conduct R. 7.3（a）（Proposed Amendments 2000），available at http：// www.abanet.org/cpr/e2k–wholereport_home.html（last visited Feb. 1, 2016）.

2　缪因知："论证监会信息披露规则的不足"，载《法治研究》2016年第2期，第145页。

行为，必须予以禁止。

3. 律师与律师事务所必须在网站上提供自己的基本信息

提供律师和律师事务所基本信息的目的是给潜在当事人提供所需的基本信息，避免误导客户，同时，还可以防止夸大宣传和选择性披露。律师和律师事务所网站提供的信息必须包含律师个人或律师事务所的名称、律师个人或律师事务所的办公地址（律师事务所物理位置的地址）、电话号码、传真号码和电子邮件地址，仅仅标明邮政信箱和虚拟互联网地址不足以满足这一要求。[1]律师和律师事务所网站应该标明对网站内容负责的至少一位律师或一家律师事务所的姓名和办公地址（律师事务所物理位置的地址）。律师和律师事务所网站可以包含律师的生平信息。生平信息包括执业领域、教育背景、外语能力、教学职位、公益活动和社区服务活动。但不得包含虚假或夸大的专家或荣誉称号。同理，律师和律师事务所通过微博、微信公众号等自媒体进行软广告宣传也必须遵守提供律师个人和律师事务所基本信息的义务。

4. 律师与律师事务所网站和主页必须遵守广告法的信息披露义务

由于专业知识不对等，当事人很难对律师选择性披露的执业信息进行准确的判断，因此，法律必须介入，明确规定律师与律师事务所网站的信息披露义务。具体而言，网站与主页作为律师和律师事务所信息披露的"大本营"，既要遵守所有的实体广告准则，还要遵守相关的信息披露要求，如披露执业地区、执业资格证书和免责声明等信息。[2]必须指出，网站的文件、附录、表格和网站主页之外的其余部分可以豁免广告准则的适用，但是这些材料提供的信息必须真实，不得具有误导性。

5. 律师和律师事务所网站应承担自己网站和被链接网站之信息审查义务

"在属于不作为责任原始状态对他人侵权行为之责任领域内，监督者控制潜在危险的义务通常源于他对危险源的控制能力。"[3]由于律师和律师事务所网站对其网站发布的信息和被链接网站的选择具有控制能力，因此，应当承担广告内容合法性的审查义务。对于网站主动发布的广告，网站要承担事先审查义务；对于网站被动发布的广告（主要是指利用网站提供的平台网友自由发表

1　See Model Rules of Prof'l Conduct R. 7.2（Proposed Amendments 2000）.

2　Vanessa S. Browne-Barbour, Lawyer and Law Firm Web Pages as Advertising: Proposed Guidelines, Rutgers Computer and Technology Law Journal, 2002, at 341.

3　［德］冯·巴尔：《欧洲比较侵权行为法（下）》，焦美华译，张新宝审校，法律出版社2001年版，第269页。

的帖子、上传的图片、BBS上的跟帖以及博客等发布的广告）要承担事后审查义务。[1]另外，律师和律师事务所网站还负有对被链接之网站和网络媒介空间的内容定期进行事后审查及随时承担断开链接之谨慎注意义务，以保护消费者免受虚假和误导性信息的侵扰。

▶ 第二节　医疗网络广告准则

医疗行业不仅关系到人民群众的身心健康，也是全球全人类最为关注的领域。违法医疗广告诱导患者的就医选择，有可能导致患者丧失及时获得恰当诊疗的机会。根据相关资料显示，在2015年国家互联网广告监测中心对网站进行监测时发现，互联网广告的违法率远远大于传统媒体违法率，而互联网广告中的医疗类广告的违法率占比较高，明显高于其他类别广告，达到12%。[2]

网络医疗广告的乱象和违法行为也引起了国家执法机关的关注和重视。为了规范医疗广告行为，尤其是加强对互联网医疗广告，包括医院自建网站、公众号等网络广告的监管，2019年3月6日，国家卫生健康委员会、国家市场监督管理总局、国家药监局、国家发展与改革委员会、国家中医药局、中央网信办、公安部、国家医保局八部门联合发布《关于开展医疗乱象专项整治行动的通知》[3]，进行为期1年的医疗乱象专项整治行动。

尽管网络医疗广告对患者存在有益的一面，即患者可以通过网络医疗广告了解相关医院、医生、药品和治疗方法的信息，从而增加治疗疾病的积极性和主动性。但是，医疗广告的乱象也很严重，譬如，虚假和误导性医疗广告充斥互联网，医院搜索结果排名欺骗和误导患者等，因此，为了保护人们的生命和健康安全，净化网络医疗信息空间，亟须制定相关规则，对网络医疗广告行为予以法律规制。

一、网络医疗广告概述

（一）互联网医疗广告的概念

医疗广告有广义和狭义之分。狭义的医疗广告是指利用各种媒介或者形式

1　朱巍："网站审查义务研究"，载《政治与法律》2008年第4期，第8页。

2　陈雪柠："互联网医疗广告违法成'重灾区'"，载《北京日报》2016年3月14日。

3　关于开展医疗乱象专项整治行动的通知，http://www.cqn.com.cn/ms/content/2019-03-22/
content_6927542.htm，国卫医发〔2019〕36号，访问日期：2019年12月27日。

直接或间接介绍与推广医疗机构或医疗服务的所有广而告之的活动形式。广义的医疗广告既包括介绍与推广医疗机构或医疗服务的广告，也包括介绍与推广药品和医疗器械的广告。因为这三类广告均关系到消费者的身体健康和人身财产安全，属于国家管制较为严格的一类广告。笔者借鉴医疗广告和互联网广告的法律定义，将互联网医疗广告定义为：通过网站、网页、社交媒体、电子邮件、搜索引擎、互联网应用程序等互联网媒介，以文字、图片、音频、视频或者其他形式，直接或者间接地介绍与推广医疗机构、医疗服务、药品和医疗器械的广告形式。必须指出，本书所称的医疗广告在一定程度上是包含医用药品和医疗器械在内的，可谓是广义上的医疗广告。

网络医疗广告可以以不增加价格的方式吸引全球受众，提供比传统印刷或广播媒体所传达的更详细的信息，甚至可以降低产品价格（从而提高销售量），因为卖方可以将节省的任何间接费用转嫁给消费者（观看广告后可能立即购买非处方药品和设备的消费者）。网络医疗广告还允许卖家收集访问其网站的用户的数据，因此他们不必依赖第三方提供的信息（如Nielsen评分系统）就可以决定如何开发和定位他们的促销活动。此外，互联网医疗广告使药品和医疗器械公司可以吸引更优质的受众——可能服用或使用这些药品或器械的患者。这些患者经常在互联网上搜索信息，以帮助他们作出有关疾病治疗的决策。

产品广告通常被称为要约邀请，邀请发出购买该产品的要约。竞争加剧会导致药品营销难度加大，并寻求新的推销方式。药品广告应该教育患者和医生，以便他们对可能的治疗方法有更多了解，并在改善他们的健康方面发挥积极作用。在医疗保健领域，药品广告是一种同时向医生和患者提供信息的方式。网络医疗广告用于告知药品和医疗方法的优缺点。这种广告类型也称为直接面向消费者（DTC）的广告。

药品广告可以分为提醒广告、求助广告和产品声明广告。提醒广告中提到了药物的名称和制造商，但没有提及疾病本身。相反，求助广告提到了疾病与制造商，但没有提及药物的名称。作为第三类的产品声明广告将提醒和求助结合在一起，以期对人们产生更大的影响。

（二）网络医疗广告的特征

1. 网络医疗广告表现形式多样

由于互联网是一种丰富多样的媒体，因此，互联网广告行为同样多样化。由于互联网的分散性，最早的问题之一是如何将互联网流量引导到特定网站。互联网广告有一种流行和烦人的广告形式，即"旗帜"广告。这些广告由占据网站屏幕一角的小的长方形横幅组成，当用户点击时，将用户的浏览器引导到广告主的目的地网站。类似于旗帜广告的是"弹出"或"插页式"广告，它不会显示在同一网页上，而是在互联网用户访问过的窗口的顶部（弹出）或隐藏底部（隐形弹出式）打开另一个浏览器窗口。与旗帜广告一样，这些广告可以传递信息以及提供直接连接赞助商主网站的链接。因此，网络医疗广告的表现形式多样，既包括通过网站和电子邮件提供信息，也包括通过旗帜广告、弹出广告和插页式广告将流量引导到相关医疗机构和制药公司网站。

2. 网络医疗广告具有互动性

网络医疗广告增加了患者的知情同意权，以及增加了患者可供选择的治疗方案的多样性。网络处方药广告给患者提供了另一种信息来源，患者可以在他们的医疗保健过程中与医生成为真正的伙伴，并且可以更有效地向他们的医生表达他们的愿望和价值观，最终提高患者对治疗方案的依从性和康复结果。传统的管理式医疗极大地影响了医患关系。医生不断面临着以更低的成本提供更多服务的压力，这种压力的一个后果就是影响医生与患者的沟通。通过向患者提供有关各种药物治疗方案的知识，网络医疗广告可以提高医患沟通的效率。如果患者掌握了从制药行业获得的相关沟通知识，这会减轻医生作为教育者角色的压力，使患者更多地成为他自己医疗保健决策的合作伙伴，而不是由医生作出决策的被动消费者。互联网是这种教育角色的一个特别有前途的媒介，因为它提供了一种高度个性化地、交互式地提供医疗药物知识的媒介，可以根据患者的健康需求以及他对特定健康状况和治疗方案的全面理解和要求来量身定制治疗方案。

3. 网络医疗广告便于发挥患者的主观能动性

网站广告的访问者与传统媒体广告的读者之间的一个主要区别是，网站的访问者可以主动寻找有关医疗药品的信息。网站广告的访问者通过简单地输入产品名称作为统一资源定位器（URL）地址就可以找到该网站。[1]或者，寻找信息的用户可以通过搜索引擎（如谷歌）找到相关的医疗药品网站信息，也可以通过点击另一家网站的横幅广告或弹出广告中的链接获取相关网站的信息。

由于互联网的分散性，对于寻找任何特定健康信息的个人而言，存在许多感兴趣的网站。一些网站被设置为健康"门户"网站，旨在为用户提供广泛的选择，其中包含有关其他网站的信息和链接，提供有关各种健康问题的详

---

1 Timothy S. Hall, the Promise and Peril of Direct-to-Consumer Prescription Drug Promotion on the Internet, DePaul Journal of Health Care Law, Fall, 2003, at 20.

细信息。但是，一般而言，主动访问促销网站需要访问者有查找该网站信息的愿望。由于网络医疗药品广告的出现，患者现在可以在根本不需要看医生的情况下，获得许多（即使不是大多数）处方药。这进一步削弱了医生在治疗选择中作为看门人和唯一决策者的作用，使患者更容易发挥自己参与治疗的主观能动性。

　　为什么需要对医疗产品和药品广告进行监管？目的是确保药物的安全性、有效性和市场销售并保护公众健康。因为评估药物对个体患者的益处和风险仍然是医师的职责，同时，制造商有义务警告医生而不是患者。医师与患者有特殊关系，并且了解患者的医疗状况。只有主治医师而不是制药公司才能根据患者的病史来评估单个患者的利益和风险。

二、美国和德国网络医疗广告法律规制的成功经验

（一）美国

　　1962年之前，联邦贸易委员会（FTC），而非FDA，有责任对药品广告进行总体监管。[1]作为《美国食品、药物和化妆品法》（FDCA）的修正案，国会于1962年颁布了《凯福弗·哈里斯（Kefauver-Harris）食品、药品和化妆品修正案》。[2]该修正案规定，药品制造商不仅有义务在将新药投放市场之前对其有效性和安全性进行测试，而且修正案的第502（n）条授予食品药品监督管理局享有控制处方药广告的权力。[3]食品药品监督管理局对该修正案的解释指出，药品制造商只能向医疗提供商而非消费者宣传处方药。[4]目前，美国FDA对以下事项行使主要管辖权：（1）处方药和非处方药以及医疗器械的标签，以及（2）处方药和医疗器械的广告和促销。[5]FTC对非处方药品和医疗器

1　See for more details Francis B. Palumbo，Daniel Mullins，The Development of Direct-To-Consumer Prescription Drug Advertising Regulation，57 Food & Drug L.J. 423，426.

2　Jaclyn Carole Hill，The Learned Intermediary Doctrine and Beyond，Exploring Direct-to-Consumer Drug Advertising Liability in the New Millennium，72 Def. Couns. J. 362，363.

3　Victor E. Schwartz et. al.，Marketing Pharmaceutical Products in the Twenty-First-Century：An Analysis of the Continued Viability of Traditional Principles of Law in the Age of Direct-To-Consumer Advertising，32 Harv. J.L. & Poli'y 333，341.

4　Jaclyn Carole Hill，The Learned Intermediary Doctrine and Beyond，Exploring Direct-to-Consumer Drug Advertising Liability in the New Millennium，72 Def. Couns. J. 362，363.

5　See 21 U.S.C. § § 351-352，393（1994）.

械广告行使主要管辖权。[1]

然而，在20世纪80年代初期，美国食品药品监督管理局允许药品制造商直接向消费者投放药品广告。[2]食品药品监督管理局答复并设定了为期两年的自愿直接面向消费者广告禁令，以便食品药品监督管理局可以检查此类广告对消费者的影响以及药物的功效。两年后，根据调查结果，食品药品监督管理局可以批准药品制造商根据FDA现有规定直接向消费者宣传处方药。[3]

1997年，食品药品监督管理局发布了《有关电视和广播的消费者定向广播广告的指南草案》（最终定稿于1999年）。[4]从此以后，药品制造商发布药品广告必须遵守以下要求，并且必须识别最重要的风险信息：（1）供消费者获取产品信息的免费电话号码；（2）包含FDA批准的产品标签摘要的当前出版商标识；（3）建议消费者向其医疗提供者进行咨询的声明；（4）包含产品信息的互联网网站地址。[5]

如今，FDA已经建立了处方药促销办公室（OPDP），前身为"药物营销、广告和传播司（DDMAC）"，以确保制药公司遵守广告要求。处方药促销办公室必须审查、监督、执行和研究处方药广告。[6]FDA已采取严格的政策，禁止医疗公司促销未经FDA批准的药物或医疗器械的使用。

在大多数情况下，药品广告可能夸大药品的功效，扩大适应证或使用其药物的患者人群，通过不适当展示或遗漏材料将风险最小化。对于违反《美国食品、药物和化妆品法》或FDA规制处方药广告条例的行为，FDA会以监管函的形式发出警告信作为事前通知。警告信通常包括：（1）产品，（2）所涉及的广告项目或活动，（3）FDA关注的性质，如广告是否（a）虚假，（b）误导，（c）缺乏安全性和有效性之间必需的平衡，（d）陈述或表明该产品安

---

1 See 15 U.S.C. § § 41，52-53（1994）.

2 See Jaclyn Carole Hill，The Learned Intermediary Doctrine and Beyond，Exploring Direct-to-Consumer Drug Advertising Liability in the New Millennium，72 Def. Couns. J. 362.

3 Id. at 364.

4 FDA Guidance for Industry，http：//www.fda.gov/downloads/Drugs/GuidanceComplianceRegulatoryInformation/Guidances/ucm122825.pdf，last visited 02/14/2012.

5 See for more detail Jaclyn Carole Hill，The Learned Intermediary Doctrine and Beyond，Exploring Direct-to-Consumer Drug Advertising Liability in the New Millennium，72 Def. Couns. J. 362，364.

6 Christopher D. Zalesky，Pharmaceutical Marketing Practices：Balancing Public Health and Law Enforcement Interests：Moving Beyond Regulation-Trough-Litigation，39 J. Heatlh L. 235，257.

全有效。[1]公司必须在几天内回复这些信件并遵守建议的措施，或者也可以与FDA进行对话以讨论此事。

目前，FDA对互联网采取的唯一强制措施是访问了多个医疗行业网站，随后将警告信寄给其宣传材料包含性能要求或其产品超出FDA许可范围的公司。该机构已将此类警告信邮寄给VidaMed Inc., U.S. Medical Products Inc.和Papnet等公司。[2]

刊登误导性或其他不适当的广告导致药物被误用的情形，根据《美国食品、药物和化妆品法》的规定，违规制造商可能受到刑事和民事制裁。[3]美国食品药品管理局对处方药广告的真实性或虚假性方面行使管辖权，无论是针对专业的医疗保健人员，还是普通公众。[4]

当FTC起诉在线广告商时，其救济包括以下内容：广泛的制止令，要求强制不断向代理机构报告广告活动的订单，为补偿消费者伤害而进行的财务付款、破产接管以及有效发布被告广告商的FTC违规行为。例如，当FTC起诉一个名为Fortuna Alliance的组织在网络上进行传销时，该机构获得了一项扣押该组织的资产并将其予以接管的临时限制令。该机构还赢得了一项命令，要求该组织在其网站上发布FTC的行动通知。通知中包括Fortuna网页和FTC网站之间的超文本链接，因此，访问Fortuna网站的访问者可以立即阅读和下载有关此案的其他信息。[5]

如果政府认为他们的活动是广告而不是标签，则认为其互联网广告将受到较少监管的医疗公司应注意，联邦贸易委员会计划允许各州在联邦法院起诉网络广告主，并获得跨越州界的禁令。[6]此外，由国家消费者联盟（National Consumers League）于1996年2月成立的互联网欺诈监视组织（Internet Fraud Watch）计划监视在线广告，并将投诉收集并转发给美国国家总检察长

----

1 Christopher D. Zalesky, Pharmaceutical Marketing Practices: Balancing Public Health and Law Enforcement Interests; Moving Beyond Regulation-Trough-Litigation, 39 J.Heatlh L. 235, 259.

2 See Curt Werner, FDA Turning Wary Eye on Internet Abusers, Health Industry Today, Sept. 1996, at 7.

3 21 U.S.C.A. 331（a）, 333（West 2003）.

4 01 FTC Act 12-16, 15 U.S.C. 52-56（2001）.

5 See Thomas C. Morrison & Robert W. Lehrburger, FTC Targets Deceptive Cyberspace Advertising, NAT'L L.J., Aug. 12, 1996, at B7.

6 See Charles Boisseau, Internet Rife with Cyberscams, Dallas Morning News, Mar. 4, 1995, at 3C, available in 1995 WL 7468700.

协会（NAAG）和FTC。[1]

非政府组织，如商业改善局理事会的国家广告司（NAD），也可以在药品和医疗用品的互联网营销方面行使某些权力。商业改善局理事会的国家广告司（NAD）已经审查了至少一项互联网医疗促销活动，并向制片公司Infinity施加了压力，要求其修改其举重产品的广告。商业改善局理事会的国家广告司，与互联网欺诈监视组织一样，当它试图迫使公司证实其互联网广告词失败时，则将问题提交FTC。商业改善局（Better Business Bureau）努力巡查互联网上的虚假或不正确的广告词，订阅了一项名为eWatch的商业服务，该服务每天扫描16 000条新的在线消息。[2]

（二）德国

1.《德国医疗保健系统广告法》与行业自律规则

德国针对医疗产品的广告法比美国法律更严格。美国的广告概念不能在德国使用。德国医疗产品的广告由《德国医疗保健系统广告法》（Heilmittelwerbegesetz，简称HWG）规范。[3]此外，制药行业还制定了一个私人自愿规则，即所谓的"FSA-Kodex"，[4]以规范医疗产品的广告。FSA-Kodex规范医疗行业和制药行业之间的合作。

HWG第1条规定，该法案适用于HWG第2条定义的所有医疗产品、HWG第3条定义的医疗器械以及与人类或动物的医学治疗有关的其他产品、治疗、广告。HWG第3条将基本原则在HWG的总则部分予以规定。"如果出现以下情况，广告将产生误导：（1）治疗效果归因于他们没有的药物；（2）给消费者错误的印象是 a. 肯定会取得成功，b. 如果适当应用，不会有副作用，c. 该广告不具有竞争目的；（3）提供虚假或误导性信息 a. 关于药物的成分或性质或

1　See The National Consumers League Holds a News Conference on Combatting Fraud on the Internet, FDCH POL. Transcripts, Feb. 27, 1996, available in Lexis, News Library, Script File.

2　See Internet Advertising Now Subject of Self-Regulatory Review; eWatch Helps Ad Industry Monitor Truth and Accuracy, PR Newswire, Dec. 7, 1995, available in Lexis, News Library, Wires File.

3　The HWG can be found under http://www.gesetze-im-internet.de/heilmwerbg/BJNR006049965.html, last visited 01/16/2012.

4　FS Arzneimittelindustrie［Pharmaceutical Industry］, http://www.fs-arzneimittelindustrie.de/en/ueber-den-fsa/, last visited 02/14/2012（Ger.）.

b. 药品生产商或发明人的名称/姓名、教育程度、资格证书或成就。"[1]

　　因此，根据HWG第4条的规定，药品广告必须包含以下信息："制药企业的名称或公司及营业地点；药物名称；符合药物有效成分性质和数量的药物成分；适用领域；禁忌证；副作用；以及是否包装的营销需要警示；对于需要处方的医疗产品，应注明其是处方药；用作食物的动物用医疗产品的停药期。"[2]

　　这些要求的目的是客观地制作广告，以便医生和患者对药物的价值和用途有清晰的认识。除医师外，禁止处方药和安眠药广告。德国的这些规定表明，德国的药品广告概念应理解为避免不正当竞争并确保公众健康，而这没有反托拉斯的含义。[3]德国竞争法和药品广告监管的目的是定义和规范行动自由的范围，并确保公众健康和竞争范围。

　　与美国（由政府或当局负责执法）相比，德国系统受竞争和私人自律监管的控制。由于竞争法在德国发挥市场经济基本法的作用，因此大多数纠纷都是依据《德国反不正当竞争法》（UWG）禁令向专门法庭提起的。《德国反不正当竞争法》是药品广告领域的一项特殊法律，药品广告必须与《德国反不正当竞争法》一起使用和解释。要申请禁令，必须至少两个企业具有相同供应商圈的竞争关系，尽管它们不必相同。[4]此外，要申请药品广告禁令，广告词还必须违反《德国医疗保健系统广告法》的规定。

　　2. 有关药品广告的欧盟法律

　　欧洲联盟法律在欧洲联盟成员国的国内法中起着重要作用。根据《欧洲联盟职能条约》第288条的规定，欧洲联盟的机构应采用规章、指令、决定、建议和意见来行使欧洲联盟的权力。一项指令对其所针对的每一个成员国具有约束力，但对形式和方法的选择留给当局决定。[5]如果成员国未能在指令设定的期限内将该指令的规定转换为国内立法，则该指令具有直接约束力。否则，需

1　HWG，§ 3，http：//www.gesetze-im-internet.de/heilmwerbg/BJNR006049965.html，last visited 02/14/2012.

2　HWG，§ 4，http：//www.gesetze-im-internet.de/heilmwerbg/BJNR006049965.html，last visited 02/14/2012（Ger.）.

3　Dr. Peter Bülow，Dr. Gerhard Ring，Heilmittelwerbegesetz［Law on Advertising in the Healthcare System］，Commentary，Praeamble Para 1（3d Ed. 2005）（Ger.）.

4　See Matthew Bender & Company，Inc.，The Law of Advertising，XII International Advertising Practices and Regulations，Chapter 74 Europe，4-74 The Law of Advertising § 74.06（2011）.

5　Article 288 Section 3 of the Treaty on the Functioning of the European Union.

要成员国采取法律行动，将该指令的条款落实到国内法中。作为指导原则，欧盟成员国必须根据欧盟法的术语来解释国内法。欧洲共同体法优先于成员国的国内法。[1]

对于药品广告，欧盟的每个成员国均已采取了与药品广告有关的具体措施。但是，各成员国的措施和法律均存在差异，这对国内市场的建立和运作有影响，因为广告在其他成员国（不仅是国内）都具有影响力。因此，欧洲议会和欧盟委员会已经通过了对一般广告和特别是药品广告进行规范的指令。1992年3月31日关于人用药品广告的第92/28／EEC号指令规范了1965年1月26日理事会第65/65／EEC号指令第Ⅱ至Ⅴ章涵盖的与误导性药品广告有关的欧洲共同体人用药品广告。[2]

第92/28/EEC号指令已经为欧盟议会和理事会2001年11月6日有关人用药品社区代码的第2001/83/EC号指令所取代。[3]一项主要规定是禁止向普通公众投放处方药广告。原因是，向公众投放广告可能会影响公众健康，甚至那些非处方药也是如此，因为这些产品过多且使用不当。该指令还规定，药品广告必须包括旨在促进药品的处方、供应、销售或消费的任何形式的上门信息、拉票活动或引诱，例如："向公众宣传药品，向有资格开处方或提供药品的人宣传药品，医疗销售代表拜访有资格开处方的人，样品供应，通过赠予、提供或承诺的任何收益或奖金，无论是金钱还是实物，提供引诱以开处方或提供药用产品，除非其内在价值极低，赞助有资格开处方或提供药品的人员参加促销会议，赞助有资格开处方或提供药品的人员参加科学大会，特别是支付与之有关的旅行和住宿费用。"[4]

禁止对未经授权的医疗产品和标签外用途进行广告宣传。在向公众宣传的广告中，应禁止向公众进行结核、性传播疾病、其他严重传染病、癌症和其他肿瘤性疾病、慢性失眠、糖尿病和其他代谢性疾病等治疗指征的广告宣传。这已被德国国内法律采纳，因为它禁止向公众发布旨在治疗失眠或精神疾病的广告。[5]这些药品只能由医疗行业的成员打广告。例外情况是行业进行的疫苗接种运动，并经成员国主管当局批准。即使《德国医疗保健系统广告法》未对此

1　Article 6 Treaty of Establishing a Constitution for Europe.

2　Directive 92/28/EEC，Recital.

3　Official Journal，L-311/67－128（11.28.2001）.

4　Directive 2001/83/EC，Article 86 Subsec. 1；Directive 92/28/EEC，Article 1，Subsec. 3.

5　HWG，§ 10 Subsec. 2.

例外进行规定，也必须根据该指令的术语对国内法进行解释，以便在有疑问的情况下适用这些例外。为了确保公众安全地使用药品，该指令还规定了必须在广告中实施的安全要求："（a）必须清楚地表明该消息是广告，并且该产品被明确标识为药品；（b）包括以下最低限度的信息：药品的名称以及通用名称（如果该药品仅包含一种活性成分），正确使用该药品所需的信息，根据情况，发出明确、清晰的邀请：请仔细阅读包装说明书或外包装上的说明。"[1]

第2001/83/EC号指令第90条还规定，向公众推销药品的广告不得包含以下任何材料："（a）给人的印象是不需要进行医学咨询或外科手术，特别是通过邮件提供诊断或建议治疗；（b）建议服用该药的效果得到保证，没有副作用，或者优于或等同于另一种疗法或药品的效果；（c）建议通过服用该药物可以增强受试者的健康；（d）建议不服用该药会影响受试者的健康；这条禁令不适用于第3条第（4）款所述的疫苗接种运动；（e）专门或主要针对儿童；（f）指科学家、卫生专业人员或者以上都不是、但由于他们的名气可以鼓励购买药品的人提出的建议；（g）表明该药品是食品、化妆品或其他消费品；（h）认为该药品的安全性或功效是由于它是天然的事实所致；（i）通过对病史的描述或详细陈述，可能导致错误的自我诊断；（j）以不当、令人震惊或误导性的措辞指出赔偿要求；（k）以不正当、令人震惊或误导性的术语使用由疾病或伤害引起的人体变化或药物对人体或其部分的作用的图形表示；（l）提及该药品已获得销售许可。"[2]欧盟委员会还要求成员国必须建立一个监控系统来监控药品广告。[3]

互联网上有关药品的出版物旨在促销时，属于第2001/83号指令第Ⅷ章的范围。[4]在MSD Sharp & Dohme GmbH v. Merckle GmbH一案中，欧洲法院引用了第2001/83/EC号指令指出，禁止向公众发布处方药广告，并且互联网广告也不是该一般规则的例外。[5]也就是说，德国禁止直接面向公众发布互联网处方药广告。处方药只允许在专业药店中出售，也只允许在专业杂志上做

---

1 Directive 2011/83/EC, Article 89; Directive 92/28/EC, Article 4 Subsec. 1.

2 Directive 2001/83/EC, Article 90; Directive 97/55/EEC, Article 5.

3 Directive 2001/83/EC, Article 97.

4 Case C-316/09, MSD Sharp & Dohme GmbH v. Merckle GmbH, EUR-Lex CELEX LEXIS（Mai 05, 2011）, Margin 17, http://eur-lex.europa.eu/LexUriServ/LexUriServ.do?uri=CELEX: 62009J0316: EN: HTML, last visited 02/14/2012.

5 See id. at 25.

广告。但是，非处方药可以在互联网等公共媒体上刊登广告。

（三）美国与欧盟规制网络医疗广告的经验

1. 区分广告和标签

FDA区分广告和标签。对于使用互联网或万维网营销药品的医药公司来说，这一区别非常重要，因为它决定了促销必须附带的文字材料的类型、数量和形式。FDA将"广告"定义为包括"在已出版的报纸、期刊、新闻刊物上的广告，以及通过诸如广播、电视和电话通信系统之类的媒体广播的广告"。[1]《德国联邦食品、药品和化妆品法》要求广告中有关处方药或医疗器械功效的广告词，应简要说明使用该产品的适应证、禁忌证、副作用和警告。这被称为"公平平衡"。为了满足FDA的要求，"必须在任何有关安全性和/或有效性的声明中同时提供公平平衡信息，并且必须合理地突出显示这些信息"。[2]如前所述，《德国医疗保健系统广告法》第4条也规定药品广告必须包含药物名称、有效成分、禁忌证、副作用、停药期等重要信息。

FDA对"标签"的定义包括"手册、小册子、邮寄件、明细件、文件卡、公告、日历、价目表、目录、内部刊物、信件、电影胶片、幻灯片、灯笼幻灯片、录音、展览品、文学、印刷品和类似类型的印刷品、音频或视觉材料。"[3] FDA的药品标签规则要求在标签中要清晰地披露处方药的各种信息，并在醒目处特设区域介绍药品的重要信息。盒装处方药内的折叠式药品插页，也被称为"专业标签"或"包装插页"，必须列出该药品或医疗器械的所有可能的副作用。

不管是美国，还是德国，均对药品广告与标签规定了名称、成分、禁忌证、副作用、有效期等重要信息的强制披露义务，其目的是防止药品制造商、医生与患者之间的信息不对称风险。

现有的判例法足以支持FDA对医疗行业网站主页作为标签和广告予以监管。因为网页上某些信息将构成标签，而某些信息将构成广告，其他信息将被视为新闻或私人言论。在1979年United States v.Sene X Eleemosynary Corp.一案中，法院指出，FDA不需要药物或医疗器械的标签有物理附着即可

---

1 21 C.F.R. § 202.1（1）（1）.

2 Peter S. Reichertz，Legal Issues Concerning the Promotion of Pharmaceutical Products on the Internet to Consumers，51 FOOD & DRUG L.J. 355，358（1996）.

3 21 C.F.R. § 202.1（1）（2）.

宣布这种药物或医疗器械贴错了标签。[1]较早的案例提供了更广泛的裁决：与药品具有"文本关系"的任何事物都可以构成《美国联邦食品、药品和化妆品法》（FDCA）的标签。[2]另外，网站主页上旨在推销药品的任何文字、图形、音频、视频及其组合均可构成广告，因此，医疗行业网站主页必须遵守药品广告和标签的相关法律规定。

2.禁止在网络药品广告中使用超链接

由于药品广告关系患者的生命安全和身体健康，因此，美国和德国法律均规定所有应当披露的重要药品信息（包括禁忌证、主要成分、有效期等）都必须在广告当前页披露，禁止使用超链接进行药品广告信息披露，以避免患者错过重要警示信息。美国FDA明确指出，设置与药品风险信息相链接的超链接并不能减轻药品广告首页的信息披露义务。根据当前的FDA规定，医疗公司必须避免赞助或将其网页链接到私人站点。对于药品广告的超链接，消费者还要求使用FDA的批准标志和标准警示语，以包含完整的安全警示内容。[3]

德国柏林法院认为，除了视听媒体以外，在线广告不受时间和空间的限制。互联网用户可以按照自己的节奏阅读广告。因此，适用与印刷媒体相同的限制和义务。但是，如果只能通过超链接才能抵达强制性声明，则广告和强制性声明之间的相关性将被驳回。柏林法院裁定，禁止在药品广告中使用超链接。原因是不应限制《德国医疗保健系统广告法》的范围和对公共健康的保护。[4]柏林地方法院与汉堡上诉法院在第16 O 267/09号案件中达成了一致。[5]德国汉堡上诉法院在第3 U 355/01号案件中裁决，仅能在同一网站上找到所需信息而不使用超链接的情况下，才允许在互联网上刊登药品广告。[6]这与美国FDA警告信一致。

1　See United States v. Sene X Eleemosynary Corp., 479 F. Supp. 970, 979（S.D. Fla. 1979）.

2　See Kordel v. United States, 335 U.S. 345, 350（1948）.

3　FDA Public Hearing on Promotion for FDA-Regulated Medical Products using the Internet and Social Media tools, November 13, 2009, http：//www.fda.gov/downloads/AboutFDA/CentersOffices/OfficeofMedicalProductsandTobacco/CDER/UCM193463.pdf, last visited 02/13/2012, p. 40, 108, 118 et seq.

4　Oberlandesgericht Sachsen-Anhalt ［Appelate Court Sachsen-Anhalt］, October 12, 2006, Case-10 W 65/06（Ger.）.

5　LG Berlin ［District Court Berlin］, January 28, 2010, Case - 16 O 267/09（Ger.）.

6　Hanseatisches Oberlandesgericht ［Appelate Court Hamburg］, Mai 3, 2002 Case ... 355/01, http：//www.jurpc.de/rechtspr/20030325.pdf, last visited 01/23/2012（Ger.）.

3. 在医疗保健网站上禁止使用"框架"技术

在使用框架技术的网页中，左边导航菜单是固定的，页面中间的信息可以上下移动，但在浏览器的URL中不会显示深层页面的域名，而是显示主页的URL。也就是说，"框架网页"仅在用户计算机显示器的部分屏幕中打开新网页；屏幕的其他部分仍然显示设链网站的材料。因此，制药公司可以将自己的网站链接到推销（不用遵守食品药品管理局的广告内容规定）药品的专业协会、基金会或科学期刊网站，同时，向访问者显示正在浏览的材料仍然是制药公司网站的一部分。这很容易让浏览者产生错觉，以为正在浏览的信息属于制药公司网站的内容。而实际上，通过访问相关网站或者分析这些网站的HTML编码，可以发现所浏览的信息为其他被链接网站的页面内容。因此，为了加强消费者对广告内容的理解和理性评价，美国食品药品管理局建议在医疗保健网站上禁止使用"框架"技术。此建议旨在防止消费者在浏览该医疗网站链接到外单位的服务器上的资料时产生混淆。[1] 因此，禁止医疗网站使用框架技术，可以明确医疗广告信息的来源，有助于消费者准确评估所提供的信息。

4. 医疗、药品广告有充分的信息披露制度

医药广告治理牵涉太多利益相关方，对于消费者保护而言，政府审核信息并予以公开，建立医药信息全面有效披露制度或许是克服信息不对称的有效解决方案。美国食品药品管理局针对处方药广告建立了全面的信息披露制度，旨在确保向医生提供足够的信息以开出合理的药品处方，同时，重点向医生披露所推销药品已知的禁忌证、风险和副作用。因此，所有印刷广告都需要包含所推销药品的适应证、禁忌证和副作用的"简要概括"。该"简要概括"通常与医生书桌上参考书中提供的信息相同，是药品所需标记的子集，而且是技术性的。如前所述，《美国联邦食品、药品和化妆品法》和《德国医疗保健系统广告法》均对药品广告和医疗器械广告应该包含的信息内容作出了详细规定，因此，网络医疗广告与传统印刷广告一样，也必须遵守这些信息披露要求。

此外，为了满足上述信息披露要求，为浏览广告的人提供药品的完整信息，美国食品药品管理局提出了被视为提供了完整信息的四种方法。第一，药品制造商可以设立一个免费电话号码，消费者可以打电话要求提供信息副本，或者通过电话向他们获取信息。第二，制造商可以建立一个网站来提供完整信

1　Timothy S. Hall，the Promise and Peril of Direct-to-Consumer Prescription Drug Promotion on the Internet，DePaul Journal of Health Care Law，Fall，2003，at 36.

息。第三，制造商可以向浏览者表明，他们可以从医生或药剂师那里获取有关药物的进一步信息。第四，制造商必须为消费者提供一种无须"复杂技术"可获取信息的方法。[1]美国食品药品管理局还指出，药品制造商可以在很多地方（如杂货店和药房）提供包含药品信息的小册子，广告的目标受众可以在他们正常活动范围内得到它们。

5. 严格规范医疗网站广告

许多制药公司除了维护公司及其运营信息的网站外，还要维护公司特定药品的促销网站。这些促销网站通常与公司的主网站相连，但是为了帮助互联网用户找到它们，通常有单独的域名。该域名可以是药物本身的名称，也可能是对药物的描述，也可能与该药物旨在治疗的症状有关。实际上，公司可以为药品网站注册多个域名，以便将尽可能多的互联网搜索引导到其网站。制药公司的促销网站，就像互联网网站设计那样，通常由具有多个链接页面的"主页"或者来自该主页的内容组成。每个页面通常设计为在普通计算机显示器上容易查看，无须大量滚动。药物促销网站的主页通常由图形和文本组成。

为了减少滥用处方药造成的伤害或死亡的概率，并鼓励患者成为见多识广的消费者，并积极参与自己的疾病治疗，美国联邦贸易委员会已经制定了直接面向消费者的互联网广告的信息披露制度，严格规范医疗网站广告，尤其是对医疗网站广告的信息披露规定了以下准则：（1）披露应当与产品说明放在同一屏幕上；（2）相关信息不应该隐藏在页面底部，应在可视部分提醒并告诉访问者向下滚动；（3）链接到单独页面上显示信息的超链接应该是明显的、充分标记的，放置在相关信息附近，并且在整个站点中保持一致；（4）确保突出显示与网站内容相关的警告或风险信息。[2]

欧盟法律和德国国内法律在很大程度上受到美国FDA制定的法规和要求的影响。它们共同的目标是确保公众健康。除处方药广告外，德国和美国在医疗器械广告领域也采用了相同的方法，对药品、医疗器械广告超链接的使用进行严格规范。

1　Broadcast Guidance at 3.

2　James D. Arden, Unguided Missives: The FDA and Prescription Drug Promotion in Cyberspace, 5 FOOD DRUG L. INST.（2001）available at http://www.fdli.org.

三、我国网络医疗广告法律规制的现状及存在问题

（一）我国网络医疗广告法律规制的现状

我国《广告法》原则上并不禁止医疗、药品和医疗器械广告，但是，由于医疗广告关系到患者的生命、健康与安全，而且因致病机理和患者体质存在差异，没有绝对的功效和稳定的治愈率与有效率，所以，我国《广告法》第16条第1款规定了医疗、药品、医疗器械广告禁止包含的内容[1]。该法第16条第2款和第3款还规定了此类广告应当显著标明的内容，即处方药广告"仅供医学药学专业人士阅读"，非处方药广告"请按药品说明书或者在药师指导下购买和使用"，推荐给个人自用的医疗器械广告"请仔细阅读产品说明书或者在医务人员的指导下购买和使用"。另外，我国2021年修订的《广告法》第19条禁止广播电台、电视台、报刊音像出版单位等传统媒体和互联网信息服务提供者以介绍健康、养生知识等形式变相发布医疗、药品、医疗器械、保健食品广告，也即禁止发布变相医疗广告。2015年9月国家工商行政管理总局和总卫生部实施修订的《医疗广告管理办法》（以下简称《办法》），对医疗广告予以进一步的规范。《办法》要求医疗机构发布医疗广告，应当在发布前申请医疗广告审查。未取得《医疗广告审查证明》，不得发布医疗广告。《暂行办法》规定了互联网广告应当遵守的基本准则，即第7条规定的互联网广告可识别性原则以及付费搜索广告与自然搜索结果明显区分原则。2016年8月实施的《互联网信息搜索服务管理规定》第11条对付费搜索提出了更严格的要求，即互联网信息搜索服务提供者既要承担查验客户资质的审查义务，同时，还要承担明确付费搜索信息页面比例上限、醒目区分自然搜索结果与付费搜索信息并对付费搜索信息逐条加注显著标识的义务。此外，《互联网信息服务管理办法》《互联网医疗保健信息服务管理办法》《非经营性网络信息服务备案管理办法》《规范互联网信息服务市场若干规定》也对互联网服务进行规制，上述互联网广告和互联网信息服务管理的基本原则和规定同样适用于医疗、药品和医疗器械网络广告。另外，我国还专门制定了《医疗器械广告管理办法》《药品

---

1 《广告法》第16条第1款规定："医疗、药品、医疗器械广告不得含有下列内容：

（一）表示功效、安全性的断言或者保证；

（二）说明治愈率或者有效率；

（三）与其他药品、医疗器械的功效和安全性或者其他医疗机构比较；

（四）利用广告代言人作推荐、证明；

（五）法律、行政法规规定禁止的其他内容。"

广告管理办法》，对药品、医疗器械广告的审查、发布及内容作出详细规定，它们同样适用于互联网医疗广告。

1. 医疗广告

我国对医疗广告的监管主要包括实体和程序两个方面。实体方面，《广告法》第16条规定了医疗、药品和医疗器械广告必须共同遵守的内容准则，即这些广告的内容不得包含表示功效、安全性的断言或者保证，不得说明治愈率或者有效率，不得与其他医疗机构进行比较，不得利用广告代言人作推荐、证明等。《医疗广告管理办法》在遵守《广告法》的上述基本规定之外，还对医疗广告的禁止内容作出了补充规定，即医疗广告不得涉及医疗技术、诊疗方法、疾病名称、药物，不得包含淫秽、迷信、荒诞的内容，不得使用解放军和武警部队名义，不得利用患者、卫生技术人员、医学机构、专家以及其他社会社团、组织的名义、形象作证明。程序方面，主要是严格规范医疗广告的审查出证程序，必须指出，我国对医疗广告的监管除了制定《医疗广告管理办法》外，并没有像药品广告和医疗器械广告一样制定专门的《医疗广告审查标准》。此外，医疗广告的审批机关与药品和医疗器械广告的审批机关也不相同，医疗广告的发布应经省级卫生行政部门或中医药管理部门审批，而药品广告和医疗器械广告须经广告发布地的省级的食品药品监督管理行政部门审批。对于发布违法医疗广告的广告主和广告经营单位，将由工商行政管理部门、卫生行政管理部门和中医药管理部门依法给予警告、罚款、责令停业整顿、吊销有关诊疗科目，直至吊销《医疗机构执业许可证》等行政处罚。

2. 药品广告

我国对药品广告一直有着严格的管理，我国《药品管理法》《药品广告审查办法》和《药品广告审查发布标准》对药品广告实行分级管理。药品广告的管理分为三级。一级是禁止做广告的药品，包括军队特需药品；国家食品药品监督管理局依法明令停止或者禁止生产、销售和使用的药品；麻醉药品、精神药品、医疗用毒性药品放射性药品；批准试生产的药品；医疗机构配制的制剂。二级是有限度广告的药品，如处方药，只能在卫生行政主管部门指定的专业刊物上对医药专业人员刊登广告，不得在大众传播媒介开展广告宣传。根据《暂行办法》第5条第2款的规定，明确禁止利用互联网发布处方药广告。三级为非限制广告的药品，主要是非处方药，经省级食品卫生行政部门审批后，可以在大众传播媒介上刊登广告，比如在网络、报纸、杂志、电视、广播上打广告。非处方药广告必须明示非处方药标识（OTC），而且还必须显著标明"请按药品说明书或者在药师指导下购买和使用"。

3. 医疗器械广告

医疗器械是指为了疾病、损伤的诊断、预防、监护、治疗或者缓解，生理结构或者生理过程的检验、替代、调节或支持，生命的支持或者维持，妊娠控制等目的，其功效主要是通过物理方式，而不是通过药理、免疫或代谢方式获得，直接或者间接用于人体的仪器、设备、器具、材料或者其他物品，包括所需要的计算机软件。[1]

我国对医疗器械实行分类管理，分为以下三类：第一类是指通过常规管理足以保证其安全性、有效性的医疗器械。对这类医疗器械实行产品备案制度，由备案人所在地设区的市级食品药品监管管理部门负责备案，申请第一类医疗器械产品备案，不需要进行临床试验。第二类是指其安全性、有效性应当加以控制的医疗器械。第三类是指植入人体，用于支持、维持生命，对人体具有潜在危险，对其安全性、有效性必须严格控制的医疗器械。我国《医疗器械监督管理条例》对于第二类和第三类医疗器械实行产品注册制度，对第二类医疗器械的产品注册，由申请人所在地的省级食品药品监管管理部门负责，对第三类医疗器械的产品注册，由国务院食品药品监督管理部门负责。[2]

我国《医疗器械广告审查标准》禁止未经原国家医药管理局或省、自治

----

1 《医疗器械监督管理条例》第103条规定，本条例下列用语的含义：

　　医疗器械，是指直接或者间接用于人体的仪器、设备、器具、体外诊断试剂及校准物、材料以及其他类似或者相关的物品，包括所需要的计算机软件；其效用主要通过物理等方式获得，不是通过药理学、免疫学或者代谢的方式获得，或者虽然有这些方式参与但是只起辅助作用；其目的是：

　　（一）疾病的诊断、预防、监护、治疗或者缓解；

　　（二）损伤的诊断、监护、治疗、缓解或者功能补偿；

　　（三）生理结构或者生理过程的检验、替代、调节或者支持；

　　（四）生命的支持或者维持；

　　（五）妊娠控制；

　　（六）通过对来自人体的样本进行检查，为医疗或者诊断目的提供信息。

　　医疗器械注册人、备案人，是指取得医疗器械注册证或者办理医疗器械备案的企业或者研制机构。

　　医疗器械使用单位，是指使用医疗器械为他人提供医疗等技术服务的机构，包括医疗机构、计划生育技术服务机构、血站、单采血浆站、康复辅助器具适配机构等。

　　大型医用设备，是指使用技术复杂、资金投入量大、运行成本高、对医疗费用影响大且纳入目录管理的大型医疗器械。

2 参见《医疗器械监督管理条例》第16条规定。

区、直辖市医药管理局批准、未经生产者所在国政府批准、应当取得而未取得生产许可证生产、扩大临床试验、试生产阶段、治疗艾滋病、改善和治疗性功能障碍的医疗器械发布广告。另外，对医疗器械广告的内容准则也作出了明确规定：广告内容必须与产品说明书相符，不得含有表示功效的断言或者保证，不得含有"最高技术""最先进科学"等绝对化语言和表示，不得含有治愈率、有效率及获奖的内容、不得用医生、患者、专家的名义、形象作证明，不得含有直接显示疾病症状和病理的画面，不得使人误解不使用该医疗器械会患某种疾病或者加重病情，不得含有"无效退款""保险公司保险"等承诺，不得以专业术语或者无法证实的演示误导消费者。另外，我国《医疗器械广告审查办法》对医疗器械广告的审查程序作出了一些不同于药品广告的特殊规定。即医疗器械广告必须经过省级食品卫生行政主管部门审批后方可发布，而且要经过初审和终审两个步骤。目前在我国，医疗器械主要是通过医药代表销售给医院，而不是直接销售给患者，因此，目前大众传播媒介很少看到医疗器械广告的身影。

另外，《广告法》和《医疗器械广告审查标准》对医疗器械广告的警示语作了专门规定：推荐给个人自用的医疗器械的广告，应当显著标明"请仔细阅读产品说明书或者在医务人员的指导下购买和使用"或"请在医生指导下使用"。如果医疗器械产品注册证明文件中有禁忌内容、注意事项的，那么医疗器械广告中应当显著标明"禁忌内容或者注意事项详见说明书"。

（二）我国网络医疗广告法律规制存在的问题

1. 缺乏统一的互联网医疗广告立法

互联网医疗广告在实际中不单有医疗服务类广告，还包括医疗器械、药品等类型的广告，目前这三类商品与服务单独立法，要分别适用《医疗广告管理办法》《医疗器械广告管理办法》和《药品广告管理办法》，造成立法和行政执法资源的分散和浪费。事实上，医疗服务、医疗器械和药品这三种广告的性质是相同的，都与人们的生命健康息息相关。如果将医疗广告、医疗器械广告和药品广告进行统一立法，不仅有利于人们学习和遵从，还有利于节约立法和司法资源，提高执法效率。

2. 医疗广告信息披露不充分

我国现行的《广告法》《暂行办法》《医疗广告管理办法》《药品管理法》《医疗器械监督管理条例》均未规定医疗广告完整的信息披露制度，仅在《广告法》《医疗广告管理办法》和《医疗器械广告审查标准》中规定了负面内容清单和警示语规则。[1]除上述法律规范性文件零散地规定了医疗广告信息披露的内容外，还没有任何法律法规对医疗广告应当完整披露的信息内容作出明确规定。事实上，除了"禁忌""不良反应"等警示信息和可能引起消费者误解的不实陈述之外，医疗、药品、医疗器械的生产厂家、生产日期、功效、化学成分、规格、用途、名称、价格等重要信息都必须在广告中以适当方式向网络用户披露，以使用户掌握相关医疗、药品、医疗器械的完整信息，以便作出正确的决策。因此，我国现行的医疗广告立法未能确保医疗广告向消费者提供足够充分的信息，以加强和优化治疗过程。设计不当、信息不充分或误导性广告对医疗保健决策没有任何积极作用，事实上，考虑到处方药的危险性，可能会造成相当大的损害。

3. 医疗机构门户网站和主页医疗广告准则严重缺位

随着互联网的兴起，许多医院和制药企业都建立自己的门户网站和推销网站，以推销自己的医疗服务、药品或医疗器械，但是，我国立法却没有制定相关的医疗网站广告准则，导致实践中医疗网站广告无章可循，乱象严重。美国对医疗网络广告治理有一套成功的经验，比如，医疗网站的广告和其他信息内容必须显著区分，医疗广告不得采用框架技术，广告警示语的显示位置、字体、对比度等都有明确要求，美国的经验值得我国借鉴。

当今的互联网时代，当患者点击打开医疗制药企业网站的主页时，各种弹出广告、旗帜广告、链接广告满天飞；当患者使用百度、谷歌等搜索引擎进行疾病和医疗服务的搜索时，会发现排在搜索结果页首位的是无名医院和私立医疗机构的主页，若相信搜索结果排名，则很可能让魏则西事件的悲剧重演。遗憾的是，我国并没有制定规范医疗机构弹出广告、搜索引擎广告等网络广告的专门准则，可以说，目前我国网络医疗广告准则处于严重缺位的状态。

4. 行政处罚标准不统一且处罚幅度过低

我国虚假网络医疗广告泛滥成灾的一个重要原因就是规制网络医疗广告的相关法律规范性文件存在行政处罚标准不统一且处罚幅度过低的问题，难以达到法律应有的威慑力。我国《广告法》第55条规定，发布虚假广告的，由市场监督管理部门责令停止发布广告，责令广告主在相应范围内消除影响，处广告费用三倍以上五倍以下的罚款，广告费用无法计算或明显偏低的，处二十万

---

[1] 具体内容见《广告法》第16条、《医疗广告管理办法》第6条、《医疗器械广告审查标准》第3—11条。

元以上二百万元以下的罚款。[1]《医疗广告管理办法》第21条规定，违反本办法规定发布广告，《广告法》及其他法律法规没有具体规定的，对负有责任的广告主、广告经营者、广告发布者，处以一万元以下罚款；有违法所得的，处以违法所得三倍以下但不超过三万元的罚款。《暂行办法》的处罚幅度与《医疗广告管理办法》基本保持一致，对于没有将付费搜索广告与自然搜索结果明显区分、以点击方式诱使用户点击广告内容、未经允许在用户发送的电子邮件中附加广告或者广告链接的等网络广告违法行为，均处一万元以上三万元以下罚款。这意味着对于搜索引擎竞价排名等新型医疗广告违法行为，最多处以不超过三万元的罚款，这远远低于广告法规定的传统违法广告行为的二百万元罚款上限。要知道，虚假网络医疗广告带来的危害和迷惑性远远高于传统医疗广告，按道理，对其处罚的幅度不应低于传统虚假广告行为。

四、完善我国网络医疗广告法律规制的构想

（一）将医疗、药品和医疗器械广告集中立法

由于医疗、药品和医疗器械这三种广告在管理方式与管理程序上有诸多相似之处，现行《广告法》《医疗广告管理办法》《药品管理法》《医疗器械广告审查标准》在内容上多有重复和交叉，浪费立法资源。为了节约司法资源，减少分散立法带来的矛盾和冲突，建议采取集中立法的模式，将医疗、药品和医疗器械广告内容进行统一规定。比如，黑龙江省早在2008年颁布了《黑龙江省医疗、药品、医疗器械广告条例》，且取得了很好的效果。笔者建议同时修改《广告法》和《暂行办法》，在这两部法律中设专章或专条对医疗、药品和医疗器械广告集中立法，一体规制。

（二）禁止在医疗保健网站上使用"框架"技术

由于医疗药品广告关系消费者的健康和生命安全，所以，必须对医疗网站五花八门的弹出广告、旗帜广告、插页式广告等网络广告形式进行规范。一个总的要求是医疗网站的广告内容和形式必须清晰、明确、易懂，不容易造成患者的混淆和误解，所以，医疗广告比其他商品和服务的网络广告准则的要求更

---

[1] 参见《广告法》第55条第1款规定："违反本法规定，发布虚假广告的，由市场监督管理部门责令停止发布广告，责令广告主在相应范围内消除影响，处广告费用三倍以上五倍以下的罚款，广告费用无法计算或者明显偏低的，处二十万元以上一百万元以下的罚款；两年内有三次以上违法行为或者有其他严重情节的，处广告费用五倍以上十倍以下的罚款，广告费用无法计算或者明显偏低的，处一百万元以上二百万元以下的罚款，可以吊销营业执照，并由广告审查机关撤销广告审查批准文件、一年内不受理其广告审查申请。"

高。因此，为了防止消费者在浏览医疗网站链接到外单位服务器上的广告时产生混淆，为了加强消费者对医疗网站广告内容的理解和评价，为了打造医疗网站广告清朗空间，笔者建议采用美国联邦贸易委员会的经验，以立法形式明确禁止在医疗保健网站上使用"框架"技术。

（三）规定充分、完整的医疗网络广告信息披露内容

医疗药品广告分为面向专业医疗卫生人员的内部广告和面向社会公众的网络广告两大类，不管哪类广告都必须建立完整的信息披露制度。针对第二类医疗网络广告而言，完整的信息披露制度必须披露以下几类信息：（1）医疗机构、制药公司等制造商、医疗服务提供者的基本信息，包括医疗机构、制药公司的公司名称、地址、邮政编码、办公电话、传真号码、营业执照号码、医疗许可证编号、法定代表人、注册资本等；（2）医疗、药品、医疗器械的基本信息，包括功效、规格、等级、禁忌、不良反应，生产日期、有效期、价格、主要成分、操作流程、用法用量、产品说明书等重要信息；（3）标明警示和可识别信息，警示标志包括"本广告仅供医学药学专业人士阅读""请按药品说明书或者在药师指导下购买和使用""请在医生指导下使用"等警示语；可识别性信息包括"广告""广而告之"等标志。

（四）建立统一规范的医疗网络广告准则

鉴于网络广告表现形式多样，包括文字、图形、音频、视频和多媒体多种类型，因此，必须建立统一的医疗网络广告准则，以避免误导消费者。具体而言，统一的医疗网络广告准则应包括以下内容：第一，广告信息与公司网站的新闻、报道、日常工作安排等信息必须在字体、颜色、对比度等方面显著区分；第二，广告宣传用语必须将企业基本信息和商品基本信息显著区分；第三，同一网站警示标志的图标和格式必须统一；第四，医疗机构和制药企业必须为消费者提供一种无须"复杂技术"即可获取企业和药品完整信息的通道，由于网站首页字符的限制，不可能在网站首页的广告屏幕上披露所有的医疗药品信息，因此，最好的解决方案是在医疗网站首页设置广告信息获取图标，消费者只需简单点击一下图标，即可获取完整的医疗广告信息。对互联网医疗广告进行认真周密的监管有助于处方药用户获得互联网的好处，同时，尽量减少有害影响。

（五）加大违法医疗广告的行政处罚力度

如前所述，我国对发布虚假广告的行为最多只能处以两百万元以下罚款，医疗广告也不例外，而违法网络医疗广告带来的收益甚至一个月就可达两百万元，而网络违法医疗广告被查处的风险与所带来的巨额收益相比，明显不对

称，达不到杀一儆百的效果。由于医疗广告直接关系老百姓的生命和身体健康，而生命健康权是首要的、排在第一位的人权，理应得到更高程度的保护。在美国等西方国家，对违法医疗广告的处罚极为严厉。2011年，谷歌因加拿大网络药店发布以美国消费者为目标受众的广告，违反了美国法律关于处方药进口的规定，被美国司法部处以5亿美元的罚金，相当于谷歌收取的广告费及加拿大网络药店从美国消费者获得的收入总和。[1]因此，笔者建议修改《广告法》，加大对违法网络医疗广告的行政处罚力度，对于发布网络虚假医疗广告的行为，工商行政管理部门最高可处违法期间销售收入总和（不是销售利润）的罚款，这样罚款金额可远高于5倍以下广告费用，对于大公司而言，这一金额甚至是天文数字。对于致多人伤残、死亡等情节严重的违法医疗广告行为，在销售收入无法查清的情况下，笔者建议最高可处5000万元以下罚款，并追究相关责任人员刑事责任。

1　"谷歌因发布违法网络药品广告被罚5亿美元"，新华网，访问日期：2011年08月25日。

后　记

　　本书是本人主持的国家社科基金一般项目"网络广告法律规制研究"（批准号：17BFX081）的最终成果之一。

　　本书是本人历时三年完成的作品，它对于本人意义非凡。它是本人第一个结项的国家级课题，也是本人评上教授后出版的第一部学术专著，更是激励本人进一步攀登科研高峰的基石和新起点。本人将以此为契机，继续在科研之路不断探索和砥砺前行。

　　2020年2月底，在全国人民众志成城、共同战疫取得重大阶段性成果并逐渐走向胜利之际，本人寓居长沙家中奋笔疾书，终于将本书脱稿。尽管书稿完成，但仍感惴惴不安。原因在于，虽然本书对网络广告法律体系的构建，弹出广告、电子邮件广告、搜索引擎广告等新型网络广告法律规则的确立，律师网络广告和医疗网络广告等特殊行业网络广告准则的完善做出了一定的开拓性贡献，但掩卷反思，尚存诸多不足。首先，本书未能穷尽网络广告的全部形态，比如未将微博、微信、手机移动广告等新型网络广告形式分列单章进行深入研究；其次，由于资料局限，本书的实证分析稍显单薄；最后，在知识完整性和学术价值性之间侧重于后者，故本书不宜作为知识点全面覆盖的教材使用。

　　必须指出，本书聚焦于网络广告基础理论、类型化分析和比较研究，也是国内对网络广告法律制度进行系统研究的最新成果。本书部分内容已经以论文形式在法学核心期刊发表，并被《人大报刊复印资料》全文转载。

　　在这里要特别感谢美国华盛顿大学法学院，本人在该校访学期间，华盛顿大学法学院图书馆为我收集相关英语文献资料提供了帮助。另外，还必须特别感谢我的家人，作为我心无旁骛写作的坚强后盾，他们默默奉献，努力做好后勤保障工作。本书能够顺利脱稿，家人功不可没。

　　由于时间、精力和本人能力方面的限制，本书存在瑕疵和错误在所难免，恳请各位读者批评指正。

阳东辉

2021年2月18日于长沙